한국과
일본,
철학으로
잇다

야규 마코토
柳生 眞
지음

한국과
일본,
철학으로
잇다

개벽과 공공
그리고
실학의 지평에서

도서출판 모시는사람들

(여는 글)

이 책은 그동안 필자가 걸어온 인생길에서 쓴 논문을 엮어 놓은 것이다.

이 책에 대해 말하기 위해서 먼저 필자의 학문 편력에 대해 말하고자 한다. 필자는 일본의 덴리대학(天理大學) 조선학과(朝鮮學科)를 졸업한 뒤 강원대학교 철학과 대학원에 유학하여 조선후기 실학, 특히 19세기 조선이 낳은 독창적인 사상가인 혜강 최한기(惠岡 崔漢綺)의 기학(氣學)을 연구, 박사학위를 취득했다. 그 박사논문을 수정 보완하여 『최한기 기학 연구(崔漢綺氣學研究)』(경인출판사, 2008)로 펴낼 수 있었다.

일본으로 귀국한 후 모교인 덴리대학에서 한국어 시간강사를 하다가 졸저가 김태창(金泰昌) 교토포럼 공공철학공동연구소 소장(당시)의 눈에 띄어서 교토포럼에서 특임연구원으로 일하게 되었다. 교토포럼은 1989년부터 '공공(公共)'을 대주제로 다양한 주제를 다루면서 대략 한 달에 한 번씩 각계의 연구자, 전문가, 활동가 등을 모아서 포럼을 개최하고 도쿄대학출판회에서 30권에 달하는 '공공철학' 시리즈를 간행하면서 '공공철학'을 일본에 심어주는 데 큰 업적을 남겼다. 특히 2000년대 후반부터 한국 공공사상을 논의하는 가운데 '최한기의 기학'을 주제로 한 포럼을 개최하게 되었고, 일본에서 몇몇 안 되는 최한기 전공의 연구자로서 필자가 불리게 된 것이었다.

교토포럼에서는 한국 사상과 관련해서 최한기 기학뿐만 아니라 개벽(開闢), 상생(相生), 공복(共福) 그리고 한일의 공공적 인간 유형으로서 '선비와 사무라이' 등도 다루었다. 또한 '한일합방' 100년이 되는 2010년부터 약 1년 동안 교토포럼 기관지인『공공적 양식인(公共的良識人)』에서 세대도 나라도 다른 김태창 소장과 필자가 대화·공동·개신하여 한국의 대표적인 사상가를 '공공인(公共人)'으로 다시 본다는 취지로『한국의 공공하는 인간』을 연재했다. (한국에서는『일본에서 일본인들에게 들려준 한삶과 한마음과 한얼의 공공철학 이야기』로 출판되었다) 필자는 교토포럼과 김태창 소장님과의 만남을 통해 최한기 기학을 기점으로 '한국적 공공성'에 대해 생각하게 되었고, 동학을 남상(濫觴)으로 하는 한국 개벽종교에도 시야를 넓힐 수 있었다.

2013년 교토포럼을 퇴직하고 필자는 약 3년간 중국 산시성(陝西省)에 있는 시안외국어대학(西安外國語大學), 옌안대학(延安大學)에서 '외어전가(外語專家)'로 일본어를 가르쳤다. 그동안에 복희묘(伏羲廟), 황제묘(黃帝廟)와 우(禹)임금의 치수 전설이 남은 후커우 폭포(壺口瀑布) 등을 찾아갔다. 이곳은 모두 중국에 있어서 성인(聖人)의 고장이다. 오늘날 중국에서는 '성인'이라 부르지는 않지만 그들을 중화문명의 창시자, 중화인문의 시조로 높이 받들고 있다. 그래서 그 유적지도 애국교육의 거점으로 지정되고 있다. 그것을 보면서 필자는 동양문명에서 성인의 위상에 대해 다시 생각하게 되었다.

2016년 중국 대학과의 계약 기간이 만료하고 일본에 다시 돌아간 필자는 교토포럼 때 만나게 된 인연으로 박맹수(朴孟洙) 원광대학교 원불교사상연구원 소장(현 원광대학교 총장)의 부름을 받아서 공동연구 프로젝트에 참여하게 되었다. 이 시기에 한국의 '개벽종교'에 대한 연구와 이해를 높일 수 있었다. 이 책은 그러한 과정에서 쓴 논문들을 모은 것이다.

이 책은 제1부「한국의 개벽」, 제2부「일본의 개벽」, 제3부「실학의 시각」, 제4부「비교의 시각」의 총 4부로 구성된다. 제1부 제1장〈근대 한국 공공성의 전개와 타자와의 연대: 동학-천도교를 중심으로〉는 수운 재세 시절부터 1919년 3.1 운동까지의 동학-천도교에서의 공공성 개념 발전 과정을 살펴보았다. 제2장 〈근대 한국 식민지 공공성의 성립: 의암 손병희를 중심으로〉는 1910년 이후 손병희의 사상과 공공종교로서의 천도교, 그리고 그들이 주장한 종교와 정치의 관계를 살펴보았다. 제3장 〈대종교 범퉁구스주의와 보편주의 - '애합종족'과 '천민동락'〉은 퉁구스주의라는 시각에서 대종교가 유교적인 소중화 사상을 극복하면서 이루어낸 새로운 민족의식과 대종교 나름의 수양실천론을 살펴보았다.

제2부 「일본의 개벽」에서는 일본 에도시대부터 현대까지의 시대적 폐색 상황을 돌파하려 하는 사상적·종교적 움직임을 살펴보았다. 제2부 제1장 〈근세 일본사상의 성인상(聖人像)〉은 일본 고학파의 이토 진사이[伊藤仁齋], 오규 소라이[荻生徂徠], 일본 국학을 집대성한 모토오리 노리나가[本居宣長], 그리고 당시의 봉건교학을 모조리 비판한 사상가인 안도 쇼에키[安藤昌益]의 '성인(聖人)' 인식을 살펴보았다. 제2장 〈일본 신종교의 개벽운동: '요나오시'를 중심으로〉는 일본의 19세기에 일어난 후지코[富士講], 그리고 신종교인 천리교(天理教), 마루야마교[丸山教], 오오모토[大本] 등 여러 신종교들의 '요나오시'에 초점을 맞추었다. 제3장 〈현대 일본의 '생명영성'과 '치유영성': 동일본 대지진과 코로나19 사태를 중심으로〉는 2011년의 동일본 대지진 및 후쿠시마 제1원전 폭발사고, 2020년 이래의 코로나 사태 등으로 일어난 종교현상들, 쓰나미 피해 지역의 유령 현상, 원전신사, 아마비에 그리기 등 현대 일본의 영성을 살펴보았다.

제3부 「실학의 시각」에서는 다양한 각도에서 '실학'을 생각해 보았다. 제3부 제1장 〈19세기 실학자의 일본 인식: 최한기와 이규경을 중심으로〉는 조선통신사의 규모가 축소된 19세기의 실학자들의 일본 인식을 최한기와

이규경에게 초점을 맞추어서 살펴보았다. 제2장 〈최한기의 종교회통사상: 『신기통』의 '통교' 개념을 중심으로〉는 최한기의 종교관에 초점을 맞췄다. 그가 보기에 지구상은 이미 항로로 연결되어 하나가 되었으나 세계 각국은 여러 가르침으로 분단되어 있다. 그래서 그는 그 가르침들을 회통시킬 '통교(通敎)'를 확립하고자 했다. 제3장 〈한국·일본·중국에 있어서 '신실학론' 비교〉는 한·일·중 각국의 '실학' 연구의 시작과 세 나라에서 논의되고 있는 각각의 신실학론을 살펴보았다.

제4부 「비교의 시각」에서는 일본과 한국, 또는 동서양을 비교한 논문을 모았다. 제4부 제1장 〈일본에서의 퇴계·율곡·다산 연구의 흐름: 일본의 한국유학 담론을 재검토하다〉는 에도[江戶]시대부터 제2차 세계대전 후까지 일본의 한국유학사상 연구의 흐름을 개관하였다. 제2장 〈최한기와 일본의 공공 사상가 비교 연구〉는 예악의 작자로서의 성인관에 초점을 맞추어서 일본의 오규 소라이[荻生徂徠]와 안도 쇼에키[安藤昌益], 한국의 최한기(崔漢綺)를 살펴보았다. 제3장 〈동서양 공공성 연구와 한국적 공공성: 교토포럼의 연구 성과를 중심으로〉는 1989년 이래 교토포럼 공공철학공동연구소에서 축적된 동서양 공공철학 연구를 바탕으로 동서양 그리고 한국적 공공 개념과 그 특색을 살펴보았다.

출간을 권장해 주신 박맹수 원광대학교 총장님, 그리고 아낌없는 협조를 해주신 원광대 동북아인문사회연구소 조성환 HK교수님, 원광대 원불교사상연구원 허남진 교수님께 깊이 감사드린다.

2022년 9월

야규 마코토(柳生 眞)

제2부 | 일본의 개벽

제3부 | 실학의 시각

제1부
한국의 개벽

제1장

근대 한국 공공성의 전개와
타자와의 연대
–동학–천도교를 중심으로

제1장에서는 동학-천도교의 역사적 전개 속에서 독자적·자생적 공공성이 성장해 가는 과정을 살펴본다. 근대 한국의 공공성은 하늘에서 내려온 것도 아니고, 하루아침에 이루어진 것도 아니다. 수운 최제우 본인의 뜻은 조선왕조체제에 도전하기보다 오로지 민중의 교화와 구원에 있었던 것으로 보인다. 그러나 접(接) 안에서 성장하던 귀천·남녀를 막론하고 사람은 모두 시천주의 주체로서 평등하다는 만민평등의식에 체제질서의 위기를 느낀 지배층들은 수운을 형사로 몰아넣었다. 하지만 해월 최시형은 동학교단을 재건하면서 스승의 누명을 씻는다는 명목으로 교조신원운동을 전개하였다. 그 과정에서 동학도인들은 스스로의 사회적·조직적 역량을 자각하게 되면서 동학농민혁명으로 이어졌다. 동학농민혁명에서 농민군 지도부가 내놓은 폐정개혁안이나 집강소를 보면 동학 포교보다 민폐를 제거하는 데 중점을 둔 것으로 보인다. 이는 동학농민군 지도자들이 농민의 이해를 대변하는 공공의식을 강하게 가졌기 때문일 것이다. 동학농민혁명 실패 후 교단을 재건한 의암 손병희 역시 개혁의 뜻을 포기하지 않았다. 그가 처음 조직한 진보회는 동학농민혁명이 이루지 못했던 민으로부터의 개혁, 집강소 사회개혁의 뜻을 다시 이루고자 하는 것이었다.

1. 들어가는 말

이 논문에서는 수운 최제우(水雲 崔濟愚, 1824~1860, 이하 수운) 시기부터 3.1운동 전후까지 동학-천도교에서의 한국적 공공성의 전개에 대해 살펴본다.[1] '공공(公共)'이라는 말은 같은 동양 한자문화권의 중국이나 일본보다 한국에서 많이 사용되었다. 역대 왕들은 경연(經筵) 자리에서 신하들과 자주 토론하고 또 행차 길목에서 격쟁을 받거나 신문고를 설치해서 되도록 백성의 하소연을 들을 기회를 늘이려고 노력했다. 그리고 유학자들도 학문적으로 이 문제를 활발하고 공개적으로 논의했을 뿐만 아니라 법(法), 왕토(王土), 창름부고(倉廩府庫) 등을 임금, 왕실, 혹은 특권층이 독점하는 것을 반대하고 그것들을 '공공(公共)하도록' 즉 그 혜택이 공평하고 널리 미치도록 촉구했다. 중국·일본에서 보기 드문 한국적 '공공' 개념의 특색으로 '천하고금공공(天下古今公共)'이라고 하는, 공간성뿐만이 아닌 시간성을 띤 공공 개념을 들 수 있다.

이렇듯 한국의 '공공성'은 조선시대 이전에도 존재했지만 19세기에 이르러 새로운 전개를 보였다. 그 전 시대에는 유교적 교양을 지닌 양반 사대부

---

1 '한국적 공공성'에 대해서는 야규 마코토, 「동서양 공공성 연구와 한국적 공공성 탐구」, 『退溪學論集』 第20號, 2017.6, pp. 518-535 참조.

들이 공론(公論)의 담지자였다. 하지만 특히 동학 등장 이후 양반 사대부들보다 낮은 사회적 지위에 놓이고 주변에 밀렸던 사람들도 그 역할을 자임하기 시작했다.

동학은 '다시개벽(開闢)' 또는 '후천개벽(後天開闢)'을 내세우면서 유교·불교 등 '선천(先天)' 시대의 사상·종교나 그것에 의해 지탱되던 패러다임의 종언을 선언했다. 그리고 '시천주(侍天主)' 즉 사람은 누구나 한울님을 모시는 고귀한 존재라는 영성적 자각을 통해, 전근대에 있어서는 통치와 교화의 객체였던 일반 백성, 혹은 천대받고 무시당하던 여성, 천민 등도 인간의 존엄성과 평등성을 동등하게 보유하였다고 설파함으로써 공공적 주체로서 부상시켰다.

그리고 그것에 의해 동학-천도교는 '공공하는 종교'가 되었다. 그것은 동학-천도교의 역사 속에 잘 나타나 있다. '공공하는 종교'에 대해 김태창은 '공공성'이라고 하는 무언가 실제적인 것이 미리 존재하고 그것을 실현하는 종교가 아니라고 설명한다.[2] 증오·반목·대립·분쟁의 한가운데서, 그것을 통해, 그것과 마주 대하면서 끈질기게 대화하고 공동(共働; 함께 일하기)하고 개신(開新; 새로운 차원을 열기)하는 종교가 공공하는 종교인 것이다. 동학의 '공공성'에 대해서는 「한국 근대와 공공성」,[3] 「개벽과 근대」[4] 등에서 이미 논의되고 있다. 다만 그 논의는 주로 동학의 논리, 즉 교리와 사상면에 치중되었기 때문에 구체성이 부족하다는 아쉬움이 있다. 그리고 기

2 金泰昌,「発題Ⅳ 一つの公共哲学試論」, 板垣久和·金泰昌 편,『公共哲学16 宗教から考える公共性』, 2006, pp. 107-108.
3 조성환,「한국 근대와 공공성」,『개벽신문』제60호, 2016.11.
4 조성환,「개벽과 근대-동학의 '살림사상'을 중심으로」,『リーラー(遊)』Vol.9, 2018.01.

존의 동학 연구는 민족주의운동의 시각에서 보는 것이 대부분이었고 '반일 / 친일'의 도식에 갇혔던 감이 없지 않다. 그러나 동시대 자료를 통해 볼 때 동학-천도교는 민중·민족을 위하되 반드시 한 나라, 한 민족의 틀에 갇혀 있지 않았으며 오히려 그 타자와의 대화를 계속했음을 알 수 있다.

그래서 이 논문에서는 동학의 역사를 통해 한국적 공공성이 새롭게 전개되는 과정을 살펴보고 아울러 공공하는=타자와 대화하고 공동하고 개신하는 종교로서의 동학-천도교의 모습을 조명해 보고자 한다.

2. 동학에서의 공공성 전개

1) 유무상자(有無相資)적 생명 공동체

동학의 공공성은 처음에는 은밀하게 나타났다. 물론 수운의 '시천주'와 '다시개벽'의 가르침 속에 전통 사회의 신분 구조를 타파하는 사회 변혁의 계기가 내포되어 있었지만 적어도 수운이 살아 있던 당시에는 그 계기도 어디까지나 교단 내부에 머물고 있었다. 하지만 동학은 당시의 유교사상에서 이른바 정녀불경이부(貞女不更二夫)의 윤리규범으로 인해 어렵게 살아야만 했던 과부들, 천시되던 백정들, 그리고 가난한 사람들도 거두어들이고 서로가 서로를 귀하게 대하고 서로 도왔기 때문에 사회의 밑바닥에 있던 그러한 사람들에게 급속히 확산되었다. 그러나 동학교도의 숫자가 급속히 늘어나고 조직화가 진행되면서 양반 지주 세력 쪽은 점차 위협을 느끼기 시작했다. 아래 인용문은 유생들이 돌린 '동학배척통문'이지만 초기 동

학교단의 모습과 그것에 대해 유생들이 느낀 위기의식이 여실히 드러나고
있다.

　　그런데 이야기가 전해오고 있으니 이미 들은 적도 있을 것이다. (동학이)
천주에게 주문을 외우는 법은 서양을 따라 갖다 붙인 것이고 부적을 물에 타
서 마시는 것으로 병을 치유한다는 이야기는 황건적(黃巾賊)의 행위를 도습
(蹈襲)한 것이다.

　　하나같이 귀천의 차등을 두지 않고 백정과 술장사들이 어울리며 엷은 휘
장을 치고 남녀가 뒤섞여서 홀어미와 홀아비가 가까이 하며 재물이 있든 없
든 서로 돕기를 좋아하니 가난한 이들은 기뻐한다.

　　하나는 널리 무리[徒黨]를 거두기를 으뜸가는 공업(功業)으로 삼는 것이다.
한 마을에 있어서는 한 마을 사람을 모두 동학교도로 만들려 하고, 한 지방
[鄕]에 있어서는 한 지방 사람을 모두 동학교도로 만들어서 차차 전파되고 파
급되는 추세가 하늘을 찌르는 것만 같은 것은 (황건적의 교조인) 장각(張角)이
무리들을 36방(方)으로 깔아 놓은 것과도 닮았다. 그리고 교주를 높이 받듦
은 마치 거수(渠帥)와 같으니 이것은 장차 (공권력의) 통치권[司牧之權]을 물리
치고 자기들끼리 제멋대로 하려는 것일 따름이다.[5]

5　鄭允愚 · 柳厚祚,「玉山書院 癸亥十二月初一日 通文」"然而傳說之來. 綮乎有聞. 伊其所以
　　誦呪天主之法. 依附乎西洋. 符水療病之說. 踏襲乎黃巾. 一貴賤而等威無別. 則屠沽者往
　　焉. 混男女以帷薄爲設. 則怨曠者就焉. 好貨財而有無相資. 則貧窮者悅焉. 一以廣收徒黨.
　　爲第一功業. 居一村而欲盡一村之人. 居一鄕而欲盡一鄕之人. 次次傳及. 勢成滔天. 有似
　　乎張角之排布三十六方. 而教主之尊. 隱若渠帥. 則是將攘司牧之權. 以行一己之私者耳."
　　표영삼,『동학 1 : 수운의 삶과 생각』, pp. 271-276 참조.

여기서 말하는 "귀천이 균등해져서 위엄에 차이가 없는 것" "남녀가 섞여서(차별·차등이 없고)" "있는 자와 없는 자가 서로 도와주기"와 같은 표현에 이미 동학의 '근대적인' 한국적 공공성의 양상이 드러나고 있다. 그러나 당시의 유생들은 이와 같은 동학교도의 확산과 민중들의 상부상조하는 교감 속에서 조선왕조를 지탱하는 유교 질서가 해체되는 위험성을 보고 이를 이단시하여 고발하였고, 조정은 동학을 사학(邪學)으로 몰아 수운을 체포하고 좌도난정(左道亂正)의 죄명을 씌워서 1864년 3월 10일에 대구 경상감영 관덕정에서 처형해 버렸다.

2) 교조신원운동과 동학농민혁명

해월 최시형(海月 崔時亨, 이하 해월)은 동학 도통의 계승자로 정부와 유생들의 탄압을 피해 가면서 수운의 유고를 엮어서 경전을 간행하고 동학을 더 넓은 지역에 포교하며, 조직 재건·재정비에도 힘을 기울이고, 또 그 스스로도 한 사상가로서 동학사상을 발전시켰다. 그는 수운 이래의 '유무상자'의 전통 또한 계승했다. 동학 탄압이 계속되는 가운데 교도 중에는 체포되거나 재산이 몰수되면서 궁해지는 사람도 적지 않았지만 해월은 '법헌(法軒)' '북접법헌(北接法軒)' 등의 명의로 여유가 있는 사람이 곤궁한 사람을 도우라는 내용의 통문을 자주 내보냈다. 동학의 이러한 상부상조 전통은 동학교도 개개인에게 안심과 신뢰감을 주고 결과적으로 서로의 결속을 더욱 굳건히 하는 효과가 있었다.

이렇게 해서 늘어난 교세를 바탕으로 1890년대 들어서면부터 해월은 교도들을 동원해서 교조신원운동(敎祖伸冤運動)을 전개했다. 1892년에는 삼

례 · 공주 · 금구 등지에서 교도들을 집결시켜 취회(聚會, 집회)를 열고 교조
의 신원을 요구하는 한편, 1893년 1월에는 교도 대표단이 서울에 올라가 경
복궁(景福宮)에서 복합상소(伏閤上疏) 운동을 벌이기도 했다. 또 1893년 3월
에는 보은에서 보름 동안 3만여 명의 동학도인들이 취회를 열고 조정에서
파견한 관리와 동학 신앙의 자유와 척왜양창의의 대의 관철 등을 놓고 담
판을 벌였다. 조정이 교조인 수운을 처단했던 죄를 사면한다면 그것은 곧
동학의 정당성을 조정이 인정한다는 말이 되기 때문에 교조신원운동은 동
학의 공인, 신앙의 자유 요구의 성격도 띠고 있었다.

　조정은 동학 금지령 철회를 거부했지만 동학 단속을 명목으로 관리들이
함부로 백성의 재물을 침탈하고 폭행을 가하는 일은 금지시키겠다고 약속
했다.[6] 비록 수운의 원죄를 씻을 수 없었다 하더라도 교조신원운동은 동학
의 힘을 대외적으로 크게 과시하는 계기가 되었다. 그리고 교도 스스로도
이 운동을 통해 자기들의 사회적 역량을 자각하기에 이르렀다.

　하지만 조정은 스스로 한 약속조차 제대로 지키지 않았다. 그 이후에도
관리들은 '동학당(東學黨)' '동도(東徒)'의 체포 및 침탈을 멈추지 않았다. 그
래서 교도들은 다양한 대응책을 강구하지 않을 수 없었다. 접내(接內) 도인
이 관리에게 잡혀가면 접포(接包)마다 서로 협력해서 즉시 그 도인을 구해
냈다. 이것은 자구책으로 일어난 일이긴 하지만[7] 동학교도들 사이에 실력

6 申淳鐵 · 李眞榮 著, 安宇植 譯, 『実録 東学農民革命史』, pp. 32-35.
7 吳知泳, 『東學史』 「報恩會集」, pp. 99-100, "且說 各地道人이 解歸以後에 各地官吏들의 東
　學黨 逮捕侵虐이 前日과 조금도 다름없어 安居의 望이 없는지라 道人들은 할 수 없이 官
　屬과 對抗策을 講究할 수밖에는 다른 道理가 없음을 알고 各包各接이 서로 團結을 지어,
　어느 地方에서 일이 생기든지 하면 그 卽時로 보발을 띄워 그 附近으로부터 솔발을 흔들
　고 일어서서 잡혀가는 사람을 빼앗아 놓기로 하였다. 그렇게 團結이 되었기 때문에 제

행사를 마다하지 않는 분위기가 양성된 점은 간과할 수 없다. 이와 같은 경험과 역량의 축적이 동학혁명의 원동력이 되었다고 생각된다.

3) 민중의 대변자로서의 동학군

전봉준은 동학농민혁명의 지도자로 잘 알려져 있는데 1892년의 삼례취회 때 이미 전라우도 대표로 의송단자를 올릴 만큼 유력한 지도자로 두각을 나타내고 있었다. 1894년 1월에 그는 폭정을 자행하던 고부군수 조병갑을 처단한다는 명분을 내세워 봉기했다. (古阜蜂起)

조병갑의 후임 군수인 박원명의 회유책으로 봉기군은 일단 해산했지만 조정에서 사태 수습 차 파견한 안핵사 이용태(李容泰; 당시 장흥부사)가 동학교도로 지목한 백성들을 가혹하게 탄압하자 전봉준과 손화중 등의 대접주들은 3월에 무장에서 본격적인 혁명으로서 기포(起包; 동학 조직이 본격적으로 혁명을 시작함)를 단행했다.

동학농민군은 전봉준을 동도대장(東徒大將 또는 東道大將)으로 추대하고 보국안민(輔國安民)의 구호를 내걸고 혁명군 사령부와 조직을 갖추었다. 그리고 창의문(倡義文)을 선포하여 대외적으로 봉기의 대의를 표명했다. 아울러 동학군의 강령·행동지침인 사대명의(四大名義)[8]와 12개조 기율(紀

골서 잡으러 온 將校 使令이라든지 鎭營이나 監營이나, 서울서 내려온 捕校라 할지라도 東學黨을 잡아 갈 때에는 東學黨이 四面으로 쏟아져서 捕校들을 둘러싸고 집힌 사람을 빼앗아 갈 일이 맞아졌다. (…) 그때쯤은 道人이 모여 앉으면 道談보다도 亂離이야기가 많았었다. 官吏의 侵虐은 不孝不睦 其他의 雜罪보다도 東學罪가 가장 큰 罪가 되어 못살게 된 까닭이었다."

8 〈四大名義〉: 동도대장이 각 부대장에게 명령을 내려 약속하였다. (東道大將下令於各部隊

律)⁹을 정했다. 이것은 바야흐로 본격적인 동학농민혁명의 시작을 알리는 것이었다.

기포 직후에 동학군의 주력 무기로는 죽창이 대부분이고 극히 일부만이 화승총 정도밖에 가질 수 없었으나 교묘한 전략·전술로 황토현·황룡촌 전투에서 잇달아 관군을 격파함으로써 동학군의 사기를 드높이고 크루프 포, 회전식 기관총 등을 노획하면서 무장을 강화했다. 그리고 동학군은 계략으로 관군 본대를 유인해 놓고 그 틈을 타서 4월 27일에는 조선 왕실의 발상지이자 전라도의 수부(首府)인 전주성에 무혈입성했다.

동학군의 뒤를 쫓아 뒤늦게 전주성에 도착한 관군과 전주성을 장악한 동학농민군이 공방전을 벌이는 사이에 동학군 토벌을 구실로 청군과 일본군이 조선국에 진주하는 사태가 일어났다. 이에 초토사 홍계훈과 전봉준은 전주화약을 맺고 동학농민군은 전주성에서 철수했다. 홍계훈은 철수하는 동학농민군의 안전을 보장하고 동시에 폐정 개혁¹⁰ 실시를 조정에 아뢰게

長約束曰) [1]매번 적을 상대할 때 우리 동학농민군은 칼에 피를 묻히지 아니하고 이기는 것을 으뜸의 공으로 삼을 것이며(每於対敵之時兵不血刃而勝者爲首功) [2]어쩔 수 없이 싸울 때라도 간절히 그 목숨을 해치지 않는 것을 귀하게 여길 것이며(雖不得已戰功勿傷命爲貴) [3]매번 행진하며 지나갈 때에도 남의 것을 해치지 말 것을 공으로 삼을 것이며(每於行陣所過之時功勿害人之物) [4]효제충신으로 이름난 사람이 사는 동네 10리 안으로는 주둔하지 말 것이다(孝悌忠信人所居村十里內勿爲屯住)

9 〈十二箇条紀律〉: [1]항복하는 자는 사랑으로 대하라(降者愛對), [2]곤궁한 자는 구제하라(困者救濟), [3]탐욕스런 벼슬아치는 추방하라(貪官逐之), [4]따르는 자는 공경하라(順者敬服), [5]굶주린 자는 먹이라(飢者饋之), [6]간사하고 교활한 자는 (악행을) 그만두게 하라(姦猾息之), [7]도망가는 자는 쫓지 말라(走者勿追), [8]가난한 자는 나누어 주라(貧者賑恤), [9]충성스럽지 못한 자는 제거하라(不忠除之), [10]거스르는 자는 잘 타이르라(逆者曉喩), [11]병자에게는 약을 주라(病者給藥) [12]불효하는 자는 벌을 주라(不孝刑之).

10 폐정개혁안: [1]전운소(轉運所)를 폐지할 것(轉運所革罷事), [2]단결(團結)에 다른 세를 부과하지 말 것(團結不爲加事), [3]보부상의 폐해를 금단할 것(禁斷步負商人作弊事), [4]도

되었다. 그 개혁안의 내용을 보면 권력자와 결탁한 보부상이나 밀거래하는 암상인[潛商] 등의 폐해를 막도록 한 점, 불합리한 징세에 대해 낱낱이 항목을 들어서 금지를 요구한 점 등이 눈에 띈다. 하지만 여기에는 본래 벽두에 쓰일 법도 한 동학에 관한 내용은 전혀 보이지 않는 것도 주목할 만하다. 이것은 동학이 이미 자기 교단·조직의 공인과 자유를 요구하는 차원을 넘어서 관·정부에 대해 일반 농어민의 이익까지 대변하는 수준에 성장했음을 의미하기 때문이다.

3. 일본 자료를 통해 다시 보는 동학농민혁명

동학이 '척왜양창의(斥倭洋倡義)'의 기치를 내건 것은 잘 알려져 있다. 이

내의 환전(還錢)은 옛 감사(伯)가 이미 징수한 것을 다시 민간에서 징수하지 말 것(道內還錢舊伯旣爲捧去則不得再徵於民間事), [5]대동미(大同米)를 거두기 전에 각 포구에서 암상인(潛商)이 쌀을 거래하는 것을 금지시킬 것(大同上納前各浦口潛商貿米禁斷事), [6]동포전(洞布錢)은 한 호(戶)마다 봄과 가을에 2냥씩으로 정할 것(洞布錢每戶春秋二兩式定錢事), [7]탐관오리를 모조리 파직시킬 것(貪官汚吏齊罷黜事), [8]왕의 총명을 가리고 매관매작(賣官賣爵)하고 국권을 농단하는 이를 모조리 쫓아낼 것(壅蔽上總賣官賣爵操弄國權之人逐出事), [9]관장(官長)이 된 자는 관할 구역 안에 매장하지 말 것. 또 논을 사지 말 것(爲官長者不得入葬於該境內且不爲買畓事), [10]세금은 전례(前例)를 따를 것(稅依前事), [11]연호잡세(烟戶雜稅)는 줄여 없앨 것(烟戶雜稅減省事) [12]포구의 어염세(魚鹽稅)를 폐지할 것(浦口魚鹽稅革罷事), [13]보세(洑稅) 및 궁답(宮畓)의 세를 부담시키지 말 것(洑稅及宮畓勿施事), [14]각 마을의 군수[倅]가 내려와서 억지로 계약을 맺고 몰래 매장하지 말 것(各邑倅下來民人山地勒標偷葬勿施事) 등 (폐정개혁안의 조목 숫자, 내용 등은 문헌에 따라 약간의 차이가 있다. 여기서는 『韓國學報』 第39輯(1985), p. 189에 수록된 전봉준 재판의 판결문인 「第三十七號 判決宣告書原本 全羅道泰仁山外面東谷居農業平民被告全琫準」에 실린 것을 참조했다.)

글귀만 보면 동학은 배외적(排外的) 종교운동으로밖에 보이지 않는다. 그러나 이것은 어디까지나 일본 및 서양 세력의 침탈·군사적 침략에 반대한다는 뜻이지 당시 한반도에 거주하던 일본인·서양인까지 무분별하게 몰아내자는 단순한 배외주의와는 엄밀히 구별되어야 한다.

일본에서는 조야를 막론하고 동학농민혁명(당시는 '동학당의 난')의 동정에 큰 관심을 기울었다. 그래서 수많은 밀정들과 저널리스트들이 파견되고 그들의 현장 보고가 일본의 신문에 수시로 보도되었다. 그 신문기사를 보면 제1차 봉기 당시 동학농민군은 조선의 일반 농민에게 폐를 끼치지 않았을 뿐만 아니라 의외로 조선 재류 일본인에게도 별로 피해를 주지 않았다고 한다.

예를 들면 재조선 일본영사관 나리사와 키시로[成相喜四郎]가 서울에서 전주까지 염탐한 복명서를 그대로 게재한 1894(明治27)년 7월 14일 차 『미야코신문[都新聞]』의 기사 「내란(內亂) 지방의 실황」에는 다음과 같은 내용이 보인다.

> 공주의 상태는 민요(民擾)로 인한 별다른 소란도 없었고 거주민들도 두려움을 느끼지 않고 있어서 매우 태연해 보였다. 하지만 마침 여기에서 약회시(藥會市)가 열리는 시기를 맞이하는데도 민란 때문에 방해되고 장이 안 열린다고 하여 여기 상인들이 불편해하고 있었다.[11]

---

11 「內亂地方の實況」, "公州の模様ハ民擾の爲め差したる騷ぎもなく居民等悸怖の念もなく至て無頓着なるが如き有様なりしも時恰も同地藥會市開市の時に際せしかバ民擾の爲め妨害せられ開市に至らずとて同地商估等迷惑し居れり"(『都新聞』, 1894(明治27)년 7월 14일부)

(6월) 13일에 전보국 삼례로 옮겼다고 하니까 공주를 출발하고 거기로 향하는 김에 황산(黃山)을 찾아갔다. 일본인 16명이 재류하고 있었다. 그들은 한때 장사를 쉬었을 뿐 별로 피해를 입은 것 같지 않았다. 한때는 인천으로 돌아가는 준비를 했으나 점차 적의 세력이 퇴축(退縮)되어 갔으므로 계속 재류하고 있다고 한다.[12]

전주 부근 및 도상이 농업은 민요(民擾)로 인해 별로 피해를 입은 것 같지 않았다. 김매기도 이미 끝났고 농민들은 경과가 잘 되어서 기뻐하고 있었다. 또 들은 바에 의하면 각지 모두 민란 때문에 농사를 짓지 않았다는 등의 모습은 보이지 않았다.[13]

이것을 보면 동학군은 일반의 농민에게 폐를 끼치지 않았고, 농민들은 평상시와 같이 농사를 지을 수 있었다. 그뿐만 아니라 당시 한반도에 거류하던 일본 상인들도 별로 피해가 없었기 때문에 피신할 필요도 없었다. 다만 공주의 약초시장이 안 열렸기 때문에 약초 상인들이 불편을 겪었을 뿐이었다. 심지어 전봉준이 일본인과 면회한 기록까지 남아 있다. 일본군전사편찬 준비 서류 안에 들어 있는 일본 육군 포병소좌 와타나베 테츠타로

---

12 위의 기사, "十三日電報局を參禮に移せりと云ふを以て公州出發同地に向ふ途中黃山に立寄れり日本人十六人在留し居れり右等ハ一時商業を休みしのみにて別に被害の模樣もなく一時ハ仁川に引揚んとして準備をなせしも追々に賊勢退縮に付引續在留せりとの事なり (……)"
13 위의 기사, "全州附近及び途上農業ハ民擾の爲め別段被害の樣子もなく植付已に濟み農民等ハ經過の宜しきを喜び居れり又聞く所に據るに各地とも民擾の爲め農作をなさゝりし等の模樣なし"

[渡邊鐵太郎]의 보고문인 「동학당전문(東學黨銓聞)」에는 성명 미상의 일본인이 '김봉균(金鳳均)'이라는 가명을 쓰던 전봉준과 만나 필담을 나누었다는 내용이 보인다.

이달(9월-인용자) 2일 용산을 떠나 광주·이천·죽산·진천·청주 등지를 거쳐 9일에 전주에 도착하고 동학당의 수령으로 세상에 소문난 김봉균(金鳳均=전봉준)을 만나러 전라감영을 찾아갔다. 다음날 밤 김의 사인(使人)에게 안내를 받아서 포정국(布政局) 뒷방에서 3시간 동안 나와 필담을 나누었다. 김봉균은 일명을 전명숙(全明叔)이라 한다. 내가 면회했을 때에는 김(金)이라 칭했으므로 아마도 김이 진짜 성이고 전(全)은 가짜 성인 것 같다.[14]

사실은 명숙(明叔 또는 明淑)이 전봉준의 초명(初名)이다. 그러나 일본인 아무개 씨는 전봉준이 대외적으로는 전명숙이라는 가명을 쓰고 자기에게는 본명을 밝혀줬다고 착각한 듯하다. 전봉준은 정체불명의 일본인 방문자에 대해 그렇게 좋게 오해시킴으로써 상대방이 마음을 놓게 하고 일본 측의 속사정을 털어놓게 하는 심리전을 썼다고 생각된다.

덧붙여 말하면 이 「동학당전문」에는 전봉준이 자기를 일부러 찾아온 그 사람을 위해 해월에게 소개장을 써 주었다는 사실까지 기록되어 있다.

---

14 渡邊鐵太郎, 「東學黨銓聞」 "本月二日竜山ヲ發シ廣州利川竹山鎭川淸州等ヲ經テ九日全州ニ着シ東學黨ノ首領ヲ以テ世ニ聞エタル金鳳均ヲ全羅監營ニ訪フテ翌日晩ノ使人ニ導カレ布政局ノ後房ニ於テ面會シ三時乃余ノ筆談ヲナス金鳳均一名ヲ全明叔ト云フ余面會ノトキハ金ト稱ス盖シ金ハ實姓ニシテ全ハ僞姓ナランカ" (『乙種第十號 戰史編纂準備書類 東學黨 全 (暴民)』, 1894(明治27)

연고가 있어 길을 바꾸고 보은·화령 등지를 지나 나는 상주 능암리(綾巖里)에 최시형을 방문하러 갔으나 부재했기 때문에 김의 소개장과 편지 한 통을 남기고 갔다.[15]

4. 동학군 '대통령' 손병희

통설에 의하면 전봉준들이 거느리는 '남접(南接)'과 해월이 직접 지도한 '북접(北接)'이 대립되어 있었다고 한다. 하지만 이 기사는 그 통설에서는 전혀 이해할 수 없는 내용이다.[16] 상식적으로 생각해서 만약 남접과 북접이 대립했었다면 그 상대방에 대한 소개장을 써 준다는 것은 있을 수 없는 일이다.

양자의 결정적인 대립이 없었다고 하면 전봉준들의 '남접'과 '북접'의 지향은 근본적으로 같았다고 보아야 할 것이다. 의암 손병희(義庵孫秉熙, 이하 의암)는 동학농민혁명 당시 해월로부터 직접 위임을 받아서 '대통령(大統領)'에 임명되고 북접 동학군을 거느리고 함께 합세해서 싸우기도 했다. 훗날 3.1독립운동 후 재판을 받을 때 그의 진술을 보면 양자 사이에 모종의 갈등이나 노선 차이가 전혀 보이지 않는다.

나가시마 타이조[永島碓藏] 판사가 '폭동'(동학농면혁명)에 가담했느냐고

---

15 위의 글, "故アリテ路ヲ轉シ報恩化寧等ヲ過キテ吾尙州綾巖里ニ崔時亨ヲ訪ノ在ラス金ノ紹介狀ト一簡ヲ遺シ去ル"
16 남북접 대립설의 허구성에 대해서는 朴孟洙, 「東学農民革命における南北接の問題と研究状況─120周年を過ぎて─」(『人文學報』CXI, 2018, p. 118)에서 詳論되어 있다.

묻자 의암은 그 두목이었고 그 당시의 정부가 무고한 사람을 처벌하고 재산을 빼앗으며 부녀를 겁탈했던 까닭에 정부를 쓰러뜨려 새로운 정부를 수립하려 했다고 밝혔다. 그때 동학의 수령은 누구냐는 질문에 대해 의암은 최시형이 수령이었으나 노년이었기에 의암을 '대통령'으로 삼았고, 같은 시기에 전라도에서 봉기한 전봉준과 연락을 취했다고 말했다.[17]

다시 나가시마 판사가 의암에게 동학도가 새로운 정부를 세워서 어떤 정체(政體)를 만들 작정이었냐고 묻자 의암은 그 당시는 정체를 논의하는 시대가 아니었기 때문에 착실한 사람을 추대해서 정부를 조직하도록 할 작정이었지 조선왕조를 전복시킬 생각은 없었다고 대답했다.[18]

나가시마가 의암에게 동학의 대통령으로서 그 전의 정부를 무너뜨리고 자기 힘으로 정부를 이끌겠다는 포부가 있었던 게 아니냐고 추궁하자 의암은 이른바 대통령이란 군사를 거느리는 직책이지 자기가 정부를 조직할 생각은 없었다고 반박했다.[19]

---

17 「孫秉熙京城地方法院豫審調書 第一回調書 被告人 孫秉熙 大正八年四月十日 於京城地方法院 永島判事, 磯村書記」, 金正明 編, 『明治百年史叢書 朝鮮独立運動 I 民族主義運動篇』 第2章 三・一運動(経過), p. 790, "問 東學黨か日清戰爭當時暴動した際被告も加つて居たのか 答 左樣てす私は其頭目として主つて居りました 問 何故當時左樣な暴動を起したのか 答 其當時の政府は無辜を罰し財産を奪ひ婦女を奪つて居た故政府を倒して新なる政府を樹立する目的て暴動を起したのてす 問 其頃の東學の首領は誰たつたか 答 崔時亨か首領てした同人は老年の事故私を大統領に舉け事實上私か首領となつて居ました其他に全羅道全琫準か起つた故同人と聯絡を取つたのてす"

18 위의 책, p. 790, "問 其被際告等は新政府を建て如何なる政體となす積りたつたか 答 其當時は政體を論する樣な時代てなく只着實な者を舉けて政府を組織させると云ふ考たのて李朝を覆する目的ははありませぬてした"

19 위의 책, p. 790, "問 被告は東學の大統領故時の政府を倒し自力政府を行ふとの抱負があつたのではないか 答 大統領と云ふは兵を舉率ると云ふ後自ら政府を倒しても私か政府を組織すると云ふ考はありませぬてした"

나가시마가 집요하게 동학농민혁명 당시의 일을 물은 것은 의암이 말한 '대통령'을 현대 한국어와 일본어에서 그렇듯이 국가원수로서의 대통령 즉 'president'의 의미로 해석한 듯하다. 그래서 의암에게 정부를 전복시켜서 스스로 권력을 잡으려는 정치적 야심이 있다고 의심한 것 같다. 조선에도 통령(統領)이라는 관직은 있었으나 그것은 조운선 10척을 통솔하는 무관직이므로 별로 관련이 없는 듯하다. 한편 청나라에는 보군통령(步軍統領), 호군통령(護軍統領) 등 일군(一軍)을 통솔하는 고위 무관직으로 통령(統領)이 존재했다. 의암이 말한 '대통령'도 중국의 용례에 따른 것으로 보인다. 현대식으로 말하면 동학군 최고 사령관이다.

그런데 비록 의암에게 정치 지도자가 될 생각은 없었더라도 아무런 정치적인 뜻도 없었던 것은 아니다. 오히려 그는 동학교단이 거의 괴멸된 상황에서 구한말의 국내외 정세를 살피면서 교단 재건과 정치개혁을 동시에 이루기 위해 분주히 움직여 나갔다.

5. 의암의 폐정 개혁 활동

동학농민군은 1894년 11월의 공주 우금치 전투에서 일본군 및 조선 관군의 우세한 화력에 의해 괴멸적인 타격을 입었다. 1895년에는 전봉준이 체포되고 처형당했다. 동학군이 해산되고 뿔뿔이 흩어지면서, 살아남은 의암과 김연국 등은 해월을 옹위하여 충청·강원도의 산간 지역으로 피신했다. 의암은 그 사이에 해월로부터 '북접대도주(北接大道主)'에 임명되고 교단의 장래를 부탁받았다.[20] 1898년에 해월도 또한 체포 · 처형당하자 의암은 당국의 수색과 탄압을 피해 가면서 동학교단을 거느리고 재건의 중임을 짊어지게 되었다.

1901년 의암은 원산에서 부산을 거쳐 일본 나가사키(長崎)로 건너갔다. 그리고 일본에서 이상헌(李祥憲)이라는 가명을 쓰면서 권동진 · 오세창 · 조희연 · 이진호 · 조희문 · 박영효 등 조선 내에서 국사범으로 몰려 먼저 망명했던 개화파 인사들과 사귀면서 그들의 일부를 동학에 입도(入道)시켰다. 한편으로 의암은 박인호 · 김명배 등으로 하여금 서북 지방에서 포교하게 했다. 또 그는 나라의 앞날을 생각해서 문명과 학술을 배우기 위해 동학교도 자제들 수십 명을 일본에 유학시켰다.[21]

1903년에 의암은 『삼전론(三戰論)』을 저술하여 독자적인 문명관과 정세 판단을 피력했다. 여기서 그는 "서로 적대해봤자 전공(戰功)에 이익됨이 없으니 이것은 이른바 오수부동(五獸不動)이라는 것이다."[22]라고 했다. 즉 지금 열강은 서로 군사력을 겨루고 있지만, 그것이 극단에 이르면 각국은 서로가 서로를 견제하면서 꼼짝도 할 수 없게 되므로, 이와 같은 시대에 필요하게 되는 것은 '삼전(三戰)' 즉 도에 의해 백성을 덕화(德化)시키는 '도전(道戰)', 농업 · 공업 · 상업을 발달시키는 '재전(財戰)', 언어에 통달하고 언론 ·

---

20 吳知泳, 『東學史』 「海月先生遭變」, p.195, "이때 海月先生은 龜菴, 義菴, 松菴 세 사람을 불러 말씀하여 曰 自今으로 道中 庶事를 그대 等 三人에게 맡기노니 그대 等은 十分勉勵하라. 三人이 合心하면 天下가 다 흔들려도 어찌 하지 못하리라 하고 三人의 中에 主張이 없지 못하리니, 義菴으로써 主張을 삼으라 하고 義菴으로써 北接大道主를 삼다."

21 李敦化 編述, 『天道教創建史 第三篇 義菴聖師』, p. 27-31.

22 孫秉熙, 「三戰論」, "相敵戰功無益, 此所謂五獸不動也"(李敦化 編述, 『天道教創建史 第三篇 義菴聖師』, p. 83)

외교를 통해 이기는 '언전(言戰)'의 세 가지라고 지적했다.

러일전쟁이 가까워지자 의암은 러시아가 한갓 부동항을 구하고자 하는 데 대해 일본은 나라의 존망이 달려 있으니 서로의 전쟁에 대한 절박함이 하늘과 땅 차이라고 지적하면서 일본의 승리를 예측했다. 그리고 도쿄에 40여 명의 동학 지도자를 불러 "일본 · 러시아의 싸움은 만주 · 한국을 차지하기 위한 싸움"이라는 대체를 주지하고 어느 쪽이 이기든 승자에게 한국이 멸망당하는 것은 불 보듯 뻔한 일이라고 지적하면서 "일본 당국과 한국 정치의 밀약을 굳게 맺은 후에 일본을 위해 러시아를 치고 한 번 국권을 장악한 후 제정(諸政)을 개혁하는 것이다. 우리 한국이 재생할 길은 이것밖에 없다"[23]고 주장했다.

의암은 일본 육군성에 1만 엔의 군자금을 기부함과 동시에 진보회(進步會)를 조직하고 이용구로 하여금 이 단체를 주관하게 했다. 그러나 진보회의 내용이 동학임을 알아차린 대한제국 당국이 장차 탄압을 가하게 되었으므로 일본군의 보호 아래 가까스로 명맥을 유지하던 구 독립협회 계열의 일진회(一進會)와 합동하고 구 일진회 회장인 윤시병을 본회장(本會長)으로, 이용구를 총회장(總會長)으로 삼고 진보회원들을 일진회에 가입시켰다.[24] 그렇다 하더라도 실질적으로는 숫자가 많은 구 진보회원이 일진회를 장악했다고 해도 과언이 아니다.

오늘날 단순한 친일 단체로만 치부되기 쉬운 진보회=일진회이지만 "이에 13부(府)에 지부를 두고 … 크게 전국 정계를 점령해서 백성의 아픔[民

---

23 李敦化 編述, 앞의 책, p. 43.
24 위의 책, p. 50.

瘼]을 제거하고, 행동은 관리로서 백성의 재물을 탈취한 사람에 대해 사실을 조사하고 크게 징계함과 동시에 일일 반환하게 하고, 명목이 없는 잡된 징세를 혁파하며, 총대(總代)를 정하고 나쁜 정치를 탄핵하는 등 크게 민권을 떨쳤다"[25]고 하듯이 동학농민혁명 당시의 집강소(執綱所)를 상기시키는 활동을 전개했다는 점도 상기할 만하다.

또 의암은 1906년에 『준비시대』를 통해 새로운 국가제도 구상을 밝히기도 했다. 이 『준비시대』의 절반 정도가 '향자치(鄕自治)'라는 이름으로 주민이 주체가 되는 지방자치 행정 방법을 소개한 내용을 담고 있다.

6. 3.1독립운동의 종교연대와 의암의 '공공신앙'

러일전쟁은 의암의 예상대로 일본의 승리로 끝났다. 하지만 이용구·송병준 등이 일본에 의한 한국의 보호국화에 찬성하는 성명서를 발표하는 등의 배신을 할 것은 미처 생각지도 못했던 것 같다. 이용구는 "대한(大韓)으로 하여금 일본의 보호를 받게 하고 이윽고 완전 독립하는 것이 시의(時宜)에 맞는 일"이라고 주장했다. 의암은 보호와 독립은 서로 용납할 수 없는 일이라 하여 "어째서 보호라는 이름으로 독립을 할 수 있단 말인가?"라고 반박하고 이용구에게 정도로 돌아올 것을 권하였으나 이용구가 뜻을 굽히지 않자, 결국 한때 최고의 사제지간이던 두 사람은 결별하기에 이르렀다. 마침내 의암은 1905년에 동학을 '천도교'라고 개칭하고, 일진회와의 관계를

25 위의 책, p. 51.

끊고 일진회 회장 이용구와 일진회 간부들에게 출교 처분을 내렸다.[26]

그런데 의암이 동학과 일진회와의 관계를 끊고 종교단체 천도교로 개편하였지만, 정치적인 동학에서 계승한 공공적 역할을 포기한 것은 아니다. 다시 3.1독립운동 재판 진술을 살펴보면, "피고(의암)는 천도교를 생명으로 삼고 있다"고 말하고, 또 "남을 훈화해야 할 지위에 있으면서 정치의 와중에 뛰어들어 조선 독립을 도모하는 것은 피고의 사상과 위배되는 일이 아니냐"는 나가시마의 질문에 의암은 "종교가 만족하게 행해지기 위해 조선의 독립을 꾀한 것이므로 종교가 만족스럽게 행해지지 않는 한 어떻게든 종교인이 정치에 관여하게 될 것"이라고 대답했다.[27]

나가시마 판사는 역사상 진정한 종교는 분명히 정치와 어울리지 않았음에도 조선 독립을 도모한 천도교는 필시 종교를 빙자한 정치비밀결사일 것이라고 단정했다. 이에 대해 의암은 비록 조선 독립이 이루어졌더라도 물심(物心) 즉 벼슬길에 오르는 야심은 없다고 하면서 다음과 같이 말했다.

국가가 종교를 돕지 않고 정치와 관계없이 자립할 수가 있습니까? 그렇지 않은 한 종교는 정치를 따라가서 그 목적을 이루기 위해 조선의 독립을 도모

---

26 위의 책, p. 52-53.
27 被告人孫秉熙 第二回調書 大正八年四月十一日 於京城地方法院 豫審掛 永島判事, 「第2章 三・一運動(経過)」, 金正明 編, 앞의 책, p. 802, "問 被告は天道教を生命として居るとの 事てあり人を薫化すへき地位にありなから政治の渦中に係り朝鮮の獨立を謀てると云 は被告の思想に反する事てあると思はるるか如何 答 夫れは宗教か滿足に行なはれる樣 にする爲めに朝鮮の獨立を謀つたのて宗教が滿足に行かぬ間は如何しても宗教家か政 治に關係する樣な事になるに思ひます"

했습니다. … 나는 종교의 목적을 이루는 일 이외에는 아무것도 없습니다.[28]

'종교의 목적'을 이루기 위해 독립을 외쳤다는 의암의 주장에 대해 카와세 타카야[川瀨貴也]는 "손병희에게 주안(主眼)은 어디까지나 종교 활동에 있지 정치 활동이 아니었던 것이다. 북접의 흐름을 이어받은 천도교는 종교적 차원을 정치적 차원보다 높이 평가하고, 스스로의 종교 활동을 자유롭게 행할 수만 있다면 된다고 생각했던 구석이 보인다."[29]고 지적한다.

하지만 여기서 의암이 말하는 '종교'를 천도교라는 한 종교단체의 일로만 생각하면 그의 발언은 이해할 수 없게 된다. 왜냐하면 종교 활동을 자유롭게 하는 것만이 목적이라면 독립 선언 따위를 선포해서 식민지 당국에게 기피당하는 것은 유해무익한 일이고, 오히려 시천교가 그랬듯이 일본 제국의 통치에 거역하지 않는 편이 더욱 효과적이기 때문이다. 게다가 3.1독립운동은 천도교가 중요한 역할을 맡았다고는 하나 그것뿐만 아니라 기독교, 불교 등의 종교들이 참여한 종교연합에 의한 운동이었다. 만약 '자기들(=천도교)의 종교 활동'만을 위한 것이었더라면 타종교에게 호소할 필요성도 없거니와 비록 호소했다고 해도 타종교 쪽이 응하지 않았을 것이다.

의암과 나가시마 판사는 똑같이 '종교'라는 말을 썼어도 그 뜻하는 바가 완전히 다르다. 나가시마는 역사상 진정한 종교는 정치와 뒤섞이지 않았다

---

28 위의 책, p. 802, "國家か宗教を助けて行かす政治に關係なく自立する事か出來ますか左樣て無い限りは宗教は政治に附いて行き其目的を達する爲めに朝鮮の獨立を企てたのてす (…) 私は宗教の目的を達すると云ふ事以外には何物もありませぬ"

29 川瀨貴也,「天道教幹部民族代表」について,『植民地朝鮮の宗教と学知―帝国日本の眼差しの構築』, p. 137.

고 하면서 천도교를 가리켜 정치적 비밀결사라고 단정했지만 그는 식민지 법관으로서 당연히 아래와 같은 총독부 유고에 보이는 종교관을 공유했을 것이다.

> 종교 신앙[信敎]의 자유는 문명열국(文明列國)이 하나같이 인정하는 바라 각각 그 숭배하는 교지(敎旨)에 따라서 안심입명(安心立命)의 경지를 구하고 자 하는 것은 본래 그런 것이긴 하지만 … 또는 종교 신앙을 빙자하여 멋대 로 정사(政事)를 의논하거나 혹은 괴이한 의도를 꾀하거나 한다면 곧 좋은 풍 속에 해독을 끼치고 안녕을 방해하는 것이므로 마땅히 법을 받들어서 처단 하지 않을 수 없다. 하지만 유교·불교·여러 종교·기독교를 막론하여 그 본지 (本旨)는 결국 인심과 세태를 개선함에 있는 까닭에 본디 시정(施政)의 목적과 위배되지 않을뿐더러 도리어 그것을 도와 보탬[神補]이 되어야 될 것임을 믿 어 의심치 않는다….[30]

즉 종교의 본지는 개인의 '안심입명'과 사회의 '인심과 세태의 개선'에 있 다고 규정하고, 종교 신앙이 그 범위 안에 머무르는 한, 달리 말하면 종교가 민심의 안정과 풍속의 개량을 담당하고 정치—그것도 식민지 행정—의 하 청 입장에 머무는 한 자유를 보장해준다는 것이다. 하지만 한번 '정사를 의

---

30 「諭告」, 『朝鮮總督府官報』 第一號, 1910年 8 月 29日, "信敎ノ自由ハ文明列国ノ均シク認 ムル所ナリ各人其ノ崇拝スル敎旨ニ倚リ以テ安心立命ノ地ヲ求ムトスルハ固ヨリ其ノ 所ナリト雖(……)又ハ信敎ニ藉リテ叨ニ政事ヲ議シ若ハ異図ヲ企テムトスルカ如キハ 即チ良俗ヲ茶毒シ安寧ヲ妨害スルモノナルヲ以テ当ニ法ヲ案シテ処断セサルヘカラス 然レトモ儒仏諸敎ト基督敎トヲ問ハズ其ノ本旨ハ畢竟人心世態ノ改善ニ在ルカ故ニ固 ヨリ施政ノ目的ト背馳セサルノミナラス却テ之ヲ神補スヘキモノタルヲ疑ハス(……)"

논'하거나 '괴이한 의도를 꾀'하거나 한다면 그것은 곧 '좋은 풍속에 해독을 끼치고' '안녕을 방해하는 것'이므로, 종교의 분수를 뛰어넘은 정치적 비밀결사와 같은 존재로 간주하고 처단한다는 것이다.

한편 의암은 종교가 만족스럽지 않는 한 "어떻게든 종교인이 정치에 관여하게 될 것"이라고 강조했다. 그리고 동시에 "나는 조선이 독립국이 되더라도 벼슬길에 오르는 생각은 없다"고 말했다. 즉 의암은 민간에 있으면서 종교인으로서 정치적·사회적 문제에 대해 적극적으로 발언하면서 그 잘못이나 일그러짐을 바로잡는 데에 '종교의 목적'을 두었던 것이다.

이러한 의암의 '종교'관을 이해하는 데는 기독교의 '공공신학(公共神學, the public theology)'이 참고가 될 것이다. 김경재에 의하면 공공신학이란 기독교의 '공공신앙(公共信仰)'을 이론적으로 체계화시킨 것이다. 공공신앙이란 "예언자와 사도적(使徒的) 신앙을 유산으로 계승하고 예수의 복음을 성서적 신앙의 본질로 고백하는 기독교인 개인 및 공동체가 이 세상의 현실과의 관계에서 역사적 현실에 대한 책임을 자각하고 사회·윤리적 의식을 가지면서 이 세상 한가운데서 자기를 초월한 자에 대한 신앙을 견지하면서 세계의 현실을 신의 나라의 비전을 향해 변혁해 나가는 신앙"을 의미한다.[31]

이것을 "후천개벽 신앙을 유산으로 계승하고 수운의 도학(道學)을 동학 신앙의 본질로 고백하는 도인 개인 및 공동체가 이 세상의 현실과의 관계에서 역사적 현실에 대한 책임을 자각하고 사회·윤리적 의식을 가지면서

---

31 金敬宰, 特論 II 「韓国キリスト教会における公共信仰と私的信仰」, 金泰昌ほか編, 『公共哲学16 宗教から考える公共性』, p. 419.

이 세상 한 가운데서 시천주, 내유신령(內有神靈)・외유기화(外有氣化)에 대한 신앙을 견지하면서 세계의 현실을 후천개벽(後天開闢)의 비전을 향해 변혁해 나가는 신앙을 의미한다"고 바꾸어 놓으면 곧 '공공동학(公共東學)'이 된다. 지금까지 바라본 사회적 실천 활동의 역사를 봐도 동학이 실제로 이것을 목표로 해 온 것은 분명하다. 그리고 이와 같은 '공공신앙'의 기본적 테두리를 공유했기 때문에 3.1독립운동에서 천도교와 기독교 기타 종교의 연대도 가능하게 되었다고 생각된다.

7. 맺음말

이상 동학-천도교의 수운 시대부터 해월을 거쳐 의암에 이르기까지의 공공성의 전개를 살펴보았다. 그 공공성은 '시천주', '다시개벽'의 법설 안에 이미 싹트고 있었으나 귀천・남녀・빈부의 차별이 없고 서로가 서로를 하늘처럼 모시는 동학공동체 안에서 그것이 구체화되었다. 이것은 신도들에게는 이상사회인 '후천'시대의 모형처럼 여겨졌을 것이지만 당시의 지배층이자 지도층이었던 유생들에서 보면 유교적 사회질서를 파괴하는 사교나 다름없었다. 수운이 처형되고 동학이 탄압받은 이유는 거기에 있다.

하지만 동학은 해월이라는 뛰어난 지도자・조직자를 얻어서 수운 생전 이상으로 세력을 확대했다. 해월은 그 세력을 배경으로 동학의 신앙 자유 요구도 포함하는 교조신원운동을 전개했다. 요구 자체는 정부에 의해 진지하게 수행되지 않았지만, 동학교도들 자신이 사회적・정치적으로 움직이는 역량을 자각할 계기가 되었다.

전봉준 등이 주도한 동학농민혁명은 그 연장선상에 일어난 사건이며, 특히 이 시기의 폐정개혁의 요구는 동학혁명 주도 세력이 스스로를 동학이라는 신앙 집단으로뿐만 아니라 농어민의 이익을 대변하는 공공적 존재로 자리매김했음을 실증하는 것이다.

또 동학군은 '시천주' 신앙을 바탕으로 농민을 존중하고 백성의 생업을 방해하지 않고, 한반도 재류 일본인에 대해서도 해를 끼치지 않는 높은 윤리성과 인도주의(동학이 내건 구호의 하나가 '척왜양창의(斥倭洋倡義)'이었다는 점을 감안하면 더욱 놀라운 일이다)를 가지고 있었다.

그 동학농민혁명이 일본군 및 조선 관군에게 진압된 후 붕괴된 동학 교단의 재건 임무를 짊어진 의암은 일본에 건너가서 개화파 인사들과 사귀면서 국제 정세를 살피고, 서양 근대 문명을 나름대로 수용했다. 또 러일전쟁에서는 일본의 승리를 예견해서 일본군에게 협력하면서 진보회(일진회)를 전국적으로 조직하고 동학혁명이 충분히 이룰 수 없었던 폐정개혁을 대대적으로 실행했다. 일진회 회장 이용구 등이 대한제국의 일본 보호국화에 찬성하는 성명을 내자 의암은 그들을 추방하고 동학을 천도교로 개편했다. 하지만 그 의암도 동학의 탄압자이며 민중의 억압자였던 황실과 대한제국에 대해서는 냉담한 감정을 가지고 있었다.

의암에게 있어서 '국가'는 인민·민족의 행복을 위한 편의상 존재해야 할 것으로, 그것을 만족시킬 수 없다면 불필요한 것이다. 그가 한일합방에 대해 중립적 태도를 취한 것도, 또 그런 그가 3.1독립운동에서는 중심적 역할을 맡았던 것도 결국 대한제국도 대일본제국도 '인민의 행복'에 응하는 것이 아니었기 때문이다. 그가 마음속에 그렸던 비전은 고도의 자치를 기조로 한 각국이 한 명의 '지식이 높은 자'에게 통괄되는 국가연합체 혹은 연방제 같은 것으로, 당분간은 한국 · 일본 · 중국 등의 동양 각국이 한 무리가 되어서 서양세력의 침략과 맞서고, 장차 세계 전체가 그러한 형태로 통합되어서 침략 그 자체를 없앤다는 것이었다.

일본의 식민지 관료가 생각하는 '종교'는 정치에 관여하지 않고 '시정(施政)의 목적'의 하청과 같이 오로지 개인의 '안심입명'과 사회의 '인심과 세태의 개선'에 이바지하는 사적(私的)인 것이었다. 이에 대해 의암이 생각하는 '종교'는 인민의 행복을 위해 '정치에 따라가서' 정치와 관계를 맺으면서 세계의 현실을 개벽된 낙원세계의 비전을 향해 변혁해 나가는 것이었다. 그것은 의암이 젊은 무렵부터 몸담고 있던 동학의 모습 그대로였으나 한편으로 기독교의 '공공신앙' 및 '공공신학'과도 맥을 같이하는 것이었다. 3.1운동 당시 여러 종교의 연대가 가능하게 된 것은 근본적인 부분에서 이와 같이 아주 비슷한 공공신앙의 테두리를 공유하고 있었기 때문이다.

제2장

근대 한국
시민적 공공성의 성립
– 의암 손병희를 중심으로

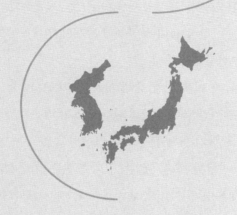

제2장에서는 천도교가 일본 식민지하에서 확립하고자 한 나름대로의 시민적 공공성에 대해 살펴보고자 한다. 조선총독부는 여러 법령으로 한반도의 종교를 통제하면서도 명목상은 신앙의 자유를 표방하고 있었다. 그것은 종교가 식민통치를 위협하는 것을 경계하면서도 한편으로 권력의 손길이 미치지 못한 영역에서 안심입명과 사회정화를 기대했기 때문이다. 말하자면 총독부는 종교에 대해 식민통치질서를 보완하는 하청 역할을 기대했다고 볼 수 있다. 그러나 의암과 천도교는 그것과 다른 시각으로 정치와 종교의 관계를 바라보고 있었다. 그들은 교정일치(敎政一致)를 내세우면서 종교와 정치는 '인내천(人乃天)'의 서로 다른 표현일 따름이라고 주장했다. 의암은 정교분리의 논리를 내세우면서 종교인으로서 정치 활동에 뛰어들어 조선 독립을 도모한 것은 종교인으로서의 신념에 어긋난 일이 아니냐는 일본인 나가시마 판사의 질문에 대해 "종교를 만족스럽게 행하기 위해서는 그렇게 하지 않을 수 없었다"고 대답했다. 그 말의 저변에는 분명히 공공종교로서의 천도교 의식이 깔려 있다고 할 수 있다.

1. 들어가는 말: 시민적 공공성이란 무엇인가?

동학의 '공공성'에 대해서는 이미 「동학사상에서의 자율성과 공공성」,[32] 「동서양 공공성 연구와 한국적 공공성 탐구」,[33] 「공공철학의 관점에서 본 동학의 개벽사상」,[34] 「한국 근대 공공성의 전개와 연대─동학-천도교를 중심으로」[35] 등 많은 선행연구가 있다.

1910년의 경술국치 이후 의암 손병희(義庵 孫秉熙, 1861~1922)를 비롯한 천도교 지도부들은 식민 당국 경찰의 감시와 압박 가운데서도 나라의 독립을 되찾고 백성을 구하기 위한 길을 계속 모색하고 있었다.

1914~1918년간 진행된 제1차 세계대전의 종전은 그 절호의 기회로 여겨졌다. 특히 미국 대통령 윌슨(Thomas Woodrow Wilson, 1856~1924)이 민족자결주의를 포함한 '14개조의 평화 원칙'을 발표한 영향은 대단히 컸다. 이것으로 폴란드를 비롯하여 동유럽, 북유럽의 나라들이 독립하게 되었다. 사

---

32 오문환, 「동학사상사에서의 자율성과 공공성」, 『한국정치학회보』 36권 2호, 2002.
33 야규마코토, 「동서양 공공성 연구와 한국적 공공성 탐구─교토포럼의 연구 성과를 중심으로─」, 『퇴계학논집』 20권, 2017.
34 조성환, 「공공철학의 관점에서 본 동학의 개벽사상」, 『원불교사상과 종교문화』 71권, 2017.
35 야규마코토, 「한국 근대 공공성의 전개와 연대─동학-천도교를 중심으로」, 『동학학보』 47권, 2018.

실 패전국인 독일 제국, 오스트리아-헝가리 제국, 오스만 제국을 해체시키는 방편적인 색채가 강했으나 이것에 고무되면서 한국독립운동은 활기를 띠게 되었다. 손병희도 역시 이러한 시대의 흐름을 보고 독립의 기회가 찾아왔다고 판단했다.

손병희와 그의 심복이라고 할 오세창, 권동진, 최린 등은 운동을 범민족적으로 전개하기 위해 먼저 박영효, 윤치호, 한규설 등 구한말 개화파 고관과 접촉을 시도했다. 그들이 요청을 거절한 후, 기독교계 안에서도 독자적인 독립운동의 움직임이 있다는 것을 알고 이승훈과 만나 천도교와 기독교 연합으로 독립운동을 추진하기로 했다. 이어서 불교계의 한용운, 백용성도 이 독립운동 대열에 참여하게 되었다.

3.1운동은 천도교·기독교·불교의 세 종교계 인사 33명이 민족대표로 독립선언서에 서명하고, 그 계획 단계에서 확산까지 종교계가 핵심적 역할을 맡은 한국 최초의 종교연합을 기반으로 한 운동이었다. 또 종교계가 주도하고 수많은 민중들이 참여하면서 시민의식을 경험함으로써 시민적 공공의식을 고취시킨 운동이기도 했다. 이 논문에서는 3.1운동을 공공종교 운동으로 다시 보면서, 운동을 이끌었던 의암 손병희의 공공성 구상을 살펴보고자 한다.

2. '공공종교'와 3.1운동

공공종교(public religions)는 호세 카사노바(José V. Casanova, 1951~)에 의해 제시된 개념이다. 카사노바는 세속화 즉 탈종교라는 도식뿐만 아니라 종교사회학이 제시한 '세속화=종교의 개인화 · 사사화(私事化)'라는 도식에도 반대한다. 오히려 세계적으로 보아도 종교는 갈수록 '탈사사화(脫私事化, deprivatization)'하고 있다고 말한다. 카사노바에 의하면 종교의 개인화는 근대화 과정에서 하나의 옵션에 지나지 않으며 공공영역에서의 종교도 여전히 사라지지 않고 있다.[36] 카사노바의 논의는 로버트 벨라(Robert N. Bellah, 1927~2013)가 제시한 미국 시민종교론, 그리고 그 기초가 된 장자크 루소(Jean-Jacques Rousseau, 1712~1778)의 시민종교론[37]을 비판적으로 계승한 것이다.

베라와 카사노바의 공공(시민)종교론 이후 그것을 둘러싼 많은 논쟁이 벌어졌다. 후지모토 류지[藤本竜児]의 견해에 따라 그 내용을 정리해 보면 이른바 공공(시민)종교의 내용은 대략 다음 다섯 가지 유형으로 나누어진다.

① 개신교적 시민의 경건함(Protestant civic piety)

② 민주적 신조(democratic faith)

③ 종교적 내셔널리즘(religious nationalism)

④ 민속종교(folk religion)

⑤ 초월적이고 보편적인 국민종교(transcendent universal religion of the nation)

---

36 藤本龍児,『アメリカの公共宗教』, p. 27 참조.
37 루소는 『사회계약론』「시민의 종교에 대하여」에서 신의 존재, 내세, 선인들의 행복과 악인들에 대한 벌(권선징악), 종교적 불관용의 배제 등 간단한 계율만을 가진 시민종교를 구상했다.

이들의 차이는 공적 영역을 형성하는 공통항을 어디에서 찾느냐 하는 점에 있다. ①은 특정 종파로부터 독립되어 있지만 개신교적 가치관에 강하게 영향을 받은 유형이다. ②는 인간의 평등, 자유, 정의 등 초월적인 신에게 의존하지 않는 가치를 믿는 유형이다. ③은 국가와 국민 그 자체가 신격화되고 숭배되는 유형이다. ④는 미국의 역사 속에서 길러지고 미국인의 정신 풍토 속에서 자라난 신조, 미국인이 공통적으로 가지고 있는 '미국적 삶의 방식(American Way of Life)'을 숭배하는 유형이다. ⑤는 ③·④의 자기 긍정적 유형과 달리 자기비판의 기준을 갖춘 것이다.[38]

하지만 여기서 거론된 서구적인 공공종교 개념은 음으로 양으로 국가 체제의 존재를 전제하면서 그것을 기독교 혹은 비종교적인 보편적 가치, 또는 기존의 국가 체제와 국민 자체 및 그 삶의 방식 등을 이념화해서 사람들을 통합하고 규범을 지키게 하며 체제를 보강하는 성격이 강하다고 할 수 있다. 김태창은 루소나 베라, 카사노바 등이 논의한 공공(시민)종교는 체제(강화)의 종교이며 세련된 '프랑스교'나 '미국교'에 지나지 않는다고 지적한다.[39]

그런데 3.1운동을 주도한 민족대표와 종교인들이 추구한 국가상은 더이상 임금이 다스리는 왕국(王國)이나 제국(帝國)이 아니라 민이 주인이 되는 나라, 즉 민국(民國)이었다. 사실 3.1독립선언서에는 독립 후의 국가 체제에 대해 아무런 언급도 없지만 손병희는 3.1운동 후의 재판에서 독립 후의 새로운 국가는 민주정체로 한다고 밝혔다.

---

38 藤本龍児, 앞의 책, pp. 204-206 참조.
39 金泰昌·稲垣久和 編,「発題Ⅳ 一つの公共宗教試論」,『公共哲学16 宗教から考える公共性』, p. 109.

문: 조선이 독립하면 어떤 정체(政體)를 세울 생각이었는가?

답: 민주정체(民主政體)로 할 생각이었습니다. … 또 나는 구주전쟁(歐洲戰 爭: 제1차 세계대전)이 한참인 시기에 교도들과 우이동(牛耳洞)에 갔을 때 전쟁 이 종식될 때 상태가 일변하여 세계에 임금[君]이라는 자는 없어질 거라고 말 한 적이 있습니다.[40]

　　그런 의미에서 독립운동을 주도한 종교의 성격을 표현한다면 체제 옹호 적인 '공공종교'라고 부르기는 약간 무리가 있어 보인다. 그보다는 김태창 이 제시한 '공공(公共)하는 종교'라는 개념이 유효할 것이다. 그것은 특정한 교단 조직을 갖추고 체제화된 종교도 아니고, 스스로의 교권(敎權)에 의해 사회를 지배하는 종교도 아니고, 어느 국가나 체제 속에서 이미 만들어진 '공공성'의 규범을 지키는 종교(교단 · 조직 · 교리)도 아니다. 그것은 개개의 종교(인)의 어떤 태도 · 자세를 말하는 것이다.

　　'공공하는 종교'란 종교의 타자(그것은 외부라고도 할 수 있는 것으로 타종교를 포함하여 정부와 시장과 시민사회를 개별적으로 또는 포괄적으로 의미한다)와의 대 화(對話) · 공동(共働) · 개신(開新)을 계속하는 것을 통해 종교 자체와 타자가 상

40　「孫秉熙京城地方法院豫審調書 第三回調書 被告人 孫秉熙 大正八年七月四日 於京城地 方法院豫審掛に於て 判事 永島碓藏 書記 磯村仁兵衛, 磯村書記」, 金正明 編, 『明治百年 史叢書 朝鮮独立運動 I 民族主義運動篇』 第2章 三 · 一運動(経過), p. 802. "問 朝鮮か獨 立すれは如何なる政體の面を建てる考たつたのか 答 民主政體にする考てありました (…) 尙私は歐洲戰爭の眞最中に教徒等と牛耳洞へ行つた時戰爭か熄んた時の狀態か一 變し世界に君と云ふ者は無い樣になると話した事かあります"

호 연동하여 변혁하고자 하는 자세와 활동을 가리킨 것이다.[41]

즉 공공하는 종교란 외부의 타자(타종교나 정부, 시장, 시민사회 등)와 함께 대화(對話)하고 함께 일하고[共働] 새로운 차원을 열어 나가[開新]는 종교(인·집단)의 활동이다. 이 '공공하는 종교'라는 시각으로 동학-천도교가 걸어온 길을 살펴볼 때, 창시부터 3.1독립운동에 이르기까지 그 범주를 벗어나지 않았다. 그렇게 보면 3.1운동이야말로 '공공하는 종교'운동이었다. 여러 종교가 함께 움직이고 타자로서의 일본과 세계의 양심과 대화하면서 한 민족의 새로운 나라, 국민이 주체가 되는 국가를 건설하려는 시도였기 때문이다. 그리고 그것은 앞에서 본 바와 같이 한 민족의 독립을 넘어서 동아시아와 세계를 시야에 둔 운동이기도 했다.

3. 종교의 역할

3.1운동 후 재판 과정에서 피고인 의암과 일본인 판사 나가시마 타이조[永島碓藏] 사이에서 종교를 둘러싼 논쟁이 벌어졌다. 나가시마는 의암에게 "종교인으로서 독립을 도모하여 정치 활동을 한 것은 종교인으로서의 신념과 어긋나지 않으냐"고 물었다. 의암은 "종교를 만족스럽게 행하기 위해서는 그렇게 하지 않을 수 없었다"고 대답했다. 그리고 자신은 독립이 성취되었다고 해도 관직에 나갈 생각은 없다고 덧붙였다.

---

41 金泰昌·稲垣久和 編, 앞의 책, pp. 107-108.

문: 피고는 천도교를 생명으로 삼고 있다고 하던데 사람을 훈화(薰化)해야 할 지위에 있으면서 정치의 와중에 뛰어들어 조선의 독립을 도모한다면 그것은 피고의 사상과 위배된다고 생각되는데 어떠한가?

답: 그것은 종교가 만족히 행해지기 위해 조선의 독립을 도모한 것이지 종교가 만족스럽게 행해지지 않는 한 어떻게 해도 종교가가 정치와 관계하게 될 거라고 생각합니다.

문: 하지만 역사상 진정한 종교는 정치와 뒤섞이지[混濟] 않으려 했음이 분명한데 천도교는 정치에 대한 비밀결사이니까 이번에 조선 독립을 꾀했다고 생각되는데 어떤가?

답: 국가가 종교를 돕지 않고 정치와 상관없이 자립할 수 있겠습니까? 그렇지 않는 한 종교는 정치를 쫓아가 그 목적을 이루어야 한다고 생각하기 때문에 종교의 목적을 달성하기 위해 조선의 독립을 도모한 것입니다. 나는 조선이 독립국이 되더라도 벼슬[官途]에 나아갈 생각은 없습니다. 내가 독립 후에 벼슬에 올라갔다면 정치상의 욕심[物心]이 있었다는 말을 듣게 되어도 할 말이 없지만 나는 종교의 목적을 달성하는 것 이외에는 아무것도 없습니다.[42]

---

42 「孫秉熙京城地方法院豫審調書 第三回調書 被告人 孫秉熙 大正八年七月四日 於京城地方法院豫審掛に於て 判事 永島碓藏 書記 磯村仁兵衛, 磯村書記」, 金正明, 앞의 책, p. 802. "問 被告は天道教を生命として居るとの事てあり人を薰化すへき地位にありなから政治の渦中に係り朝鮮の獨立を企てると云は被告の思想に反する事てあると考はるるか如何 答 夫れは宗教か滿足に行はるる様にする為めに朝鮮の獨立を謀つたのて宗教か滿足に行かぬ間は如何しても宗教家か政治に關係する様な事になると思ひます"

나가시마는 '정교분리'의 입장을 내세워 '진정한 종교와 정치는 서로 떨어져 있는 것'이라고 강조하면서 의암이 종교인으로서 정치 활동을 한 것은 '천도교가 진정한 종교가 아니며 정치적 비밀결사이기 때문'이라고 단정했다. 그와 식민지 관료들의 종교 인식은 공식적으로 1910년 8월 29일에 선포된『조선총독부관보』제1호의「유고(諭告)」에 의거한 것으로 생각된다.

信教의 自由는 文明 列國이 均認홀 바ㅣ라 各人이 其 崇拜홀 敎旨를 倚ㅎ야써 安心立命之地를 求홈은 固雖其所ㅣ나 宗派의 異同으로써 漫히 試其紛爭ㅎ며 又 藉名信敎ㅎ야 叨議政事ㅎ며 若企異圖홈은 卽茶毒良俗ㅎ야 妨害安寧홀 者로 認ㅎ야 當히 按法處斷치 아니치 못하리라 然이나 儒佛諸敎與基督敎를 不問ㅎ고 其本旨는 畢竟 人心世態를 改善홈에 在홀 故로 固히 施政之目的과 不爲背馳而已쑨 아니라 도로혀 可히 此를 裨補홀 者로 不疑ㅎ니 以是로 各種 宗敎를 待홈에 毫無挾於親疎之念을 勿論ㅎ고 其布敎傳道에 對ㅎ야 適當홀 保護便宜를 與홈에 不吝홈이라…. [43]

여기서는 종교 신앙의 자유를 문명 각국에서 하나같이 인정하는 것이라고 하면서 종교의 목적을 '개인에게 각 종교의 교리에 따라 안심입명을 얻게 하는 데'에 두고 있다. 그리고 유교, 불교, 기독교, 여러 종교를 불문하고 종교의 목적은 결국 사람의 마음과 세상 형편[世態]을 개선시키는 데 있다고 밝혔다. 총독부의 '종교' 인식은 개인적으로 마음의 평안을 주고 사회적으로 인심과 사회를 개선시키는 것이다. 달리 말하면 종교란 이러이러한

43 「諭告」, 『朝鮮總督府官報』 제1호 1910년 8월 29일 31면.

것이라고 '정의(定義)'하면서 실은 어떤 틀을 지어놓고 그 틀에 맞지 않는 것은 가짜 종교로 처리한다는 것이기도 하다.

그러나 적어도 의암이 생각하는 '종교'는 그런 것이 아니었다. 사실 그 스스로 '종교'라는 말에 대해 독특한 의미를 부여하고 있었다. 1912(布德53)년, 의암은 서울에 봉황각이라는 수도장을 마련하고 각 지방의 지도자 483명을 차례로 참석케 하여 49일간의 연성(煉性) 기도를 진행하면서 교리에 대한 법설을 했다. 그 가운데 종교에 대해서도 다음과 같이 정의한 바 있다.

> 종교(宗敎)의 정의(定義)는 어떤 학자(學者)의 편견(偏見)에 의(依)하야 영구불변(永久不變)한 것이 아니오 고상(高尙)한 인격(人格)에 의(依)하야 천연자연(天然自然)으로 화출(化出)된 것을 이름이라 하엿다. 그럼으로 종교(宗敎)는 이왕(已往) 사람이 해석(解釋)한 바와 같이 모형(模型)에서뿐 볼 것이 아니오 대신사(大神師, 수운 최제우)의 말슴한 바 금불문고불문(今不聞古不聞)의 이(理)와 법(法)에서 종교(宗敎)를 정의(定義)를 낼일 수 잇으니 이것이 천도교(天道敎)라 하엿다.[44]

여기서는 학자가 정의하는 일반적인 종교 개념을 부정하고 종교란 '고상한 인격에 의하여 천연자연으로 화출된 것'이며 그것이 바로 '천도교'라고 밝히고 있다. 그리고 같은 법설에서 교정일치(敎政一致)를 강조하기도 했다. 이것을 함께 보아야 그의 종교관을 파악할 수 있다.

---

44 「八. 宗敎의 定義」, 李敦化 편, 『天道敎創建史』, p. 69.

성신쌍전(性身雙全)의 이(理)의 의(依)하야 천도교(天道教) 전적(全的) 생활(生活)을 사람에게 교시(教示)하고 그 법리(法理)에 의(依)하야 정치사(政治事)와 도덕사(道德事)는 인생문제(人生問題)의 근저(根柢)에서 결(決)코 분리(分離)하야 볼 것이 아니오 유일(唯一)의 인내천(人乃天) 생활(生活)의 표현(表現)에서 그가 제도(制度)로서 나타날 때에는 정(政)이 되고 그가 교화(教化)로 나타날 때에는 교(教)가 된다 함이니 그럼으로 천도교(天道教)는 세상(世上)을 새롭게 함에 잇어 정신(精神) 교화(教化)를 존중(尊重)히 아는 동시(同時)에 물질적(物質的) 제도(制度)를 또한 중대시(重大視)하야 그 양자(兩者)를 병행(併行)케 함을 교정일치(教政一致)라 함이엇다.[45]

즉 천도교의 관점에서는 교정일치, 즉 정치[政]와 도덕[教]은 나눌 수 없다. 하나의 인내천(人乃天) 생활의 두 가지 표현이 바로 정치와 도덕이기 때문이다. 동학은 창시자인 수운 최제우부터 보국안민(輔國安民)을 내세우면서 민중 구원을 위한 사회 참여를 지향해 왔다. 동학농민혁명도 물론 그 연장선상에 있다. 동학이 천도교가 되어서도 그러한 기본정신은 변하지 않았다. 3.1운동 재판에서 정치에 무슨 불만을 품었느냐고 질문을 받은 의암은 "일본인이 조선인을 '요보(ヨボ)'라고 부르고 열등시(劣等視)하고 있는 것은 불만",[46] "한일합방 때의 칙어(勅語)에는 일시동인(一視同仁)이라고 말했음

---

45 「三. 教政一致」, 李敦化 편, 위의 책, p. 67.
46 「孫秉熙京城地方法院豫審調書 第一回調書 被告人 孫秉熙 大正八年四月十日 於京城地方法院 永島判事, 磯村書記」, 金正明 編, 앞의 책, p. 793. "日本人は朝鮮人を稱にヨボを以てし劣等視して居るのは不平てす"

에도 불구하고 합병 후 조선은 항상 압박을 받고 있으니…"[47]이라고 대답한 바 있다. 비록 종교인으로서 정권 획득을 추구하는 일은 없어도 민중이 억압당하고 그 존엄성이 짓밟히는 현실을 결코 외면하지 않는다. 그것은 곧 동학-천도교의 시종일관된 정신이자 3.1운동의 정신이기도 했다.

4. 의암이 바라본 세계시민적 공공성

의암은 3.1운동을 한민족의 독립운동으로 그치는 것이 아니라 식민지 지배자인 일본까지도 교화하고 아시아, 나아가서는 세계 역사의 새로운 차원을 열고자 한 운동으로 구상하고 있었다.[48] 이것은 의암의 다음 진술에도 드러나고 있다.

> 답(孫秉熙): 미국 대통령도 제창한 민족자결의 제의는 참으로 우리의 피를 뛰게 하는 주장이며 이번의 구주전쟁(歐洲戰爭; 제1차 세계대전)에서는 2천만

---

47 「孫秉熙京城地方法院豫審調書 第一回調書 被告人 孫秉熙 大正八年四月十日 於京城地方法院 永島判事, 礒村書記」, 金正明 編, 『明治百年史叢書 朝鮮独立運動 I 民族主義運動篇』第2章 三・一運動(経過), p. 792. "日韓合併の際の勅語には一視同仁とあるに併合後朝鮮は常に壓迫を受けて居り…"
48 이것은 독립선언서의 다음 구절에서도 잘 나타나 있다. "今日 吾人의 朝鮮獨立은 朝鮮人으로 하야금 正當한 生榮을 遂케 하는 同時에 日本으로 하야금 邪路로서 出하야 東洋支持者인 重責을 全케 하는 것이며 …(중략)… 또 東洋平和로 重要한 一部를 삼는 世界平和 人類幸福에 必要한 階級이 되게 하는 것이라 엇지 區區한 感情上 問題ㅣ리오"(「대한독립선언서」, 『한국독립운동사 자료』44권 「임정편IV」, 資料集 第四, 第七章 獨立運動에 關한 書類).

의 목숨[生靈]을 잃었으니 민족자결의 제의로 세계가 새로워질 것으로 여겨지는 까닭에 일본인의 사상도 달라질 것이라고 생각됩니다. 그것에 대해서는 조선을 독립시키면 중국[支那]의 감정도 풀 수 있으며 앞으로 일본이 동양의 맹주로 나설 수 있겠다고 생각했기 때문입니다.

문: 그 정도의 생각이었다면 양쪽의 주권자가 조약에 따라 합병한 조선을 독립시켜야 된다는 이유가 될 수 없다고 생각되는데 어떤가?

답: 나는 어릴 때부터 천도교를 믿었으며 내 뇌리에 국가라는 관념은 없습니다. 오직 민족이라는 것이 있을 뿐입니다만(⋯)[49]

3.1운동이 직접적으로는 제1차 세계대전 후 윌슨 미국 대통령이 제창한 민족자결주의에 폭발된 것임은 부인할 수 없다. 하지만 의암은 조선이 독립되면 중국의 (일본에 대한) 악감정도 풀리고 일본이 동양의 맹주 노릇을 할 수 있다고 역설한다.

나가시마는 양쪽의 주권자가 한일합병 조약을 맺고 '합법적으로' 주권이 양도되었다고 하는 국가 주권의 논리를 내세우면서 의암이 주장하는 (이

---

49 「孫秉熙京城地方法院豫審調書 第一回調書 被告人 孫秉熙 大正八年四月十日 於京城地方法院 永島判事, 磯村書記」, 金正明 編, 『明治百年史叢書 朝鮮独立運動 Ⅰ 民族主義運動篇』 第2章 三・一運動(経過), p. 792. "答 夫れは米國大統領も提唱の民族自決の提議は誠に私等の血を躍てある様な主張てあり此度の歐洲戰爭に於ては二千萬の生靈を喪つて居り民族自決の提議により世界か新になる事てあると思はれる故日本人の思想も變つて來る事と想はれ夫れに就ては朝鮮を獨立さすれは支那の感情を和ける事か出來將來日本か東洋の盟主として立つて行く事か出來ると思つたからてす 問 夫れ丈の考へてあつたとすれは雙方の主權者か條約により併合した朝鮮を獨立させねはならぬと云ふ理由にはならぬと思はれるか如何 答私は幼少の時より天道敎を信し私の腦裏に國家と云ふ觀念はない只民族と云ふ者かある丈けてすか(⋯)"

상주의적인) 이유로 조선을 독립시켜야 한다는 것은 말이 되지 않는다고 반박한다. 의암은 그것에 대해 "내 뇌리에는 국가라는 관념은 없다", "오직 민족이라는 것이 있을 뿐"이라고 대답했다. 그가 신채호(申采浩, 1880~1936)의 민족 아나키즘을 연상케 하는 말을 했다는 것은 매우 흥미로운 사실이다. 여기서 말하는 '국가'라는 말은 넓은 의미의 국가 체제라기보다 국가를 좌우하는 임금의 주권 정도의 한정된 의미로 생각하는 것이 좋을 듯하다.

의암은 1905(光武9)년에 펴낸 『준비시대』에서 다음과 같이 말했다.

> 차(嗟)홉다 아동포(我同胞)여 인(人)이 국가(國家)가 아니면 갈의(曷依)ᄒ리오 오제(吾儕)의 생명(生命)은 국가유지(國家有之)ᄒ고 오제(吾儕)의 재산(財産)도 국가유지(國家有之)ᄒ니 가(可)히 국가(國家)를 위(爲)ᄒ야 사(死)홀지며 가(可)히 국가(國家)를 위(爲)ᄒ야 작(作)홀지라 … 기도(其道)ᄂ 하재(何在)오 필야(必也) 향자치(鄕自治)로써 시(始)홀지어다.

그는 국가의 자주자립과 그 방책을 논한 이 책의 절반을 '향자치(鄕自治)' 즉 지역주민의 자치행정에 대한 설명에 할당하고 있다. 이것을 보아도 의암에게는 본래 모든 종류의 국가가 안중에 없었던 것이 아니라 일반 민중들의 자치적 공동체, 그리고 그것을 바탕으로 이루어진 국가는 인정하고 있었다고 보아야 할 것이다.

그리고 그것은 아시아로부터 세계로 확장되는 국제주의 및 세계주의와 모순되는 것은 아니었다. 그런 의미에서 그의 세계 인식은 세방적(世方的; glocal), 즉 세계적(global)이면서 지방적(local)인 것이었다. 그리고 그러한 의암이 구상한 독립운동은 열강의 패권주의적인 국가주의의 논리를 벗어나 세계 속 한민족의 민족공동체로서 독립된 나라를 새롭게 건립하려 한 것이었다.

5. 맺음말

이 논문에서는 먼저 거족적인 민족독립운동임과 동시에 한국 최초의 종교연합에 의한 운동이기도 했던 3.1운동이 기존의 체제 옹호적인 '공공종교'라기보다 대화와 공동을 통해 개신, 즉 새로운 차원을 열고자 하는 '공공하는 종교'운동임을 밝혔다.

3.1운동 후의 재판에서 일본인 판사가 "종교인으로서 정치에 뛰어들어 독립운동을 벌인 것은 자기 신념과 어긋난 일이 아니냐"고 의암에게 묻자 의암은 "종교의 목적을 이루기 위해서는 종교는 정치에 관여하지 않을 수 없다"고 대답했다. 이 논쟁은 종교를 사적 영역이나 식민지 행정의 테두리 안에서 민심과 사회 개량에만 전념하라는 식민지 근대적 종교관에 대한 공공적 종교인의 운동으로 볼 수 있다. 하지만 여기서 의암이 주장한 '종교의 목적'이 총독부 법정에 의해 그가 마치 천도교 교단 조직의 자유를 얻기 위해 독립운동을 도모한 것처럼 그의 뜻이 왜소화되고 왜곡되고 말았다.

그러나 여기서 의암의 참뜻을 알기 위해서 천도교의 '종교' 개념과 역사 속에 나타난 동학-천도교의 공공성 지향을 살펴보았다. 먼저 천도교에서는 '종교'라는 말을 "고상한 인격에 의해 천연자연으로 화출된 것"으로 해석했다. 그리고 천도교에서는 '교정일치(敎政一致)'를 내세우면서 종교와 정치는 '인내천(人乃天)'의 서로 다른 표현일 따름이라고 보고 있다. 그것은 종교를 단지 개인적인 것으로 보거나 정치가 미치지 못한 사회적 영역에서 인심세태를 개선하는 것을 기대하는 일본적 (혹은 총독부적) 종교관과 확연히 다른 것이었다.

또 의암은 3.1운동 후의 재판에서 조선 독립이 단지 조선뿐만 아니라 아시아적, 세계적 의의를 가지는 일이고, 심지어는 일본을 위한 것이기도 하다고 주장했다. 대한제국 황제로부터 '대일본제국 천황'에게 주권이 양도되었으니 독립은 불가하다고 국가주권의 논리를 내세우는 나가시마를 의암은 "나의 뇌리에 국가라는 관념은 없고 다만 민족이라는 것이 있을 뿐"이라고 일축한다. 그러나 사실 그는 모든 종류의 국가를 인정하지 않는 것이 아니라 '향자치' 즉 주민 자치에 입각한 지역공동체, 그리고 그것에 바탕을 둔 새로운 국가 구상을 발표한 바 있었다. 의암은 이른바 세방적(世方的, glocal), 즉 지방을 바탕으로 세계로 연결되는 시각을 가지고 있었다. 그는 임금이 주권을 가진 국가가 아니라 지역공동체 주민 자치의 바탕 위에 이루어진, 민중이 주체가 되는 정체(民主政體)를 세우려 했던 것이다.

제3장

대종교 범퉁구스주의와
보편주의
– 애합종족(愛合種族)과 천민동락(天民同樂)

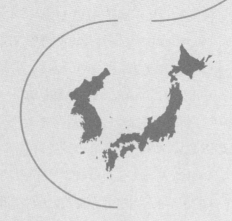

제3장에서는 대종교 범퉁구스주의와 보편주의를 '애합종족'과 '천민동락'의 관점에서 살펴보았다. 동학·천도교가 한국의 토착적·시민적 공공성을 심화시키는 역할을 했다면, 근대국가 국민으로서의 한국민족 정체성을 새롭게 구축하는 역할을 맡은 것은 대종교였다. 대종교는 「단군교오대종지포명서」에서 "태백산(백두산) 남북 7천만 형제자매"라는 새로운 민족관념을 제시했다. 그리고 청나라 황제들을 찬양하면서 조선과 후금이 '형제지교(兄弟之交)'를 맺었다고 주장하기도 했다. 이들은 대종교가 '퉁구스'라는 테두리로 청나라 만주족과 한민족을 동포로 정의한 것을 보여준다. 다시 말해 대종교는 퉁구스주의를 도입함으로써 한민족의 정체성을 재구성한 것이다. 대종교 퉁구스주의는 교단 규칙에도 반영되었고, 박은식의 소설 『몽배금태조(夢拜金太祖)』에도 그 영향을 볼 수 있다. 이는 조선시대의 유교적 가치관과 세계관, 정체성을 극복하고 새로운 한민족의 주체적 민족의식을 확립하고 함양하려는 시도로 볼 수 있을 것이다.

1. 들어가는 말

대종교와 그 교도가 근대 한국의 문화운동·독립운동에 크나큰 공
헌을 한 것은 잘 알려진 사실이다. 예를 들면 단재 신채호(丹齋 申采浩,
1880~1936), 위당 정인보(爲堂 鄭寅普, 1893~1950), 백암 박은식(白巖 朴殷
植, 1859~1925), 민세 안재홍(民世 安在鴻, 1891~1965), 외솔 최현배(崔鉉
培, 1894~1970), 가람 이병기(嘉藍 李秉岐, 1891~1968), 고루 이극로(李克魯,
1893~1978), 한힌샘 주시경(周時經, 1876~1914), 백연 김두봉(白淵 金枓奉,
1889~1960), 한뫼 안호상(安浩相, 1902~1999) 등의 대종교 관계자들이 언어·
역사·언론·사상 등 다양한 분야에서 활약했다.[50] 독립투쟁에도 1918년
에 북간도 지역에서 발표된 무오독립선언서(戊午獨立宣言書)에서 제2대 교
주인 김교헌(金敎獻, 1868~1923) 이하 38명의 대종교인이 서명하고, 백야 김
좌진(白冶 金佐鎭, 1889~1930), 성재 이시영(省齋 李始榮, 1968~1953), 백포 서
일(白圃 徐一, 1881~1921), 부재 이상설(溥齋 李相卨, 1870~1917), 예관 신규식
(睨觀 申圭植, 1879~1922), 철기 이범석(鐵驥 李範奭, 1900~1972), 석오 이동녕
(石吾 李東寧, 1869~1940), 노은 김규식(蘆隱 金奎植, 1881~1950), 여천 홍범도

---

50 조남호, 「국학의 관점에서 바라 본 근대사 서술 - 동학, 3.1운동, 대종교를 중심으로」,
    pp. 140-146.

(汝千 洪範圖, 1868~1943) 등 쟁쟁한 독립운동가들이 대종교에서 나왔다.[51] 또 대한민국 독립 후 제1공화국에 대종교 계열의 단군 민족주의자들이 대거 참여하면서 단군기원, 개천절, '홍익인간'의 교육이념 등이 채택되고 제도화되었다.[52]

대종교의 문화적 · 정치적 · 군사적 공헌에 대해서는 이미 많은 선행연구가 있다. 그러나 기본적인 의문으로 단군 이념인 '홍익인간'과 민족주의가 대종교 안에서 어떻게 이론적으로 결합되느냐 하는 문제가 있다. 그 점에 대해서는 별로 연구가 없는 듯하다. 보통 민족주의는 배타적인 것이 되고 자기 민족에 대한 '반민족'(즉 민족의 적)을 세워놓고 그것을 배척하는 '부정의 부정', 말하자면 '반 · 반민족주의'의 형태를 취하기에 십상이다. '홍익인간'과 같은 보편주의와는 서로 안 맞다. 일반적(세계적)인 견지에서 민족주의라고 하면 기껏해야 타자를 정복 · 지배 · 동화한다는 생각밖에 되지 않는다.

실은 '홍익인간'적 보편주의와 대종교 민족주의 사이를 매개하는 '무엇'이 존재했다. 「단군교오대종지포명서(檀君敎五大宗旨佈明書)」에도 "태백산 남북 칠천만 동포(太白山南北七千萬同胞)"라고 하듯이 대종교에서는 원래 한반도 고래의 주민뿐만 아니라 그보다 폭넓은 태백산―여기서는 백두산을 가리킨다―남북 영역의 주민을 '동포'로 보는 민족 관념을 가지고 있었다. 「포명서」에서는 그들을 '조선(朝鮮)', '배달(倍達)', '통고사(通古斯)'라고도 하고 '삼천단부(三千團部)'라고도 불렀다. 여기서 '통고사'는 '퉁구스(Tungus)'

---

51 朴永錫, 「大倧敎의 民族意識과 抗日民族運動 (下)」, pp. 104-105.
52 정영훈, 「단기 연호, 개천절 국경일, 홍익인간 교육이념-현대 한국에서의 단군민족주의의 제도화에 관한 연구-」, pp. 184-185.

의 한문 번역이다. 퉁구스란 주로 중국 동북지방·내몽골에서 시베리아에 퍼져 있는 같은 계통의 언어를 말하는 민족들(이른바 퉁구스 어족)의 총칭이다. 이 글에서는 이 '퉁구스'에 주목하여 대종교의 민족 관념을 '범(汎) 퉁구스주의'로 보고 그 역할과 의미를 살펴보고자 한다.

2. 대종교의 '중광(重光)'

1) 나철의 생애

대종교에서는 '중광(重光)'이라는 말을 써서 '옛날에 행해지다가 잊혀진 가르침이 뒤에 다시 세상에 드러났다'는 뜻을 밝힌다. 일반적으로 교조로 간주하는 나철(羅喆, 1863~1916)은 호는 홍암(弘巖). 본관은 나주(羅州). 초명은 두영(斗永)이었으나 인영(寅永)으로 개명하였다가 다시 철(喆)로 고쳤다. 그는 1863년에 전라도 낙안군(樂安郡, 현 전라남도 보성군)에서 아버지 나용집(羅龍集)과 어머니 송씨(宋氏)의 아들로 태어났다. 1891년에 29세로 과거의 병과(丙科)에 합격하고 승정원 가주서(承政院假注書), 승문원 권지부정자(承文院權知副正字)를 역임했다. 그는 근대 한국 신종교의 교조나 지도자로는 드물게 과거에 합격하고 관료 생활을 경험했다. 1895년 33세 때에 징세서(徵稅署) 서장에 임명되었으나 발령 후 바로 사직하고 귀향했다.

나철은 1894년부터 강진 출신의 오기호(吳基鎬), 김제 출신의 이기(李沂) 등 호남 출신의 지사들과 함께 유신회(維新會)를 조직하고 구국 활동에 몸을 던졌다. 1905년부터 1909년까지 네 차례에 걸쳐 일본에 건너가 천황에게 서한을 보내기도 하고 요인들과 회담하기도 하면서 한국을 병탄하지 말도록 설득을 시도했다. 1906년 1월 24일, 나철은 서대문역에서 백전(伯佺)이라는 90세의 백발노인으로부터 『삼일신고』 『신사기(神事記)』를 넘겨받았다. 그러나 나철은 그때에는 별다른 관심을 보이지 않았다고 한다.

나철은 1907년에 동지들과 함께 이른바 을사오적 암살을 시도하다가 실패하고 유배를 선고받았으나 은사로 풀려났다. 나철과 정훈모(鄭勳謨)가 재차 일본으로 건너가서 활동하던 1908년 12월 5일(음11.12), 도쿄의 청광관(淸光館)에 묵었던 두 사람을 두일백(杜一白)이라는 도인이 찾아왔다. 그는 두 사람에게 「단군교포명서」와 「고본신가집(古本神歌集)」, 「입교절차」 등을 건네주었다. 12월 9일 밤, 나철과 정훈모가 숙소를 옮긴 도쿄의 개평관(蓋平館)에 두일백이 다시 찾아와 "조선의 국운은 이미 다했다. 빨리 귀국하여 단군대황조(檀君大皇祖)의 교화를 펴시오"라고 당부했다. 두 사람은 활동을 그만두고 귀국했다.

1909년 1월 15일 자시(子時)에 나철 및 오기호, 강우(姜虞), 최전(崔顓), 유근(柳瑾), 정훈모, 이기, 김인식(金寅植), 김춘식(金春植), 김윤식(金允植) 등은 서울 재동(齋洞)의 나철의 집에서 단군대황조의 신위를 모시고 제천(祭天)의 대례를 거행했다. 나철은 대종교[53] 도사교(都司敎)에 취임하고 「단군교포명서」를 발표하면서 의례와 조직, 경전 등을 정비했다. 그러나 총독부의

---

53 이 교단은 창립(1909) 당시에는 단군교(檀君敎)라고 일컬었으나 1910년에 교명을 대종교로 개칭했다. 정훈모와 이유성(李裕聲), 유탁(兪鐸), 서창보(徐彰輔) 등이 그것에 대해 인조(仁祖)의 시호를 범하고 있다고 반대하면서 이탈하고 '단군교'를 다시 세웠다. 그들에게 경전을 넘겨준 백봉교단도 '단군교'의 이름으로 불릴 때가 있고 또 그밖에도 '단군교'를 칭한 교단들이 존재한다. 그래서 본고에서는 1909년에 나철 집단이 종교 활동을 시작한 후 '단군교'와 '대종교' 시기를 통틀어서 그 교단을 '대종교'라고 부른다.

대종교 탄압이 심해지자 나철은 1914년 5월에 만주의 화룡현(和龍縣) 청파호(靑波湖, 현 중국 지린성[吉林省] 옌볜조선족자치주[延邊朝鮮族自治州] 허룽시[和龍市])에 총본사(總本司, 교단본부)를 옮겼다.

1916년 8월 15일, 나철은 구월산(九月山, 현 북한 황해남도 안악군) 삼성사(三聖祠)에서 제천 의례를 거행하고 사람의 출입을 금한 후에 「순명삼조(殉命三條)」, 「밀유(密諭)」 등의 유서를 남기고 자결했다. 대종교에서는 이것을 조천(朝天)으로 부르고 있다.

2) 백봉(白峯)과 그 교단

나철 등에게 옛 서적들과 단군 신앙 문서를 넘겨준 백전(伯佺) · 두일백(杜一白) 등의 스승이 바로 백봉(白峯)이다. 백봉은 학문에 의해 세상을 구하는 것을 소임으로 생각하고 천하를 돌다가 10년 동안 하늘에 빈 끝에 단군대황조의 묵계(默契)를 받아 석함(石函) 안에서 단군조(檀君朝)의 고사와 『삼일신고』 등의 경전을 얻어 700년 동안 닫혔던 교문(敎門)을 다시 열었다. 백봉은 만주 등지에 거주했으나 1904년 10월 3일에 태백산(太白山)[54] 동무(東廡) 고경각(古經閣)에서 13명의 수제자들과 함께 단군교를 선포했다. 본고에서는 그 집단을 임시로 '백봉교단'으로 부르기로 한다. 백봉교단에는 백전(호; 頭巖) · 두일백(호; 彌島) 등 33명의 문인이 있어 한반도 및 만주 · 몽골 · 일본 등지로 가서 고적(古蹟)을 조사하고 있다고 밝히고 있다.

나철은 백봉의 문인으로부터 단군의 경전들을 물러받았다고 강조하고

---

54 초기 대종교 문헌에서 말하는 '태백산'은 백두산을 가리킨다.

제2대 교주인 김교헌 역시 『조천기(朝天記)』에서 나철을 대종교 2세 대종사로 기록했다. 그렇다면 당연히 백봉이 1세가 되는 셈이다. 기존 연구에서는 백봉을 실제 인물이라기보다 전설 혹은 나철 등이 만들어낸 허구로 치부했으나 조준희 · 유영인 등이 백봉 관련 자료를 수집 · 정리한 『백봉전집』을 간행함으로써 백봉의 실존과 '백봉교단'의 실체 사실이 밝혀졌다.[55]

수제자인 백전은 항상 "반드시 적당한 사람이 있을 것이다."(必有其人)라고 하면서 백봉의 도통 전수를 고사하고[56] 나철 등의 집단과 접촉하여 경전과 문서를 차례차례로 전수했다. 백봉교단은 대종교 문서에서는 약간 신비적으로 언급되어 있지만, 가령 실재했다고 해도 구성원이 적고 고령화가진행되었을 수도 있다. 그래서 수제자인 백전은 백봉교단에 발전 가능성이없고 단군의 가르침을 다시 일으킬 역량이 부족하다고 보고 나철 집단에접근하였을 가능성도 있다.

동학, 증산교, 원불교 등의 신종교에서는 교조가 활동한 한반도 남부 지역을 중시하는 경향이 있다. 이것과 대조적으로 초기 대종교 문서에서는북방의 중시와 백두산 신앙이 뚜렷하다. 이것은 나철 집단이 호남 출신자를 중심으로 한 집단이었던 점을 생각하면 기이한 점이다. 그런 특징도 백봉교단이 허구의 존재라는 주장에 대한 반증이 될지도 모른다. 혹은 백봉교단은 중국(청나라)에서 사는 조선족의 비밀결사일 가능성도 있다. 중국에서는 예로부터 방(幇) 또는 방회(幇會)라고 불리는 민간조직 · 결사가 존재했다. 그 내실은 동업 조합 · 동향회와 같은 상호부조의 조직부터 정치결

---

55 정욱재, 「초기 대종교의 역사인식과 '한국학' - 『단군교오대종지포명서』와 『대동고대사론』을 중심으로」, 『韓國史學報』 제77호, p. 282.
56 『倧報』 第1號 第1輯 「追錄杜兄面談」.

사나 범죄 결사에 이르기까지 다양했다. 특히 청 대부터 중화민국 시기에는 다양한 비밀결사가 활약했다. 홍문(紅門)·천지회(天地會)·삼합회(三合會)·청방(靑幇)·홍방(紅幇)·가로회(哥老會)나 대란을 일으킨 백련교(白蓮敎)·배상제회(拜上帝會, 뒤의 太平天國)·의화단(義和團) 등은 특히 유명하다. 단군 신앙을 핵심으로 삼는 백봉교단도 원래 그런 결사의 하나였을 가능성이 있다. 그것을 짐작케 하는 것은 「단군교오대종지포명서」에 보이는 청나라 황제에 대한 칭찬과 호의적인 언급이다.

> 이 해에 금조(金朝)의 유신(遺臣)으로 산북(山北)의 구강(舊疆)에 거주하던 민족 중에서 대영주(大英主) 아이신기오로 누르하치[愛新覺羅努爾哈齊][建州部陀失의 아들이다]가 굴기(崛起)하여 후금국(後金國)을 세우고, 태종(太宗: 이름은 홍타이지[皇太極]로 태조의 여덟 번째 아들이다) 때 우리나라와 형제의 결의를 맺었다. 이것은 금조(金朝)를 잊지 않고 본교(本敎)의 족우(族友)를 합하라는 옛 종지를 준수(遵守)함이다. 세조(世祖: 이름은 푸린[福臨]으로 태종의 아들이다)·성조(聖祖: 이름은 효완예이[玄燁]로 세조의 아들이다) 때, 적현(赤縣: 중국[支那]의 한 지역 이름이다)의 산하를 그 판도에 편입시키고 대황조(大皇祖)가 최초의 신화(神化)로 편발개수(編髮盖首)로 백성을 교화한 것을 4억만(億萬)의 한족(漢族)에게 널리 베푼 것은 얼마나 성대한 일인가. 불식부지(不識不知) 중에 저절로 우리 천조(天祖)의 유화(遺化)를 받든 것이다.[57]

---

57 「檀君教五大宗旨佈明書」, "是年金朝遺臣. 居山北舊疆之民族中. 大英主愛新覺羅努爾哈齊(增建州部陀失之子)氏崛起. 建後金國. 至大宗(增名皇太極太祖之第八子)時. 與我國結兄弟誼. 此不忘金朝遵守本教合族友宗旨舊義也. 至世祖(增名福臨太宗之子)聖祖(增名玄燁世祖之子)時. 赤縣(增支那一名)山河編入其版圖. 以大皇祖所教民之編髮盖首之神化

"우리나라와 형제의 결의를 맺은 것"이란 정묘호란(1627) 때 조선과 후금이 앞으로 "형제지교(兄弟之交)"를 한다는 내용의 강화조약을 맺은 것을 가리킨다. 특히 주목되는 것은 "천조(天祖)의 유화(遺化)"를 계승한 자로서 청나라 만주족이 중원을 정복하고 한족에게 변발 강요한 것을 높이 평가하고 있는 점이다. 이러한 청나라에 대한 높은 평가는 조선시대 후기의 숭명배청(崇明排淸) 정서와 아주 다르다. 조선 후기에는 송시열이 의리론을 고취하면서 일상생활의 모든 기록에서 명나라 마지막 황제인 의종의 '숭정(崇禎)' 연호를 사용하고, 명나라 신종·의종에게 제사지내는 사당으로 궁중에 대보단(大報壇)이, 충청도 괴산 화양동에 만동묘(萬東廟)가 세워지기도 했다. 백봉교단은 조선민족과 만주민족이 함께 단군대황조의 교화를 받은 동족[族友]임을 주장하는 점에서 조선왕조 주류의 전통적인 민족관념과는 다른 관념을 가졌던 것은 분명하다.[58]

普施於四億萬漢族. 猗歟盛哉. 不識不知中自然咸戴我天祖之遺化."
58 강유위(康有爲)의 영향을 받아 금문학적(今文學的) 공자교(孔子敎)를 제창한 유학자 이병헌(李炳憲)은 『역사교리착종담(歷史敎理錯綜談)』(1921)에서 조선 땅은 백두산을 중심점으로 이루어지고 포희(包犧)와 우순(虞舜)도 역시 백두산에서 나왔으며 금(金)과 청(淸)은 중국 종족이 아니라 우리 민족[吾族]이라고 주장했다. 그리고 단군의 자손인 우리 민족은 복희씨(伏羲氏), 순(舜), 금태조(金太祖)와 태종(太宗), 그리고 청태조(淸太祖)와 청태종(淸太宗) 시기에 몇 차례 중국을 지배했다고 강조했다. (김경일, 「한국 유교와 민족주의」 『종교와 민족』 제3장, p. 108) 백두산 중심의 강토(疆土) 인식과 한반도 남북의 민족을 동족으로 보는 시각에 대종교의 영향이 엿보인다.

3. 대종교와 '범퉁구스주의'

대종교에서는 단군조선이 백두산을 중심으로 한반도 이외에 만주 · 랴오둥[遼東]까지를 통치했던 고로 그 영역에 역사상 존재한 나라나 민족을 "태백산[59] 남북 7천만 동포"로 간주하고 있었다.

『단군교오대종지포명서』「대황조신손원류지도(大皇祖神孫源流之圖)」에서는 이른바 배달족(倍達族)의 갈래를 다음과 같이 소개한다.

여기서 "그 일명(一名)은 조선족(朝鮮族)이고 다른 이름은 통고사족(通古斯族)인즉 삼천단부족(三千團部族)"[60]라는 설명이 주목된다. '통고사(通古斯)'는 '퉁구스'의 한자 식 표기이다. 배달=조선=퉁구스=삼천단부족의 범위에 숙신족(肅愼族) · 예맥족(濊貊族) · 반배달족(半倍達族 즉 箕氏後朝鮮族) · 마한족(馬韓族) · 진한족(辰韓族) · 변한족(弁韓族) · 규봉족(圭封族 즉 衛滿朝鮮族) · 선비족(鮮卑族) · 읍루족(挹婁族) · 백제족(百濟族) · 탐라족(耽羅族) · 신라족(新羅族) · 가락족(駕洛族) · 거란족(契丹族) · 물길족(勿吉族) · 서마한족(西馬韓族) · 말갈족(靺鞨族) · 고구려(高句麗) · 요족(遼族) · 정안족(定安族) · 대한족(大韓族) 등을 포함시켰다.

---

59 대종교에서 말하는 '태백산(太白山)'은 백두산을 가리킨다.
60 「檀君教五大宗旨佈明書」, "一名朝鮮族 又名通古斯族 卽三千團部族"

大皇祖	倍達族	北扶餘族	東扶餘族	高句麗族	渤海族	女眞族	金族	後金族
本民族의遷移와興亡한事案은倍達民族神敎史에詳載하니라	一名朝鮮族又名通古斯族卽三千團部族			百濟族				卽淸族
			馬韓族	耽羅族				
			辰韓族	新羅族		高麗族		大韓族
			弁韓族	駕洛族				
			圭封族卽衞滿朝鮮族					
			鮮卑族	契丹族			遼族	
		肅愼族	挹婁族	勿吉族	靺鞨族			
		濊貊族						
		半倍達族卽箕氏後朝鮮族		西馬韓族		定安族		

대종교의 규칙인 「봉교과규(奉敎課規)」에도 이러한 민족의식이 반영되고 있다. 그것에 따르면 '역외지인(域外之人)'(외국인)에게도 입교를 허락하고 내국인과 동등하게 대우하도록 되어 있지만 입교 15년 미만의 경우는 포교 및 교무에 참여하는 권리가 없다고 한다. 15년이 경과한 후에도 당사자가 국적을 변경하지 않는 한 교단 임원에는 선임하지 않는다고 하면서 옛 고구려와 발해 땅의 사람은 거기가 '본교 고대 연원의 땅'(本敎古代淵源之地)이므로 예외로 한다고 규정하였다.

이와 같은 대종교의 민족의식은 19세기부터 20세기에 세계적으로 풍미했던 범민족주의의 문맥에 두고 보는 것이 가능하다. 당시 범게르만주의·범슬라브주의·범튀르크주의·범투란주의·범아시아주의·범아랍주의·범아프리카주의 등이 거론되었는데 대종교의 민족관념을 범민족주의의 문맥에 자리매김한다면 범퉁구스주의라고 부를 수 있을 것이다.[61]

---

61 다만 대종교 자체는 『倧報』 第6號(개천4367년 경술 〈서기1910년〉 夏季) 「아족(我族)의 족명(族名)」에서 '조선'·'몽골'·'퉁구스' 등의 종족 호칭을 검토하고 '배달민족(倍達民族)'이 적절하다고 결론을 내리고 있다.

통구스[Tungus]라는 말은 야쿠트[Yakuts, Sakha라고도 함, 동북아시아에 사는 튀르크계 민족] 사람들이 이웃 민족인 에벤크[Evenki, 鄂溫克族]나 에벤[Evens, 라무트Lamut라고도 함] 등을 가리킨 말이었다. '통구스'의 어원도 한문의 '동호(東胡)'에 유래한다는 설, 또는 통구스어의 'Donki(남자)' 혹은 돼지를 잘 키우는 사람들을 가리킨 튀르크어의 'Toŋus(돼지)'에 유래한다는 설이 있다. 오늘날 '통구스'는 민족 명칭으로는 쓰이지 않고 '통구스어족'이라는 언어학적 · 민족학적 개념으로 쓰인다. 통구스어족은 원래 시베리아 · 연해주에서 만주 · 몽골, 홋카이도까지 분포하고 수렵과 유목 위주로 살았던 민족이다. 특히 순록을 잘 길렀다. 현존하는 통구스족 중 만주족(滿洲族)이 가장 많고 인구가 1,000만 명이 넘는다. 그 밖에 시버[錫伯族] · 오로촌[鄂倫春族] · 에벤크 · 에벤 · 나나이[赫哲] · 오로치 · 울치 · 네기달 · 우데게 · 윌타 등의 민족이 있으나 거의 소수민족이다. 역사서에 나타나는 숙신 · 읍루 · 물길 · 말갈 · 여진 등이 통구스족임이 확실시되고 있다.

'범퉁구스주의'도 일본의 만주철도 촉탁 기타가와 시카조[北川鹿造]에 의해 주장된 바 있었다. 그는 1929년에 대통민론사(大通民論社)에서 「판퉁구시즘과 동포의 활로 ―희망이냐 절망이냐 친애한 경들에게 고함」(パン・ツングーシズムと同胞の活路 ―希望か絶望か 親愛なる卿等に告ぐ)이라는 소책자를 간행하고 범퉁구스주의를 제창했다. 기타가와는 통구스를 하나의 민족으로 보고 일본을 그 안에 포함시켜 통구스 민족의 문명적 선구자고 자리매김하고 '만몽(滿蒙)'과 중일 간의 문제를 타개하기 위함이라고 그 책자를 집필한 뜻을 밝히고 있다.

그에 의하면 통구스는 "상무임협(尙武任俠), 준민총명(俊敏聰明), 근고내로(勤苦耐勞)의 특성"이 있으나 서양문명과 늦게 접촉했기 때문에 지금은 야만족처럼 여겨지고 있다. 일본은 옛날에는 퉁구스로부터 문명을 배운 적도 있었으며 오늘날에는 그들을 교도하고 보호할 책임이 있다. 역사적으로는 예맥·부여·고구려·마한·백제·숙신·읍루·말갈·발해·여진·동호·선비·오환·거란 등은 모두 퉁구스이다. 일본인도 조선이나 만주에서 건너온 사람들의 자손이므로 당연히 퉁구스이며 심지어 즈리[直隷][62]·산둥[山東]·장쑤[江蘇]에서 도래한 사람들도 퉁구스라고 주장했다.[63]

조경달에 의하면 일본의 동양사학계에서는 동아시아 역사를 북방민족과 한민족의 투쟁사로 기술하는 역사관이 보편화되고 있었다. 기타가와는 그 역사관을 바탕으로 깔고 만주·몽골과 중원을 분리시키면서 그 지역의 주민들과 '아시아 부흥의 선구자로서의 일본인'과의 '퉁구스'적 연대를 창출한 것이다.[64] 요컨대 기타가와가 내세운 퉁구스주의에서는 주로 역사적인 '퉁구스'에 초점을 맞추고 '대퉁민족(大通民族)'[65]의 동일성을 강조했다. 그리고 중국의 배일·항일사상을 대항하여 둥베이[東北]와 중원 북부의 한족은 원래 퉁구스라고도 주장하면서 중원 중남부의 한족(漢族)과 이론적으로 분리시키려는 것이었다.[66]

---

62 즈리[直隷]: 지금의 중국 허베이성[河北省]. 중화민국은 1928년에 이미 즈리성[直隷省]을 허베이성으로 개칭했으나 일본에서는 여전히 '直隷'의 명칭이 통용되었던 듯하다.
63 趙景達, 『朝鮮の近代思想』, p. 383.
64 위의 책, p. 383 참조.
65 위대한(大) 퉁구스(通=通古斯)라는 뜻으로 기타가와는 퉁구스민족을 이렇게 불렀다.
66 조경달은 농업경제학자·사회주의자의 인정식(印貞植)이 범퉁구스주의의 영향을 명료하게 받았다고 지적한다. 인정식은 "편협한 의미의 민족 개념"을 지양해야 하지만, 그것은 조선의 민족성을 완전 폐기하고 야마토 민족[大和民族, 토착 일본인]과 완전히 동화되어 버리는 것을 의미하지 않는다고 말했다. 또 '야마토 민족'은 수많은 퉁구스민족들의 중심이긴 하지만 '퉁구스적 대민족통일(大民族統一)'의 견지에서 '섬나라적 근성'을 지양해야 한다고 주장한 바 있다.(趙景達, 앞의 책, pp. 390-391) 즉 인정식은 '대일본제

기타가와가 『판퉁구시즘과 동포의 활로』를 펴낸 지 2년 후, 1931년에는 관동군이 만주사변을 일으키고 만주국을 성립시켰다. 그 후 기타가와는 투란주의를 내세우는 이마오카 주이치로[今岡十一郎]의 투란협회와 합류했다.[67] 그리고 투란협회에게 반중국(反漢族)적인 면에서 영향을 주면서 만주국 건국을 정당화하는 언론 활동을 전개했다.

기타가와와 대종교의 퉁구스주의에는 여러 가지 공통점이 있다. 먼저 양자가 '퉁구스'로 지목한 민족은 서로 겹치는 것이 많다. 그리고 그들의 이른바 '퉁구스'는 만주족을 예외로 현존하는 퉁구스족보다 주로 역사상의 퉁구스족에 지중하고 있었다. 또 고대 언어의 자료 부족으로 학술적으로는 퉁구스어족인지 애매한 한민족(韓民族, 그리고 그 조상 민족)을 거리낌 없이 '퉁구스'로 분류하고 있다. 그리고 중요한 점은 그들의 퉁구스주의가 한족·한문화와 거리를 두기 위한 이론이라는 점이다.

물론 대종교 성립은 20세기 초반으로 기타가와의 범퉁구스주의보다 약 20년 앞서 있다. 또 대종교 퉁구스주의는 단군 숭배와 백두산 신앙을 바탕에 깔고 있다. 또 일본의 위상도 서로 차이가 있다. 대종교에서 일본은 단군의 교화가 닿은 한 지역에 불과하다. 한편 기타가와 퉁구스주의는 일본 열도-한반도-만주-몽골에 이르는 퉁구스의 선각자로서의 일본의 지도적 지위를 주장하는 것이었다. 즉 대종교는 만주를 중심으로 독립운동을 전개

국'의 체제적 퉁구스주의를 가지고 일본의 동화주의를 부정하고 일본인의 섬나라 근성과 차별의식을 비판한 것이다. 인정식의 '퉁구스주의'가 과연 기타가와의 범퉁구스주의에 유래한 것인지, 혹은 이 글에서 다루는 대종교 범퉁구스주의의 영향을 받은 것인지를 구명하는 일은 앞으로의 과제로 남겨둔다.

67 투라니즘(투란주의): 일본인이나 핀란드, 헝가리, 터키 등 유라시아 대륙의 비(非)인도유럽계 어족의 연대를 주장하는 주의이다.

함으로써 일본 군국주의와 군사적으로 싸웠을 뿐만 아니라 퉁구스주의의
이론 투쟁에서도 일본의 지도적 지위를 둘러싸고 갈등했다.

4. 새로운 민족의식의 촉매로서의 범퉁구스주의
　　—박은식, 『몽배금태조』를 중심으로

대종교의 퉁구스주의가 가장 뚜렷하게 나타나 있는 작품 중 하나가 박은
식의 『몽배금태조(夢拜金太祖)』(1911)이다. 김영호에 따르면 이 작품은 만주
에 망명한 교민들의 사상 교과서로서 큰 반응을 불러일으켰다고 한다.[68] 그
런데 이 소설은 훗날 대종교 제3대 총전교(總典敎)가 된 단애 윤세복(檀涯尹
世復, 1881~1960)이 교열하고 서문까지 썼다. 그리고 본문에도 "음력시월삼
일은 아(我) 단군대황조(檀君大皇祖)의 강세기년일(降世紀年日)이라 일반동
지(一般同志)와 학생제군(學生諸君)으로 더부러 기념식을 행ᄒ고 객탑(客榻)
에 전전(輾轉)ᄒ야 대종교(大倧敎)의 신리(神理)를 정념(靜念)ᄒ다가…"[69]라
고 하듯이 이 작품이 대종교의 영향을 받아서 쓰였음을 보여주고 있다.
　『몽배금태조』에서 박은식은 "우(又) 지리(地理)의 연상(聯想)으로 이(以)
ᄒ야 민족 성질을 연구ᄒ건디 개(盖) 통고사종(通古斯種)은 세계역사에 특별
히 우등민족"[70]이라고 말한다. 퉁구스족은 그 고지(故地)인 백두산의 기후
가 한랭으로 생활하기 힘들기 때문에 활동적이 되고 목축과 활쏘기를 익혀

68 金泳鎬, 「解題」 『朴殷植全書』 上, pp. 5-6.
69 朴殷植, 「夢拜金太祖」, 『朴殷植全書』 中, p. 201.
70 위의 책, p. 198.

서 무예에 천부의 재주를 발휘했다. 또 의식이 풍부하지 않기 때문에 게으르지 않고 근면한 천성이 길러졌다. 단점은 의식에 분주했기 때문에 근검성(勤儉性)이 발달한 반면 문학의 공부가 부족한 점으로, 이것이 현대에 이르러 문명 발달이 다른 종족에게 못 미치는 까닭이라고 했다.[71] 또 "오호라 아(我) 조선족과 만주족은 균시(均是) 단군대황조의 자손"이며, 옛날에는 남과 북에 할거하면서 서로 경쟁도 왕래도 했지만, 결국 통일되지 않은 채 두만강·압록강을 자연의 경계선으로 분리한 채 1000여 년이 지나서 풍속도 달라지고 언어도 서로 통하지 못하고 서로를 이족(異族)으로 간주하게 되었다고 말한다.[72]

무치생은 "시석(是夕)에 허허연(栩栩然)히 장생(莊生)의 호접(胡蝶)을 화(化)ᄒ야 풍(風)을 어(御)ᄒ고 운(雲)을 승(乘)ᄒ야"[73] 꿈속에서 백두산의 최고봉에 이르러 금나라 명창(明昌) 연간(1190-1196)에 백두산신을 모신 묘(廟)에서 금나라 태조황제 아골타를 뵙게 된다. 아골타는 사후에 천국에 오르고 나서는 상제의 명을 받아 지상을 돌아서 선악을 감찰하고 화복을 내리는 권병(權柄)을 부여받고 있었다. 그는 조선민족이 겪고 있는 고통을 가엾이 여기지만 하늘은 "자분자강자(自奮自强者)를 애(愛)ᄒ시고 자포자기자(自暴自棄者)를 염(厭)ᄒ시ᄂ니"[74] 하늘의 뜻을 받들지 않을 수 없다고 하면서 자분자강의 방침을 일러주겠다고 말했다.

무치생은 오늘날 세계에서 "허다살인영성(許多殺人盈城)ᄒ고 살인영야

71 위의 책, pp. 198-199.
72 위의 책, p. 199.
73 위의 책, pp. 201-202.
74 위의 책, pp. 211-212.

(殺人盈野)의 기구(器具)가 정익구정(精益求精)ᄒ고 교익구교(巧益求巧)ᄒ야 소위(所謂) 극로포(克魯礮)이니 속사포(速射砲)이니 모슬총(毛瑟銃)이니 철갑함(鐵甲艦)이니 경기구(輕氣毬)이니 하는 각종기계(各種器械)가 해륙(海陸)을 진탕(震蕩)ᄒ고 천지(天地)를 혼동(掀動)ᄒ야 인민(人民)의 혈(血)로 거(渠)를 성(成)ᄒ고 인민(人民)의 골(骨)로 산(山)을 적(積)ᄒ는디 약육강식(弱肉强食)을 공례(公例)라 위(爲)ᄒ며 우승열패(優勝劣敗)를 천연(天演)[75]으로 인(認)ᄒ야 국(國)을 멸(滅)ᄒ며 종(種)을 멸(滅)ᄒ는 부도불법(不道不法)으로써 정치가(政治家)의 양책(良策)을 삼으되 소위(所謂) 평화재판(平和裁判)이니 공법담판(公法談判)이니 ᄒ는 문제(問題)는 불과(不過) 강권자(强權者)와 우승자(優勝者)의 이용(利用)이오 약자열자(弱者劣者)는 기고통(其苦痛)을 소(訴)ᄒ고 억원(抑冤)을 신(伸)ᄒ올 처(處)가 무(無)ᄒ니 차(此)는 상제(上帝)의 일시동인(一視同仁)과 성인(聖人)의 만물일체(萬物一體)를 대(對)ᄒ야 무감(無憾)이 불능(不能)ᄒ 바로소이다."[76] 라고 물었다.

이에 대해 아골타는 "천(天)이 만물(萬物)을 생(生)홈에 개(皆) 병육(幷生)ᄒ야 상해(相害)가 무(無)케 ᄒ 것이지만은 기물(其物)이 자생자육(自生自育)의 역(力)이 유(有)ᄒ는 자(者)는 생존(生存)을 득(得)홀 것이오 자생자육(自生自育)의 역(力)이 무(無)ᄒ 자(者)는 생존(生存)을 부득(不得)홀지라"[77] "구시대(舊時代)의 정도(程度)를 변(變)치 못ᄒ고 적의(適宜)ᄒ 방법(方法)을 구(求)치 아니ᄒ는 자(者)는 천지진화(天地進化)의 예(例)를 거역(拒逆)ᄒ야 도

---

75 천연(天演): 진화를 뜻한다. 진화론을 소개한 T. H. 헉슬리의 『Evolution and Ethics(진화와 윤리)』를 청나라 엄복(嚴復)이 『천연론(天演論)』이라는 제목으로 번역했다.
76 위의 책, pp. 214-215.
77 위의 책, pp. 215-216.

태(淘汰)의 화(禍)를 자구(自求)ᄒᆞᄂᆞᆫ 자(者)니 천(天)이 차(此)에 나하(奈何)리오"[78]고 사회진화론적인 논리를 가지고 대답했다. 그리고 "삼백년전(三百年前)에 이순신(李舜臣)이 철갑군함(鐵甲軍艦)을 제조(製造)ᄒᆞ얏스니 차시(此時) 서양인(西洋人)이 연구(研究)치 못ᄒᆞᆫ 바오 삼백년전(三百年前)에 허관(許灌)이 석탄(石炭) 채용(採用)의 이익(利益)을 설명(說明)ᄒᆞ얏스니 차시(此時) 서양인(西洋人)이 발명(發明)치 못ᄒᆞᆫ 바라 차(此)는 황천(皇天)이 조선민족(朝鮮民族)을 위(爲)ᄒᆞ야 세계(世界)에 웅비(雄飛)ᄒᆞᆯ 재료(材料)로써 차등인(此等人)의 수(手)를 차(借)ᄒᆞ야 특별(特別)히 지시(指示)ᄒᆞ신 바 유(有)ᄒᆞᆷ이니 (…) 하고(何故)로 차등(此等) 사업(事業)은 간작토저(看作土苴)ᄒᆞ고 우유세월(優遊歲月)에 침취불성(沈醉不醒)ᄒᆞ며 혼몽천지(昏蒙天地)에 유련망반(流連忘返)ᄒᆞ다가 금일(今日) 차경(此境)을 당(當)ᄒᆞᆷ이니 결(決)코 천(天)을 원(怨)키 불능(不能)이오"[79] 라고 지적했다.

계속해서 무치생은 "조선은 사천년 예의지방(禮義之邦)이라 의관문물(衣冠文物)이 개(皆) 화제(華制)를 종(從)ᄒᆞ며 시서예악(詩書禮樂)이 개(皆) 화풍(華風)"[80]을 숭상했으니 "이는 세계적인 특색이므로 위대한 하늘이 사문(斯文)을 버리지 않으신다면 조선의 문물이 땅바닥에 떨어질 도리가 없다"고 오랜 문화적 전통을 과시했다.

아골타는 그 말을 듣고 참된 선비를 만났다고 기뻐하면서 나를 위해 평상시 읽고 있는 책을 대략 외워달라고 부탁했다. 무치생이 『사략』『통감』의 첫 구절을 외우자 아골타는 정색하며 "조선인민의 정신이 자국역사는

78 위의 책, p. 217.
79 위의 책, pp. 218-219.
80 위의 책, pp. 221-222.

무(無)하고 타국역사만 유(有)ㅎ니 시(是)는 자국(自國)을 애(愛)치 안코 타국(他國)을 애(愛)홈이라"[81]라고 일축했다.

또 아골타는 조선의 선비들이 숭상한 송나라의 학문과 문화도 신랄하게 비판했다. 송나라에서 도리를 강구하고 존화양이(尊華攘夷)와 충의를 외치던 선비들이 많았으나 금나라의 철기(鐵騎)가 중원을 정복했을 때 순절한 자는 이약수(李若水) 한 사람뿐이었다. 한편 금나라의 돈과 벼슬을 탐낸 자는 이루 셀 수도 없을 정도였다. 그리고 송나라 사람들은 평소에 금나라와 그 사람을 가리켜 이적(夷狄)이니 견양(犬羊)이니 부르다가 금나라가 강해지고 마침내 요나라를 멸망시키자 송나라는 즉시 사신을 보내고 황제를 성인으로 받들었다. 송나라 사람의 실속이 없음은 이와 같은데 조선 사람이 어찌 그것을 맹종하고 고수하려 하는지 알 수 없다는 것이다.

그러면서 아골타는 "단군대황조의 건설(建設)로 사천여년 전래흔 학교(學校)가 유(有)ㅎ야 기 위치가 가려(佳麗)ㅎ고 규모가 안전(安全)ㅎ니라"[82]라고 말했다. 그리고 한국 역사상의 명군·영웅·지식인·문화인 등을 열거하고 초·중·고등학교 각 교과의 교사에 비유하면서 그들에게 배우라고 강조했다.

무치생은 아골타에게 이 세상에 다시 나타나 제국주의를 정복하고 세계 인권의 평등주의를 시행할 대동민족(大東民族)의 선창자, 맹주가 되어 달라고 당부했다. 그러나 아골타는 그 영웅 대망을 물리치고 다음과 같이 말했다.

81 위의 책, p. 224.
82 위의 책, p. 296.

차(此) 주의를 이행(履行)ᄒᄂ는 경우에는 일개 아골타의 능력을 요구ᄒ기보다 우리 민족 중에서 백천만신(百千萬身)의 아골타가 출현ᄒ야 사의(斯義)를 주창(主倡)ᄒᄂ는 것이 더욱 유력ᄒ지니 이(爾)는 짐(朕)의 차의(此意)로써 일반 청년계(靑年界)에 전촉(傳囑)ᄒ야 개개(個々)히 영웅의 자격을 자조(自造)ᄒ고 영웅의 사업을 자임ᄒ야 평등주의의 선봉이 되기로 자강(自强)ᄒ면 짐(朕)히 상제(上帝)ᄊ 특청(特請)ᄒ야 기(其) 목적을 득달(得達)케 ᄒ지니 이(爾)는 십분명념(十分銘念)ᄒ라.[83]

무치생은 큰절을 하고 동포들에게 그 훈계를 알리고자 달려가려 했다. 아골타는 그를 잠깐 서게 하고 '태백음양일통(太白陰陽一統)'이라는 여섯 글자를 써 주었다.

무치생과 금태조 아골타는 모두 박은식의 분신으로 볼 수 있다. 그것은 바로 유교적 민족의식과 범퉁구스주의의 대종교적인 민족의식의 대결이다. 후자를 대표·상징하는 것이 금나라 태조 아골타인 점에 대종교 퉁구스주의가 여실히 나타나 있다. 박은식이 보기에 조선시대의 유교적·한학적 교양과 소중화 의식은 근대적 민족의식 확립에 걸림돌이 되고 있었다. 박은식의 범퉁구스주의는 유교적 사고방식을 극복하고 자주적·주체적인 민족의식을 불러일으키는 촉매 역할을 한 것이다.

83 위의 책, p. 310.

5. 보편주의의 계기로서의 범퉁구스주의

제4장에서 보다시피 대종교의 범퉁구스주의는 유교적 민족의식(소중화의식)을 극복하고 근대적 민족의식을 확립하는 촉매 역할을 한 것과 동시에 전 인류의 구제를 지향하는 보편주의의 계기도 내포하고 있었다. 원래 단군신화에는 환웅이 지상에 내려올 때 말했다고 하는 '홍익인간'이 단군 이념을 나타내는 표어로 자주 강조되는 바이다.

초창기부터 대종교는 동시대의 세계정세에도 큰 관심을 두었고, 인류사적인 차원의 위기의식을 가지고 있었다. 대종교(단군교)를 소개한 『황성신문』의 기사에도 현대는 개인과 개인, 국가와 국가가 사욕을 다투는 시대이고 그것이 극에 달하자 이윽고 인류가 멸종하기에 이를 것이라고 당시의 제국주의 · 자본주의적 세계에 대해 비관적인 전망을 나타내고 있다.[84] 그러면서 태백산(백두산) 남북에 사는 '우리 7천만의 형제자매'가 우선 '천조(天祖)의 무극대도(无極大道)'에게 교화를 받아서 점차 '일체 인류'에게 보급함으로써 세계를 구하라고 주장했다.[85] 여기서 대종교는 어디까지나 세계종교를 지향하고 있어 '천조의 유족이자 태백산 남북부에 번연한' 형제자매를 향한 범퉁구스주의는 어디까지나 전 인류를 구제하는 첫 단계로 볼 수 있다.

대종교가 전 인류의 구제를 지향하는 것은 (퉁구스족뿐만 아니라) 전 인류

---

84 「檀君敎說筆記」『皇城新聞』1910년 5월 25일자, "西歷 紀元의 二十世紀라ᄂᆞ 時代이라 浩漠ᄒᆞᆫ 東西에 人與人이 生存을 是爭ᄒᆞ고 國與國이 利害를 是交ᄒᆞ야 私慾의 奮鬪가 極点에 達ᄒᆞ얏스니 若此不已ᄒᆞ면 人族의 慘禍將至殄滅ᄒᆞ겟기도……"

85 위의 기사, "我天祖의 遺族으로 太白山南北部에 蕃衍ᄒᆞᆫ 凡我七千萬의 兄弟姉妹가 我天祖의 无極大道를 爭先感化ᄒᆞ야 今日世界大陸에 私慾의 劇烈ᄒᆞᆫ 一切人類에 次第普及ᄒᆞ 기를 希望ᄒᆞᄂᆞᆫ바오"

가 단군이 창조한 원초의 인간의 자손이기 때문이다. 환인(桓因)·환웅(桓雄)·환검(桓儉)은 삼신일체(三神一體)의 단군대황조(한배곰)라고 부른다. 『신사기(神事記)』에 따르면 환인은 상제이며 천지만물과 인류를 창조했다. 최초의 인류는 나반(那般)과 아만(阿曼)이라는 남녀로 그 자손이 점차 늘어나고 황(黃)·백(白)·현(玄)·적(赤)·남(藍)의 다섯 색 인종의 조상이 되었다. 그중 황인종은 또다시 네 갈래로 나눠져 개마고원 남쪽에서 산 사람은 양족(陽族)이 되고, 속말(粟末) 기슭에서 산 사람은 간족(干族)이 되고, 선비(鮮卑) 동쪽 들판에서 산 사람은 방족(方族)이 되고, 여러 산골짜기에서 산 사람은 견족(畎族)이 되었다. 이 네 가지 지족(支族)이 퉁구스의 조상이다.

그들은 본래 몽매하여 풀을 짜서 옷으로 삼고, 나무열매를 따 먹고, 나무 위에 만든 둥지나 동굴에 살고 있었다. 인류가 번식하자 서로 다투고 강한 자가 약한 자를 학대하게 되었다. 그것을 보고 환인은 진노하고 지상에 폭풍우와 홍수, 가뭄, 기근 등 온갖 재앙을 내렸다. 그러나 사람들은 자기들이 벌을 받았음을 알지 못하고 더욱 포학해질 뿐이었다. 이에 환웅은 갑자년 상월(上月, 10월) 3일에 천부삼인(天符三印)을 들고 백두산 단목(檀木) 아래에 내려왔다. 그는 신교(神敎)로써 백두산 남북의 백성들을 가르치고 삼선(三仙: 彭吳·神誌·高矢)과 사령(四靈: 雲師·雨師·風伯·雷公)에게 명하여 인간사를 다스리게 했다.

환웅의 아들 환검은 최초의 임금이 되고 그 자손이 신교로써 지상을 다스렸다. 그 영토는 막북(漠北)에서 발해의 섬들에 이르렀다. 단군조(檀君朝) 중엽에는 국호를 배달국(倍達國)이라 칭하게 되었다. 옛날 말에 조상을 '배(倍)'로, 아버지를 '비(比)'로 일컫고 밝게 빛나는 것[光輝之物]을 가리켜 '달(達)'이라고 불렀다. 그래서 할아버지의 빛이 사방을 비춘다는 뜻으로 '배달'을 나라이름으로 삼은 것이다. 그리고 한토(漢土)의 사관은 조(祖) 자를 피해 음이 같은 조(朝) 자를 쓰고 광휘(光輝)의 뜻을 선(鮮) 자로 나타내고 '조선(朝鮮)'이라 불렀다.[86]

단군조 붕괴 후에도 신교는 이름과 말을 바꾸어가면서 한반도와 만주 땅의 역대 왕조에 계승되었다. 신교가 융성하면 나라도 번영하고 쇠퇴하면 나라(왕조)도 쇠퇴했다. 부여에서는 '대천교(代天敎)'라 하고 고구려에서는 '경천교(敬天敎)', 신라에서는 '숭천교(崇天敎)', 백제에서는 '소도(蘇塗)', 발해에서는 '진종교(眞倧敎)', 고려에서는 '왕검교(王儉敎)', 만주에서는 '주신교(主神敎)'라고 불리고 다른 곳에서는 '신교(神敎)' 또는 '천신교(天神敎)'라고 불렀다.

천통(天統) 17(715)년 3월 3일에 썼다는 반안군왕(盤安郡王) 대야발(大野勃)[87]의 『삼일신고』 서문과 천통 16(714)년 10월 길일의 날짜가 적힌 「어제삼일신고찬(御製三一神誥贊)」이 들어 있는 것을 보면 단군조에 관한 문헌들은 발해 시대에 필사되고 석함 속에 안치된 것으로 보인다. 그러나 고려 때 몽골 지배 하에서 기악온(奇渥溫)[88] 씨의 혐의를 받아서 신교가 폐지되고 말았

---

86 「佈明本敎大旨書」, "檀君朝 中葉에 倍達國이라 稱ᄒᆞᆫ 語가 漢字의 字義字音으로 轉變ᄒᆞ야 朝鮮이 되얏스니 古語에 謂組曰 倍오 謂父曰 比오 指光輝之物曰 達이라 ᄒᆞ니 祖父光輝를 被ᄒᆞᆫ 四表土地라 ᄒᆞ야 國號를 建ᄒᆞ야 國號를 建ᄒᆞ바인즉 倍達은 卽祖光이라. 漢土史筆이 外國國名에 險字를 用홈은 慣例라 況祖字를 用ᄒᆞ리오. 祖를 以音譯之ᄒᆞ야 朝字가 되고 光輝를 以義譯之ᄒᆞ야 鮮字가 되얏스나……."
87 대야발은 걸걸중상(乞乞仲象)의 아들로 발해의 건국자인 고왕(高王) 대조영(大祚榮)의 아우이다.
88 기악온 즉 키얀[奇渥溫 Kiyoun, 또는 乞顔 Qiyan]은 몽골의 씨족이다. 이 씨족은 역사상 처음으로 모든 몽골 부족을 통일 지배한 보르지긴(Borjigin)씨 출신의 카불 칸[合不勒汗 혹은 葛不律汗]을 시조로 한다. 카불 칸은 몽골의 옛 전설에 의거해 '키얀' 씨를 창시하고 그 후손들은 서로 뭉쳐서 키얀의 복수형인 '키야트' 씨를 칭했다. 카불 칸의 증손자가 바로 테무진[鐵木眞] 즉 칭기즈칸[成吉思汗]이다. 다만 여기서 말하는 '기악온(기얀) 씨'는

다. 그러다가 앞에서 본 바와 같이 백봉이 10년 동안 하늘에 기도한 끝에 무려 700여 년 만에 단군대황조의 묵계를 얻어 석함 속에 봉안된 옛 기록들을 꺼내고 닫힌 교문을 다시 연 것이다.

그럼 대종교는 어떤 식으로 인류를 구제하는가? 그 방법은 주로 인간 본성의 자각과 수양에 의한 인간 완성을 지향하는 것으로 할 수 있다. 그것은 『삼일신고』 제5장 「인물(人物)」편에서 살펴볼 수 있다.

그에 따르면 사람과 사물은 똑같이 성(性)·명(命)·정(精)이라는 '삼진(三眞)'이 품부되고 있다. 사람은 모두 원래 그것을 온전히 받고 있지만 만물은 그것을 치우치고 받고 있다. 그 참된 성·명·정에는 선악(善惡)·청탁(淸濁)·후박(厚薄)이 없다.

그런데 보통사람[衆]에는 그것과 함께 '삼망(三妄)' 즉 심(心)·기(氣)·신(身)이 뿌리내리고 있다. 심은 성에 의해 선과 악이 있게 되고 선에는 복이, 악에는 화가 내려진다. 기는 명에 의해 맑고 탁함이 있게 되고 맑으면 오래 살고, 탁하면 일찍 죽는다. 신은 정에 의해 두텁고 얇음이 있게 되고 두터우면 빼어나고 얇으면 천박해진다.

삼진과 삼망이 마주 대하면서 감(感)·식(息)·촉(觸)의 '삼도(三途)'가 생기고, 그것이 돌아서 '십팔경(十八境)' 즉 18가지 감정과 감각을 이룬다.

三眞	眞	哲	三妄	妄	肯定的	否定的	三途	十八境
性	無善惡	上哲-通	心	有善惡	善-福	惡-禍	感	喜·懼·哀·怒·貪·厭
命	無淸濁	中哲-知	気	有淸濁	淸-壽	濁-夭	息	芬·爛·寒·熱·震·濕
精	無厚薄	下哲-保	身	有厚薄	厚-貴	薄-賤	触	聲·色·臭·味·淫·抵

원나라 황실 또는 황제(대칸)를 가리키는 것으로 보인다.

보통사람은 '십팔경', '삼도'에 따라 달려가고 생(生)·장(長)·초(肖)·병(病)·몰(沒)과 그것에 대한 근심에 빠진다. 한편 철인[哲]은 지감(止感)·조식(調息)·금촉(禁觸)의 방법에 의해 일의(一意)를 화행(化行)시켜 망을 돌려 진을 따라 상대적인 선악·청탁·후박을 초월한 자유자재의 큰 신기(神機)를 발휘한다. 이것을 '성통공완(性通功完)'이라고 한다.

철인 중에도 상(上)·중(中)·하(下)의 등급이 있어서, 상철(上哲)은 참된 성에 통달하고, 중철(中哲)은 참된 명을 알고 하철(下哲)은 참된 정을 보전한다. 대종교는 이와 같이 수양을 통한 인격 향상과 인간적 완성의 길을 통해 인류를 구제하려 한 것이다.

대종교가 내세운 오대종지(五大宗旨)는 원래 『단군교오대종지포명서』에서 경봉조신(敬奉祖神)·감통영성(感通靈誠)·애합족우(愛合族友)·안고기토(安固基土)·근무산업(勤務産業)을 들고 있었다. 그러나 1911년에 일어난 공주시교당사건(公州施教堂事件)[89]을 계기로 경봉천신(敬奉天神)·성수영성

---

89 공주시교당사건(公州施教堂事件): 1911(明治44)년 1월에 충청남도장관 박중양(朴重陽)이 공주 사립명화학교(私立明化學校, 대종교 공주시교당)의 단군교 초기 문건인 『단군교포명서』 『단군교오대종지서』 등을 압수해 불온문서로 조선총독부에게 보고하고 학교 폐지 처분을 요청한 사건이다. 대종교 쪽은 오혁(吳赫)을 공주시교당 사무시찰로 임명하고 사태 수습을 도모했다. 그리고 오대종지를 대폭 수정하게 되었고 주요 경전인 『삼일신고』도 오대종지의 제창자인 백봉의 기록을 삭제하고서 총독부의 허가를 받아 1912년에 인쇄본으로 출간하게 되었다. 이것은 백봉의 위상이 대종교 역사 속에서 퇴색될 단초가 되었고 교리와 교주가 바뀌게 되면서 오늘날에 이르기까지 대종교 역사와 교리 면에서 많은 혼란을 초래하였다. 나철은 문제를 타개하기 위해 교단 개혁을 단행하고, 서간도, 상하이, 북간도 등에 시교당을 개설하고 한반도 외부의 교세 확대에 주력하게 되었다. 이러한 대응책은 만주 지역 대종교 계열 독립운동 단체의 기반 형성에도 일조하였다.(조준희, 「조선총독부 문서철 『寺社宗教』 「大倧教·檀君教ノ件」(1911)」, pp. 387-388)

(誠修靈性)·애합종족(愛合種族)·정구이복(靜求利福)·근무산업(勤務産業)
으로 변경했다.

즉 신앙의 대상이 조상신에서 보편적인 신인 천신으로 바뀌고, 영성에 감응하여 통하는 '감통영성'에서, 정성껏 영성을 닦는다는 종교적 수행을 강조한 '성수영성'으로 바뀌었고, 정치적 구호의 성격이 강한 '안고기토'에서 신앙을 통해 복리를 추구하는 '정구이복'으로 바뀌게 된 것이다.[90] 민족주의적 색채를 엷게 함으로써 식민지 당국이나 친일파의 혐의를 피하려는 소극적인 의도도 있을 수 있겠지만 적극적으로는 사건을 계기로 대종교가 원래 가졌던 보편주의를 더욱 강화시키려고 한 것으로 해석할 수 있다.

나철도 「중광가(重光歌)」에서 열강의 제국주의가 이윽고 제1차 세계대전으로 수많은 희생자를 내기에 이른 국제정세를 보고 살기를 좋아하는 하늘의 뜻을 받들어 크고 작은 나라들과 민족을 같은 가르침(대종교)에 의해 평화적으로 통일시킴으로써 하늘과 사람이 대대로 즐기는 세상을 열자고 주장하고 있었다.

> 상제께 호소하여 천국을 새로 열어
> 한 나라 한 신교(神敎)로 큰 지구를 통할케
> 대소강약 너나를 한집에 일체애합(一體愛合)
> 한 세계 한 도(道) 빛으로 천민동락(天民同樂) 만만대 [91]

90 김봉곤, 「대종교의 종교성과 공공성-오대종지(五大宗旨)와 『삼일신고(三一神誥)』를 중심으로-」, 『근대 한국 개벽종교를 공공하다』, pp. 217-218.
91 羅喆, 『重光歌』 제54장.

1916년에 구월산에서 자결함에 즈음하여 나철은 일본 총리대신 오오쿠마 시게노부[大隈重信]와 조선총독 데라우치 마사타케[寺內正毅]에게 대종교를 인정하려 하지 않는 부당함을 호소하는 편지인 「여일본총리대외서(與日本總理大隈書)」 및 「여조선총독사내서(與朝鮮總督寺內書)」를 썼다. 그 안에서 "또한 이 몸을 돌이켜보면 이제 더 이상 지난날의 적을 베는 것을 생각했던 나인영이 아니요 성심을 열어 원수에게 돌리는 나철이다. 이 마음을 돌이켜보면 날마다 쓸개를 핥으면서 한 나라만을 사랑하는 편견을 되풀이하는 것이 아니니 곧 오늘날 전 세계를 똑같이 인을 베푸는 대도(大道)이다"[92]라고 하면서 대종교의 도가 한 나라 범위에 사로잡힌 편견을 뛰어넘은 보편주의 · 박애주의의 '대도'임을 강조하고 있다.

6. 맺음말

이상과 같이 대종교에서는 '중광'이라는 용어를 써서, 자기 가르침이 새롭게 창시된 것이 아니라 옛날에 행해졌던 가르침이 다시 빛을 보게 된 것임을 강조한다. 원래 정객이었던 나철은 백봉교단과의 만남을 통해 민족종교 지도자로 거듭났다. 백봉교단의 『단군교오대종지포명서』에서는 '태백산 남북 7천만 동포'라고 하였듯이 한반도뿐만 아니라 태백산(=백두산) 남북에 사는 사람들을 '동포'로 규정하면서 단군대황조-배달족부터 북부여

---

92 羅喆, 『與日本總理大隈書』 "且顧此身, 非復往年懷殘斬之寅永, 乃今日開誠返仇之喆也. 顧此心, 非復者日嘗膽愛一國之偏見, 乃是日同仁全世之大道也."

족-동부여족-고구려족 및 발해족-여진족-금족-후금족 즉 청족이라는 북방민족의 계보를 소개하고 "그 일명이 조선족이고 다른 이름을 퉁구스족이며, 즉 3천단부족"이라고 밝혔다. 『포명서』에서는 후금국을 일으킨 누르하치를 비롯하여 태종 홍타이지, 순치황제, 강희황제와 같은 청조 초기의 황제들이 조선과 형제의 결의를 맺고 중원을 정복해서 4억의 한족에게 변발을 널리 베푼(강요한) 것을 칭송하는 내용이 보인다.

이와 같이 초기 대종교 문서가 백두산을 신성시하고 북방을 중시한 점은 나철 집단에 호남 출신자가 많았던 점, 동학·증산교 등 다른 신종교가 한반도 남부를 중시한 점과 대조적이다. 또한 청나라 황제들에 대한 칭찬은 조선조에서 일반적이었던 숭명반청(崇明反清)의 분위기와도 상반되는 것이며 백봉교단이 청나라에 사는 조선족의 결사였을 가능성도 생각할 수 있다.

이러한 초기 대종교에 보이는 민족의식을 19~20세기에 세계적으로 유행한 범민족주의의 문맥에 두고 본다면 '범퉁구스주의'라고 부를 수 있을 것이다. 범게르만주의, 범슬라브주의, 범아랍주의 등의 범민족주의는 당시 정치적으로 큰 영향력을 과시했다. 범퉁구스주의도 일본에 실재했다. 1929년에 만주철도 촉탁의 기타가와 시카조[北川鹿藏]는 『판퉁구시즘과 동포의 활로―희망이냐 절망이냐 친애하는 경들에게 고함』이라는 소책자에서 범퉁구스주의를 제창했다. 기타가와는 '퉁구스'를 민족으로 보고 일본을 퉁구스 민족의 일원이자 문명적 선구자로 자리매김했다. 그리고 '퉁구스' 민족의식을 고취함으로써 만주와 몽고를 중원의 한족과 분리시키고 '퉁구스'의 이름 아래 일본-한반도-만주-몽골에 걸친 일본의 세력권을 형성하고 중국인의 반일·배일 운동을 타개하려 한 것이다.

물론 대종교의 범퉁구스주의는 기타가와의 판퉁구시즘보다 20여 년 앞서 있다. 또 기타가와의 판퉁구시즘이 일본 세력 팽창을 도모한 것인 데 대해 대종교의 범퉁구스주의는 신앙에 바탕을 둔 것이었다. 그럼에도 불구하고 기타가와의 판퉁구시즘과 대종교의 범퉁구스주의에는 공통점이 있었다. 먼저 둘 다 현존 퉁구스어족보다 역사적인 그것에 치중했다. 다음으로 학문적으로는 그 위치가 모호한 한민족과 그 조상들을 거리낌 없이 '퉁구스'에 분류시켰다. 그리고 한(漢)민족·문화와 거리를 두기 위해 '퉁구스'를 사용했다.

　대종교의 범퉁구스주의의 특징이 가장 뚜렷하게 나타난 작품으로 박은식의『몽배금태조』를 들 수 있다. 이 소설은 조선 선비 무치생이 꿈속에서 대금태조황제 아골타에게 알현하고 대화하는 내용으로 대종교의 영향을 크게 받은 작품이다.『몽배금태조』중에서 금태조는 무치생과의 대화를 통해 전통적 한학의 허망함과 유해무익함, 그리고 조선 유생들이 숭상하던 성리학을 낳은 송나라 사람들이 얼마나 비굴하고 표리가 있는 사람들이었는가를 폭로하면서 그것을 무비판적으로 숭배하는 오류를 지적한다. 그리고 민족을 개량하기 위해 한국 역사상의 뛰어난 군주·영웅·지식인·문화인 등에게 배워야 한다고 강조한다. 이 소설에서 조선 사대부를 대표하는 무치생을 질타하고 민족의식을 고무하고 인도하는 역할로 금태조가 등장하는 것은 여진과 조선이 원래 하나의 대동민족(大東民族)이자 퉁구스로서 동족이기 때문이다. 이 작품에서 범퉁구스주의는 전통적으로 존중된 한문학·성리학의 영향을 불식시켜 민족 주체성과 국수(國粹)를 회복하는 촉매 역할을 하고 있다.

　한편 대종교의 범퉁구스주의는 전 인류의 구제를 지향하는 보편주의의 계기도 함께 지니고 있었다. 원래 단군신화에는 '홍익인간'이 단군이념·사상으로 강조되었고, 초창기 대종교는 제국주의·자본주의적 세계에서 사람들과 나라들의 욕망 갈등이 극에 달함으로써 결국 모두 멸망하게 된다는 위기의식을 가지고 있었다. 그것을 그냥 좌시하는 것이 아니라 태백산=백두산 남북의 '7천만 형제자매'가 먼저 '천조의 무극대도'에 감화되고 나서 '일체 인류'에게 차례로 보급함으로써 세계를 구한다는 것이다.

여기서 범퉁구스주의는 전 인류 구제로 나아가는 첫 단계로 간주된다. 단군대황조는 퉁구스=배달민족만이 아니라 전 인류의 조상을 만들었기 때문이다. 그래서 『삼일신고』에서는 삼망이 뿌리내린 중인이 하늘에서 주어진 삼진을 회복한 철인이 되고 성통공완을 이룩하고 인간적 완성에 이르는 길이 제시되고 있다. 또 나철이 일본국 총리대신 오오쿠마 시게노부와 조선총독 데라우치 마사타케에게 보낸 편지에도 대종교의 도가 민족주의·국수주의의 편견에 사로잡히지 않는 보편주의·박애주의의 '대로'임을 밝혔다.

오늘날 대종교는 주로 민족종교로서의 측면이 많이 강조되지만 전 인류가 '사욕'의 극복과 인간적 완성을 통해 '애합'하기를 지향한 보편종교로서의 측면에 대해서도 다시 주목할 필요가 있을 것이다.

제2부

일본의 개벽

제1장

근세 일본사상의
성인관(聖人觀)

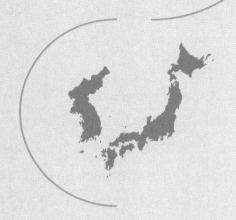

제1장에서는 근세 일본 사상가들이 '성인(聖人)'이라는 존재를 어떻게 해석했느냐에 대해 살펴보고자 한다. 에도시대[江戶時代] 일본에서 학자들은 각각 나름대로 독특한 성인관(聖人觀)을 낳게 되었다. 이토 진사이[伊藤仁齋]는 오로지 공자만이 삼황(三皇), 오제(五帝)보다 뛰어난 "천하만세(天下萬世)·제왕신민(帝王臣民)의 스승이라고 주장했다. 그는 오로지 공자만이 인륜(人倫)·인도(人道)를 밝혀서 후세에 그 도를 전할 수 있었다고 하면서 사실상 공자 이전의 성인을 무의미하게 만들었다. 오규 소라이는 성인이란 '작자(作者)'라고 말하면서 주자학과 진사이의 성인 이해를 비판했다. 그리고 성인의 제도를 제작한 고대 중국의 지배자, 문화영웅(文化英雄)으로서의 면을 강조하였다. 복희(伏羲)·신농(神農)부터 무왕(武王)·주공(周公)에 이르는 성인들은 무엇보다 거룩한 덕과 지혜로 전대의 제도를 상고하고 수백 년 후의 미래를 내다보면서 백성을 위해 제도를 세운 통치자들이라는 것이다. 국학자 모토오리 노리나가[本居宣長]는 "중국[漢國]의 이른바 성인도 신"이라고 주장했다. 그에 의하면 중국의 성인은 사람이면서 신이지만 마가츠히신[禍津日神]이라는 악신(惡神)이다. 중국에는 악신이 자리를 잡았기 때문에 일정한 주인이 없고, 임금은 신하에게 자리를 빼앗길 것을 두려워하고, 신하는 호시탐탐 임금 자리를 노리게 되었다. 성인이란 능히 나라를 빼앗다가 다시 남에게 빼앗기지 않으려는 꾀를 잘 꾸민 자라고 노리나가는 주장했다. 심지어 안도 쇼에키[安藤昌益]는 성인을 천하의 도둑이라고까지 혹평했다. 그에 의하면 아득한 옛날의 자연세(自然世)에는 사람은 남녀·군신·상하·귀천의 차등도 하나같이 농사를 짓고 살고 있었다. 그러나 어느 날 성인이란 자가 나타나서 사람들을 속이고 임금 자리에 올랐다. 그러면서 사사로이 법도를 세우고 도리를 왜곡시켜서 백성들의 생산물을 놀고먹는 '불경탐식(不耕貪食)'을 정당화했다. 그것을 쇼에키는 법세(法世) 즉 사사로운 법으로 자연의 법이 왜곡된 세상이라고 불렀다.

1. 들어가는 말

일본에서 '성인(聖人)' 특히 유교적 성인의 관념은 유교 자체의 전래와 거의 동시에 알려지게 되었다고 생각된다. 다만 성인의 관념이 사상적 검토의 대상이 되는 데는 적어도 17세기, 에도[江戶]시대의 도래를 기다려야만 했다.

임진왜란 당시 포로로 일본에 끌려온 성리학자 강항(姜沆, 1567~1618)과 선승(禪僧) 후지와라 세이카[藤原惺窩, 1561-1619]와의 만남과 유학자로서의 세이카의 환속(還俗), 그리고 그의 수제자인 하야지 라잔[林羅山, 1583-1657]의 도쿠가와 이에야스[德川家康]에의 출사(出仕), 그리고 성리학의 관학화(官學化)라는 일련의 사건들을 통해 유학은 박사가(博士家)·승려 등 일부 특권 지식층의 점유에서 벗어나 일본 전토에 서서히 전파되어 갔다. 성리학에서 성인은 최고도덕의 체현자(體現者)이면서 "'성인이란 배워서 이를 수 있는 것인가?'—'그렇다'"[1]라는 문답에 단적으로 나타나 있듯이 학문과 수양을 쌓아감으로써 도달할 수 있는 궁극적 목표로 설정되어 있었다. 반면에 성인은 백성을 다스리고 가르치는[治而教之] 통치자로서의 면도 분명히 제시되고 있었다.

---

1 『近思錄』〈論學〉 "聖人可學而至歟? 曰 '然.'"

어떤 총명하고 지혜롭고 능히 자기 본성을 완전히 발휘할 수 있는 사람이 뭇사람 사이에 나타나면 하늘은 반드시 그에게 명을 내리고 수많은 백성들의 스승으로 삼고 그들을 다스리고 가르치게 함으로써 (백성들의) 본성을 회복시켰다.[2]

그러나 과거제도가 실시되고 공부를 통해 관직에 오르고 통치와 교육에 참여할 수도 있었던 중국·조선과 달리 사무라이 중심 사회였던 일본에서는 극히 일부의 상위 무사 가문을 제외하면 통치 행위에 참여한다는 것은 꿈에도 생각할 수 없는 일이었다. 그러므로 성인 개념 자체를 좀 더 일본의 현실에 맞게 개편하거나, 아니면 성인이 된다는 것을 단지 수사(修辭)의 문제로 넘기지 않으면 안 되었다. 재미있게도 이러한 불리한 사회적 조건이 오히려 근세 일본에 대륙의 유학과 색다른 독특한 성인관(聖人觀)을 꽃피우게 하고 나아가서는 적어도 동시대의 대륙에서는 찾아보기 힘든 강렬하고도 근본적인 성인 비판까지 가능하게 만들었던 것이다.

---

2 『大学章句』〈序〉 "一有聰明睿智, 能盡其性者, 出於其間, 則天必命之, 以爲億兆之君師, 使之治而教之, 以復其性."

2. 근세 일본사상의 다채로운 성인관

1) 이토 진사이—교사로서의 성인

이토 진사이[伊藤仁齋, 1627-1705]는 교토[京都]의 상가(商家)에서 태어나 젊어서 성리학에 심취했다. 그러나 너무 내면 수양에 집중한 나머지 신경병을 앓기까지 했다. 마침내 그 잘못을 깨닫고 공맹의 본지에 돌아가라고 주장하는 고의학(古義學)을 창시했다. 진사이는 도(道)를 추상적인 형이상자(形而上者)로 보는 성리학의 견해에 반대하고 누구나 날마다 쓰는 일상적인 인륜(人倫)의 도리일 따름이라고 보았다. 그리고 중국 고대에 이상적인 정치와 교화를 베푼 삼황오제나 요·순과 같은 상고(上古)의 성천자(聖天子)들보다 영원토록 변하지 않는 윤리도덕의 기준을 세운 공자를 더 높은 성인으로 보았다.

> 삼황(三皇)을 초월하고 오제(五帝)를 걸쳐서 홀로 천하만세(天下萬世)·제왕신민(帝王臣民)의 스승이 될 만한 이는 오로지 공자 한 분만 그렇다고 하겠다.[3]

요컨대 그에게 있어서 도는 곧 인도(人道)·인륜(人倫)이고 그것은 공자에 의해 이미 분명히 밝혀지고 있기 때문에 후세 사람은 오직 그것을 충실

---

3 伊藤仁齋, 『語孟字義』下, 〈堯舜すでに没し邪説暴行又作るを論ず〉, "三皇に超え, 五帝に跨り, ひとり天下万世帝王臣民の師表となる者は, それただ孔子一人のみ然りとす"(『日本思想大系33 伊藤仁齋·伊藤東涯』[吉川幸次郎·清水茂 교校注, 岩波書店, 1971])

하게 실천하기만 하면 된다는 말이다. 그는 경전 가운데 성스러울 성(聖) 자의 용법을 분석하면서 "옛날에는 성(聖)과 현(賢)·지(知)·행(行)은 분명히 구별되지 않았고 성인(聖人)·현인(賢人)의 구별도 엄밀히 따지지 않았으며 단지 지혜·도덕·실천에 있어서 모범으로 삼을 만한 뛰어난 사람을 성인이라고도 현인이라고도 일컬었다"고 지적했다.

성(聖)자는 옛날에는 덕(德)에 대해 그렇게 이름을 붙이기도 하고, 사람에 대해 그렇게 일컫기도 했으나 후세에 일컫는 것처럼 확연한 등급은 있지 않았다. … 개인적인 생각으로는 성(聖) 자는 혹은 지(知)에, 혹은 행(行)에 있어서 각각 극에 달하고 미루어 헤아릴 수 없는 것을 이른다. … 그리하여 원할 만한 선(善)을 그것에 해당시키고 위대하고 남을 교화시킨 사람을 '성인'으로 삼기에 이르렀다.[4]

또 그는 정이천(程伊川)의 "성인이 되고자 하는 마음이 있는 연후에 더불어 배울 수 있다."는 말에 대해 세속을 훨씬 넘어선 사람이라면 몰라도 보통 사람이 그렇게 말해 버리면 자기 분수를 뛰어넘고 제멋대로 표준을 세우게 될 폐단이 있다고 지적했다. 결국 그는 공자 이외의 성인을 무의미화(無意味化)한 것으로 만들고 성인이 된다고 하는 성리학의 주요 목표까지도 부인했다.

---

4 伊藤仁齋,『語孟字義』下〈聖賢〉, "聖の字古昔あるいはもってこの德に名づけ, あるいはもってその人に命ず. ……竊かに以謂(おも)えらく聖の字あるいは知あるいは行, おのおのその極に造(いた)り, 測り識るべからざるの稱.……しこうして欲すべきの善よりしてこれを充てて, 大にしてこれを化するを聖人とするに至る."

형이상의 이(理)와 공자 이전의 옛 성인을 부인하고 유교의 실천을 일상적인 인륜(人倫)으로 한정시킨 진사이는 나쁘게 말하면 유학을 왜소하게 만들었다고도 볼 수 있으나 좋게 말하면 유교에 대한 일본 서민의 접근성을 제고하였다고 말할 수 있다.

진사이의 '성인'과 '도' 이해는 이시다 바이간[石田梅岩, 1685~1744]이 창시한 석문심학(石門心學), 또 도미나가 나카모토[富永仲基, 1715~1746], 야마가타 반토[山片蟠桃, 1748~1821]와 같은 오사카 초닌[町人] 학자의 윤리도덕관에 영향을 주었고, 심지어 '일본 자본주의의 아버지'라고 일컬어지는 실업가 시부사와 에이이치[澁澤榮一, 1840~1930]의 이른바 "위대한 평범인(平凡人)"으로 대표되는 근현대 일본의 공자관·성인관·논어관에까지 영향을 미치고 있다. 또 진사이의 실증주의적 학문 방법과, 그가 천도(天道)·지도(地道)·인도(人道)를 분리한 것, 성인관을 재정립한 것 등은 후술하는 오규 소라이[荻生徂徠], 모토오리 노리나가[本居宣長], 안도 쇼에키[安藤昌益] 등이 각각 새로운 학문을 확립시키는 데에 큰 자극을 주게 되었다.

2) 오규 소라이―작자로서의 성인관

오규 소라이[荻生徂徠, 1666~1728]는 에도[江戶]에서 도쿠가와 츠나요시[德川綱吉, 뒷날 제5대 쇼군]의 시의(侍醫)인 호우안[方庵]의 아들로 태어났다. 그러나 아버지가 주군의 노여움을 사서 에도에서 추방당함에 따라 가즈사[上總] 지방 혼노 마을[本納村](현 千葉縣茂原市) 마을로 옮겨 살았다. 젊은 소라이는 가난한 농촌 생활 속에서 13년 동안 경서·일본서적[和書]·불경(佛經) 등을 독학(獨學)하고 학문적 기초를 쌓았다. 뒤에 아버지가 사면됨에 따라

에도로 돌아와 31세 때 5대 쇼군 츠나요시의 측근인 야나기사와 요시야스[柳澤吉保]의 비서 격으로 등용되었다. 그러나 쇼군 츠나요시의 서거, 이에 따른 요시야스의 실각과 더불어 직을 그만두고 에도 시중의 니홈바시[日本橋] 가야바초우[茅場町]에서 켄엔즈쿠[蘐園塾] 학원을 열고 문인 교육과 학문 연구에 전념하면서 고문사학(古文辭學)을 창시했다.

소라이는 성인을 무엇보다 '작자(作者)' 즉 제도의 제작자, 고대 중국의 지배자이자 문화영웅(文化英雄)로 보았다.[5] 그에 따르면 복희·신농·황제로부터 요·순·우·탕왕·문왕·무왕·주공에 이르는 성인들은 헤아릴 수 없는 만큼 넓고 깊은 지혜를 가지고 앞 시대의 제도를 상고하고 몇백 년 뒤를 바라보며 백성들이 평안하게 살 수 있게 하기 위해 문물제도를 만들어냈다는 것이다. '인(仁)'이라는 것도 성리학자와 진사이가 말하는 것처럼 인간의 마음에 내재되는 도덕적 본성이 아니라 바로 백성을 평안하게 하려는 덕을 이른다고 보았다.

공자의 도(道) 역시 선왕(先王)의 도라고 보았다. 그것은 바로 예악형정(禮樂刑政)과 같이 성인이 먼저 제작한 제도이고, 그것을 떠나서 따로 도가 있을 수 없다고 한다. 공자는 당시 이미 허물어져 갔었던 동주(東周) 왕조의 도를 재흥시키고자 한 사람이었고, 그가 제자들을 교육하고 각각 그 재질을 완성시키려고 한 것도 장차 그들을 올려 쓰기 위함이었다. 그러나 결국 그 뜻을 이루지 못한 천명(天命)임을 깨닫게 되자, 육경(六經)을 편집해서 선왕의 도를 후세에 전하려고 한 것이다.

---

5 荻生徂徠,『弁道』"古の時, 作者これ聖と謂ふ",『弁名』上〈聖〉"聖なる者は作者の称なり"
(『日本思想大系31 荻生徂徠』[吉川幸次郎·丸山眞男 외 校注, 岩波書店, 1977) 이는『禮記』〈樂記〉"作者之謂聖, 述者之謂明"에 입각한 것이다.

그런데 소라이가 예악형정의 제도를 중요시한 것은 그가 언어에 의한 설득·의논·교화보다 제도·규율·관습 등 비언어적 수단에 의한 암묵적인 신체화·습관화·감각화의 효과를 높이 평가했기 때문이다.

> 무릇 선왕은 언어가 남을 가르치는 데에 부족하다는 것을 알고 있었기에 예악을 만들어서 그들을 가르쳤다. 형정(刑政)이 백성을 평안케 하는 데에 부족하다는 것을 알고 있었기에 예악을 만들어서 그들을 바꾸게 만들었다. … 군자는 그것을 배우고 소인은 그것에 의지하니 배우고 나면 되풀이함으로써 몸에 익히고 암묵적으로 알게 된다. 암묵적으로 알게 되면 모르는 바가 없게 되니, 어찌 언어가 능히 거기까지 이룰 수 있겠는가? 의지하면 곧 바뀌게 되고 바뀌게 되면 부지불식 사이에 상제[帝]의 법도를 따르게 되니 어찌 좋지 않겠는가? 이것에 어찌 능히 형정이 미칠 수 있겠는가?[6]

그런데 소라이와 그의 학파가 이렇게 중국 고대의 제도를 강조함으로써 에도시대 일본의 사상계에 심각한 문제를 던지기도 했다. 나쁘게 말하면 성인이란 어마어마한 제도적 장치를 만들어서 만백성을 몸과 마음의 양면에서 통제하고 마인드컨트롤한 엄청난 거악(巨惡)이라고도 볼 수 있기 때

---

6 荻生徂徠, 『弁名』上 「礼」 "けだし先王は言語の以て人を教ふるに足らざるを知るや, 故に礼楽を作りて以てこれを教ふ. 刑政の以て民を安んずるに足らざるを知るや, 故に礼楽を作りて以てこれを化す. (…) 君子はこれを学び, 小人はこれに由る. 学ぶの方は, 習ひては以てこれに熟し, 黙してこれを識る. 黙してこれを識るに至りては, すなはち知らざる所あることなし. あに言語の能く及ぶ所ならんや. これに由ればすなはち化す. 化するに至りては, すなはち識らず知らず, 帝の則に順ふ. あに不善ならんや. これあに政刑の能く及ぶ所ならんや."

문이다. 소라이는 유교의 존재 의의를 뿌리째 뒤흔드는 그러한 물음들을
미리 봉쇄하기 위해 예악제도의 근저에는 오로지 천하를 평안케 하려는 성
인의 심덕(心德)인 '인(仁)'이 깔려 있다고 강조했다.

> 선왕의 도는 선왕이 조작(造作)한 것이다. 천지자연의 도가 아니다. 무릇
> 선왕은 밝고 깊은 지혜[聰明睿知]의 덕을 지니고 천명(天命)을 받아 천하에 왕
> 노릇을 하게 되었다. 그 마음은 오로지 천하를 평안케 하는 것을 일로 삼았
> 고, 이로 말미암아 그 심력(心力)과 지교(知巧)를 다하고 도를 작위해서 천하
> 후세의 사람들로 하여금 그것에 의지하고 수행하게 만들었다. 과연 천지자
> 연의 도에 이런 일이 있을 수 있겠는가?[7]

  그렇지만 소라이가 제시한 '작자'로의 성인관은, 예를 들면 "성인의 '인'이
라는 선의(善意)를 얼마나 믿을 수 있는가? 만약 그것을 못 믿는다면 성인
은 배울 만하지 않은 게 아닌가? 일본인으로서 외국인 중국의 옛 임금이 세
운 제도를 왜 배워야만 하겠는가? 성인이 나타나기 전 백성들은 정말 무지
몽매하고 인간답지 못하며 짐승과 별 차이가 없는 그런 존재였는가?" 등등
의 의문을 야기하고, 성인과 유교의 존재 의의를 뿌리째 뒤흔드는 계기를
내포하고 있었다.

---

7 荻生徂徠,『弁道』 "けだし先王, 聰明睿知の術を以て, 天命を受け, 天下に王たり. その心
は, 一に, 天下を安んずるを以て務めとなす. ここをもってこの心力を尽くし, その知巧
を極め, この道を作為して, 天下後世の人をしてこれに由りてこれを行はしむ. あに天地
自然にこれあらんや."

3) 모토오리 노리나가—악신(惡神)으로서의 성인관

모토오리 노리나가[本居宣長, 1730-1801]는 이세 지방[伊勢國]의 마츠사카[松
坂](현 三重県松阪市)에서 목면상(木棉商)의 아들로 태어났다. 그가 상인에게
맞지 않는다는 어머니의 조언에 따라 의사로서 기초적인 한문 교양을 쌓
기 위해 교토에 올라가 주자학자이면서 소라이학과 국학(國學)에도 능통한
호리 케이잔[堀景山, 1688~1757]에게 한학과 국학을 배웠다. 그는 의술을 익
힌 후 고향에 돌아가 의사로 개업했는데 낮에는 의업(醫業)에 전념하고 밤
에『겐지 이야기[源氏物語]』,『고사기(古事記)』와 같은 일본의 고전문학 · 역
사 등과 고어(古語) 연구, 강학에 힘을 기울였다. 특히 그렇게 해서 30여 년
의 세월을 들여『고사기전(古事記傳)』을 완성시킨 것은 널리 알려져 있다.

노리나가의 성인과 도에 대한 이해는 소라이의 그것을 바탕으로 하면서
그것에 '신(神)의 작위'라는 관점을 얹어놓은 것이다. 그는 중국의 성인도
'일본 신화의 신'으로, 그것도 악신(惡神)인 마가츠히신[禍津日神][8]이라고 보
았다. "중국[漢國]의 이른바 성인도 신이다. 따라서 그 도(道)도 신이 시작한
도이다." 그럼에도 불구하고 이것을 인간이 지은 도라고 말하는 것은 현상
세계의 일[顯露事]과 초감각세계의 일[幽事]의 구별을 알면 잘 헤아릴 수 있
다. 현상세계의 일이란 인사(人事, 인간세계의 일)를 말한다. 그러므로 중국
에 성인이라는 신이 나타났는데 그 도를 지은 것은 바로 인사인 까닭에 사
람이 만든 도라고 한다. "성인은 신이면서 사람"인 것이다. 즉 현상세계 차

---

8 『고사기(古事記)』에 의하면 황천에서 돌아온 이자나기 신이 재계목욕하고 황천의 더러움
을 씻었을 때에 태어난 신으로 야소마가츠히[八十禍津日神]와 오오마가츠히[大禍津日神]
의 두 신이 있다.

원에서 보면 성인이라는 인간이 만든 도이지만 초감각 세계 차원에서 보면 그 배후의 신(마가츠히)이 있다는 것이다.[9]

성인이 왜 악신인가 하면, 노리나가에 의하면 중국은 아마테라스오오미카미[天照大御神]가 태어난 나라가 아니기 때문에 악신이 자리를 잡았다는 것이다. 거기에는 일정한 임자가 없기 때문에 천한 사람도 나라를 빼앗으면 임금이 되고, 윗사람은 아랫사람에게 자리를 빼앗기지 않으려고 하고 아랫사람은 윗사람에서 그 자리를 빼앗으려고 늘 틈을 노리고 있다. 그래서 매우 인심이 사납기 때문에 어떤 힘이 세고 생각이 깊은 이가 나타나고 사람을 모여서 남의 나라를 빼앗고, 더 남에게 빼앗기지 않으려는 꾀를 잘 꾸미자 그런 이를 가리켜 성인으로 일컫는다고 했다.

노리나가는 이른바 '도'라는 것도 현실의 중국에는 도덕도 질서도 없기 때문에 일부러 '도(道)'를 제작해서 내세워야 했는데, 원래가 남의 나라를 빼앗으려는 더러운 속셈에서 나온 것이기 때문에 기실 그것을 따르는 자가 거의 없다고 혹평한다.

무질서하고 도리가 없는 곳에 질서와 도리를 가져왔다면 그것은 선신(善神)이지 왜 악신인가 하는 생각이 들지만 여기서 노리나가가 말하는 '악(惡)'이란 (특히 중화주의자인 소라이학파를 비롯한 유학자들을 염두에 두면) 일본과 일본인으로서는 높이 받들지 말고 경이원지(敬而遠之)해야 할 대상이라

9 本居宣長, 『鈴屋問答録』 "漢国に所謂聖人も神也. 然れば其道も, 神の始めし道也. 然るにこれを人の作れる道也といふことは, 顕露事, 幽事のけじめを知る時は, よくわかるゝこと也. されば漢国に聖人と云神の出て, 其道を作れるは, 人事なる故に, 人の作れる道也とは云なり. 聖人の如きは神なれども人也. 故に其作れるは人の作れる也."

는 정도의 의미인 것 같다.[10]

3. 안도 쇼에키의 성인 비판

1) 안도 쇼에키는 누구인가?

앞에서 본 이토 진사이, 오규 소라이, 모토오리 노리나가는 모두 대륙의
유교 또는 유교 자체의 성인관에 대한 나름대로 독자적인 성인관을 제기하
긴 했으나 당시의 도쿠가와 시대의 봉건사회에 대해서는 기본적으로 승인
하는 자세를 보이고 있었다. 그러나 안도 쇼에키[安藤昌益, 1703~1762]는 기
존의 성인관의 전환을 통해서 당시의 사회를 근본적으로 비판하고 부정하

---

10 그 증거로 노리나가는 "유학이 아니면 다스리기 어렵다면 유학으로 다스리고, 불교가
   아니면 다스리기 어렵다면 불교로 다스려야 한다. 이것은 모두 그때그때의 신도(神道)
   이기 때문이다. 오로지 상고(上古)의 방식만을 가지고 후세도 다스려야 한다고 생각하
   는 것은 사람의 힘으로써 신의 힘을 이기려고 하는 것이지만, 성공할 수 없을뿐더러 거
   꾸로 그때의 신도에 거역하는 짓이다."라고 하듯이 악신(마가츠히)의 소산인 유교·불
   교에 대한 편의주의·공리주의적 태도를 보이고 있기 때문이다. (本居宣長, 『鈴屋問答
   録』 "後世, 国天下を治むるにも, まづは其時の世に害なきことには, 古へのやうを用ひ
   て, 随分に善神の御心にかなふやうに有べく, 又儒を以て治めざれば治まりがたきこと
   あらば, 儒を以て治むるべく, 仏にあらではかなはぬことあらば, 仏を以て治むべし. 是
   皆, 其時の神道なれば也. 然るにたゞ, ひたすら上古のやうを以て, 後世をも治むべきも
   のゝやうに思ふは, 人の力を以て, 神の力に勝むとする物にて, あたはざるのみならず,
   却て其時の神道にそむく物也") 노리나가는 세상만사가 악신(마가츠히)와 선신(善神;
   나오비[直毘神])의 뜻에 따라 움직인다고 생각했지만 조로아스터교나 마니교와 달리 선
   신과 악신의 대결·투쟁이라는 사상은 없었다. 따라서 비록 악신의 것이라고 해도 그것
   을 철저히 공격·토벌·섬멸해야 된다는 발상도 없었던 것이다.

려고 한 점에서 일본 사상사에서 이채를 띤 존재이다.

안도 쇼에키는 아키타 번[秋田藩] 히나이[比內] 지방의 니이다 마을[二井田村]에서 태어났다. 그의 전반생에 대해서는 자세한 것은 알 수 없다. 42세 때 하치노헤[八戶] 사중에서 병원을 개업했다. 기록을 보면 그때 이미 민간의 의사이자 재야 지식인·문화인으로 어느 정도 높은 성망을 얻고 있었다. 50세 때 무렵부터 그는 『속통진전(續統眞傳)』, 『자연진영도(自然眞營道)』 등을 저술하기 시작했다. 그것은 에도·교토 등지에서 간행되기도 했다. 1758년 56세 때 쇼에키는 하치노헤를 떠나서 고향으로 돌아갔다. 이 무렵에는 동북지방의 하치노헤, 남부[南部]에서 간사이 지방의 교토·오사카[大坂]까지 문인들이 모이기 시작하고 그들과 쇼에키와 토론한 기록인 『양연철론(良演哲論)』이 만들어지기도 했다. 쇼에키는 1762년 60세로 세상을 떠났으나 그에 앞서 "나는 죽어도 한번 벼로 변하고 직경(直耕)의 세상이 올 때까지 계속 이 세상에 다시 태어날 것이다."라고 유언했다고 전해진다. 사후 그의 덕을 기리고 '수농태신(守農太神)'이라는 비석이 세워지기도 했다.

2) 성인의 불경탐식(不耕貪食)과 오역십실(五逆十失)

(1) 성인은 천하의 도둑이다

소라이가 지배자·통치자의 관점에서 도를 보고 노리나가가 일본신도의 신의 시각에서 도를 본 데 대해 쇼에키는 철저히 일본 토착의 농민의 시각에서 도를 파악했다. 그에 의하면 원래 백성들은 어디에서 남의 교화(敎

化)를 기다리지 않고 '천지[轉定]'[11]라는 외적 자연과 "곡식의 정령[穀精]"이라는 내적 자연[12]에 따라서 논밭을 갈고 자기가 먹을 것은 스스로 얻어먹고 있었다. 이 '자연세(自然世)'의 시대에는 남녀·군신·상하·귀천 등의 차별도 없고 지나친 욕망을 일으키는 것도 없으며 일부일부(一夫一婦)로 가정을 꾸며 살았다. 사람이 천지의 도와 조화하면서 살고 있었기 때문에 자연재해라는 것도 별로 없었다. 이와 같은 인간의 자연 상태를 파괴한 자가 바로 성인이다. 성인은 백성을 속여서 임금 자리에 오르면서 스스로는 일하지 않고 남의 것을 세금으로 거두고 쇼에키의 표현을 빌리면 '불경탐식(不耕貪食)'했다. 그가 보기에 성인이란 천하 백성으로부터 천하를 빼앗고 독차지한 큰 도둑인 것이다.

그러나 성인은 교묘하게도 임금 자리에 오르자 천지의 도리를 빼앗고 사사로이 법도를 세우고 (이것을 私法이라고 한다) 자기 방식을 정당화했기 때문에 후세의 유학자들은 도리어 성인을 최고의 이상적인 인격으로 착각하게 되었다. 성인이 나타난 이후의 세상을 그는 '법세(法世)' 즉 성인의 사사로운 법으로 인하여 비틀어지고 일구러진 세상이라고 불렀다.

(2) 성인의 오역(五逆)

쇼에키는 성인이 저지른 죄와 잘못을 오역십실(五逆十失)로 정리했다.

---

11 轉定은 쇼에키의 철학에 입각한 독특한 한문 표현이다. 이것은 天地와 거의 같은 뜻이지만 天/地의 대비가 흔히 위치적인 위아래만이 아니라 가치적·신분적인 상하·존비도 함의하는 것을 싫어하고, 하늘은 늘 빙빙 돌고 있기 때문에 '轉' 자를 쓰고 땅은 늘 안정하고 있기 때문에 '定' 자를 쓴다. 또 그는 가끔 轉定으로 써 하늘과 바다의 의미를 나타내기도 했다.
12 여기에도 사람은 곡식의 정령(精靈)이라고 하는 그의 인간관이 표현되어 있다.

먼저 오역 즉 성인이 천지와 뭇 백성에 대해 지은 죄는 다음과 같다. ①만민 평등했던 데에 사사로운 마음으로 감히 임금(지배자)이 된 것 ②천지[轉定]·만물이 생생(生生)하는 직경(直耕)의 도에 거역하고 경작하지 않고서 남의 것을 탐식한 것 ③자기의 지배를 정당화시키기 위해 오륜(五倫)을 비롯한 사회질서·윤리도덕 체계를 만든 것 ④일부일부(一夫一婦)가 자연의 인도(人道)인데 한 남자가 수많은 여인을 거느리고 음욕을 마음대로 한 것 ⑤광산에서 금은(金銀)을 채취하고 화폐로 유통시킴으로써 자연과 인간을 지탱하는 금의 기운이 희박해지고 무욕하게 살던 민중들로 하여금 욕심을 일으키게 된 것 등이다.

(3) 성인의 십실(十失)

성인의 십실(十失), 즉 뭇 백성을 타락시킨 성인의 열 가지 잘못은 ①인정(人情)을 온화하게 한다며 악기를 만들고 뭇사람을 유흥(遊興)에 빠지게 한 것 ②바둑을 발명하고 도박의 원형을 만든 것 ③소·양을 제사의 희생으로 바치는 예법을 만들고 세상을 어지럽힌 것 ④천하의 땅을 제후들에게 나눠 줌으로써 쟁란의 화근을 만든 것 ⑤지배계층을 두고 뇌물과 아첨의 원인을 만든 것 ⑥무사계급을 두고 백성의 저항을 탄압하고 원한을 쌓이게 만들어서 쟁란의 원인을 만든 것 ⑦장인을 두고 화려한 사치품이 만들어지게 한 것 ⑧상업을 일으키고 물건을 유통시킨 것은 좋은 일일 것 같으나 이로 인하여 이식(利殖)을 제일로 생각하는 풍조와 허위가 만연하게 만든 것 ⑨직공(織工)을 두고 쓸데없이 화려한 옷을 만들게 하고서 사치의 원인을 만든 것 ⑩지배자에게 형편이 좋은 문자를 만들어서 그것에 능통한 자를 현자(賢者)로 높이고, 직경을 하는 인민을 우자(愚者)·하천(下賤)으로 낮춘 것

등이다.

쇼에키는 결국 이 오역·십실은 성인이 천하를 다스린다는 명목 아래 직경이라는 자연의 도를 파괴한 데서 일어난 문제들이다. 바로 이 때문에 천하에는 크고 작은 쟁란이 끊이지 않는다고 본 것이다.[13]

3) 성인과 정인(正人)

안도 쇼에키는 성인과 반대되는 인간 유형으로 '중인(衆人)'·'진인(眞人)·'정인(正人)'의 셋을 들었다. '중인(衆人)'은 일반 백성을 가리킴과 동시에 특히 살림을 타자의 노동·생산에 의존하지 않는 사람들을 의미하기도 한다. 오늘날 말하는 근로대중(勤勞大衆)·생활자(生活者)의 개념에 가깝다. 그에 따르면 하늘의 때[十氣][14]가 천지 사이를 순환하면서 만물과 인간을 그 속에서 생성시키는데 이것을 하늘의 직경이라고 부른다. 쇼에키는 '하늘[轉]'의 운행과 생성의 이치를 올바르게 이어받아서 경작하는 중인이야말로 하늘의 자식 즉 '천자[轉子](=天子)'라고 주장한다. 따라서 하늘의 때를 이어받아서 직경을 하는 농민, 생활자를 가리켜 그는 십전(十全)의 천자라고 부른다. 직경(直耕)이란 글자 그대로 자기가 직접[直] 논밭을 갈고[耕] 먹고 산다는 뜻이다. 밭갈 경(耕) 자가 나타냈듯이 농업이 위주가 되어 있지만 어업이나 임업, 그리고 바닷가에서 소금을 구워서 쌀과 교환하는 소

---

13 安藤昌益, 『統道真伝』〈糺聖失〉「聖人, 五逆·十失ノ論」参照(『安藤昌益全集』八, pp.20-151)
14 쇼에키 특유의 용어로 때, 시간을 의미한다. 그는 五氣가 나아가고[進] 또 물러서는 [退] 운동·변화·순환이 바로 때(시간)라고 보았던 것이다. 十氣는 일본어로 "도키(tou[10]+ki[氣]=toki[十])"로 읽을 수 있다.

규모 교역도 포함된 개념이다. 다만 쇼에키의 직경은 단순한 자주생산이나 자급자족만을 의미하지 않는다. 왜냐하면 여기에는 하늘과 통하는 계기가 내포되어 있기 때문이다.

> 진정 이것(하늘)을 잇고 직경하는 중인은 바로 천자(轉子)이다. 그러므로 십전(十全)의 천자란 직경하는 중인을 이름이다.[15]

그리고 그는 세상에서 흔히 스스로 경작도 하지 않고 탐식하고 뭇 백성에게 군림하는 황제·천황을 가리켜 천자(天子)라고 일컫지만 이것은 말도 안 되는 잘못이고, 이와 같은 그릇된 생각이 만연되어 있기 때문에 하늘의 노여움을 사서 천하에 쟁란이 끊이지 않는 것이라고까지 주장했다.

다음으로 '진인(眞人)'은 중인 중에서도 특히 쇼에키의 기준으로 올바른 삶을 살고 있는 사람들, 즉 스스로 논밭을 갈아서 농업 생산으로 생계를 유지하고, 이로써 결국 천지의 도에 따르고 있는 사람들이다.

그리고 '정인(正人)'은 직경의 생활을 하면서 '도'를 체득하고 있고 성인의 가르침에도 속지 않는 주체성을 확립한 사람들을 말한다.

> 정인은 사람에게 원래 갖추어진 경작의 도[備道]를 행하고 사법(私法)인 서학(書學; 제멋대로 쓰이고 자연과 위배된 글을 읽는 학문)을 원하지 않는다. 직경이라는 하늘의 진정한 도[耕眞]를 귀하게 여기고 사람 위에 서서 불경탐식하려

---

15 安藤昌益,『統道真伝』〈糺聖失〉"正ニ之レヲ継ギテ直耕スル衆人ハ乃チ転子ナリ.故ニ十全ノ転子トハ直耕ノ衆人ノ名ナリ.

고 하지 않는다.[16]

쇼에키는 이 도를 '자연진영도(自然眞營道)'라고도 하고 또 '직경도(直耕道)', '경진(耕眞)의 도(道)', '자연의 신도(神道)' 등으로도 표현했지만 그 내용은 동일하다. 요컨대 정인은 직경의 도리와 마땅히 그렇게 해야 한다는 인식에 기초하고 주체적으로 직경을 실천하는 사람들인 것이다.

4) 자연활진(自然活眞)의 새로운 지도자상

쇼에키는 성인이 세운(적어도 그가 그렇게 생각한) 신분제도와 오상오륜(五常五倫)과 같은 봉건적 윤리도덕, 그리고 금전 · 매매춘 · 축첩(蓄妾) · 사치에 이르기까지 철저한 비판을 가하고, 나아가서는 승려 · 학자 · 종교인에 이르기까지 스스로 '불경탐식'하고 그것을 조장한다고 보이는 온갖 사회 세력도 가차 없이 배척했다. 이것은 틀림없이 근세 일본, 아니 일본 사상사 전체를 보아도 유례를 찾기 힘들 정도의 강렬하고도 근본적인 사회 비판이자 이데올로기 비판이자 문명 비판이라고 할 수 있다.

그런데 그는 단지 비판으로만 그치는 것이 아니라 '법세'를 '자연세'에로 돌리는 방안도 제시했다. 이것이 바로 "사법도란(私法盜亂)의 세상에 있으면서 자연활진(自然活眞)의 세상에 맞는 의논(私法盜乱ノ世ニ在リナガラ自然活真ノ世ニ契フ論)"이다.

---

16 安藤昌益, 『自然真営道』〈良演哲論〉"良曰ク, 正人ハ, 備道ヲ行ヒテ, 私法ノ書学ヲ欲セズ. 耕真ノ道ヲ貴ビテ, 上食ヲ犯サズ."

그가 '자연활진(自然活眞)'이라는 말로 표현한, 뭇사람이 직경하고 착취하는 자도 당하는 자도 없는 세상, 도적도 없고 쟁란도 없는 세상을 여는 것을 기대되는 사람, 그것이 바로 앞에서 살펴본 정인(正人)이었다.

> 만약 위에 활진(活眞)의 묘도(妙道)에 통달한 정인이 있어 그것(私法)을 고친다면 오늘이라도 직경하고 모두가 하나같이 평등하게 되는 활진의 세상이 될 것이다. 그렇지만 위에 정인이 없으면 어찌할 도리가 없다.[17]

이것을 보면 지도자가 정인이 되거나 혹은 정인이 지도자가 되어서 위로부터 한꺼번에 사회를 변혁시키는 것을 기대했던 것으로 보인다. 그러나 실제로 '불경탐식'하는 지배자들에게 직경을 권하는 것도, 어떻게 해서 권력자의 신임을 얻거나, 아니면 스스로 세력을 기르고 혁명을 일으키거나 해서 정치권력을 장악하고 자연세로 되돌리는 것도 전혀 현실적인 방안이 아니거니와 그의 사상 자체와도 모순된다.

그리고 쇼에키도 스스로 비판한 고대의 성인들이 바로 실상은 어쨌든 간에 뭇사람의 추대를 받고 임금 자리에 올렸다는 것을 잘 알고 있었다. 그래서 그는 다음과 같이 말했다.

> 뭇사람 모두가 천하를 주겠다고 말하더라도 받지 말라. 받고 위에 올라서

---

17 安藤昌益, 『自然真営道』〈私法盗乱ノ世ニ在リナガラ自然活真ノ世ニ契フ論〉, "若シ上ニ活真ノ妙道ニ達スル正人有リテ, 之レヲ改ムル則(トキ)ハ, 今日ニモ直耕・一般, 活真ノ世ト成ルベシ. 然レドモ上ニ正人無クンバ, 如何トモ為(ス)ルコト能ハズ."

게 되면 곧 평상심을 잃고 도둑질하고 어지럽게 될 것이다.[18]

옛 성인이 불경탐식하게 된 것은 본인이 욕심이 있어서 그렇다기보다 지배자의 자리 자체가 그렇게 만든 면이 있다고 하는, 지위와 권력 자체의 마성(魔性)에 대한 쇼에키의 깊은 통찰이 있다. 그래서 그가 취한 방법은 도를 체득한 사람이 권력을 잡고 "위에서부터, 밖으로부터, 가르침으로부터" 사회적 폐단을 고치는 것이 아니라, 비록 얼마나 시간이 걸리더라도 재야의 사람들 사이에서 공명자(共鳴者)·공동실천자로서의 '정인'을 한둘씩 늘리고 아래서부터, 가운데서부터, 실행으로부터 서서히 세상을 바꾸어 가는 방법이었다.

쇼에키는 평생 주변 사람들에게 그렇게 이야기하고 있었다고 한다.

> 내가 죽으면 하늘로 돌아가고 곡물로 변하고 잠시 쉬었다가 사람으로 변하고 다시 이 세상에 돌아올 것이다. 얼마나 많은 세월이 걸리더라도 맹세코 자연활진의 세상을 이루어낼 것이다.[19]

---

18 위와 같음, "衆人挙ゲテ転下ヲ与フルトモ, 受クルコト勿レ. 受ケテ上ニ立テバ, 即チ常を失フテ盗乱ス."
19 『安藤昌益全集』①-152, "吾レ転ニ死シ, 穀ニ休シ, 人ニ來ル. 幾幾トシテ経歳スト雖モ, 誓ッテ自然活真ノ世ト為サン."

4. 맺음말

이상 근세 에도시대의 대표적인 사상가인 이토 진사이, 오규 소라이, 모토오리 노리나가, 안도 쇼에키의 네 사람의 성인관을 살펴보았다. 먼저 이토 진사이는 성인의 의의를 거의 인륜·인도의 스승으로 한정시킴으로써 전통적 유교 및 중국사상에서 거론되어 온 요순(堯舜)과 같은 여러 성인·선왕들에 대해 그들의 가르침과 행실은 공자에 의해 후세에 전할 만한 것은 전해지고 깎아야 할 것은 깎았다고 하여 사실상 무의미한 것으로 만들고 현대적으로 의미가 있는 성인을 거의 공자 한 사람에 한정시켰다.

이에 대해 오규 소라이는 성인이란 예악형정을 비롯한 문물제도를 제작한 고대의 선왕(先王)·지배자들이라고 정의하면서 그들이 세운 제도로서의 '선왕의 도'를 배울 것을 강조했다. 다만 고대 중국의 제도를 배우고 그 속에서 몸을 적시고 암묵적으로 천하를 평안케 하려는 옛날 중국의 지배자인 성인의 마음을 신체화·습관화·감각화해야 한다는 그의 주장은 반발을 야기하지 않을 수 없었다. 천하를 제도 속에서 바꾸려고 한 성인의 의도가 정말 선의에 의한 것이었는지 믿을 수 없다면 성인은 도리어 제도를 가지고 천하 사람들을 항구적으로 자기 뜻대로 지배하려고 한 엄청난 악인이었다는 이해도 성립되기 때문이다.

그런 면에서 모토오리 노리나가, 안도 쇼에키는 각각 성인에 대한 비판의 화살을 날렸다. 우선 노리나가는 소라이학적인 '도'의 이해를 일단 승인하면서 그 배후에는 악신의 작위가 깔려 있고, 일정한 주인이 없는 중국에서야 성인이 예악형정의 제도를 세우고, 한 번 남에게 빼앗은 나라를 다시 남에게 빼앗기지 않도록 해야 하겠지만 일본에는 그런 것이 필요가 없다고 주장했다.

한편 안도 쇼에키는 성인이란 임금 자리에 오르면서 경작하지 않고 다른 사람의 노동의 성과물을 착취하면서 그것을 정당화하기 위해 제도를 세운 도둑이라고 보았다. 아득한 옛날 뭇사람은 모두 천지자연의 이치에 따라 직경(直耕), 즉 자기가 먹을 것을 스스로 논밭을 갈고 얻고 있었는데[自然世] 성인이 나타나서 제도를 세운 후에는 사람들이 타락하고 차별과 규범과 악덕이 가득차고 권력이나 학력을 가진 자가 일반 백성이 생산한 것을 빼앗아 먹고, 게다가 그것이 옳다고 하는 그릇된 인식이 통용되는 잘못된 세상이 되고 말았다.[法世] 이러한 상황 인식에 입각해서 쇼에키는 법세를 자연세로 되돌리려고 노력했다.

쇼에키의 사상은 일본사상사에서 유래를 찾기 힘든 근본적인 이데올로기 비판, 사회 비판이지만 지도자상(리더십)론의 면에서 보아도 기존의 방식과는 크게 다른 양상을 보이고 있다. 즉 쇼에키 이전의 성인론에서는 지력과 도덕성이 뛰어난 한 개인이 지도자·지배자·관리자의 자리에 오르고 권력을 장악해서 사회 조직을 다스리고 가르치고 바꾸는 지도자상이 암묵적으로 전제되어 있었다.(특히 오규 소라이의 그것이 전형적인 사례이다) 그러나 쇼에키는 이와 같이 지배-추종 관계에 입각한 성인적 지도자상이 아니라 개개인이 도를 체득하고 한 사람, 한 사람의 실천에 의해 잃어버린 자연세를 회복하는 사회변혁의 주체가 되는 '정인'적 지도자상을 제시했다. 이것은 오늘날의 우리에게도 시사하는 바가 크다고 하겠다.

제2장

일본 신종교의
개벽운동
─ '요나오시'를 중심으로

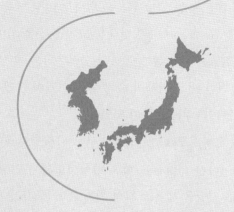

제2장에서는 동학(東學)과 거의 같은 시기에 일어난 일본 신종교들의 개벽과 비슷한 '요나오시(よなおし)' 사상을 살펴보고자 한다. 요나오시는 '세상 뜯어고치기'를 뜻한다. 원래 이 말은 지진이나 벼락을 피하는 주문, 또는 나쁜 일을 경사를 전환시키는 주술행위를 의미했다. 그러나 19세기 무렵에는 일본 민중 사이에서 '요나오시'가 크게 부각되었다. 물가 상승, 지배자의 가렴추구, 대상인의 사재기 등에 대한 폭동이 '요나오시잇키[世直し一揆]'라고 불렸다. 또 '에에자나이카(ええじゃないか)' '오카게마이리(おかげまいり)'라고 불리는 소동도 자주 일어났다. '에에자나이카'는 사람들이 집단으로 거리에 뛰어나와 "에에자나이카(좋구나)!"라고 외치거나 세상 바꾸기를 바라는 내용, 또는 정치정세를 읊은 노래를 부르면서 춤을 추는 민중행동이다. '오카게마이리'는 원래 신불의 은혜·가호에 감사를 올리고 보답하는 순례를 의미했으나 '에에자나이카'와 점차 혼동되면서 이세신궁[伊勢神宮] 등 신사의 부적이 내렸다는 소문이 퍼지면서 폭발적·열광적으로 일어나는 집단순례를 의미하게 되었다. 이와 같은 '요나오시' 관념과 풍위기, 운동은 미륵신앙과 '미륵 세상'의 사상과도 결부되면서 신종교에도 영향을 미쳤다. 이 글에서는 1838년에 야마토[大和, 현 奈良縣]의 주부 나카야마 미키[中山みき]가 창시한 천리교(天理敎), 1870년에 이토 로쿠로베이[伊藤六郎兵衛]가 기존의 민간 산악신앙인 후지코[富士講]를 부흥·개혁한 마루야마교[丸山敎], 1892년에 단바[丹波]의 가난한 주부 데구치 나오[出口なを]가 창시하고, 그 사위인 데구치 오니사부로[出口王仁三郎]가 발전시킨 오오모토[大本]의 사례를 통해 '요나오시'의 사상과 활동이 어떻게 전개되었는가를 살펴보고자 한다.

1. 들어가는 말: '요나오시'의 정의

사전을 보면 '요나오시(世直し, 세상 뜯어고치기)'라는 낱말은 원래 지진이나 벼락을 피하는 주문, 또는 널리 흉사를 경사로 바꾸는 목적으로 일부러 경축하는 주술적 행위, 세상이 나쁜 상태를 고치는 것을 의미했다. 그리고 에도시대 중기 이후 도쿠가와 봉건제 하에서의 무거운 세 부담과 압정, 화폐 경제의 침투에 의한 빈부 격차의 증대 등에 허덕이는 민중들의 새로운 세상에 대한 갈망을 나타내는 개념이 되었다.

1784년, 다누마 오키토모[田沼意知][20]가 사노 마사코토[佐野政言]에게 암살되는 사건이 일어나자 사람들은 사노 마사코토의 무덤에 '요나오시 대명신(大明神)'이라는 깃발을 세우고 그의 의거(義擧)를 기렸다. 이렇게 민중의 의식 속에 떠오른 '요나오시'의 신은 민중의 요구를 신의 뜻으로 정당화하는 근거로서 주장되면서 19세기에는 '요나오시' 관념이 일본 민중 사이에서 널리 보편화되었다.[21] 특히 1858년의 일본 개국 이후 생사(生絲)나 차

---

20 다누마 오키토모(田次意知, 1749~1784)는 다누마 오키츠구(田沼意次, 1719-1788)의 아들이다. 그의 아버지 오키츠구는 악화된 도쿠가와막부의 재정을 개선시키기 위해 개혁 정치를 주도했다. 상업 자본을 중시한 중상주의적(重商主義的) 정치를 통해 막부 재정을 개선하였으나 그 과정에서 뇌물 수수가 횡행하면서 오키츠구와 그를 보좌한 아들 오키토모는 민중들의 원망을 사게 되었다.
21 百科事典マイペディア〈世直し〉, 平凡社 https://kotobank.jp/word/世直し-654673 참조.

(茶)의 수출 증가에 따라 물가가 급상승한 것, 당시 막부와 각 번(藩)의 재정이 악화되면서 민중의 세금 부담이 늘어난 것, 일본 국내외 정세의 긴장으로 각 번이 군량미를 비축하면서 풍년에도 쌀이 유통되지 않게 되어 쌀값이 폭등한 것 등이 겹치면서 '요나오시잇키[世直し一揆]'라고 불리는 잇키[一揆, 농민봉기·폭동], 우치코와시[악덕상인·고리대·호농·촌리(村役人) 등에 대한 가옥 파괴, 약탈 등]가 일본 각지에서 빈번하게 일어났다. 요나오시잇키 자체는 종교적 배경이 희박하고 기존의 권력구조 안에서 '인정(仁政)'을 요구한 것이었다.(구체적으로는 흉년 시의 구휼, 세금 감면 등) 잇키와 우치코와시는 민중들의 입장에서 보면 지역 사회의 이익과 정의를 대변하는 것으로 간주되고 기본적으로는 부잣집을 약탈하더라도 빼앗은 재물은 사물화하지 않고 주변 마을에 분배하는 등의 윤리성도 갖추고 있었다. 그러나 위정자 입장에서 보면 틀림없이 기존의 사회질서에 도전하는 행위이며, 지도자는 사형 등 혹독한 처벌을 받았다.

한편 '요나오시'의 움직임이 '에에자나이카(ええじゃないか)'나 '오카게마이리(おかげまいり)'라고 불리는 소동으로 표출될 경우도 있었다. '에에자나이카'는 이세신궁[伊勢神宮] 등 신사의 부적이 하늘에서 내렸다는 소문이 널리 퍼지면서 수많은 민중들이 "에에자나이카(좋구나)" 등을 외치면서 길거리에 나와 미친 듯이 춤추는 행동이다. 이때 "에에자나이카"라는 소리와 함께 '요나오시'나 정치 정세를 노래로 부르기도 한 점에서 사회 변혁을 호소하는 민중운동으로 이해된다. '오카게마이리'의 원래 뜻은 신불의 은혜에 보답하기 위해 신사·절에 참배하는 것이며 특히 이동이 통제되었던 일반 서민들에게 허락된 귀중한 여행 기회(명분)였던 이세 신궁순례를 가리켰다. 따라서 '에에자나이카'와 전혀 다른 개념이었지만 부적이 내려왔다는

소문을 계기로 하여 가끔 폭발적·열광적으로 유행한 점에서 (그리고 평상시에 억압받았던 민중들의 해방 욕구가 그런 식으로 폭발된 점에서도) 흔히 혼동된다.

또 하나 요나오시와 관련된 사상으로 토착화·토속화된 미륵신앙과 '미륵세상(ミロクの世)' 관념을 들 수 있다. 미륵세상은 당대의 사회와는 근본적으로 다른, 특히 억압되던 민중들의 소원이 충분히 실현되는 이상적 세상의 표현이다. 미륵세상이 도래하기 직전에는 큰 재난이나 천변지이가 일어난다는 관념도 일반적인 것이다. 대지진에 의한 변동의 이미지와 결부되면서 이 세계가 진흙바다가 되고 나서 미륵세상이 온다고 생각되기도 했다. 미륵세상 관념이 잇키 및 우치코와시를 발전시키는 중요한 역할을 한 사례는 아직 알려져 있지 않고 미륵세상이란 말이 민중 투쟁 자료에 나타날 경우에도 지극히 소박한 민중의 변혁 소원을 표현한 것에 지나지 않는다.[22]

그러나 신종교에는 '미륵', '미륵세상' 관념이 큰 영향을 미쳤다. 대표적인 사례로 민중적 산악신앙인 후지코(富士講) 5세 교우자(行者, 지도자)인 게츠교 소주(月行劍恤)는 관백(關白) 고노에 모토히로(近衛基熙)(1648~1722)에게 상소를 올리면서 "천지의 질서가 바뀐다"고 하는 요나오시 사상과 접근한 '미로쿠(身祿)(=미륵)의 세상'의 도래를 주장했다.

그의 제자로 6세 교우자인 지키교 미로쿠(食行身祿)(본명: 伊藤伊兵衛, 1671~1733)는 그 이름 자체가 미륵불에서 딴 것이다. 그는 가지기도(加持祈

---

22 安丸良夫, 『日本の近代化と民衆思想』, pp. 151-153 참조.

禱)를 부정하고 효도와 자비, 인정을 베풂, 정직·부족(不足)[23]과 같은 일상적 윤리를 실행하고, 무익한 살생을 하지 않고, 사농공상(士農工商)의 사민(四民)이 서로 힘을 모아 "사람을 사람으로 대하고 아랫사람도 무시하지 않고", 게으르지 않고 가업에 힘쓰면 센겐대보살[仙元大菩薩][24]의 신의(神意)에 맞는다고 가르쳤다. 또 "남녀에 무슨 차등이 있단 말인가?"라고 말하여 남녀의 평등을 강조했다. 그리고 쌀을 참보살이라고 하면서 신성시하고 후지산과 일체라고 주장했다. 미로쿠는 1733(享保18)년에 자기 집 앞에 게시판을 세워 '미륵세상' 도래를 통지해 놓고 후지산의 에보시이와[烏帽子岩] 바위에서 단식행(斷食行)을 하면서 입정했다. 미로쿠의 입정은 가와라반(신문)으로 에도[江戶] 시민에도 금방 알려졌다. 그 이후 후지코는 미로쿠파[身祿派]가 주류를 이루게 되었고 그의 계통에서 교파신도(教派神道)의 짓코교[實行教]·후소교[扶桑教]와 마루야마교[丸山教] 등이 파생되었다.

요나오시 사상은 사회질서가 뒤집어지고 전환되기를 열망하는 민심의 표현이었으나 그것을 이론화·조직화·체계화시킨 것은 신종교 교조들이었다. 이 발표에서는 그러한 신종교의 대표적인 예로서, 천리교(天理教)·마루야마교[丸山教]·오오모토[大本][25]를 살펴보고자 한다.

---

23 부족(不足)은 남을 구제하기 위해 스스로의 욕망을 어느 정도 억제하는 것을 가리킨다.
24 센겐대보살[仙元大菩薩]은 신격화 또는 부처·보살로 간주된 후지산[富士山]을 말한다.
25 일반적으로는 '오오모토교[大本教]'라는 이름으로 더 많이 알려져 있지만 교단의 정식 명칭에는 '教' 자를 붙이지 않는다. 그래서 이 글에서도 그것에 따른다.

2. 일본 신종교와 '요나오시'

1) 천리교

천리교(天理教)[26]는 야마토 지역[大和國] 쇼야시키 마을[庄屋敷村](현 奈良縣 天理市 三島町)[27] 나카야마가[中山家]의 주부 나카야마 미키[中山みき](1798-1887)가 1838(天保9)년에 창시한 신종교이다. 10월 24일, 미키가 갑자기 신들리고 "나는 으뜸의 신, 진실한 신이다. 이번에 온 세계를 구원하기 위해 하강했다. 미키를 신의 현신으로 삼겠다."라고 말했다. 남편 젠베이[善兵衛]나 집안사람들은 온갖 변명으로 사양하려 했으나 결국 10월 26일에 이르러서야 승낙했다.(천리교에서는 이 날을 입교 기념일로 삼고 있다)

미키는 순산의 신, 만병 치유의 신으로 민중들의 신앙을 모으게 되었다. 그러나 그 이름이 높아지자 기존 종교인이나 의사 등으로부터 공격을 받기도 했다. 특히 1874(明治7)년 이후에는 관헌의 박해가 심해지고 미키는 18회에 걸쳐 경찰에 끌려가 감옥살이를 하게 되었다. 종교 활동의 자유를 얻기 위해 공인화(公認化)를 서두르는 간부들에 대해 미키는 "법률이 두렵냐? 신이 두렵냐?" "신[月日]이 있어야 이 세계가 있다. 세계가 있어야 개개의 만물의 있다. 개개의 만물이 있어야 각각의 몸이 있다. 몸이 있어야 법률이

---

26 천리교의 기본 용어는 천리교 교회본부에서 간행한 한국어 번역이 있으므로 이 글에서도 그것에 의거한다.

27 쇼야[庄屋]는 부유하고 마을의 지도적 · 대표적 농가를 말한다. 에도시대에는 지방관 밑에서 해당 마을의 자치 행정을 맡았다. 지역에 따라 나누시[名主], 기모이리[肝煎] 라고도 불렸다.

있나니 법률이 있어도 마음을 정함이 먼저니라."라고 타이르기도 했다.

1887(明治20)년 음력 정월 26일에 나카야마 미키가 생애를 마쳤다. 그러나 그 후 천리교는 대부분 신도가 '수훈' 등을 통해 병을 치유하고, 구제받은 사람이 기뻐하여 다시 또 다른 사람에게 포교하는 식으로 빠른 속도로 교세를 확대시켰다. 그리고 1892(明治25)년에 고치현[高知縣] 출신의 사토미 치타로[里見治太郎]가 조선으로 건너가 부산에서 포교한 것을 비롯하여 일찍부터 해외 포교에도 적극적이었다. 그러나 급속한 발전의 부작용으로 천리교에 대한 공격 · 탄압도 한층 심해졌다. 예컨대 1896(明治29)년에는, 내무대신 요시카와 아키마사[芳川顯正]의 이름으로 천리교를 겨냥한 소위 내무성비밀훈령 제12호가 내려지기도 했다.

미키는 부자 · 권력자를 '높은 산', 가난하고 힘없는 밑바닥의 사람들을 '골짜기'라고 부르면서 "높은 산에서 살고 있거나 골짜기에서 살고 있거나 같은 혼"이라고 지적했다. 그러면서 "지금 높은 산은 모두를 뽐내고 멋대로 하고" 있는 것에 대해 분노했다. 특히 초기 천리교는 주로 주술적 행위로 병을 고치고 의약을 방해하는 행위, 교회에서 남녀가 '혼효(混淆)'하고 풍속을 어지럽히는 점 등이 지탄은 받았지만 인간평등 · 남녀평등과 그 근거가 되는 천리교의 신화 체계 내부에 명치국가의 천황제 절대주의와 그것을 지탱하던 국가신도와 근본적으로 서로 용납지 못한 요소가 포함되고 있었다.

천리교에서는 요나오시를 통해 실현되는 이상세계를 '즐거운 삶(요키구라시)'으로 표현한다. 이 개념을 축으로 병의 치유와 마음공부, 인생의 목표와 역사의 목표, 인간관, 역사관, 생사관 등을 체계적으로 제시하고 있다.

천리교는 어버이신 천리왕(天理王)이 사람이 '즐거운 삶'을 사는 것을 보고 함께 즐기고 싶어서 인간을 만들었다고 말한다. '즐거운 삶'의 세상은 기후가 순하고 농민들은 풍년을 누릴 수 있으며 사람은 병들지 않고 일찍 죽지 않고 쇠하지도 않으며 장수를 누릴 수 있다.

인간은 모두 신의 자식으로서 형제자매이며 남녀·빈부·신분 등의 차별 없이 평등하다. 인간의 몸은 신에게 빌려준 것(인간의 입장에서 보면 빌린 것)이다. 오직 혼만이 원래 자기 것이고 불멸하며 즐거운 세상 실현을 향해 환생을 거듭한다고 한다. 천리교에서 죽음을 '출직(出直; [일] 데나오시)'이라고 부른다. 즉 (세상에) 다시 나오기, 다시 시작하기라는 뜻이다. 죽음이란 마치 헌옷을 벗어던지고 신에게 새로운 옷을 빌리고 갈아입는 것과 같다고 한다.

2) 마루야마교

마루야마교[丸山教]는 무사시 지역[武藏國]이나다 마을[稲田村](현 神奈川縣 稲田町橘樹郡)의 농민 이토 로쿠로우베이[伊藤六郎兵衛](1829~1894)가 생가에서 전해져 내려온 후지코[富士講]를 부흥·개혁시킨 신종교이다. 후지코는 일본의 산악 신앙에 하나로 후지산[富士山]의 신을 신앙한다. 후지 신앙은 에도시대에 대중화되면서 에도를 중심으로 한 간토[關東] 지방에서 유행했다. 앞에서 본 지키교 미로쿠도 그 지도자의 한 사람이다. 로쿠로우베이는 1870(明治3)년에 후지산의 신에게 계시를 받아 "천하태평(天下泰平)을 위해 널리 사람을 구제하리라"라는 소원을 세우고 개교(開教)하기에 이르렀다.

마루야마교는 후지코의 전통을 따라 후지산을 산명등개산(山明藤開山) 또는 후지 센겐[富士仙元] 등으로 불러 신격화하고 그것을 태양신과 동일시했다. 마루야마교의 특징은 신국사상(神國思想), 농본주의(農本主義)와 반문명(서양근대)주의가 결부되는 점이다.

로쿠로우베이는 "야소(耶蘇)는 (이 세상을) 기계 램프라고 하나 일본국은 천국(天國)·일국(日國)이라고 한다."라고 비판했다. 즉 서양인은 (일본과 달리) 태양의 신성함을 모르고 (태양을) 큰 기계 장치의 램프라고 여기고 있다는 것이다. 또 텐노[天皇]를 '텐노[天農]'라고 쓰면서 농민의 풍요로운 생활을 보장하는 세상의 주재자로 표현했다. 이것은 동시에 그러한 세상을 만들려 하지 않는 현실의 천황에 대한 신랄한 비판이기도 했다. 또 로쿠로우베이는 "타이헤이[泰平]를 거꾸로 보면 헤이타이[平泰=兵隊]가 된다. 따라서 '텐-카-타이-헤이'(天下泰平)을 거꾸로 읽으면 헤이-타이-카-텐(군대가 이기지 못한다)이 된다"고 말했다고도 전해진다. 즉 군대와 천하태평은 서로 용납할 수 없다는 표현이며 소박하지만 군국주의에 대한 비판을 함의하고 있다.

1880년 전후의 몇 년간, 대장경(大藏卿) 마츠카타 마사요시[松方正義, 1835~1924]가 서남전쟁(西南戰爭) 후의 인플레이션 억제, 지폐 환수 정책을 폈다. 이 때문에 고치와 쌀 등의 가격이 하락하고 많은 농민들이 몰락했다. 이른바 '마쓰카타 디플레이션'이라고 부르는 이 기간(1882~1890)이 마루야마교의 절정기였다. 마루야마교는 시즈오카현[靜岡縣]·아이치현[愛知縣]·나가노현[長野縣]·가나가와현[神奈川縣]을 중심으로 융성했다. 마루야마교 신자는 문자 그대로 "세계는 몰멸(沒滅)되고, 천지는 궤열(潰裂)되며, 인축(人畜)은 실개(悉皆)" 사망한다. "조만간 이 세상이 멸망하고 태양이 뒤집힌다." "내년 5월에 이르면 혼돈된 세계가 되고, 사람과 가축 모두 전멸하고, 오로지 마루야마코[丸山講]의 신도들만 생존하고 청량(淸良)한 세상이 된다."라고 믿고 경작을 포기하고, 재산을 전부 팔아버리고, 세금을 납부하지

않고, 징병을 피하고 종교적 열정에만 휩싸였다.[28] 즉 이것은 민중의 태업이자 소극적 저항이며, 근대화=자본주의적 원자(原資) 축적 과정에서 몰락해 가는 민중들이 로쿠로우베이가 주장한 반 서구화·반 근대·반 군비 확대와 '오히라키(お開き)' 즉 농본주의·평화주의의 새로운 세상이 열린다고 하는 가르침에 정중히 헌신한 것이다.

그러나 메이지 정부의 극심한 탄압을 받은 마루야마교는 1890년대(明治 20년대 중반 경) 이후 급격하게 세력을 잃었다. 마루야마교는 니노미야 손토쿠[二宮尊德, 1787~1856]의 맥을 이은 호토쿠샤운동[報德社運動]과 접근해서 명맥을 유지했다. 오늘날 마루야마교는 평화주의·반핵운동을 추진하는 종교로 오늘에 이른다.

3) 오오모토

오오모토[大本]는 데구치 나오[出口なお](1837~1918)와 그 사위인 데구치 오니사부로[出口王仁三郎](1871-1948) 두 명을 교조로 삼는 특이한 종교이다.(오오모토에서는 나오를 開祖, 오니사부로를 聖師로 존칭한다) 데구치 나오는 단바 지역[丹波國] 가미코야마치[上紺屋町](현 京都府福知山市)에서 태어났다. 나오는 10살 때에 아버지를 여의고 쌀가게, 옷가게 등에서 일하고 1855(安政2)년에는 목수인 세이고로[政五郎]와 결혼했다. 그러나 그녀의 인생은 가난과 인간관계 갈등의 연속이었다. 1892(明治25)년 음력 정월 5일(양2.3)에 나오는 본격적으로 '우시토라[艮]의 금신(金神)'이라고 하는 신과 접신(接神)

---

28 村上重良·安丸良夫, 『民衆宗教の思想』, p. 650 참조.

체험을 했다. 이 날짜를 오오모토에서는 개교의 날로 보고 있다.

1898(明治31)년, 사전에 여러 차례 계시가 있었던 오니사부로[王仁三郞](초명 上田喜三郞)와 처음 만났다. 오오모토 교단에서는 개명적·진취적인 오니사부로와 반서구적·반근대적이고 토속적인 나오(를 추종하는 원리주의적인 구래의 간부들)와의 내부 갈등도 있었다. 그러나 1914(大正5)년 10월, 나오에게 "오니사부로야말로 미륵신"이라는 신탁이 내림으로써 나오가 오니사부로의 신격을 인정했다. 이것으로 교단 내부에서 오니사부로의 권위가 확정되고, 나오가 히라가나로 적은 신의 계시(오후데사키)를 오니사부로가 국한혼용문으로 고쳐 쓴『오오모토 신유[大本神諭]』로 발표했다.

1918(大正7)년 11월 6일에 개조 데구치 나오가 81세로 서거했다. 1919(大正8)년, 오오모토는『다이쇼니치니치신문[大正日日新聞]』을 매수하고 적극적으로 언론 포교 활동에 나섰다. 특히 전 해군 기관학교 교관 아사노 와사부로[浅野和三郞]가 신자가 되면서 논객으로도 활약하고 '다이쇼 유신[大正維新]'을 외치고 종말론을 크게 선전했다.

그러나 오오모토의 종말론과 고급장교가 다수 입교한 점에 위기감을 느낀 당국은 1921년 1월에 불경죄와 신문지법 위반으로 오오모토 교단을 수색하고, 데구치 오니사부로와 간부들을 검거했다.(제1차 오오모토 사건)

사건 후 오니사부로 부부는 교주·교주보에서 물러나고 장녀 데구치 나오히[出口直日](1902~1990)에게 교주 자리를 물려주었다. 오니사부로는 발행금지가 된『오오모토 신유』를 대신하는 교전으로『영계 이야기[靈界物語]』의 구술필기를 시작했다.

또 오니사부로는 1924(大正13)년에 무도가 우에시바 모리헤이[植芝盛平](1883-1969, 합기도 개조)들을 데리고 몽골로 건너갔다. 그는 달라이라마의 화신을 자칭하면서 마적(馬賊) 수괴인 루잔쿠이[盧占魁]와 손잡고 몽골에 새로운 국가를 건설하려 했으나 장쭤린[張作霖]에게 체포되어 총살 직전까지 내몰렸다. 일본에 귀국한 오니사부로는 1925(大正14)년에 인류애선(人類愛善)·만교동근(萬敎同根) 사상을 바탕으로 인류애선회(人類愛善會)를 설립하고 중국의 홍만회(紅卍會), 이란의 바하이교, 조선의 보천교(普天敎), 베트남의 가오다이교 등과도 교류·제휴하는 국제운동을 일으키고, 교단 차원에서 에스페란토 운동도 추진했다. 또 1934(昭和9)년에는 우파계 사회단체인 쇼와신생회[昭和新生會]를 조직하고 총재에 취임했다. 이와 같이 그는 강렬한 국수주의와 세계주의·보편주의 사이의 진폭이 크고 그 본질을 파악하기 어려운 면이 있다.

그러나 일본 정부 당국은 오오모토 및 오니사부로의 의도가 국가 전복에 있다고 간주했다. 1935년, 치안유지법·불경죄를 적용하여 오오모토를 재차 철저히 탄압했다.(제2차 오오모토 사건) 오니사부로를 비롯하여 오오모토 간부 61명이 기소되고, 신전은 다이너마이트로 폭파되었으며, 그 밖의 교단시설도 모두 파괴되었다. 인류애선회 등 관련 단체도 모두 해산되었다.

그러나 재판에서는 치안유지법이 무죄 판결이 내려지고 불경죄는 대심원까지 가다가 결국 일본의 패전과 형법 개정으로 불경죄 자체가 소멸되면서 재판이 중단되었다. 오니사부로는 1942년에 보석되고 그 후는 도예에 열중하는 나날을 보냈다. 변호사들이 사건의 배상에 대해 상의하고 있을 때 오니사부로는 "이번 사건은 신의 섭리다. … 배상을 요구해서 감히 패전 후 국민의 고혈을 짜는 짓을 해서야 되겠는가?"라고 말했다. 그것으로 인해 오오모토는 국가에 대한 손해배상 청구권을 포기했다.

3. 맺음말

이 글에서는 일본 개벽종교로 '요나오시'를 전면에 내세운 천리교·마루야마교·오오모토를 다루었다. 원래 요나오시는 지진, 벼락을 피하는 주문이자 흉한 일을 경사로 바꾸는 것, 세상이 나쁜 상태를 좋게 고치는 것을 의미했다. 그러나 에도시대 중기 이후, 요나오시는 곤궁하고 억눌린 민중이 새로운 세상을 소원하는 개념이 되고 요나오시 잇키(봉기·폭동)나 우치코와시와 결부되었다. 또 '요나오시' 관념이 '에에자나이카' '오카게마이리'라고 불리는 민중의 소동, 열광적 운동으로 나타나기도 했다.

이와 같은 요나오시 관념은 처음에는 민중의 소원 수준에 머물고 사상적 깊이나 체계성·조직성·지속성이 별로 없었지만, 민중종교의 교조들은 그것을 건져내고 심화시키고 체계화·조직화함으로써 보편성을 지닌 지속적인 종교운동으로 승화시켰다. 그들이 요나오시를 기초하게 한 사상은 각각 다르다. 나카야마 미키(천리교)는 독자적인 창조신화와 그것에 기초한 이상세계의 약속이며, 이토 로쿠로우베이(마루야마교)는 전통적인 후지코 신앙과 결부된 미륵사상이며, 데구치 나오·오니사부로(오오모토)에서는 재해석된 기기신화이다. 그들은 하나같이 서구 열강의 압력으로 강요되고 메이지 정부의 강권에 의해 추진된 서구 근대화·자본주의화·산업사회화·제국주의·천황 신격화, 그리고 강자가 약자를 학대하고 착취하는 현실사회를 통렬하게 비판했다. 그들은 그 대신으로 인간의 평등과 존엄, 농민을 비롯한 하층 민중들이 풍년과 온순한 기후, 무병무사와 행복을 누리는 새로운 이상세계의 도래를 설했다. 그러나 그들의 이상은 메이지 정부가 내세운 정책과 천황 신격화, 국가신도와 부딪치는 것이었기 때문에 당국의 박해 · 탄압을 받지 않을 수 없었다. 그들이 활동의 자유를 얻기 위해서는 1945년의 태평양 전쟁 패전을 기다려야만 했던 것이다.

제3장

현대 일본의
생명영성과 치유영성
– 동일본대지진과 코로나19 사태를 중심으로

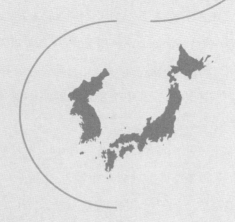

제3장에서는 현대일본, 특히 2011년 3월 11일 동일본대지진과 후쿠시마 제1원전 폭발사고, 2010년대 후반에 잇따른 자연재해, 그리고 2020년 이후 코로나19 사태 속에서 나타난 새로운 영성을 살펴본다. 일본종교사에서는 19세기 중반 이후에 생긴 종교를 신종교로 분류한다. 구로즈미교[黑住敎]・천리교(天理敎)・금광교(金光敎)・오오모토[大本] 등이 거기에 포함되고 주로 빈(貧)・병(病)・쟁(爭)의 문제를 해결함으로써 교세를 확대했다. 이에 대해 1970~80년대 이후에 급성장한 이른바 '신신종교(新新宗敎)'는 개인의 마음 문제와 초능력 개발 등을 강조했다. 그 중에는 진여원(眞如苑)・마히카리[眞光] 교단・아함종(阿含宗)・GLA・행복의 과학・옴진리교 등이 포함된다. 그러나 1990년대의 옴진리교 사건 이후 종교의 위상이 크게 떨어졌다. 한편으로 1980~90년대 무렵부터 교단의 틀에 얽매이지 않는 '정신세계' '스피리추얼'이라는 분야가 각광을 받으면서 오늘날까지 다방면으로 전개되고 있다. 시마소노 스스무는 이러한 정신세계 지향적인 운동을 '신영성운동=문화'라고 부른다. 하지만 동일본대지진 재해지역에서 목격된 유령 이야기와 대불 건립 운동, '아마비에(アマビエ)'의 유행 등 2010~20년대에 화제가 된 새로운 영성(운동)은 기존의 종교・영성운동과도 차이가 있다. 첫째, 개인의 자유, 자율성, 자발적 참여가 중시되고 교단 조직은 물론 카리스마적 지도자조차 필요로 하지 않는 점. 둘째, 개인의 의식변용이나 초월적 영성과의 접속 및 일체화, 영성개발 등을 지향하지 않는 점. 셋째, 전통과 토속성의 재생・재발견이라는 점. 넷째, 치유에 특화된 점이 바로 그것이다.

1. 들어가는 말

이 논문에서는 21세기 일본에서 일어난 큰 재해와 관련된 현대 일본의 영성에 대해서 살펴보고자 한다. 스즈키 다이세츠[鈴木大拙]가 『일본적 영성 (日本的靈性)』(1944)에서 'spirituality'를 '영성(靈性)'으로 번역한 이래로 천황제, 신국사상(神國思想), 국가신도(國家神道), 군국주의 등과 결부된 '야마토다마시이[大和魂]' '일본정신' 등에서 자유로운 일본적 영성에 대한 많은 연구가 이루어지고 있다.

일본에서는 19세기 중반 이후 에도시대 말기~메이지시대 이후에 탄생한 종교로, 기존의 종교 조16직을 계승하지 않은 것, 또는 새로운 교리를 내세우고 전통 종교로부터 자립한 것을 신종교(新宗敎)라고 부른다. 구로즈미교[黑住敎]・천리교(天理敎)・금광교(金光敎)나 오오모토[大本] 등의 교단이 신종교로 분류된다. 이러한 신종교들은 흔히 빈(貧)・병(病)・쟁(爭)으로 요약되는 민중들의 경제적 어려움, 질병이나 부상, 인간관계의 불화 등 민중들의 생활고와 육체적・정신적 고통을 해결해주고 종교적인 '요나오시(よなおし; 세상 뜯어고치기)'를 강조하면서 민중들의 지지를 받았다.

그러나 1970~80년대 이후에는 고도 경제성장을 이루고 물질적 조건이 갖추어진 반면에 사람들의 유대감이 약화되고 개인주의가 보편화된 사회 상황 속에서 그전의 신종교와는 약간 성격이 다른 교단들이 대두했다. 종교학자 니시야마 시게루[西山茂] 등은 이렇게 새로이 대두한 교단들을 '신신종교(新新宗教)'라고 부른다.[29] 이러한 교단들에는 마음의 정화·향상·평안함의 회복이나 신비체험, 초능력 개발을 강조하는 것이 많다.[30] 거기에 분류된 교단은 진여원(眞如苑), 마히카리[眞光]계 교단,[31] 아함종(阿含宗), GLA, 행복의 과학, 옴진리교, 월드 메이트 등이 있고, 통일교(현 세계평화통일가정연합)나 여호와의 증인과 같이 외국에서 시작되어 이 시기에 일본에서 급성장한 교단도 포함될 경우가 있다.[32]

그러나 1990년대에는 옴진리교의 지하철 사린 살포 사건을 계기로 옴 교단의 범죄 행위가 크게 보도되면서 종교계 자체의 사회적 위상도 떨어졌다. 2000년대 이후에는 종교의 쇠퇴가 사회적인 화제가 되기에 이르렀다. 승려·저널리스트인 우카이 히데노리[鵜飼秀德]는 일본 전국에 약 16만 군데의 신사·사찰이 있으나 앞으로 20년 사이에 그 40%가 소멸할 것이라고 경고한다. 우카이에 의하면 이른바 '장례식 불교'로 돈을 많이 버는 승려는

---

29 '신신종교' 개념은 아직 연구자들 사이에도 그 정의가 일정하지 않다. 게다가 그전의 신종교와 분명하게 선을 긋기 어려운 점, 외국에서 일어나고 일본에 전래된 교단도 포함된 점, 일본 신종교로서 해외 포교하고 성장한 지구적 차원의 시각이 결여된 점 등에서 이노우에 노부타카(井上順孝)와 같이 신신종교라는 개념에 회의적인 의견도 존재한다. 井上順孝, 「〈新新宗教〉概念の学術的有効性について」, pp. 14-17 참조.

30 対馬路人, 「新宗教の歴史と現在」, 『日本「宗教」総覧 歴史読本特別増刊 事典シリーズ 第27号』 p. 289.

31 마히카리계(眞光系) 교단: 오카다 고타마(岡田光玉, 1901-1974)가 설립한 '세계진광문명교단'(世界眞光文明教團)과 후계자 문제로 분열된 '마히카리'(眞光, 현 崇教眞光), 그리고 이들 교단에서 다시 분파한 여러 교단들을 가리킨다. 이 마히카리계 교단은 교단의 상징, 실천 등이 서로 비슷하고 외부인에게는 구별하기 어렵기 때문에 일반적으로 '마히카리'(眞光)로 일괄되는 경우가 많다.

32 井上順孝, 「〈新新宗教〉概念の学術的有効性について」, pp. 4-8 참조.

극소수이고 승려 전체의 43%가 연간 수입 300만 엔 이하의 빈곤층이다. 게다가 노후화된 종교시설의 수리·재건도 큰 부담이 되고 있다. 신도들도 고령화되고 노후자금을 내어놓으라고 부탁하기도 어렵기 때문에 충분한 기부금을 모으는 것도 쉽지가 않다. 심지어는 이미 주지 스님이 없어진 무주(無住) 사찰도 적지 않다. 그러기 때문에 불교계는 심각한 후계자 난에 직면하고 있다고 지적하고 있다.[33]

『주간 다이아몬드[週刊ダイヤモンド]』 2018년 10월 13일 자 특집 「신종교의 수명」에 따르면 1989년부터 2016년 사이에 주요 37개 교단의 신자 수는 2,637만 명에서 1591만 명으로 약 40% 줄어들었다. 거기에는 저출산·고령화, 핵가족화, 세대 간의 가치관 단절 등의 요인이 있다고 분석되고 있다.[34] 입정교성회(立正佼成會), 창가학회(創價學會), 천리교, PL교단 등 유력한 교단들은 하나같이 신자 수 감소에 시달리고 있다.

교단 종교가 크게 위축된 반면에 최근 들어 '스피리추얼(スピリチュアル)' 또는 '스피리추얼리티(スピリチュアリティ)'가 많이 주목을 받고 있다. 원래 사람들의 생활을 둘러싼 자연계의 삼라만상에는 팔백만(八百萬)의 신들이 깃들어 있다는 신도적(神道的) 감성에 불교의 논리성이 가미된 것이 일본인의 정신성의 원천이라고 할 수 있다.[35]

하지만 최근의 '정신'이나 '영성' 관련 동향은 직접적으로는 1970~80년대에 미국을 중심으로 일어난 뉴에이지(New Age) 운동에서 큰 영향을 받고

---

33 SankeiBiz, 「4割が年収300万円以下」お寺経営の厳しい現実 20年後には3割消滅も: https://www.sankeibiz.jp/workstyle/news/190929/cpd1909290855001-n1.htm

34 特集「新宗教の寿命」『週刊ダイヤモンド』2018.10. p. 13, 31.

35 上田弓子, 「現代日本におけるスピリチュアリティについての一考察」, p. 66 참조.

있다. 뉴에이지는 힌두교, 불교 등 동양사상의 영향도 많이 받았으며 그 흐름이 일본에도 유입되고 '정신세계'라는 이름으로 널리 알려지게 되었다.

이 정신세계라는 말이 일본에서 널리 보편화된 계기는 1987년 6월에 도쿄 신주쿠[新宿]의 기노쿠니야 서점[紀伊國屋書店]에서 열린 '〈명상의 세계〉 특집 · 정신세계의 책'이라는 특별행사였다. 그 이후 인간의 정신성, 영성 (spirituality)과 관련된 종교, 철학, 심리학 서적의 일부를 묶은 특별행사가 각지에서 개최되고, 많은 서점에 '정신세계' 부문이 마련되기에 이르렀다. 아울러 이 분야 서적의 번역 · 출판도 늘어나고, 또 구미뿐만 아니라 전통 불교나 신종교에 포함되기 어려운 일본의 신비주의가 재발견되고 '정신세계'의 일부로 자리 잡았다.

90년대 전반 이후에는 여러 개의 정신세계 가이드북도 출판되고 또 각종 뉴에이지 계통의 테라피가 일본에서 개최되면서 뉴에이지가 책 속의 지식으로서만이 아니라 자기 몸을 통해 깨닫는 워크숍 등을 통해서도 알려지게 되었다. 90년대 중반 이후에는 몇천 부 이상 발행되는 뉴에이지 전문 잡지가 정기간행물로 간행되어 고정 독자를 가지게 되었고, 이와 더불어 힐링, 깨달음[気づき], 자기 탐구[自分探し] 등을 키워드로 하는 서적, 세미나, 워크숍 등이 널리 침투했다.

'정신세계' 또는 '스피리추얼' 분야는 오늘날 많이 확대되고 세분화되었으나 서점의 정신세계 코너에는 힐링(치유), 동양의학, 기공, 윤회전생, 명상, 채널링(외계인과의 메시지 교류), 임사체험, 또는 오쇼 라즈니쉬(Osho Rajneesh), 크리슈나무르티(Krishnamurty), 구르지예프(Gurdjieff), 람 다스 (Ram Dass)와 같은 구루(guru)들의 책이나 네이티브 아메리칸, 신지학(神智學), 인지학(人智學) 등 기존 종교의 테두리에 포함되지 않는 신비주의나 인류의 지혜와 관련된 문헌들이 배치되고 있다.[36] 최근에는 '섬싱 그레이트 (Something Great)' '우주의식(宇宙意識)' '우주의 의지' '파동(波動)' 등의 키워 드가 사람들의 관심을 끌고 또 오랜 역사와 그윽한 분위기를 가진 신사・ 사원 등이 서구 뉴에이지 운동에서 유래하는 '파워 스폿'이라는 이름으로 인기를 모으고 있기도 하다. 이 '파워 스폿' 신사 순례처럼 현대 일본의 정 신세계는 서구 뉴에이지 운동의 영향을 받으면서도 전통 회귀, 신도 애니 미즘과 같은 종교적 전통의 재발견이라는 측면도 있다.

종교학자 시마조노 스스무[島薗進]는 흔히 '뉴에이지' '정신세계' '스피리 추얼' 등으로 불리는 새로운 종교문화운동을 '신영성운동=문화(新靈性運動 =文化)'(이하 '신영성')로 개념화시켰다. 시마조노에 의하면 이 운동의 특징은 다음 세 가지로 요약할 수 있다: 첫째, 개인의 의식 변용을 궁극적인 것에 이르는 아주 중요한 지표로 생각하는 점. 둘째, 자연・인간에 내재되는 영 성적인 것을 존중하고 그것과의 일체화를 목표로 하는 점. 셋째, 개인의 자 율적인 영성 개발을 지향하고 자유로운 개인의 느슨한 네트워크에 의해 맺 어지고 있는 점.[37]

이노우에 마사유키[井上雅之]가 지적하는 바와 같이 신영성과 신종교는 엄밀하게 구별하기 어려운 것은 사실이다.[38] 하지만 신영성과 신종교를 구 별하는 것이 오히려 효과적일 수도 있다. 이 양자를 구별하는 차이점으로

---

36 井上雅之, 『現代社会とスピリチュアリティ ―現代人の宗教意識の社会的探究―』, pp. 3-7 참조.
37 井上雅之, 『現代社会とスピリチュアリティ ―現代人の宗教意識の社会的探究―』, p. 10 참조.
38 井上雅之, 『現代社会とスピリチュアリティ ―現代人の宗教意識の社会的探究―』, pp. 10-11 참조.

앞에서 본 바와 같이 기존 종교들은 하나같이 교세(敎勢)가 약화되고 있는[39] 반면에 신영성에 대한 사람들의 관심은 오히려 높아지고 있는 현상을 쉽게 설명할 수 있다. 그리고 신영성과 (신)종교가 서로 다른 것이기 때문에 각 종교의 교인들도 부담 없이 신영성(운동)에 참여할 수 있다는 측면이 있다. 게다가 믿는 종교, 소속하는 교단을 따지지 않는 포용성·융통성은 신영성의 중요한 특징이기도 하다.

그런데 2011년 3월 11일의 동일본대지진, 쓰나미, 그리고 후쿠시마[福島] 제1원전 폭발사고와 2019~20년에 시작되어 지금도 진행 중인 코로나19와 같은 위기 상황은 신영성과도 또 다른 새로운 영성을 등장시켰다. 에도시대 일본에서 역병을 예언하는 요괴를 기록한 가와라반이 크게 유행했는데 그 요괴의 하나인 '아마비에'가 지금의 코로나19 상황에서 다시 주목을 받았다.[40]

그리고 가네비시 기요시[金菱淸]는 제자들과 더불어 동일본대지진 및 쓰나미 피해 지역에서 유령 증언을 수집하고 소개했다. 또 사상가 우치다 다츠루[內田樹]는 제1 원전사고 이후 원전에는 '원전 신사'를 세웠어야 했다고 주장한 바 있고, 예술과 미야모토 요시아키[宮本佳明]는 모형이긴 하지만 그것을 후쿠시마 제1 원전신사 프로젝트로 구체화시켰다. 또한 잇따른 자연재해에 대해 온라인상에서 대불 건립 운동이 일어나고 홈페이지까지 만들

---

39 단, 대부분의 일본 신종교가 신자 감소와 이에 따른 제정난에 허덕이고 있는 가운데 예외적으로 진여원(眞如苑)과 같이 착실히 성장하고 있는 교단도 존재한다. 「新宗教の ロールモデル!! 時代を捉えた真如苑システム」, 『週刊ダイヤモンド』特集「新宗教の寿命」, 2018.10.13, pp. 56-57 참조.
40 김학순, 「전염병과 요괴 ─ 역병 예언과 퇴치 기원의 요괴」, p. 64.

제2부 일본의 개벽 | **129**

어졌다. 그리고 코로나19가 터지자 가자마 텐신[風間天心]이 '코로나대불' 건립 프로젝트를 시작했다.

현대 일본에서 일어나고 있는 이러한 현상·담론·운동들은 기존의 신종교 및 신신종교와도 다르게 조직화를 지향하지도 않고, 또 신영성과 달리 궁극적인 것을 지향하거나 초월적 영성과 일치하는 것을 지향하지도 않는다. 그리고 개인의 정신적 깊이나 높이를 추구하지 않는 대신 타자와의 유대·연대·공동을 지향하고, 재해로 위축되고 상처받은 활기를 되찾고 재해로 말미암아 잊혀진 생명을 알려주는 기능적인 면에 특화되고 있다. 이 새로운 영성들은 재해로 위축되고 '기가 죽은' 것을 되살려 활성화시킴과 동시에 사라지고 행방도 생사도 불명해진 목숨의 존재를 다른 사람들에게 인식시켜 주고 기억하게 만드는 면에서 '생명영성'이라 부르고자 한다. 또 이것은 재해로 인한 불안감을 불식시키고 온전함을 잃고 소극적으로 된 생명력을 치유함으로써 적극성을 회복시켜 준다는 면에서 '치유영성'이라 부를 수도 있다. 이 글에서는 현대 일본에서 새롭게 등장하는 이와 같은 '생명영성' '치유영성' 현상과 특징을 살펴보고자 한다.

2. 3.11과 영성

1) 일본 종교계의 구원 활동과 난관

2011년 3월 11일 동일본대지진 당시 일본의 종교계는 1995년의 효고현[兵庫縣] 남부 지진의 경험을 바탕으로 재해 대응 체제를 미리 갖추고 있었다. 불교, 기독교, 신종교 등 각 교단에서는 지진 당일에 재난정보 수집과 교단 시설 및 교인의 피해 상황 파악에 나섰다. 이와 더불어 긴급구조대 파견, 기부금 및 지원물자 모집, 피해자 구조, 지원물자 수송, 희생자의 장례와 위령, 생존자 돌봄, 공적 기관과의 소통, 자원봉사자 지원 체제 구축 등등 교단마다 특색 있는 활동을 전개했다.

다만 교단 또는 개개의 신앙인들이 지원 활동을 하면서 포교를 하는 것은 피해 주민들에게 거부당하고 대부분의 교단과 신앙인 스스로도 그것을 꺼려했다. 종교의 이름을 너무 전면으로 내세우면 피해민들의 곤경을 틈타 포교의 기회로 삼는다는 오해를 받을 수도 있기 때문이다. 그러기 때문에 종교의 지원·돌봄과 치유 활동은 '종교인으로 행동해야 하느냐, 혹은 일반적인 자원봉사자로 행동해야 하느냐'라는 판단이 요구된다. 피재민의 치유와 정신적 케어의 장면에서는 종교 활동과 일반 자원봉사 활동 간의 구별은 더욱 어려워지고 있다.

설문조사의 결과를 보아도 종교인이 피해민의 마음을 돌보며 치유를 도와주는 것에 대한 기대도 적지 않지만, 반면에 그것이 특정 종교의 포교 활동이 되어 버리는 것에 대한 경계도 있다. 다시 말하면 종교가 노골적인 포교 전도의 의도를 표출하지 않고 피해주민들의 본래의 종교성에 간섭하지 않는 한에서 종교에 의한 마음의 돌봄과 치유 활동이 받아들여질 가능성이 있다.[41]

결국 종교(인)가 재해 피해주민에게 물질적·인적 지원, 정신적 돌봄과

---

41 岡尾将秀·渡邊太·三木英,「阪神·淡路大震災における心のケア」,『震災復興と宗教』, pp. 242-243 참조.

치유, 그리고 희생자의 위령·진혼을 제공해 주는 것에 대한 기대는 항상 존재하면서도 구원 활동을 특정 종교의 포교 기회로 삼는 것은 경계하는, 그러한 딜레마가 피해민·종교인 양쪽에 존재한다는 것이다.

2) 삶과 죽음 사이를 말하는 유령들

3.11사태, 즉 동일본대지진 및 쓰나미에서는 약 15,000명의 사망자와 약 4,400명의 행방불명자가 나왔다.(2021년 3월 현재) 재해가 순식간에 수많은 인명을 앗아간 대참사에서 죽어도 제대로 죽지 못한 '사자(死者)'가 많이 나오기도 했다. 다시 3.11에서는 제도화된 종교의 진혼(鎭魂)·위령(慰靈) 시스템에 회수되지 않는 영성이 노출된 것이다.

도호쿠가쿠인대학[東北學院大學] 가네비시 기요시[金菱淸] 제미나르(연구실)의 제자들은 시간이 지나면 잊혀질 수 있는 재난 지역 피해자의 증언들을 모아서 기술했다.

그 중에서 유명한 것으로는 '택시를 타는 유령'을 들 수 있다. 당시 동 연구실의 구도 유카[工藤優香] 학생이 청취한 이야기에 따르면 한 택시 기사가 손님을 태우기 위해 배회하던 중 이상한 여자아이를 보았다고 한다.

2013년 8월 무렵의 야심한 밤에 택시를 회송하던 중 손을 들고 있는 사람을 발견해서 택시를 세우자 초등학생 정도의 작은 여자아이가 계절에 맞지 않는 외투, 모자, 목도리, 장화 등을 입고 서 있었다.

아주 늦은 시간이어서 매우 이상하다 싶어서 "아가씨, 엄마와 아빠는 어디 있어요?"라고 묻자 "나는 혼자예요."라고 여자아이는 대답했다고 한다. 미아인 줄 알고 집까지 태워주려고 집 주소를 묻자 대답해 주었으므로 그 근처까지 태워주자 "아저씨, 감사합니다."라고 하면서 택시를 내리자마자 그 순간에 모습을 감추었다. 분명히 대화를 나누고 여자아이가 내릴 때 손도 들어주었는데도 갑자기 자취도 없이 사라져 버렸다.[42]

이 밖에도 여러 택시 기사들이 이 이야기와 같이 한여름에 겨울옷을 입은 승객을 태우고 집 앞까지 태워주었다가 그 승객이 목적지에서 갑자기 사라져 버렸다고 증언하고 있다. 그들은 하나같이 나중에 생각해 보니 그 '승객'의 계절에 전혀 어울리지 않는 겨울 옷차림에서 동일본대지진 때 변을 당한 유령이었음을 알게 되었다고 말한다. 그리고 흥미롭게도 유령을 태운 것은 무임승차로 취급되고 택시 요금 계산기에 기록이 남아 있다고 한다. 하지만 그 이야기를 증언한 기사들은 모두 유령을 태운 것을 두려워하지 않을 뿐만 아니라 유령들에게 친근감과 외경심을 보였으며, 사람에 따라서는 그런 '사자'를 유령 취급하는 것에 불쾌감을 나타내기도 했다고 한다.

하지만 피해 지역에 나타난 유령들이 모두 이와 같이 얌전한 존재이기만 한 것은 아니었다. 통대사(通大寺) 주지 스님이자 피해주민과 대화를 나누고 정신적 치유와 돌봄 활동을 하는 가페 드 몽크(Café de monk)의 인 가네다 다이오[金田諦應]는 24세 여성에 빙의(憑依)하면서 그 입을 빌려 죽어갈 때의 고통을 호소하는 사자(유령)에 대해 증언하고 있다.

---

42 石巻のタクシー運転手は, なぜ幽霊を見たのか? 工藤優花さんが語る被災地の「グレーゾーン」:https://www.huffingtonpost.jp/2016/03/07/yuka-kudo_n_9398868.html

"우리 딸은 어디 있어! 딸을 데리고 가야 돼!" "스님, 나는 죽은 거냐?" 젊은 여성이 남자 목소리로 호소했다.

죽은 자가 잇따라 젊은 여성에게 빙의(憑依)하고 그 숫자가 날마다 늘어난다. 일상생활에 지장이 생기고 괴로워서 죽고 싶다고 호소해 왔다. 24세 나이 여성이 사자(死者)의 이야기를 시작했다. 쓰나미 발생의 알림을 받은 후 아내와 서로 연락해서 딸을 초등학교에서 데려오기로 했다.

"정체로 꼼짝 못해요."

"그럼 내가 가겠어."

위험을 무릅쓰고 해안대로를 달렸다. 도중에 쓰나미에 휘말려 암흑 속에 빠져버렸다. … 중략 …

나와 죽은 자와의 대화가 한 시간 가까이 계속되었다. … 의식(儀式) 중에도 남자는 그녀의 입을 빌려 계속 괴로움을 호소한다. 그때마다 의식을 중단하고 남자를 설득시킨다. 의식이 끝나고 정면에 손을 모은 순간 그녀의 빙의 상태가 풀리고 24세의 젊은이로 되돌아갔다.

반년 동안 그녀의 입을 통해 쓰나미에서 도망치는 모습, 죽음의 순간, 그리고 현세에 대한 심정을 애절하게 말하는 사람들의 이야기를 들었다. 그 수는 20명 가까이에 이르렀다. … 중략 …

수많은 희생자를 낸 재난지역에서는 영적 현상의 진위를 막론하고 그 일로 고민하고 있는 사람과 마주 대해야 된다. '해석'과 '해결'은 하늘과 땅 차이가 있다. 현대 종교는 너무나 합리적이 되어 있지 않을까?[43]

---

43 金田諦應,「─동일본대지진─ 일본인의 사생관과 종교」, 2019년 8월 26-28일, 제1회 노년철학국제회의 미래공창포럼 발표.

자기가 죽어갈 때의 상황을 되풀이하는 사자, 혹은 천도를 제대로 못 받은 사자들…. 대지진과 쓰나미는 삶과 죽음 사이의 영역을 다시 열게 된 것이다.

3) 원전신사

사상가이자 합기도 무술가인 우치다 다츠루[内田樹]는 후쿠시마 제1원전 사고의 근본에 있는 문제점은 사람의 인식 범위를 뛰어넘은 어떤 것(사태)이 도래하는 것에 대해 센서(탐지기)의 감도를 올려서 대비하는 마음가짐이 없었던 것이라고 지적한다.

안전 불감증보다 더 심각한, 사람의 예측과 대응 능력을 뛰어넘는 엄청난 사태가 있을 수 있다는 것을 상정하면서 그런 일이 일어나지 않도록 최대한 삼가 경계하고 조심하면서, 만약 그런 일이 일어났을 때는 '거룩하신 무언가'가 도와주심을 기도하는 영성적 감각을 현대 일본인은 어느새 상실해 버렸다는 것이다.

나는 원전사고 후 블로그에 "원전에는 원전신사[原發神社]를 모셨어야 했다"고 썼는데 이것은 농담이 아닙니다. 인간이 '인지(人知)를 뛰어넘은 것'에게 의식을 집중시키기 위한 자리를 마련하려면 '기도하는 장소'를 본받아야 합니다. 신사, 사찰이든 교회든 혹은 묘지든 그러한 청정하고 고요하고 투명감이 있는 곳을 모델로 삼고 원전을 설계해야 했어요. 그런데 그러한 생각을

원전에서는 털끝만큼도 느낄 수 없었어요.[44]

여기서 우치다는 '원전신사'가 필요했다고 강조하지만 이것은 신과 같이 어떤 초자연적 존재를 믿고 기대자는 의미가 아니다. 원전을 세울 때 사람의 생각을 뛰어넘는 것에 대한 의식을 집중시키는 장소로 '원전신사'를 모셨어야 했고, 원전의 디자인도 신사, 사찰, 교회, 묘지 등과 같이 깨끗하고 고요한 엄숙한 장소로 만들어서 그런 의식을 항상 일깨우게 해야 했다고 지적한다. 그러한, 사람의 예측과 통제 능력을 뛰어넘는 무언가에 대해 항상 두려워하는 외경심과 경계심이 원전을 설계하고 운영하는 사람들에게 전혀 없었던 것이 원전사고의 근본적 원인이라는 것이다.

흥미롭게도 예술가 미야모토 요시아키[宮本佳明]는 우치다 다츠루의 '원전신사'론과 일맥상통한 「후쿠시마 제1원전신사―사나운 신을 진정시키기―」라는 후쿠시마 제1원전의 1/200 모형작품을 아이치 트리엔날레(あいちトリエンナーレ) 2013에서 발표했다. 이것은 대량의 방사성 폐기물이 남아 있는 후쿠시마 제1원전의 원자로 격납 건물 위에 신사 풍의 지붕을 이는 프로젝트이다.

미야모토에 의하면 원자로에서 유출된 용융(溶融) 원료는 원자로 격납 건물 안에 물을 가득 채워서 냉각시키면서 방사능 선량이 충분히 저하될 1만년 동안 계속 유지 관리할 수밖에 없다. 사고의 기억을 제대로 유지하고 방사성 폐기물을 안전하게 보관하기 위해서는 격납 건물 위에 신사와 같은 지붕을 이고 제사지내는 것으로 그 위험을 오래도록 기억하게 해야 한다는

44　內田樹, 釋哲宗, 『日本靈性論』, p. 32.

것이다. 사람들의 경계심을 지속적으로 집중시키기 위해서는 '신사'의 표
상을 빌려야 한다는 점은 우치다의 '원전신사'론과 공통점을 가지고 있다.

3. 일본의 코로나19 상황과 영성

1) 코로나대불 건립 프로젝트

8세기 나라[奈良]시대의 쇼무천황[聖武天皇]은 743(天平15)년에 대불조립
(大佛造立)의 칙서를 내렸다. 그리고 그 2년 후부터 실제로 공사가 시작되고
752(天平勝寶4)년에 노사나불상(盧遮那佛像), 이른바 동대사대불(東大寺大佛)
의 개안공양(開眼供養)이 이루어졌다. 당시는 가뭄이 이어지고 천연두가 유
행하면서 사람들의 생명이 위협받았던 매우 불안한 시대였다. 이에 천황은
『화엄경』에 의거하여 노사나대불상을 건립함으로써 재앙을 진정시키고
나라의 안녕을 기원하고자 한 것이다.

대불조립 칙서를 보면 대략 다음과 같다: "천황인 나의 부와 권세를 가지
고 하면 대불을 짓는 것이야 쉬운 일이지만 마음을 일으키는 것은 어렵다.
한갓 백성들을 부려도 (부처님의) 성스러움을 느끼지 못한다면 혹 비방하
는 마음을 일으켜 죄에 빠지게 될까 두렵다. 그래서 불사에 참여하는 자는
마땅히 날마다 세 번 노사나 부처님께 절을 올리고 각자가 스스로 노사나
불상을 짓는 것으로 알라." 그리고 "진정으로 한 포기의 풀, 한줌의 흙이라
도 바쳐서 불상 짓기를 돕고자 하는 자가 있다면 그 뜻대로 들어주도록 하

라"[45]고 명했다. 즉 쇼무천황은 자기 권력을 가지고 대불을 건립하는 것을 원하지 않고 개개인이 자발적으로 대불 건립의 불사에 참여해주기를 바란 것이다.

하지만 건립 이후 불행하게도 동대사는 여러 번 소실되었다. 그때마다 조겐[重源, 1121~1206], 고우케이[公慶, 1648~1705]와 같은 선지식(善知識)이 나서서 전국에서 권진(勸進)하고 기부금과 자재를 모아서 재건할 수 있었다.

동대사의 노사나 대불과 같이 진호국가사상(鎭護國家思想)에 입각한 대불 건립론이 21세기에 와서 인터넷에서 다시 거론되었다.

2018년 오사카[大阪]에서는 다카츠키시[高槻市]를 중심으로 한 북부지역에서 큰 지진이 일어났고(6월 18일), 이어서 호우가 엄습하고(6월 28-29일), 다시 오사카를 중심으로 한 간사이 지방에 태풍 21호(8월 28일)가 강타했다. 특히 태풍 21호로 간사이공항[關西空港]이 침수 피해를 보았으며, 강풍에 밀린 유조선이 간사이공항 연락교와 충돌함으로써 무려 3,000명이 공항섬에 고립되는 사태가 일어나기도 했다.

이에 오사카에서 거주하는 네티즌들을 중심으로 트위터에서는 잇따른 재해를 진정시키기 위해 오사카에 대불을 세우자는 주장이 일어났다. 이것을 받아서 어떤 네티즌이 '모두 함께 대불 건립 버튼[みんなで大仏建立ボタン]' 사이트를 만들었다.

이것은 앞에서 본 "진정으로 한 포기의 풀, 한줌의 흙이라도 바쳐서 불상 짓기를 돕고자 하는 자가 있다면 그 뜻대로 들어주도록 하라"라는 쇼무천황의 대불조립 칙서의 정신을 이어받아서 이는 원하는 작업('주변에 흙 쌓

---

45 『續日本記』"如更有人. 情願持一枝草一把土助造像者. 恣聽之."

아울리기' '구리 제공하기' '골격에 점토 도배질하기' 등 26가지)을 선택하면 인터넷상에서 대불 건립에 참여할 수 있는 홈페이지이다. 하나의 대불을 (화면상에서) 완성시키기 위해서는 연인원 260만~520만 명의 참여가 필요하다. (단, 복수 선택 가능) 코로나19 상황이 일어난 2020년에 5구가 만들어지고 현재 7구의 대불이 완성되었다.[46]

또 인터넷상뿐만 아니라 실제로 대불을 만드는 움직임도 일어나고 있다. 2020년에는 코로나19 상황을 진정시키기 위해 승려이자 예술가인 가자마 텐신[風間天心]이 '코로나대불' 건립 프로젝트를 발표하고 클라우드 펀딩을 실시했다. 그에 의하면 대불 건립 취지는 다음과 같다.

전 세계 사람들이 눈에 보이지 않는 바이러스의 공포에 사로잡히고 경제위기에 대해 앞이 보이지 않는 불안을 안고 있습니다. 그러나 지금 무엇보다 무서운 것은 코로나바이러스 자체가 아닙니다. 모두가 스트레스에게 억눌리고 가까운 사람들까지 기피하고 공격해 버리는 것입니다. 밖으로 칼날을 돌릴 수 없는 마음 고운 사람은 스스로에게 에너지를 쏟아내고 자멸해 버릴지도 모릅니다.

'만연하는 부정적인 에너지를 긍정적인 에너지로 바꾸려면 어떻게 하면 될까?'

'모두가 낼 수 있는 힘으로 누구나 참여할 수 있는 적극적인 액션(행동)이란?'

이와 같이 생각한 결과 도달한 것이 '대불(大佛)이라는 기도의 대상, 에너

---

46 みんなで大仏建立ボタン: https://splamp.info/shed/buddha/ 단, 2020년 9월 17일에 7구째가 완성되었으나 현재 2021년 5월 시점에도 아직 준비 중이다.

지의 방향성'을 만들어내는 것이었습니다.[47]

가자마 텐신은 역사적으로 대불을 건립하거나 또는 재건할 때 스님이 전국을 돌아다니면서 널리 사람들의 기부를 모으는 권진(勸進)의 방식을 채택했다. 제1차 권진 캐러밴은 2020년 5월 24일에 시작되어 6월 27일까지 이루어졌고 지원금 300만 엔을 목표로 하다가 총액 3,854,621엔(목표액의 128%, 지원자 수 336명)을 모았다. 제2차 권진 캐러밴은 2020년 11월 6일부터 2021년 1월 24일까지 이루어졌고 목표 금액은 1500만 엔이었으며 지원자 수 178명, 지원금 총액 3,045,000엔을 모았다.

그가 만들고자 하는 것은 불상 자체가 아니라 불상의 '거푸집'이다. 일본 전국을 (경우에 따라서는 해외에서도) 돌면서 각지에서 얻을 수 있는 소재(모래, 흙, 눈 등)를 거푸집 안에 넣고 몇 년 동안 방방곡곡에 불상을 세운 후, 그 불상 거푸집을 일정한 장소에 안치하는 계획이다. 이 불상, 이른바 '코로나 대불'은 종파 간 대립을 피하기 위해 불교의 개조인 석가모니불(釋迦牟尼佛)로 한다. 그리고 안치된 불상은 일반적인 불상과 달리 인간들이 대불의 텅 빈 안쪽에서 대불과 같은 방향을 바라보면서 기도하는 데 있다. 이것은 코로나 사태로 인해 우리가 깨닫게 된 '스스로를 내성(內省)하는' 것의 중요함을 마음에 되새기는 의미가 있다고 한다.

또 하나의 특징은 이 불상의 표면은 "자연의 흐름에 맡기는" 점이다. 즉 흙으로 뒤덮고 작은 산처럼 만들어서 풀, 벌레, 새와 같은 작은 동물들이 집을 만들 수 있는 환경을 만들 것이라고 한다.

---

47 【コロナ大仏】を造立したい！: https://camp-fire.jp/projects/view/273684

2) 코로나19 상황과 아마비에

현재까지 이어지고 있는 코로나19 상황에서는 감염 방지 차원에서 일본 종교계도 집회를 비롯한 종교 활동들을 자제하지 않을 수 없다. 그런 가운데 온라인상에서는 전염병을 물리쳐 준다고 하는 '아마비에(アマビエ)'라는 요괴 또는 신이 인기를 끌고 있다. 아마비에는 1846(弘化3)년 4월 중순에 히고 지방[肥後國](현 熊本縣)의 어느 해안에 나타났다고 한다. 현재 교토대학 부속도서관에 소장되어 있는 한 장의 가와라반[瓦版][48]이 이 사건과 아마비에의 모양을 그린 유일한 자료이다.

거기에 쓰인 글은 다음과 같다.

> 히고[肥後] 지방의 바다 속에 밤마다 빛나는 물건이 나타났으므로 관리가 가서 살피니 그림과 같은 자가 나타났다. "나는 바다 속에 사는 아마비외[49]라는 자이다. 올해부터 6년 동안 각국은 풍년이 될 것이다. 그러나 병이 유행할 것이니 조속히 나를 그려서 사람들에게 보여주도록 하라."라고 말하고 바다로 들어갔다."[50]

그림으로 그려진 아마비에는 발이 셋이 있고 땅바닥까지 닿는 긴 머리를

---

48 가와라반(瓦版): 에도시대에 목판으로 인쇄된 민간 신문 또는 광고물.
49 그것이 처음으로 보도된 가와라반 원문은 아마비외(アマビコ)로 읽을 수도 있으나 이 글에서는 현대 일본의 일반적인 표기에 준거해서 '아마비에(アマビエ)'로 표기한다.
50 京都大学貴重資料デジタルアーカイブ:https://rmda.kulib.kyoto-u.ac.jp/item/rb00000122/explanation/amabie

가지고 있다. 몸은 비늘로 뒤덮여 있어서 인어(人魚)와 같이 보이지만 입에는 새와 같은 부리가 있다. 크기에 대해서는 아무런 언급이 없다.

이 요괴(?)는 최근까지 연구자들 이외에는 별로 알려지지 않았던 존재였으나 2020년 3월 3일 자 요점백화전(妖店百貨展)의 트위터를 통해 온라인상에 처음으로 소개되었고,[51] 이어서 3월 6일에 만화가 도키와 세이이치(トキワセイイチ)가 트위터에 아마비에 이야기를 현대로 옮긴 만화를 발표하면서 전염병이 돌 때에는 나를 그려서 사람들에게 보여 주라고 하는 예언과 더불어 소개했다.[52] 그들의 투고가 계기가 되어서 아마비에(그리기)가 인터넷상에서 급속히 확산되었다.

일본 내외의 많은 사람들이 각양각색으로 해석한 아마비에를 그렸을 뿐만 아니라, 공예를 하는 사람들은 아마비에를 액세서리 등으로 만들어서 판매하기도 했다. 그리고 여러 신사에서는 아마비에를 그린 부적을 만들기도 하고, 심지어는 일본 후생노동성에서도 코로나19 감염 확산 방지 홍보 캐릭터로 아마비에를 채택하기에 이르렀다.

아마비에는 '예언수(豫言獸)'라고 불리는 이형(異形)의 요괴(또는 신)로 분류된다. 아마비에에 대해 기록한 원자료는 현재 교토대학 부속도서관에 소장된 가와라반 1장밖에 없지만 이름이 유사한 '아마비코(アマビコ)' '아리에(アリエ)' 등에 대한 기록은 현재 여러 개가 남아 있다. 대부분 에도시대 후기 19세기경의 가와라반 또는 메이지시대의 신문 보도, 또는 그 기사를 다시 기록한 일기 등이다.

---

51 妖店百貨展(2020.3.3): https://twitter.com/youmisedori/status/1234763436711563264
52 トキワセイイチ@単行本発売中(2020.3.6);「アマビエが来る」(1-2/2):https://twitter.com/seiichitokiwa/status/1235894263411425281

이들은 공통적으로 밤에 바다(논에서 나타난 경우도 있다)에서 이상하게 빛이 나고, 어떤 사람이 찾아가자 세 발이 달린 괴물이 나타난다. 괴물은 앞으로 5~6년 동안 풍년이 계속되지만 전염병이 돌 것이라고 예언하면서 그 괴물을 그린 것을 사람들에게 보여주면 병에 걸리지 않는다고 말하고 사라진다는 패턴이 공통되고 있다. 이와 비슷한 출현 패턴을 가진 존재로는 '신사희(神社姬)', '해출인(海出人)' 등이 있다. 그 가와라반은 거의 모두가 사건의 경위와 괴물의 그림이 함께 실려 있기 때문에 보도(報道) 기사이자 동시에 전염병을 피하는 부적 구실도 한 것으로 볼 수 있다.[53]

또 에도시대 후기 일본에서는 지진, 전염병과 같은 큰 재해가 일어나자 그 종류에 따라 지진을 메기로 상징한 '나마즈에[鯰繪]' 홍역에 대한 '하시카에[麻疹繪]', 포창(천연두)에 대한 '호우소우에[疱瘡繪]', 콜레라에 대한 '코레라에[コレラ繪]' 등 다양한 목판화가 유포되었다. 이들은 '재해 니시키에[災害錦繪]'라는 이름으로 일괄되는데, 거기에는 재해를 일으키고 막는 초자연적 존재들을 표현함과 더불어 재해가 이전에 일어난 시기, 재해를 막는 주문, 먹어서 좋은 음식, 금지 행동 등 다양한 내용들을 담고 있다. 박병도는 이와 같은 '재해 니시키에'가 ①재해를 일으키는 존재와 막는 존재의 표현, ②풍자와 죽음의 표현, ③주술성을 중심으로 한 복합적 실용성이라는 세 가지 공통점을 보인다고 지적하고 있다.[54] 아마비에와 기타의 '예언수' 요괴들도 이러한 재해 니시키에가 그려지는 문화적 배경 속에서 태어나고 유포된 것이다.

---

53 김학순, 「전염병과 요괴-역병 예언과 퇴치 기원의 요괴」, pp. 71-73 참조.
54 박병도, 「근세 말 일본의 재해와 회화: 〈재해 니시키에(재해금회)〉 범주의 가능성-호소에, 나마즈에, 코레라에, 하시카에의 상호비교를 통하여-」 p. 167 참조.

최근의 아마비에 붙은 정부의 미덥지 않은 코로나 대응, 감염에 대한 공포와 종식될 기미가 보이지 않는 사람들의 불안감을 달래주는 역할을 한 것으로 보인다. 다만 도쿄대학 사회학·문화자원학 교수 사토 겐지[佐藤健二]는 유언·소문의 유포는 불안에 이끌린 비합리적인 신념이나 잘못된 정보에 의한 집합행동이 아니라, 예컨대 재미나 색다름, 새로운 해석을 구동력으로 하는 복합적인 게임[55]이라고 말하면서 아마비에 현상의 게임적인 측면을 강조했다.

여기서 특히 '아마비에'가 특정한 시공간에 고정되지 않고, 또 특정한 영성 카리스마에도 조직에도 의존하지 않으면서 코로나 사태 종식을 고대하는 사람들의 마음을 결집시키고 그 불안한 마음을 어느 정도 달래고 치유한 영성이라는 점에서 주목할 만하다.

4. 종래의 영성과의 비교

1995년의 옴진리교 지하철 사린 살포 사건을 계기로 옴진리교의 범죄가 크게 보도되면서 일본 사회에서 '종교'에 대한 경계심과 불신이 보편화되었다. 게다가 저출산 고령화 등으로 인하여 전통종교와 신종교를 막론하고 기존 종교 교단들은 대부분 교세 하락의 위기에 직면하고 있다. 반면에 시마조노 스스무[島薗進]가 신영성운동=문화(新靈性運動=文化)로 명명한, 이른

---

55 千字で語るコロナ論 | 社会学·文化資源学 佐藤健二 | コロナ禍と東大:https://www.u-tokyo.ac.jp/focus/ja/features/z1304_00096.html

바 '뉴에이지' '정신세계' '스피리추얼' 등으로 불리는 새로운 종교문화운동은 여전히 많은 지지를 받고 있다.

그런 가운데 21세기 일본을 강타한 2011년 3월 11일의 일련의 재해들 즉 동일본대지진과 쓰나미, 후쿠시마[福島] 제1원전 폭발사고, 그리고 2020년부터 지금(논문 집필 시점)까지도 계속되고 있는 코로나19 상황, 기타의 재해들은 어떤 면에서는 제도적 종교에 회수되지 않는 영성을 노출시키고 일깨웠다. 이 글에서는 그 사례로 피해 지역에 나타난 유령에 대한 증언, 원전사고를 계기로 일어난 원전신사 담론이나 예술적 표현, 재해를 물리치기 위한 대불 건립 프로젝트, 그리고 아마비에를 살펴보았다.

재해 이후의 새로운 영성은 시마조노가 지적한 신영성의 세 가지 조건, 즉 '개인의 의식 변용을 궁극적인 것에 이르는 아주 중요한 지표로 생각함', '자연·인간에 내재되는 영성적인 것을 존중하고 그것과의 일체화를 목표로 함', '개인의 자율적인 영성 개발을 지향하고 자유로운 개인의 느슨한 네트워크에 의해 맺어짐' 등에 비추어 보면, 새로운 영성에는 의식 변용의 측면은 거의 찾아보기 힘들고, 자연 및 인간에 내재되는 영성을 존중하되 그 영성과의 일체화를 지향하지는 않는다. 그리고 개인의 영성 개발의 측면은 찾기 힘들지만 자유로운 개인의 느슨한 네트워크를 지향하는 점은 서로 공통된다. 오히려 아마비에 그리기에서 볼 수 있듯이 네트워킹 지향은 신영성 이상으로 강한 면이 있다. 그리고 새로운 영성의 특징을 살펴보면 다음과 같다.

첫째, 개인의 자유, 자율성, 자발적 참여가 느슨하게 네트워킹 되는 것이 더욱 중시되고 카리스마적 지도자나 조직 등은 거의 찾아볼 수 없다.

둘째, 개인의 의식 변용이나 인간 및 자연에 내재된 초월적 영성과의 일체화, 영성 개발 등은 지향하지 않는다.

셋째, 전통적 방법, 양식, 이미지나 토속적 영성의 재생 또는 재해석이 보다 강조된다.

넷째, 치유에 특화된 성격이 강하다.

아래에서는 이에 대해 좀 더 상세히 논구해 보고자 한다. 첫째, 새로운 영성에는 교단 조직은 물론, 비종교적인 조직이나 집단도 없다. 영성을 말한 사람도 카리스마로 받들어지지는 않는다. 사람들은 어디까지나 우연적으로 관계를 맺게 되거나, 혹은 개개인의 자발적인 관심·흥미로 참여하고, 아무런 규정도 틀도 구속도 없는 점이 특징이다. 그리고 기존 종교나 일부 신영성 운동과도 달리 운동을 조직화할 교리 및 이론 체계도 별로 없다. 코로나대불 건립 프로젝트에서 기부금을 모은 이외에는 돈이 개재되는 것도 별로 없다.

둘째, 새로운 영성에는 개인의 의식을 변용시키거나 초월적 영성과 일체화되거나 영성 개발 등에 대한 지향도 찾아볼 수 없다. 다만 영적 존재와의 우연적인 만남이 있을 뿐이다. 단, 그 만남을 다른 사람들에게도 알려주는 것으로 저절로 수평적인 공감대가 성립되고 영성적 네트워킹이 널리 퍼지게 되는 것이다.

셋째, 새로운 영성은 정신적·민속적인 전통·역사의 재생 또는 재해석이라는 측면이 강하다. 누구나 알고 있거나 무의식 속에 잠겨 있는 정신적 전통이 바탕이 된 것이기 때문에 누구나 평등한 입장에서 접근하고 참여할 수 있는 것이다.

원전신사의 경우 '신사(神社)'라는 일본 민족종교의 형식을 빌리는 것으로 관계자들의 정신을 집중시키고 두려움과 조심성을 불러일으키고 유지시키는 데에 주안이 있다. 대불 건립의 경우도 8세기 쇼무천왕[聖武天皇]의 노사나 대불 건립까지 거슬러 올라가 거기에 담긴 진호국가(鎭護國家)의 관념, 자발적인 민중 참여의 역사적 기억을 다시 상기시키면서 사람들의 마음을 모으고 재난을 물리치려는 데에 목적을 두고 있다. 아마비에 역시 그 원형은 에도시대에 간행된 가와라반에 실린 기사와 그림이었다. 한밤에 바다에서 나타나 '6년 동안 풍년이 계속되지만 병이 유행할 것'이라고 예언하면서 "나를 그려서 사람들에게 보여라"라고 말한 요괴(神?) 이야기에서 유래한다. 코로나19 상황 속에서 "나를 그려서 사람들에게 보여라"라고 하는 메시지에 많은 사람들이 공감하고 아마비에를 그려서 인터넷에 올리고, 또는 그 모양을 딴 스티커, 장신구, 부적 등이 잇따라 만들어지고, 심지어는 후생노동성까지 아마비에를 캐릭터로 사용하기에 이르렀다.

이렇게 인터넷으로 확산되고 공유된 점에서 인터넷 밈(meme)적인 요소와 게임적인 요소가 있는 점도 간과할 수 없다. 대불 건립 프로젝트나 아마비에가 그랬던 것처럼 온라인을 통해 구체적인 조직이나 카리스마적 지도자 없이도 많은 사람들의 공감을 모으고 공유되고 확산되었다. 그런 의미에서는 이 새로운 영성은 인터넷 밈적이고, 게임적인 요소가 있다고 할 수 있다.

전통과 거리가 멀어 보이는 대지진 피해 지역의 유령 출현도 영적 존재와 가까이 지내던 도호쿠[東北] 지방의 지역적 풍토・전통과 무관하지 않다. 1910년에 민속학자 야나기타 구니오[柳田國男]가 전설・민속・신화와 더불어 수많은 귀신 이야기를 실은 『도오노 이야기[遠野物語]』를 쓴 이와테현[岩手縣] 도오노[遠野] 지역도 동일본대지진의 피해 지역 안에 있다. 반면에 1995년 고베 대지진[神戸大地震] 때에는 유령 이야기는 별로 나오지 않았다고 한다.

넷째, 새로운 영성의 치유적 성격은 특히 대불 건립 프로젝트나 아마비에의 경우에 두드러진다. 코로나19 치료법도 (그 시점으로는) 불분명한 전염병을 물리쳐주기를 바라는 심정이 모아진 것이라고 할 수 있다. 적어도 불안한 마음을 불상 만들기나 아마비에 그리기로 전환시키는 것을 통해 해소하려는 치유적인 요소를 거기에 찾아볼 수 있다. 또 피해 지역의 유령도 수많은 사람들이 순식간에 쓰나미에 휘말려 사라져 버리고 그러한 사람들은 시신이 발견되지 않는 한 행방불명으로 처리된 채 시간이 무한정 흘러가는 상황과 관련이 있다. 많은 사람들이 갑자기 사라진 것은 생존한 피해민에게 상처를 준 것은 물론, 쓰나미에 휘말린 본인 스스로도 죽음과 삶 사이에 방치되어 안식을 얻지 못하게 된다. 그러므로 택시를 타거나, 젊은 여성에 빙의(憑依)한 유령도 생자를 원망하고 해를 끼치기보다는 평안하고 잠들기 위해 나타났다고 보는 것이 타당한 듯하다. 또 유령을 태운 택시 기사도 유령을 두려워하기보다 '손님'에 대한 경외심을 가지고 있었다고 한다. 가네비시 기요시[金菱淸]는 재난을 당한 시민들이 '애매한 상실'을 소중히 간직하고 잊어버리지 않으려 하고 있다고 말한다. 사자는 기피해야 할 존재가 아니라 귀한 것이며 '애매함'을 간직하면서 긍정적으로 살아가는 것이 사랑하는 사람들을 잃은 아픔에의 대처 방안이라고 말한다.[56] 어쩌면 유령을 태운 택시 기사에게도 3.11의 지진과 쓰나미로 사라지고 잊혀진 생명을 다시 알아주고 기억해주고 집터까지 태워줌으로써 그 뜻을 이루게 해주었다는

---

56 東北被災地の霊体験に見る「死との向き合い方」-「幽霊」乗せたタクシー運転手の証言に思うこと: https://toyokeizai.net/articles/-/415415?page=4

사실이 그의 마음속 상처에 대한 치유와 위로가 되었을 수 있다.

5. 맺음말

이 글에서는 2011년의 동일본 대지진 및 쓰나미와 후쿠시마[福島] 제1원전사고, 그리고 2020년 이래 지속된 코로나19 상황, 기타의 재해를 계기로 나타난 현대 일본의 '새로운 영성'의 움직임에 대해 살펴보았다.

일본에서는 19세기부터 1960년까지에 탄생한 종교를 일반적으로 '신종교'로 부르고, 1978~80년대에 급성장한, 기존 신종교와 약간 색다른 종교들을 '신신종교'라고 부른다. 그러나 1995년의 옴진리교 사건을 계기로 종교전체의 사회적 위상이 실추되었다. 게다가 저출산 고령화 등으로 인하여 전통종교와 신종교를 막론하고 기존 교단들은 대부분 교세 하락의 위기에 직면하고 있다.

한편 시마조노 스스무[島薗進]가 신영성운동=문화(新靈性運動=文化)라고 부른 새로운 영성운동·종교문화운동은 1970~80년대에 미국을 중심으로 일어난 '뉴에이지(New Age)' 운동에서 크게 영향을 받은 것이지만 1980년대에 일본에 유입되면서 신도 및 불교와 융합되고 '정신세계' 또는 '스피리추얼' 등의 이름으로 인기를 모으고 있다.

그런데 동일본대지진 관련 재해(지진, 쓰나미, 후쿠시마 제1원전 사고)와 코로나19 상황 등의 재해들은 그러한 신영성과도 다른 새로운 영성운동을 부상시켰다. 피해 지역의 유령 현상, 원전신사 프로젝트, 코로나대불 건립, 그리고 유행병을 예언하고 물리치는 요괴 아마비에 등이 바로 그것이다.

여기서는 이러한 영성운동의 특징에 대해 '생명영성' '치유영성'이라 부르고자 한다.

시마조노는 신영성에 대해 다음 세 가지 조건을 갖추고 있다고 지적했다. 첫째, 개인의 의식 변용을 궁극적인 것에 이르는 아주 중요한 지표로 생각하는 점, 둘째, 자연·인간에 내재되는 영성적인 것을 존중하고 그것과의 일체화를 목표로 하는 점, 셋째, 개인의 자율적인 영성 개발을 지향하고 자유로운 개인의 느슨한 네트워크에 의해 맺어지는 점이 바로 그것이다.

이에 대해 재해 이후의 새로운 영성운동의 특징은 첫째, 개인의 자유, 자율성, 자발적 참여가 느슨하게 네트워킹 되는 것이 더욱 중시되고 카리스마적 지도자나 조직 등은 거의 찾아볼 수 없다. 둘째, 개인의 의식 변용이나 인간 및 자연에 내재된 초월적 영성과의 일체화, 영성 개발 등은 지향하지 않는다. 셋째, 전통적 방법, 양식, 이미지나 토속적 영성의 재생 또는 재해석이 더 강조된다. 넷째, 치유에 특화된 성격이 강하다는 점이다.

제3부

실학의 시각

제1장

19세기 실학자의
일본 인식
− 최한기와 이규경을 중심으로

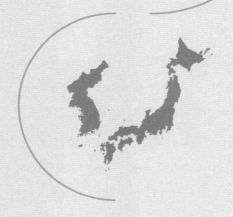

제1장에서는 19세기에 활약한 실학자의 일본관에 초점을 맞춘다. 18세기까지의 조선통신사는 대마도를 거쳐 일본열도로 상륙하고 에도[江戸]까지 행렬하는 일대 이벤트였다. 그 사이에 한일 지식인과 관민 교류도 이루어졌고 통신사 일행이 쓴 보고서와 기행문도 풍부하게 남아 있다. 또 실학자들도 일본에 관심을 가지고 기록과 연구를 남겼다. 정약용까지의 실학자의 일본인식에 대해서는 이미 선행연구가 축적되어 있다. 그러나 19세기에 들어서면서 조선통신사의 왕래도 대마도까지로 한정되고 외교적·문화적 교류는 극도로 축소되었다. 이 시기의 실학자들은 과연 일본에 대한 정보를 어떻게 수집하고, 일본을 어떻게 바라보았을까? 이 글에서는 19세기에 활약한 실학자 최한기와 이규경에 초점을 맞춰서 그들의 일본 인식을 짚어 보기로 한다. 최한기와 이규경은 동시대 인물이자 누대에 걸친 친분이 있었다. 그러면서도 그들의 일본 인식은 매우 대조적이었다. 초한기의 일본에 관한 기술은 『지구전요(地毬典要)』가 가장 종합적이고 잘 정리되고 있다. 『지구전요』에서 그는 주요 참고문헌에서 부족한 일본 정보를 조선 신유한(申維翰)의 『해유록(海游錄)』에서 보완했다고 밝히고 있다. 최한기는 일본에 대한 적개심과 경각심, 중화사상에 입각한 이적시를 극복하고 일본을 세계에 수많은 나라들의 하나로 공평하게 바라보았다. 한편 이규경은 할아버지 이덕무(李德懋)가 일본에 대해 소개한 『청령국지』의 저자였으므로 최한기보다 많은 일본 문헌과 정보를 접할 수 있었을 것으로 보인다. 그만큼 일본의 다양한 문화와 풍속에 대해 소개하고 현제로는 귀중한 내용도 많다. 다만 이규경은 최한기와 달리 일본(인)에 대해 경계심과 멸시를 버리지 않았고 '도이(島夷)', '왜이(倭夷)', '흑치녹정만(黑齒綠頂蠻)' 등의 표현을 서슴없이 쓰고, 담배예절 등의 예를 들면서 문화적 우월감을 감추지 않았다.

1. 들어가는 말

　조선 후기 실학자의 일본 인식에 대해서는 정약용(丁若鏞, 1762~1836) 정도까지는 이미 여러 선행 연구가 축적되어 있다. 에도시대 당시 일본 쪽에서 보면 조선통신사의 내방은 문화적인 일대 이벤트였고, 민간 학자부터 일반 서민들에 이르기까지 숙소에 밀려들어 시와 글을 주고받기도 하고 서화를 부탁하기도 하며, 또 서적을 선물하는 일도 있었다. 조선에서도 통신사를 통해 일본의 국정과 인정사정·문물제도 등을 살피는 한편, 일본인 학자로부터 선물 받은 저술을 통해 이토 진사이[伊藤仁齋]나 오규 소라이[荻生徂徠]를 비롯한 고학파(古學派)의 융성 등 일본의 사조(思潮)를 알게 되었다. 그런데 19세기에는 조선통신사가 간략화 되어 갔다. 예컨대 상례에 따라 통신사가 에도(江戸)까지 올라가서 쇼군[將軍]을 만나는 것이 아니라 대마도에서 국서를 교환하는 것으로 끝나는 등 메이지유신을 거쳐 국서 문제로 조일 관계가 긴장하고, 심지어 강화도조약으로 조선의 개국이 강요될 때까지 조일 간의 국제관계 및 교류는 매우 약화되었다.

　그럼 과연 일본과의 교류의 '공백기'라고도 말할 수 있는 그 기간에 태어나고 활약한 실학자들은 어떻게 일본을 인식한 것일까? 본고에서는 최한기와 이규경에 초점을 맞추어 그들의 일본관·일본 인식을 검토하고자 한다.

2. 최한기의 일본 인식

최한기의 경우, 일본에 관한 가장 종합적이고 잘 정리된 기술은 『지구전요(地毬典要)』에 보인다. 그 「범례」에서 그는 본서를 『해국도지(海國圖志)』와 『영환지략(瀛寰志畧)』을 저본으로 엮은 것임을 밝히고 있다. 다만 이들 책이 모두 일본에 관한 기술에 소홀한 점이 많기 때문에 신유한(申維翰)의 『해유록(海游錄)』을 참조해서 보충했다고 덧붙었다.

> 『해국도지』는 애초에 산더미처럼 모아놓은 서양인 선교사의 황당한 글들에서 나온 것을 그대로 빠짐없이 기록한 것이므로 그 요령을 얻지 못한 사람은 쉽게 현혹될 수 있다. 『영환지략』은 최근에 나온 것으로 잘 정리되어 있어서 점차 실마리가 잡히는데 내용이 너무 간략하다. 그래서 이 두 책을 참작해서 힘써 실제로 도움이 되고 기화에 통달하게끔 번잡하지도 간략하지도 않도록 적당히 삭제·보충했다. 대개 이 두 책 이외에서 취하지 않았기 때문에 굳이 출처를 일일이 들지 않았다. 다만 일본의 일은 소홀한 것이 매우 많은 까닭에 『해유록』에서 채록했다.[1]

『해국도지』는 흠차대신 임칙서(林則徐)가 영국인 머레이(Hugh Murray)의 『세계지리대전(The Encyclopedia of Geography)』을 한문으로 옮기게 해서

---

1 崔漢綺, 『地毬典要』 卷一 「凡例」: 海國圖志. 出於初創阜集西士之荒誕神異諸書之隨文. 輒錄要無遺迭. 未得綱領者. 易致眩惑. 瀛環志略. 出於挽近. 規整漸就端緒. 未免太簡. 玆庸參酌二書. 務採實用. 導達氣化. 使煩簡得中. 刪翼隨宜. 盖不出二書之外. 不必逐懸册名. 惟日本事蹟. 頗多疎畧. 故傍採於海游錄.

『사주지(四洲志)』라고 제목을 붙인 원고가 토대가 되어 있다. 임칙서가 아편 전쟁 발발의 책임을 지고 신강(新疆)의 이리(伊犁)에 좌천되었을 때, 그 원고를 친구이자 역사가·저술가로 이름을 날렸던 위원(魏源)에게 맡겼다. 위원은 그것에 세계 지리에 관한 자료를 보충해서 『해국도지』를 엮었다.

『영환지략』의 편자인 서계여(徐繼畬)는 1846년에 복건순무(福建巡撫)를 역임했는데 당시 병으로 휴직한 민절총독(閩浙總督)의 대리로 많은 외국인들과 대화할 기회를 가졌다. 그들로부터 청취한 정보를 바탕으로 해서 선교사가 중국어로 쓴 글에서 수집한 세계 각국의 국정·풍토·문화의 정보를 보태어 『영환지략』을 완성했다. 모두 서양인이 주요한 정보원이므로 당시 쇄국하였던 일본에 관한 정보가 빈약한 것은 어쩔 수 없었다. 그래서 일본 정보에 관해서는 실제로 조선통신사 제술관(製述官)으로서 일본에 다녀온 신유한(申維翰)의 『해유록』에 의거한 것이다.

따라서 최한기는 『지구전요』 권 2에 「일본」 항목에 꽤 많은 내용을 수록하는데 그것은 대체로 신유한의 인식에 따른 것이다. 예를 들면 '교(敎)'의 항목을 보면 "정교(政敎)는 군법[兵]이 아니면 불교식[佛]이며, 각 지방[郡國]에는 상서(庠序)나 조두(俎豆)가 없고, 또 주군이나 부모에 대한 상례(喪禮)도 없으니[2] 백성에게 하늘이 내려준 양지(良知)가 있은들 무엇으로 말미암아 가르침을 들을 수 있을 것인가?"[3]는 신유한의 기술 그대로이고, 말하자면 최한기답지 않다고 하겠다. 최한기 자신은 오히려 "사람이 하늘로부터 품수 받은 것은 바로 한 덩어리의 신기(神氣)와 기에 통하는 감각기관[諸竅],

---

2 물론 여기서 말하는 '상례(喪禮)'는 유교적 상례를 가리킨다.
3 崔漢綺, 『地毬典要』 卷2, 日本 「敎」: 政敎與民風. 非兵則佛. 郡國無庠序俎豆. 又無君親喪禮. 民雖天稟良知. 從何而得聞敎也.

그리고 손발 즉 써야 할 도구, 이 정도뿐이다. 그 밖에 더 얻어온 것은 없다."[4]고 말했듯이 선천적으로 주어진 '양지' 따위를 인정하지 않는 것이 바로 그의 입장이었기 때문이다.

덧붙여 말하면 에도시대 일본에 '상서조두(庠序俎豆)' 즉 학교나 유교적 제사를 지내는 장소가 없었다는 것도 오해로, 중세부터 존재한 아시카가학교[足利學校]나 에도시대에 와서 만들어진 쇼헤이코우[昌平黌]·번교(藩校)·사숙(私塾)·서당(書堂) 등 다양한 교육기관이 존재했다. 또 제사의 장소도 에도(江戶)의 유시마성당[湯島聖堂]을 비롯하여 성당(聖堂)·공자묘(孔子廟)는 각지에 설립되어 있었다.

또 '민업(民業)'의 항목을 보아도 "나라에는 사민(四民)이 있으니 병(兵)·농(農)·공(工)·상(商)이라고 한다. 사(士)는 (그 사이에) 끼지 않는다"[5]고 한다. 즉 (사무라이를 가리켜 武士라고 일컫는 일본인의 자기 인식과 달리) 사무라이는 '선비 사(士)'가 아니라 '병사 병(兵)'인 것이다. 최한기(와 신유한)에서 사(士)라는 것은 오늘날 말하는 지식계급이었다. 하지만 그 지식계급의 사회적 지위도 "또 유생[儒學]·중[僧徒]·의생[醫學]이 있지만 의생이 맨 위이고, 중이 그다음 가고 유생은 맨 아래"[6]에 있다고 보았다.

다음으로 '문자(文字)'의 항목에서는 에도시대 일본의 언어 사정이나 한문 서적 문화·출판 상황을 간략하게 기술하고 있다.

4　崔漢綺, 『神氣通』 卷1, 體通 「知覺推測皆自得」: 人之所稟于天者. 乃一團神氣與通氣之諸竅. 四肢則須用之具. 如斯而已. 更他無分得來者矣.
5　崔漢綺, 『地毬典要』 卷2, 日本 「民業」: 國有四民. 曰兵農工商. 而士不與焉.
6　崔漢綺, 『地毬典要』 卷2, 日本 「民業」: 又有儒學僧徒醫學. 而醫爲上. 僧徒次之. 儒爲末.

문자는 중국과 같지만 일본식 발음[倭音]으로 읽는다. 독서나 서예[書林藝苑]에 힘쓰는 자는 아름다운 강산(江山)의 기분을 받고 있다. 과거제도에 의한 표절의 폐해가 없는 까닭에 옛일의 잘잘못을 논의함에 있어서 기묘한 언설이나 훌륭한 담론이 더러 나오곤 한다.

특히 관제(官制)는 세습으로 문학(文學)[7]을 가지고 인물을 등용하지 않기 때문에 관백(關白; 쇼군) 이하 각 주(州)의 태수(太守; 다이묘)에는 글(한문)을 제대로 아는 사람이 매우 드물다. 다만 언문(諺文)[8] 48자를 대략 써서 한문에 수십 글자를 섞어서 상소문이나 하교를 짓고 장부·서한을 써서 위아래의 정을 통한다. 어찌 사람의 재주에 한계가 있는가? 실로 정사와 가르침(政敎)에 구애된 것이다.

전후한(前後漢) 때부터 중국과 통교하고 위진(魏晉) 이후 중국으로부터 오경(五經)과 불교를 도입해서 불교[沙門之敎]가 성행하게 되었다. 근년 남경(南京)에서 해상 무역으로 서적을 수입하고 있어서 고금의 기이한 책이나 여러 대가들의 문집을 민간에서 간행하는 것이 차츰 활발해지고 있다.

흔히 쓰이는 글자에는 중국에 없는 것이 매우 많다. 밭[山田]을 '畠'이라 하고, 네거리를 '辻'이라고 하는 부류는 모두 뜻이 있으나 음독이 없다.

또 글자 쓰는 법에도 차이가 있다. 예를 들어 사람에게 편지를 보낼 경우 벼슬아치 아무개가 윗사람이면 아무개 '양(樣)'이라고 일컫고, 아랫사람에게는 아무개 '물(物)'이라고 쓰는 등 몇 개가 있다. (정식의 한문으로) '式'이라고 쓸 데에 식으로 쓰지 않고 '宛'이라고 쓴다. '殿', '御' 자는 일반인이 상대방을

---

7 문학(文學): 서적의 지식이나 시와 글.
8 언문(諺文): 가나(かな; 假名) 문자를 가리킨다.

높이는 말이다. 관백 이하 각주의 태수들은 아랫사람들이 "도노사마"라고 부른다. '도노'를 옮기면 '큰집 전(殿)'이 되고 '사마'를 옮기면 '모양 양(樣)'이 되니(도노사마란) 곧 '큰집(에 계시는) 분'(이라는 뜻)이다.[9]

최한기는 일본에 대해 "독서나 서예에 힘쓰는 자는 아름다운 강산(江山)의 기분을 받고 있다" 또 "과거제도에 의한 표절의 폐해가 없는 까닭에 옛일의 잘잘못을 논의함에 있어서 기묘한 언설이나 훌륭한 담론이 더러" 나온다는 등 비교적 긍정적으로 평가했다. 후자에 대해 약간 보충하면 아마도 과거제도가 없기 때문에 사상·견해의 획일화가 덜 되어 있다는 의미인 것 같다. 요컨대 에도시대의 일본에는 적어도 옛일을 논하는 데 대해서는 때때로 "기묘한 언설이나 훌륭한 담론이" 나올 수 있는 만큼 어느 정도 언론과, 사상 신조의 자유가 있었다고 평가한 것으로 보인다.

하지만 최한기는 일본을 전면적으로 예찬만 한 것은 아니었다. 특히 에도시대에 쇼군, 다이묘부터 일반의 직업에까지 보편적으로 행해지던 세습제에 대해서는 "어찌 사람의 재주에 한계가 있는가? 실로 정사와 가르침에 구애된 것이다."라고 비판했다.

---

9 崔漢綺,『地毬典要』卷2, 日本「文字」: 文字同中國. 讀以倭音. 著力於書林藝苑者. 稟江山 秀麗之氣. 無科擧剽竊之累. 討論古事評騰能否. 或發奇言美談. 特以官制世襲. 不以文學 用人. 關白以下各州太守百職之官. 頗鮮解文者. 但将諺文四十八字略用. 眞書數十字雜 之. 爲奏文敎令. 爲簿牒書簡. 以通上下之情. 豈是人才有定限. 實由政敎有所拘也. 自兩 漢時. 通中國. 魏晉以後. 得五經佛敎. 於中土. 於是沙門之敎盛行. 近自南京海賈得書籍. 古今異書百家文集. 刊行於閭閻者漸熾. 俗用文字. 中國所無者甚多. 如山田曰畠. 十字街 曰辻之類. 皆有譯而無音. 又有用字之異者. 如以書抵人. 而書曰某官前者称以某樣. 以者 分人而書某物. 幾許. 式者不曰式而曰宛. 殿字御字. 爲平人尊待之辭. 關白以下各州太守. 則其下呼之曰敦于沙麻. 敦于殿之譯. 沙麻樣之譯. 則殿樣也.

최한기는 과거제도에 대해서 비판적인 편이었지만 그는 원래 인재의 평가·교육·선발·등용에 대해서 큰 관심을 가지고 있었고, 그 때문에 특히 『인정(人政)』이라는 책을 지을 정도였다. 그는 수많은 직책에는 각각 대응하는 적재적소가 있으므로 직무에 응한 다양한 재능을 다양한 방식으로 등용해야 한다고 생각하고 있었다. 그러한 그의 눈에 에도시대 일본의 세습제는 부정적으로 비치지 않을 수 없었던 것이다.

3. 이규경의 일본 인식

다음은 이규경의 경우를 살펴보자. 이규경은 최한기와 실제로 친한 친구였고 그의 저서인 『오주연문장전산고(五洲衍文長箋散稿)』 중에서도 가끔 언급하고 있다.

> 지구를 그린 그림은 매우 많지만 우리나라에는 판본이 없었다. 매번 연경(燕京)에 다녀온 김에 가져와서 소장된 것도 또한 드물었다. 요즈음 〈순조임금의 갑오(甲午; 순조34년, 1834년)〉 최상사한기(崔上舍漢綺) 집안에서 비로소 중원(中原)의 장정병(莊廷甹)이 간행한 것을 중간(重刊)해서 겨우 세상에 행해지게 되었다. 『도설(圖說)』은 아직 판각하지 못하고 있다. 나는 그에게 이야기를 얻어들을 수 있었으니 잊어버릴까 두려워 변설(辨說)한다. 〈최상사(최한기)〉는 서울 남촌 창동 집에서 살고 있다. 갑오년에 대추나무 목판으로 진릉(晉陵) 장정병의 『지구』 간본을 모각(模刻)하고 김정호(金正皡)가 인쇄했

다.)[10]

　우리 할아버님 형암(炯菴) 선생(이덕무)께서 『사소절(士小節)』 3권을 지으셨
는데 … 최도사환성(崔都事瑆煥)이 다시 나누어 2권으로 만들어서 활자로 인
쇄했다. 나는 충주(忠州) 변두리의 덕산(德山) 삼전리(森田里)에 살고 있어서
통 모르고 있었는데 계축(癸丑; 철종4년, 1853년) 가을에 서울의 최상사한기가
찾아와 출판되었다는 소식을 전해 주었고, 갑인(甲寅, 1854년) 봄에는 사람을
시켜 한 질을 보내주었다. 오랜 우정의 깊이를 볼 수 있었고 감격스러워 할
말이 없다.[11]

　하지만 그들은 여러 점에서 대조적이었다. 우선 최한기가 폭넓은 분야
와 많은 종류의 저술을 남긴 것에 대해 이규경은 『오주연문장전산고』하나
에 자기의 모든 앎을 쏟아놓았다.
　사상적으로도 최한기가 '기학(氣學)'이라는 일대 사상 체계를 구축하고,
우주로부터 인체나 토석·원소에 이르는 삼라만상을 '기(氣)' 또는 '신기(神
氣)'에 의해 기초케 하고 근본적인 이치를 밝혀내려고 한 것에 대해 이규경

10　李圭景, 『五洲衍文長箋散稿』 天地篇, 地理類, 地理總說 「萬國經緯地球圖辨證說」: 地球
　　之爲圖者甚多. 而我東無刻本. 每從燕京出來. 故藏奔亦鮮矣. 近者【純廟甲午】崔上舍漢
　　綺家. 始爲重刊中原莊廷曧搨本. 俾行于世. 圖說則未克劖焉. 予從他得其說. 恐其遺失.
　　鈔辨之.【崔上舍家住京師南村倉洞. 甲午以棗木板模刻晉陵莊廷曧地球搨本. 而金正皞*
　　剞劂焉.】* 金正皞는 金正浩와 같다.
11　李圭景, 『五洲衍文長箋散稿』 經史篇, 經史雜類, 其他典籍 「士小節分編刻本辨證說」: 我
　　王考炯庵先生著士小節三卷. … 都下崔都事瑆煥. 分編作二卷. 以鑄字印行矣. 余寓忠州
　　絶峽德山森田里. 未能知. 癸丑秋. 京中崔上舍漢綺來訪. 傳其擺印. 甲寅春. 委送一秩. 可
　　見舊誼之深. 感不容言….

은 그러한 자기 나름의 사상 체계 구축보다는 천지만물에 관한 앎을 몽땅 기술하고 수많은 책 속에서 서로 엇갈리는 담론을 열거하고 비교하고 따져 봄으로써 진실을 끄집어내려고 했다. 그러한 의미에서 그는 박물학적이고 고증학적이었다.

또 일본에 대한 관심 방향도 일본에 관한 세부적이고 잡학적인 것에 관심을 돌리지 않았던 최한기에 비해 이규경은 일본의 역사·문화·사상·풍속으로부터 술·담배·일본도(日本刀)·과자와 같은 것에 이르기까지 관심을 가지고 기술했다. 그리고 한 가지 더 놓칠 수 없는 것은 일본에 관해서 이규경은 최한기보다 압도적으로 유리한 조건을 가지고 있었다는 점이다.

1) 이규경이 인용 · 참조한 일본 역사 관련 문헌

이규경은 정조대의 검서관(檢書官)의 한 사람이자 『청령국기(蜻蛉國記)』라는 일본에 관한 저술도 있는 실학자 이덕무(李德懋)의 손자이다. 이덕무는 검서관이라는 직책상 방대한 일본 서적을 수집할 수 있었으므로 이규경은 할아버지로부터 일본에 관한 풍부한 지식과 정보와 자료, 문헌을 물려받아 접할 수 있었던 것이다.

『오주연문장전산고』 사적총설(史籍總說)의 「고사 통사 통감 강목 제가사류 사론 중원기 동사 동국 제가 사류 변증설 :부 외국 유구 일본 안남 회부 등 국사기사변증」 조에 그가 실제로 본 일본 역사 관련 서적의 제목과 실린 시기, 편자, 권수 등이 열거되어 있다. 그것을 보면 '삼부본서(三部本書)'[12]

---

12 삼부본서; 천지개벽과 일본의 신화시대부터 고대사까지를 적은 역사서. 『구사기』는 舊

―『구사기(舊事記)』,『고사기(古事記)』,『일본기(日本記; 日本書紀)』, '일본 육국사(六國史)'13―『일본기』(기록 범위: 신화시대~서기720), 『속일본기(續日本記)』(697~791), 『일본후기(日本後記)』(792~833), 『속일본후기(續日本後記)』(833~850), 『문덕실록(文德實錄, 日本文德天皇實錄)』(850~858), 『삼대실록(三代實錄)』(858~887) 등으로 방대하다. 또한 그 외의 역사서로는『성황본기(聖皇本紀)』,『제왕편년기(帝王編年紀)』,『북조구대기(北朝九代記)』,『겐페이[源平]성쇠기(盛衰記)』,『신계도(神系圖)』,『대화본기(大和本紀)』,『왕년대기(王年代記)』,『동무보감(東武寶鑑)』,『화한합운(和漢合運)』,『아즈마카가미[吾妻鏡 또는 東鑑]』를 들었다. 또 '일본기어(日本寄語)'로 한국인이 쓴 일본 기록들도 열거되어 있다.『해동제국기(海東諸國記)』(申叔舟),『흑치열전(黑齒列傳)』(許穆),『해유록(海游錄)』(靑泉 申維翰),『동사록(東槎錄)』(金世濂),『일본기(日本記)』(成大中),『화국기(和國記)』(元重擧),『청령국지(蜻蛉國志)』(李靑莊; 이덕무) 등이 바로 그것이다.

아울러 아이누 민족의 기록으로 이서구(李書九)의『하이국기(蝦夷國記)』를 들어서 "하이(蝦夷; 에조, 즉 아이누 민족을 가리키는 옛말)는 일본의 속국이다"라고 설명하고 있다.14

事本紀 또는 先代舊事本紀라고도 부른다. 하지만 현재『구사기』는 일반적으로 헤이안 시대(平安時代)에 만들어진 위서(僞書)로 지목되고『고사기』『일본서기』만을 뽑아서 흔히 '기기(記紀)'라고 일컫는다.

13 육국사(六國史)는 '여섯 나라 역사책'의 뜻으로 당대 일본의 조정이 명하여 국가사업으로 편찬된 정사(正史)이다.

14 李圭景,『五洲衍文長箋散稿』史籍總說「古史 通史 通鑑綱目 諸家史類 史論 中原記東事 東國諸家史類辨證說【附外國琉球 日本 安南 回部等國史記事辨證】」: 日本史. 有《三部本書》. 日.『舊事記』. 推古二十八年. 廐戶皇子. 蘇我馬子撰. 凡十卷. 自開闢迄當代.『古事記』. 元明和銅五年. 萬安侶撰. 自神代迄推古. 凡三卷.『日本記』. 安麻呂撰. 自神代

2) 이규경과『화한삼재도회』

이규경은『오주연문장전산고』중에서 일본의 문화·풍속부터 의식주·차·담배·술과 같은 생활문화, 신화와 민속·속신에 이르기까지 기술하고 있는데 그 가장 중요한 정보원은『화한삼재도회(和漢三才圖會)』로, 인용 횟수가 무려 126번에 이른다.『화한삼재도회』는 에도시대 중기 오오사카(大坂)의 의사 데라지마 료안[寺島良安]이 엮은 총 105권 81책이나 되는 유서(類書, 백과전서)로, 중국 명나라의 왕기(王圻)가 역은 유서인『삼재도회(三才圖會)』(1607년 성립, 총 106권)를 본뜨면서 일본의 지리·문물·산물·전승·일화 등을 보태어 30년의 세월에 걸쳐 1712(일본 正德2)년에 이루어졌다. 이 책에서 인용한 내용을 두세 군데 들어 보자.

> 일본인에게도 기록한 것이 있으니 참고가 된다. 일본의 료안 쇼준[良安尙順, 데라지마 료안]의『화도회(和圖會)』(=『화한삼재도회』)에 의하면 대개 차를 그릇에 놓는 데에는 차례가 있다. 먼저 차를 넣고 뒤에 뜨거운 물을 넣는 것을

至持統. 又有《日本六國史》. 曰.『日本記』. 三十卷. 安麻呂撰. 自神武至持統十一年. 凡九百六十三年.『續日本紀』. 四十卷. 菅野眞道, 藤原繼繩等撰. 起文武元年丁酉. 至桓武延曆十年. 凡九十五年.『日本後紀』. 四十卷. 藤原緖嗣撰. 起桓武延曆十一年. 止淳和天長十年. 凡四十二年. 而全書今亡. 只有抄略二十卷. 竝纂一卷.『續日本後紀』. 良房後, 春澄善繩等撰. 仁明實錄也. 起天長十年. 止嘉祥三年. 凡十八年.『文德實錄』. 十卷. 都良香撰. 起嘉祥三年. 訖天安二年. 凡九年.『三代實錄』. 五十卷. 大藏善行撰. 起天安二年. 訖仁和三年. 凡三十年.『聖皇本紀』. 闕撰者.『帝王編年紀』.『北朝九代記』.『源平盛衰記』.『神系圖』.『大和本紀』.『王年代紀』一卷.『東武實鑑』.『和漢合運』二卷.『吾妻鏡』. 一名『東鑑』(……)《日本寄語》. 我東人所記. 申叔舟『海東諸國記』. 許穆『黑齒列傳』. 申維翰靑泉『海游錄』. 金世濂『東槎錄』. 成大中『日本記』. 元重擧『和國記』. 李靑莊『蜻蛉國志』. 李書九『蝦夷國記』. 蝦夷者. 日本屬國也.

하투(下投)라 하고, 물을 반 넣고서 차를 넣고 다시 물을 채우는 것을 중투(中投)라 하며, 먼저 물을 넣고 뒤에 차를 넣는 것을 상투(上投)라 한다. 봄과 가을은 중투로 하고 여름은 상투로 한다.[15]

왜(倭)의 밀가루 요리[麴法]로 『화한삼재도회』에 실린 삭병(索餠)은 곧 소면(素麵)이다. 밀가루와 소금을 물로 반죽하고 기름을 아울러서 매끄럽게 하다가 가늘게 끌어당겨서 실과 같이 만들고 대나무에 걸쳐 건조시킨다. 쓸 때에는 끓여서 거품을 날려 없앤다. 이것은 기름기이다. 거품을 다 없애면 맛있어지므로 이것을 국물에다 찍어 먹는다.

카스테라[加須底羅]는 깨끗한 밀가루 1되, 백설탕 2근에 계란 8개를 얹어서 반죽하고 구리 냄비에 넣고 달군 숯불로 색이 노랗게 될 때까지 굽는데 대나무 꼬치로 찔러 구멍을 뚫어서 화기를 안에 침투시킨다. (냄비에서) 꺼내어 잘라 먹으면 더없이 맛있는 일품이다.[16]

『화한삼재도회』를 보면 … 교토 외각[洛外]의 대불전 경내에 당(堂)이 있는데 이름 하여 토쿠쵸주인[德長壽院][17]이라고 한다. 궁수가 당의 뜰에 서서 해

---

15 李圭景, 『五洲衍文長箋散稿』 人事篇, 服食類, 茶煙 「茶茶辨證說」: 日本人亦有所記. 可考也. 日本良安尙順 『和圖會』. 凡投茶於器有序. 先茶後湯. 謂之下投. 湯半下茶. 復以湯滿者. 謂之中投. 先湯後茶. 謂之上投. 春秋中投. 夏上投.

16 李圭景, 『五洲衍文長箋散稿』 人事篇, 服食類, 諸膳 「山廚滋味辨證說」: 倭麴法. 『和漢三才圖會』. 索餠, 素麴也. 用麴和鹽水溲之. 和油. 乘滑作細條. 拽引之如絲. 掛竹乾之. 用時. 煮之去沫. 乃油氣也. 沫盡爲佳蘸汁食之. 加須底羅淨麴一升. 白沙糖二斤. 用雞卵八箇溲和. 以銅鍋炭火熬令色黃. 用竹針刺孔. 使火氣透中. 取出切用. 最爲上品.

17 오늘날까지 남아 있는 산즈산겐도는 정식 명칭을 렌게오우인[蓮華王院] 본당이라고 한다. 여기서 도쿠쵸쥬인[德長壽院]으로 되어 있는 것은 헤이안시대 말기에 교토에 존재했

질녘부터 다음날 해질녘까지 화살을 쏘아 당을 뚫어서 과녁에 맞춘 수가 타인보다 넘은 사람을 활의 천하 제일인자라고 일컬었다. 데이쿄[貞享, 가짜 연호이다] 3년(1686)에 기이 지방[紀伊](현 和歌山縣)의 와사 다이하치[和佐大八]가 화살 8,133대를 맞추었다.(화살 총수는 15,000대였다.) 대략 한 숨에 한 화살을 쏘고, 밤낮에 모두 13,500대를 맞춘 셈이다. 식사나 배설의 시간도 있었을 테니까 그 대단함을 알 수 있다고 한다. 일본은 외국이지만 그 활 재주는 기록할 만한 것이 있다….[18]

이 정도만 보아도 이규경의 관심이 다양한 각도로 향하고 있음을 알 수 있다. 특히 세 번째 글은 에도시대에 성행한 교토 산즈산겐도[三十三間堂] 도오시야[通し矢] 경기와 그 최고 기록에 대한 소개이다. 도오시야는 약 120미터이나 되는 긴 집의 차양 끝에서 활을 쏘아서 반대편 끝에 있는 과녁에 맞추는 경기이다. 거리가 먼 데다가 차양이 화살의 궤도를 제한하기 때문에 과녁을 제대로 맞히려면 상당한 강궁(强弓)을 써서 거의 일직선 가까운 궤도로 화살을 쏘아야만 했다. 그래서 그 하루 밤낮으로 강궁을 당겨 계속 활을 쏠 수 있는 엄청난 완력과 체력, 그리고 정확한 활쏘기의 높은 기량을 필요로 했다. 또 오늘날 교토에는 대불이 없지만 기이번[紀伊藩]의 궁수인

던 다른 "산즈산겐도" 즉 1132년에 다이라노 다다모리[平忠盛]이 창건하고 1185년에 지진으로 무너져 없어진 도쿠쵸쥬인[得長壽院]과 혼동된 것 같다.

18 李圭景,『五洲衍文長箋散稿』人事篇, 技藝類, 射藝「射藝辨證說」: 按『和漢三才圖會』…洛外大佛殿境內有堂. 名德長壽院. 射人居堂庭. 令昏至翌日昏. 以所通矢數. 超過於他者. 稱弓天下一. 貞享【僞號】三年. 紀列*和佐大八通矢八千百三十三.【摠矢一萬五千】凡一息一矢. 晝夜計一萬三千五百. 有飮食便溺暇. 其秀逸可以知云. 日本雖在外國. 其射藝亦可述焉. 故入辨證之下. *"紀列"은 "紀伊"를 잘못 쓴 것이다.

와사 다이하치로[和佐大八郞]가 대기록을 세운 무렵에는 호코지[方廣寺] 대불전(大佛殿)이 있었고(1973년에 화재로 소실됨) 산즈산겐도는 그 일부였다. 이규경의 이 글을 오늘날 다시 보면 귀중한 역사기록이 되고 있다.

3) 이규경의 일본관과 야마노이 테이의 『칠경맹자고문』

이규경은 고대로부터 당대에 이르는 한일외교사의 흐름을 다음과 같이 개략했다.

> 일본은 신라·고구려·백제 때부터 국조(國朝, 즉 조선)에 이르기까지 외교 관계를 가져왔으나 우리나라 선조임금의 임진(壬辰, 1592년)에 대거로 노략질하러 왔다. 관백(關伯) 다이라 히데요시[平秀吉](도요토미 히데요시)는 길을 빌려 명나라를 침범하려 했는데 우리나라가 들어주지 않아 물리쳤기 때문이다. 왜황(倭皇, 천황)은 권력을 잃고 한갓 자리만 차지하고, 관백이 스스로 한 나라를 전제(專制)해서 오늘날에 이른다. 임진년에 명나라 신종 황제가 특히 천하의 군사를 일으켜 왜구들을 토벌하여 쫓아냈다. 히데요시는 천벌을 받아 바로 죽었다. 미나모토 이에야스[源家康](도쿠가와 이에야스)가 다이라(도요토미) 씨의 무리들을 모조리 몰살시키면서 다시 국서를 주고받고 통교를 회복하고자 했다. 우리나라로서는 (이에야스 정권이 감히 외교권을 행사하는 것이) 참람한 일임을 알면서도 명분을 따지고 관계를 악화시키면 곤란하기 때문에 (쓰시마 藩主가) 위법적인 방식으로 (국교 회복을 요구해) 온 것을 이용해서 그를

기미(羈縻)[19]시키고, (도쿠가와 막부가) 사절을 청해 온 후에야 비로소 통신사를 보냈다. 하지만 순조임금의 신미(辛未, 순조11년, 1811년) 때 통신사가 쓰시마로 멈추게 되고 에도[江戶]에 들어가지 못했던 것은 관백과 대마도주(對馬島主)의 간계에 넘어간 것이다.[20]

그에게 있어서 (대부분의 조선 지식인에게도 그랬지만) 일본이라는 나라는 유교적 가치관이 통하지 않아 참으로 상대하기가 어려운 나라였다. "천하에 도(道)가 있으면 예악과 정벌이 천자에서 나오고, 천하에 도가 없으면 예악과 정벌이 제후에서"[21] 나오는 법인데 천황은 권력을 잃은 지 오래고, 제후 격인 관백(關伯 또는 關白)이 정치의 실권과 외교권을 장악하고 있었기 때문이다. 그뿐만 아니라 도요토미 히데요시는 명나라를 침략하겠다는 이유로 진군할 통로를 빌려달라는 무리한 요구를 하고, 그것을 거절하자 대

19 '기미(羈縻)'는 원래 중국 역대 왕조(예컨대 한나라, 당나라 등)가 주변 민족을 자기들에게 매어 놓기 위해 취한 정책으로 중국 주변 지역에 기미주(羈縻州)·현(縣)을 두면서 종속하는 민족의 수장에게 벼슬을 주어서 중국 황제의 신하로서 자치를 허용한 것을 가리킨다. 하지만 여기서 이규경이 '기미'라고 부른 것은 일본인 영주인 대마도주(쓰시마 번주)에게 쓰시마의 세습 지배를 허용하면서 조선왕조의 벼슬을 주고 명목상 조선 왕의 신하로 삼은 일을 가리킨다고 생각된다.

20 李圭景, 『五洲衍文長箋散稿』史籍總說「古史 通史 通鑑綱目 諸家史類 史論 中原記東事 東國諸家史類辨證說【附外國琉球 日本 安南 回部等國史記事辨證】」: 日本則自羅, 麗, 濟. 以至國朝通聘. 我宣廟壬辰. 大擧入寇. 關伯平秀吉欲假道犯明. 而我國不聽斥之故也. 倭皇則失權尸位. 關伯自專一國. 以至于今. 而壬辰. 皇明神宗. 特發天下兵東援. 討逐倭寇. 秀吉受天戮卽斃. 源家康盡滅平氏之族. 仍復納款通好. 我國雖知其僭. 而難於正名生梗. 但依違羈縻之. 請後後. 始送信使. 而純宗辛未. 信使止於馬島. 不入江戶者. 墜於關伯及島主之姦計也.

21 『論語』「衛靈公」孔子曰 "天下有道. 則禮樂征伐. 自天子出. 天下無道. 則禮樂征伐. 自諸侯出."

군을 이끌고 조선에 침략해 왔다. 히데요시 사후에 도요토미가[豊臣家]를 멸망시킨 도쿠가와 이에야스는 정이대장군(征夷大將軍)이 되고 조선과의 국교 수복을 요구해 왔다. 유교적 가치관에서 보면 무관의 최고 관직에 불과한 대장군이 한 국가를 대표한다는 것이 있을 수 없는 일이고, 게다가 종래에 조일외교를 중개했던 쓰시마번[對馬藩]이 외교관계 수립을 서두른 나머지 중간에서 계속 국서를 위조하고 있었다.[22] 조선 조정에서는 이 불법 행위를 금방 알아차렸으나 도리를 따져서 조일관계를 어렵게 만들기보다 명분과의 위배와 부정에도 다 눈감아주고 상대방의 수호(修好) 요청에 응하여 외교관계의 회복·유지를 우선하기로 한 것이다.

도쿠가와 막부는 '정이대장군'이라는 칭호가 대외적으로는 격이 떨어지는 것을 알고 외교문서에서는 '일본국왕(日本國王)' 또는 '일본국대군(日本國大君)'이라고 칭했지만 조선 내부에서는 도쿠가와 쇼군도 히데요시와 같이 '관백'(關白 또는 關伯)이라고 불렀다.

부언하면 그가 도요토미 히데요시[豊臣秀吉]를 다이라 히데요시[平秀吉], 도쿠가와 이에야스[德川家康]를 미나모토 이에야스라고 부른 것은 일본의 상류층에서 미나모토[源], 다이라[平], 후지와라[藤], 다치바나[橘]의 네 성씨, 소위 원평등귤(源平藤橘)의 어느 하나를 본성(本姓)으로 삼고 외교문서 등

---

22 쓰시마번이 조직적으로 저질렀던 국서 위조 등 각종 불법 행위는 일본의 도쿠가와 막부쪽에도 1635년에 발각되었다.(柳川一件) 이것으로 인해 쓰시마번의 야나가와 시게오키[柳川調興]를 비롯한 실제 담당자들은 막부로부터 처벌받았다. 막부의 판단으로 쓰시마번은 계속 조선 외교를 중개하는 특권을 유지할 수 있었으나 대 조선 외교에 능통한 실무자를 상실하고 외교와 그것에 필요한 한문 능력과 유교적 교양을 가진 선승(禪僧)이 막부로부터 파견되게 되었다.(朝鮮修文職) 이로 인해 도쿠가와 막부의 대 조선외교 관여가 강화되었다.

에서는 그것을 썼기 때문이다. 특히 헤이안 말기~가마쿠라 시대(12세기말 ~13세기) 무렵부터 미나모토, 다이라 씨만이 무가(武家)의 우두머리가 될 수 있다는 관념이 있었다. 그래서 히데요시는 보통 쓰는 도요토미[豊臣] 성과 별도로 다이라를 본성으로 삼았다. 한편 이에야스는 무가의 동령으로서 도쿠가와[德川]의 씨와 더불어 미나모토의 본성을 칭했던 것이다.

하여튼 이규경이 일본을 유교적 가치관에 비추어 기본적으로 '무도한 나라'로 보고 낮게 보고 있었던 것은 부인하기 어렵다. 이규경은 일본인을 가리켜 '도이(島夷)', '왜이(倭夷)' 등의 멸칭이나 '저 조그마한[蕞爾] 흑치녹정의 무리들[彼蕞爾黑齒綠頂之徒]', '흑치녹정만(黑齒綠頂蠻)' 등의 차별적인 표현을 자주 썼다.[23] 흑치녹정(黑齒綠頂)의 '흑치(黑齒)'는 특히 결혼한 여자가 이빨을 검게 물들이는 '오하구로[御齒黑](鐵漿)'의 풍습을 가리키고, '녹정(綠頂)'은 뒤통수에 '마게(髷)' 상투를 매고 정수리를 깎고 퍼렇게 된 남자의 머리 모양을 가리킨다. 모두 당시 일본의 풍속을 비웃은 말이다. 즉 그는 일본인을 가리켜 조그마하고, 괴이한 풍습을 가진 야만인으로 멸시했던 것이다.

한편으로 그는 고대에는 존재하지 않았고, 근년에 아시아에 전래된 담배라는 외래의 기호품에 대해 일본에서 벌써 『언록(菸錄)』이라는 담배의 책이 나오고, 담배의 예절이 논의되어 있는 것에 놀라고 있다.

흡연은 이미 차·술과 같이 일컬어지고 있다. 즉 이것도 역시 음선(飮膳)의

---

23 최한기는 이와 같은 멸칭을 하나도 쓰지 않았다. 인용한 원본에 다른 민족을 가리켜 '양이(洋夷)', '토만(土蠻)' 등의 말이 쓰여 있는 경우에도 모두 "인(人)" 자로 고쳐 썼다고 한다. (權五榮, 『崔漢綺의 學問과 思想 研究』 pp. 214-215 참조) '왜(倭)'는 『지구전요』에 보이지만 일본인에 대한 멸칭이 아니라 단지 민족명으로 쓴 것으로 보인다.

> 종류이다. 마땅히 향음(鄕飮)·향사(鄕射)의 예의가 있는 것과 같이 예의범절이 있을 법한데 전례(典禮)의 집안에서도 옛것을 숭상하는 사람은 그것을 논하지 않는다. 일찍이 일본인 오오츠키 겐타쿠 시게카타[大槻玄沢茂質]가 지은 『언록』을 보았더니 흡연의 예절이라는 한 구절이 있었다. 이것은 우리나라 풍속으로 손님을 접대하는 데에 최초의 인사로 식사 후에 담배를 권하는 것 같은 뜻이리라. 혹은 예가 없어지고 재야에서 찾는다는 뜻인가? 아, 저 조그마한 흑치녹정의 무리들조차도 능히 예절을 아니 어찌 기이하지 아니겠는가….[24]

그러면서 이규경은 오오츠키 겐타쿠의 『언록』에서 말하는 예법을 소개하고 있다. 담배가 세상에서 유행해도 휴대용의 흡연 도구가 없었던 무렵에는 손님이 오면 반드시 담뱃갑을 권했다. 그 들이마시는 방법도 옛날은 지금과 달랐다. 주인이 마중나와 인사의 말을 두세 마디 이야기하고 나서 주인이 손님에게 담배를 권한다. 손님은 사양하고 거꾸로 주인에게 권하지만 주인은 사양한다. 그것은 마치 술이나 차를 들이고 서로 마시는 예절과 같다. 즐겁게 이야기를 나눈 후, 주인이 휴지를 꺼내어 담뱃대의 끝머리를 닦고, 그다음에 전체를 닦아서 손님에게 권하고, 손님은 그것을 절해서 받아, 잠시 피우다가 주인에게 "맛있네요."라고 칭찬한다. 한두 번 피운 후 물

24 李圭景, 『五洲衍文長箋散稿』 人事篇, 服食類, 茶煙 「賓主吃煙之儀辨證說」: 吸煙既與茶酒同稱. 則亦飮膳之類也. 似當有儀則節文若鄕飮, 鄕射之有禮儀者. 而雖典禮之家. 尙古之人. 未有其議. 嘗見日本人玄澤大槻茂質者所撰《蔫錄》. 有吃煙之儀一節. 是我俗所謂待客初人事. 食後第一味之義也歟. 其或禮失而求諸野之謂也. 吁. 彼蕞爾黑齒綠頂之徒. 猶能知禮. 可不奇哉….

부리를 닦고 자기 앞에 둔다. 돌아갈 때에는 담뱃대 전체를 닦고 재떨이 위에 놓는데 손님이 담뱃대를 닦으려고 하면 주인이 "아니, 이러지 마세요"라고 말린다. 옛날 사람이 예의를 잃지 않았음은 지금 사람이 함부로 담배를 피우는 것과 비교가 되지 않는다….

이에 대해 이규경은 담배 예절로 보아도 조선의 예의풍속이 중국·일본에 비해 우월함을 과시했다.

> 왜의 담배 예절에 대해 내가 말하건대 만약 담배가 먼 옛날에 세상에 나타났더라면 역시 그 피우는 법도 그렇게 되지 않을 수 없었을 것이다. … 들건대 중국(中土)과 왜인(倭人)이 담배를 피우는 데에는 위아래·귀천·노소·남녀의 구별이 없는데 오직 우리나라에서만 귀한 사람 앞에서 천한 사람은 감히 담배를 피우지 않고, 어른 앞에서 젊은이는 감히 담뱃대를 가로놓지 못한다. 그 법은 분명하고도 엄격하고, 교화하지 않아도 그렇게 되고 명령하지 않아도 행해지는 것은 섬나라 왜인[島倭]이 함부로 연의(煙儀)라고 일컫는 것보다 훨씬 낫다. 그중에 훈계가 있고 잠언이 있는 것이 바로 연례(煙禮)라고 할 수 있다.[25]

하지만 그는 근년의 일본 문물에 대해서 높이 평가하기도 했다.

---

25 李圭景, 『五洲衍文長箋散稿』 人事篇, 服食類, 茶煙 「賓主吃煙之儀辨證說」: 予於倭煙儀亦云. 使煙草早出於上世. 不得已而爲吃. 則其禮當如是矣. … 聞中土與倭人吃煙. 無上下尊卑老少男女之分. 惟我國尊貴之前. 卑賤不敢吃煙. 長老之前. 年少不敢橫管. 男女同然. 其法截嚴. 不爲敎而然. 不令而行. 則大勝於島倭之慢稱煙儀也. 其中有戒有箴. 則是可謂煙禮者也.

일본은 흑치녹정의 야만인이지만 주(周)나라의 제도 문물을 숭상하고 볼
만한 것이 많다. 문물의 나머지로 문구도 또한 정양(精良)하다.[26]

또 이규경은 청나라 고증학자 완원(阮元)의 『연경실집(揅經室集)』 「각칠
경맹자고문서(刻七經孟子考文序)」를 인용해서 사고전서에 수록된 일본인
학자 야마노이 테이[山井鼎][崑崙]의 『칠경맹자고문(七經孟子考文, 攷文이라고
도 함)』과 오규 홋케이[物觀][27]의 『보유(補遺)』(七經孟子考文補遺)를 소개했다.
『칠경맹자고문』은 오규 소라이의 문인인 야마노이 테이가 동문인 네모
토 부이[根本武夷]와 함께 오늘날의 토치기현[栃木縣] 아시카가시[足利市]에
있는 아시카가학교[足利學校]에 소장된 책들을 교감(校勘)한 성과를 책으로
엮은 것이다. 야마노이가 죽은 후 오규 홋케이가 막부의 명을 받아서 교정
한 것이 『보유』로, 청나라에 전래되어서 청조고증학에도 큰 자극을 주고
일본인의 저작으로서는 유일하게 건륭황제(乾隆皇帝)의 사고전서에 들어
갔다.

교열한 경전들은 매우 동이(同異)가 많다. 야마노이 테이가 일컫는 바의
송본(宋本)은 왕왕 한(漢)·진(晉)의 고적(古籍) 및 『석문(釋文)』의 별본(別本),
악가(岳珂)의 여러 책을 합친 것이다. 고본(古本)이라 일컫는 것 및 아시카가

---

26 李圭景,『五洲衍文長箋散稿』人事篇, 器用類, 文具「古瓦, 澄泥二硯辨證說」: 日本雖曰黑
齒綠頂蠻. 尙周制文物. 多有可觀. 而文物之餘. 文房之具亦精良.
27 物觀은 오규 소라이의 동생으로 유학자인 오규 홋케이[荻生北溪](이름은 처음 소우시치
로[惣七郞], 뒤에 간[觀])를 가리킨다. 소라이, 홋케이 형제는 오규씨의 조상이 고대의 유
력 씨족인 모노노베씨[物部氏]이라는 이유로 물씨(物氏)를 칭하였다.

본(足利本)의 여러 책들과 감고(勘考)해서 마침내 당(唐)나라 이전에 따라 행해지던 책이라고 했다. 오규 소라이[物茂卿]의 서문에서 왕(王)·단(段)·기비[吉備] 씨들[28]이 가져온 옛 박사(博士)의 책이라고 칭한 것은 정말로 거짓말이 아니다.

그런데 경문의 현존하는 것으로는 당나라의 개성석경(開成石經), 육원랑(陸元朗)의 『석문』, 공중달(孔仲達)의 『정의(正義)』의 3본이 가장 오래된 것이다. 이들은 경문(經文)은 완전하지 않지만 없어진 당나라 책을 보충할 수 있다. 즉 『주역』 「문언전(文言傳)」의 "가여기야(可與幾也)"라는 구절은 고본, 아시카가본에서 '기(幾)'자 앞에 '언(言)'자가 있고 이정조(李鼎祚)의 『집해(集解)』 및 『공소(孔疏)』와 맞는다. 『소(疏)』 중에서 두 글자를 함께 논하고 바야흐로 言 자를 해석하고 있다….[29]

28 왕(王)은 왕인(王仁), 단(段)은 단양이(段楊爾)를 가리킨다. 그들은 백제로부터 고분시대(古墳時代)의 일본으로 파견된 오경박사(五經博士)들이다. 기비[吉備]는 기비노 마키비[吉備眞備, 695-775]를 가리킨다. 기비노 마키비는 나라시대[奈良時代]인 716~734년에 당(唐)나라에 유학생으로 파견되어 중국의 여러 학술을 익히고 방대한 문물을 가지고 들어왔다.

29 李圭景, 『五洲衍文長箋散稿』 經史篇, 經傳類, 經典總說 「歷代石經辨證說【附日本山井鼎七經孟子考文辨證說】」: 淸阮元『揅經室集·刻七經孟子考文序』曰.《四庫全書》新收日本人山井鼎所撰『七經孟子考文』竝物觀『補遺』共二百卷. 元在京師僅見寫本. 及奉使浙江. 見揚州江氏隨月讀書樓所藏. 乃日本元板. 苦紙印本. 攜至杭州. 校閱群經. 頗多同異. 山井鼎所稱宋本. 往往與漢, 晉古籍及『釋文』別本, 岳珂諸本合. 所稱古本及足利本. 以校諸本. 竟爲唐以前別行之本. 物茂卿序所稱唐以前王, 段, 吉, 備諸氏所齎來古博士之書. 誠非妄語. 故經文之存于今者. 唐開成石經, 陸元朗『釋文』, 孔仲達『正義』三本爲最古. 此本. 經雖不全. 然可備唐本之遺. 卽如『周易』之文言傳. 可與幾也. 古本, 足利本. 幾上有言字. 與李鼎祚『集解』及『孔疏』合. 『疏』中共論二字. 正釋言字也….

이규경은 이렇게 야마노이 테이의 『칠경맹자고문』의 고증을 상세하게 검증한 끝에 "성경에 공적이 있으니 역시 가상하다고 할 만하다"(有功聖經. 亦可嘉矣)고 하면서 그 성과를 높게 평가했다. 하지만 일본에 진한(秦漢) 이전의 중국 고서가 존재한다거나 야마노이가 그것을 보았다거나 하는 풍설에 대해서는 다음과 같이 일축했다.

　　내가 어리석게도 생각건대 야마노이 테이가 고심한 경학은 도이(島夷)의 가장 걸출한 것이다. (그러나) 일본에 선진(先秦)의 고서가 있다는 것은 아마 진(秦)나라 때의 서불(徐市; 徐福이라고도 함)이 바다를 건너 왜 땅에 머물렀던 것과 관련시킨 것으로 보인다. 구양공(歐陽公, 歐陽脩)의 '일본도가(日本刀歌)'가 좋지 않은 단서를 열었지만 우리 할아버지 청장공(青莊公; 이덕무)께서 지으신 『앙엽기(盎葉記)』가 이미 역대의 의심스러운 전설을 논파하고 있다. 야마노이 테이가 소장한 책도 또한 진나라 이전의 고경(古經)은 아닐 것이다.[30]

이규경은 일본을 무도한 나라로 보고 일본인을 이상한 풍속을 가진 '섬나라 오랑캐[島夷]'로 보고 있었다. 하지만 동시에 그는 일본에 뛰어난 무술가가 있고 야마노이 테이와 같이 높은 수준에 달한 학자가 있다는 사실을 제대로 인정하고 높이 평가할 줄도 알았다. 그의 가치 기준에 이와 같은 편견과 공평성이 동거하고 있는 것은 참으로 재미있는 점이다. 약간 신랄하

30　李圭景, 『五洲衍文長箋散稿』 經史篇, 經傳類, 經典總說 「歷代石經辨證說【附日本山井鼎七經孟子考文辨證說】」 : 景愚按山井鼎之苦心經學. 島夷之最傑者. 而日本有先秦古書云者. 蓋緣秦徐市之入海. 止于倭也. 歐陽公 「日本刀歌」 作俑. 我王考青莊公. 於所撰 『盎葉記』. 已破歷代傳疑. 而山井鼎之所藏. 亦非先秦古經也.

게 보면 이규경의 일본에 관한 방대한 지식이나 정보는 그 자신이 일본을
야만족으로 보는 시각을 고치는 데에는 전혀 이바지하는 바가 없었다고도
말할 수 있다.

4. 맺음말

이상 19세기에 태어나고 활약한 대표적인 실학자인 최한기와 이규경의
일본 인식을 살펴보았다.

최한기의 일본관은 세계 각국의 지리·제도·산물·역사·종교·풍토·문화
등을 주요 내용으로 하는 『지구전요』에 집중적으로 나타나고 있다. 그는
주로 『해국도지』와 『영환지략』을 바탕으로 『지구전요』를 엮었지만 두 책
모두 일본에 관한 기술이 소홀하다며 신유한의 『해유록』에 의거해서 내용
을 보충했다. 따라서 그의 일본에 관한 지식은 거의 신유한에 따르고 있다.

그는 당시의 일본에 대해 "독서나 서예에 힘쓰는 자는 아름다운 강산의
기분을 받고 있"으며, 또 "과거제도에 의한 표절의 폐해가 없는 까닭에 옛
일의 잘잘못을 논의함에 있어서 기묘한 언설이나 훌륭한 담론"이 더러 나
올 수 있는 장점이 있지만, 한편으로 관백(쇼군)·다이묘 이하의 직분이 세
습되기 때문에 재능이 있어도 낮은 신분으로 태어나면 그 능력이 충분이
활용되지 못한 점에 대해서는 "어찌 사람의 재주에 한계가 있는가? 실로 정
사와 가르침에 구애된 것이다"라고 비판했다.

최한기가 수집할 수 있었던 일본 정보와 지식은 상대적으로 한정되어 있
었지만 '기(氣)'의 시각에서 기존의 앎의 틀을 해체하고 재편성함으로써 '기

학(氣學)'의 사상체계를 구축한 그는 전통적 유학의 화이사상(華夷思想)이나 한국인의 역사적인 적개심, 그리고 그것으로 인한 멸시를 극복하고 일본에 대해 비교적 공정한 평가를 내릴 수 있었다.

한편 이규경은 『청령국지』라는 일본에 대한 저술도 있고 정조 때에 규장각 검서관을 역임한 이덕무가 할아버지였기 때문에 일본에 관한 문헌이나 지식, 정보에 접하는 데에는 최한기보다 유리한 조건을 가지고 있었다. 그것은 그가 읽은 일본 역사 관련 서적의 리스트만 보아도 짐작할 수 있다. 그리고 그는 실제로 그것을 활용하고 일본의 신화·역사부터 생활 문화나 속신에 이르는 폭넓은 지식을 저서 『오주연문장전산고』에서 소개하고 있다. 최한기와 비교하면 그는 일본의 차 마시는 법이나 담배 예절, 요리, 활쏘기 경기의 기록 등 사소한 내용에 이르기까지 폭넓게 관심을 가지고 기술했다.

그는 최한기와 비교하면 일본인을 가리켜 '도이(島夷)', '왜이(倭夷)', '흑치녹정(黑齒綠頂)' 등의 차별적인 언사를 서슴지 않고 썼다. 그 방대한 지식을 가지고도 일본이나 일본인에 대한 멸시관·차별의식을 고치고 극복하지 못했지만 건륭황제의 사고전서에 수록된 일본인 학자 야마노이 테이[山井鼎]의 『칠경맹자고문』의 고증을 상세하게 검증한 결과 "성경에 공적이 있으니 역시 가상할 만하다", "도이의 가장 걸출한 것"이라고 말하고 있는 데서도 알 수 있듯이 이규경은 일본에 대한 문화적·역사적인 차별 의식은 차치하고, 좋은 것은 좋다고 객관적으로 평가하고 있는 점이 주목할 만하다. 또 『오주연문장전산고』에 나타난 일본에 관한 온축의 깊이에서 19세기 조선 실학자의 지적 역량을 엿볼 수 있다.

제2장

최한기의
종교회통사상
―『신기통』의 '통교' 개념을 중심으로

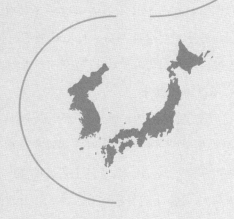

제2장에서는 최한기의 종교관을 살펴보고자 한다. 최한기(崔漢綺)는 유도(儒道)・서법(西法; 기독교와 서양학술)□불교를 '화삼귀일(和三歸一)'해야 된다고 주장했다. 그는 마젤란 탐험대의 한 선장 엘카노[嘉奴]가 (살아남은) 대원들을 거느리고 지구를 일주한 이래로 지구상의 동서남북은 항로가 통하고 하나가 되었다고 보고 그것을 '천지의 개벽(開闢)'이라고 말했다. 뱃길이 통하게 되면서 각 지역의 물품과 산품과 도구, 문화, 종교 등이 서로 맺어지고 '성내(城內)의 젖[乳]', 즉 물질적・정신적으로 풍요롭게 해주는 자원이 되었다는 것이다. 그러나 지구상은 하나가 되었으나 지구상의 종교들은 서로 사분오열(四分五裂)한 형편이다. 게다가 그것들은 각각 허탄(虛誕)한 이야기를 내세우면서 사람들을 미혹시키고 있다. 그래서 여러 가르침들 중에서 하늘과 사람에게 절실한 것을 취하고, 괴이한 것은 버린다면 보편적으로 통용하는 가르침 즉 '통행지교(通行之敎)'가 될 수 있다고 최한기는 생각했다. 이와 같은 최한기의 종교회통사상은 불교의 만법귀일(萬法歸一) 사상의 영향이라는 견해도 있으나 신라의 풍류도(風流道)에서 말한 '포함삼교(包含三敎)', 원효(元曉)의 '화쟁회통(和諍會通)'적 통불교(通佛敎) 사상, 그리고 동시대의 최제우(崔濟愚)의 서학과 동학은 운(運)과 도(道)가 같다고 하는 "운즉일야(運則一也), 도즉동야(道則同也)", 나가가서는 그 다음 시대의 증산교(甑山敎)・원불교(圓佛敎) 등 한국 신종교까지 이어지는 종교회통사상적 맥락으로 자리매길 수 있을 것이다.

1. 들어가는 말

19세기의 조선조 후기 실학자인 혜강(惠岡 또는 惠崗) 최한기(崔漢綺, 1803~1877)에 대한 기존의 연구에서는 "실로 혜강은 전통적인 유학사상을 실증적 과학적인 근대화와 관련시켜 새로운 태도로 발전시킴으로써 그 근본정신을 시대적으로 살리려 하였다"[31]거나, "실학사상과 개화사상의 가교자(架橋者)"[32] 등으로 평가되어 왔다.

북한에서도 "봉건 조선 말기에 이르러서는 광범히 수입된 서구라파 자연 과학을 토대로 하여 훌륭한 유물론적 유기론 철학을 수립한 학자"[33]이자 "우리나라 기일원론적 유물론의 전통을 계승하여 집대성한 우리나라 최대의 유물론자"[34]라고 하여 최한기 기철학을 유물론으로 규정하면서 긍정적 평가를 내리고 있다. 또 "그(최한기-인용자)는 또한 종래의 철학의 모든 범주들과 개념들을 종합 체계화하고 그에 대한 심오한 결론을 내리었다."[35] "최한기의 철학사상은 우리나라 유물론 철학사상 발전에 커다란 기여를 하였

---

31 朴鍾鴻, 1965, p. 33.
32 李佑成, 1971.
33 정진석, 정성철, 1961(1988), p. 297.
34 정성철, 1988, p. 533.
35 정성철, 1988, p. 533.

을 뿐 아니라 세계 유물론 철학 발전에도 충분한 기여를 한 철학사상으로서 그 후 개화파 사상가들에 의하여 계승되었다"[36]고 최한기의 사상적 독창성과 사상사적 위상을 높이 평가하고 있다.

대체로 남북한을 막론하고 최한기의 사상사적 위치는 실학파와 개화파, 중세(조선조)와 근대 사이에 징검다리를 놓은 가교자(架橋者)의 위치에 놓여왔다고 볼 수 있다.

최한기의 '근대성'이 주목됨과 동시에 그의 종교관에 대해서도 비판적인 면이 주로 강조되었다고 할 수 있다. 하지만 손병욱은 그것과 약간 다른 각도로, 최한기와 불교와의 관계가 도외시되어 왔다고 지적하면서 그가 유도(儒道)·서법(西法)·불교를 '화삼귀일(和三歸一)'시켜야 된다고 주장한 것은[37] 불교의 '만법귀일(萬法歸一)' 사상의 영향이라고 강조했다.

결국 만법귀일(萬法歸一)의 그 일(一), 일로 돌아가는 그 깨달음, 그것이 혜강에게 영향을 주었는데, 다만 불교에서 일이라고 하는 것은 공(空)인데, 그 실제가 없다고 보지 않습니까. 궁극적인 실상(實相)을, 혜강은 공이 아니라 활동운화하는 운화지기(運化之氣)로서 분명히 실체가 있다, 그렇기 때문에 허무(空)를 실유(實有)로 바꾸었다는 이야기를 했습니다.[38]

최한기의 '화삼귀일'을 불교의 영향으로만 볼 수 있을지는 약간 의문의

36 정성철, 1988, p. 604.
37 『神氣通』卷1, 體通, 「和三歸一」 참조.
38 『혜강 최한기 연구』 집담회, 2016, p. 391.

여지가 없지 않다. 굳이 불교에 한정하지 않더라도 한국 고유사상으로 최치원이 (유·불·도) '포함삼교(包含三教)'라고 서술한 신라의 '풍류도(風流道)'나 원효의 '화쟁회통(和諍會通)' 사상으로부터 최한기와 동시대 사람인 최제우가 동학(東學)에서 주장한 (서학과 동학이) "도즉동야(道則同也)" 그리고 천도교, 증산교나 원불교와 같은 한국근대 신종교까지 이어지는 종교회통주의, 만교귀일사상의 맥락에서 볼 수도 있기 때문이다.

또 최한기가 '화삼귀일'과 같은 주장을 내세우게 된 배경에는 그 나름대로의 세계인식·역사인식도 깔려 있었다.

대개 천하가 두루 통하게 된 것은 명(明)나라 홍치(弘治) 연간에 유럽 서쪽 바닷가의 포르트갈[布路亞] 사람인 엘카노[嘉奴](Juan S. Elcano)가 비로소 지구를 돌아왔으니 이것이 곧 천지의 개벽(開闢)이다. 이때부터 선박이 드나들고 사신과 중개상인들이 전달하게 되면서 진기하고 기이한 물건들, 편리한 도구들을 멀고 가까이에 전파하고 예법과 풍속과 가르침과 문장을 전파하러 넘어오는 자들이 설명하는 바가 '성 안의 젖'(城內之乳)이 되지 않음이 없었다. 불교는 허(虛)를 숭상하니 논할 만 못하지만 하늘을 섬기는 가르침(事天之教)은 구호가 그럴듯하지만 실은 괴탄(怪誕)한 이야기에 이른다. … 지구의 만국의 형세와 사정은 남김없이 드러났는데 여러 가르침들의 당실(堂室)은 문호로 갈라지고 있다. 대략 원위(源委)를 들여다보면 가르침[教]은 각국의 풍속에 따라 달라질 수도 있고, 또 후대 사람이 통함에 따라 바뀔 수도 있으나 달라지고 바뀌는 사이에 점차 허탄함을 제거하고 실(實)을 취할 수도 있다. 허(虛)를 제거하고 쭉정이(쓸모없는 것)를 걷어내고 알(쓸 만한 것)을 취하는 방도는 여러 가르침들 중에서 하늘과 사람의 마땅함에서 절실한 것을 골라 취하고 헛되고 조잡하며 괴탄한 것을 제거하는 것이다. 이것으로 천하 만세에 통행할 가르침[通行之敎]이 될 것이다.[39]

즉 엘카노—그는 원래 프란시스코 마젤란 탐험대의 일원이었으나 대장인 마젤란이 죽자 함대를 이끌고 유럽에 귀환한 인물이다—가 지구를 일주하고 나서 지구상에 뱃길이 열렸다.(그것을 최한기는 '천지의 개벽'이라고 부른다) 그 이래로 각국의 사신과 무역상들이 왕래하고 각 지역의 물품과 도구와 문화와 종교도 서로 오고가게 되면서 모두 성 안의 젖—물질적·정신적으로 풍요롭게 해주는 자원—이 되었다.

그러나 여러 종교들은 하늘을 섬긴다는 그럴 듯한 말을 하면서 자세히 살펴보면 괴탄한 이야기를 하고 있고, 또 여러 문호(교단·교파)로 갈라지고 있다. 그런데 종교(가르침)는 문화풍속이나 후세 사람들의 통함에 따라 변화될 수 있기 때문에 여러 가르침들 중에서 하늘과 사람에게 절실한 것을 취하고 헛되고 잡다하고 괴이한 내용을 털어 없앤다면 전 세계, 오랜 세대에 걸쳐 통용하는 가르침이 되리라는 것이다.

최한기는 세계의 종교 간에 분열이 있는 것과 동시에 세계가 불교·이슬

---

39 『神氣通』 卷1 體通, 「天下敎法就天人而質正」 "盖天下之周通. 粵在大明弘治年間. 歐羅巴西海隅. 布路亞國人. 嘉奴. 始圜地球. 是乃天地之開闢也. 自茲以後. 商舶遍行. 使价遞傳. 物産珍異. 器械便利. 傳播遐邇. 禮俗敎文. 爲播越傳說者. 所附演. 無非城內之乳也. 佛敎尙虛. 無足論也. 事天之敎. 號則可矣. 實涉怪誕. 未知唱敎者. 已發其端耶. 從而崇奉者. 以私意誇張耶. 惕容會神. 潛究人世事業. 地球萬國. 形勢情狀. 畢露無餘. 諸敎之堂室深淺. 門路歧裂. 略擧源委. 敎染於各國之俗而有渝. 又緣乎後人之通而有變. 渝變之間漸有祛虛誕取實. 揚粃取粒之方. 諸敎中擇取切實於天人之宜者. 除去虛雜怪誕者. 以爲天下萬世. 通行之敎."

람·기독교· 유교 등 여러 종교에 의해 갈라지고 있다는 사실에 대해서도 인식하고 있다. 그가 '화삼귀일' 또는 '통행지교(通行之敎)'를 구상하게 된 것은 바로 그러한 분열을 소통시키고 화합시키려는 시도였으며 지역과 시대를 넘어서 통용하는 진정한 보편적 가르침에 대한 시도였다. 그리고 그것을 뒷받침하는 것은 기학의 세계관과 인간관이었다. 다시 말하면 최한기의 '화삼귀일'의 '통행지교'는 불가분의 관계에 있는 것이다.

이 글에서는 먼저 한국 회통사상의 흐름을 개관하고, 이어서 최한기의 세계관·인간관을 기초케 하는 기학(氣學)의 체계를 개관하며, 특히 그의 세계관·신체관(身體觀)에 걸친 '통(通)'의 개념에 대해 살펴본다. 그리고 마지막에 최한기 자신의 종교관과 세계인식에 대해서도 살펴본다.

2. 한국 종교회통사상의 계보

한국 사상사에서 종교회통사상은 오랜 역사를 가지고 있다. 일찍이 신라시대에 풍류도(風流道)가 있고 최치원(崔致遠, 857~?)이 지은 「난랑비서(鸞郎碑序)」에 의하면 "실로 (유·불·도의) 3교를 포함하여 군생(群生)들을 접화(接化)한다. 집안에 들어가서는 효도하고 나라에 나아가서는 충성한 것은 노(魯)나라 사구(司寇, 즉 공자)의 가르침이요, 무위(無爲)함에 처하고 불언(不言)의 가르침을 행하는 것은 주(周)나라 주사(柱史, 즉 노자)의 종지(宗旨)요, 모든 악을 행하지 않고 선행에 힘쓰는 것은 축건(竺乾, 즉 인도)의 태자

(太子, 즉 석가)의 교화(敎化)이다."[40]라고 하는 것은 잘 알려져 있다.

원효(元曉, 617~686)는 이미 여러 종파로 갈라지고 서로 논쟁했던 모든 불교 종파의 교리를 화쟁 회통하는 것을 목표로 삼았다. 그는 여러 학설들이 병립되고 서로 대립한 상황에 대해 『십문화쟁론』 서문에서 다음과 같이 한탄했다.

여래가 세상에 있을 때에는 중생(衆生)이 한결같이 그의 원음(圓音)을 따라 이해하고 (판단하여 별 문제가 없었으나) 이제는 공공(空空)의 이론이 구름같이 치달아 혹은 나는 옳고 남은 그르며 나의 학설은 옳고 남의 학설은 그르다고 말하는 단순한 이론만이 횡행하고 있어 드디어 건너기 어려운 큰물이 되어 버렸다. … 나는 이에 몇 마디 서(序)를 술(述)하고서 이름 지어 『십문화쟁론』 이라 한다.[41]

또 원효는 『대승기신론소』에서 "펼칠 때는 무량무변한 뜻[義]이 그 대종(大宗)이 되고, 합칠 때는 이문(二門) 일심(一心)이라는 법(法)이 그 요체로 되어 있다. (그런데 묘하게) 그 이문 속에 무량(無量)한 뜻이 다 포용되고도 조금도 혼란됨이 없으며, 무변(無邊)한 뜻이 일심과 하나가 되어 혼연히 융합되어 버린다. 이렇기 때문에 개(開)와 합(合)은 서로 자재(自在)하고, 정립(定立)과 논파(論破)는 서로 걸림이 없는 것이다."라고 말하면서 일심(一心)

---

40   吳法眼, 『元曉의 和諍思想研究』, 1992, p. 129 참조; 『三國史記』 新羅本紀 제4, 眞興王 37[서기576년] "實乃包含三敎, 接化群生, 且入則孝於家. 出則忠於國. 魯司寇之旨也. 處無爲之事, 行不言之敎, 周柱史之宗也. 諸惡莫作, 諸善奉行, 竺乾太子之化也."
41   吳法眼, 위의 책, 1992, p. 119.

과 진여문(眞如門) 및 생멸문(生滅門)의 이문(二門)을 바탕으로 하면서 새로운 이론의 정립과 기존 이론의 논파를 모두 허용하는 연역법[開]과 귀납법 [合]의 논리를 이용하여 모든 교리를 화쟁할 수 있다고 믿었다.[42]

고려시대에도 도참신앙을 비롯한 민간신앙이 바탕이 되고 불교·유교·도교가 각각 나름의 역할을 맡으면서 병립하고 어느 한 종교에 일방적으로 규정되지 않는 전형적인 다종교 사회의 모습을 보였다. 그리고 원효가 이룩한 통불교(通佛敎) 전통은 고려시대에도 계속 이어졌다. 대각국사(大覺國師) 의천(義天, 1055~1101)은 원효의 화쟁론에서 크게 영향을 받아 고려 불교의 교종(敎宗)과 선종(禪宗)을 회통시키려 했다. 보조국사 지눌(知訥, 1158~1210)은 원효와 초교파적인 정신을 구체적으로 실천하고 의천이 이루고자 했던 교종과 선종의 회통을 이루었다.[43]

조선시대에 성리학이 사상계의 중심이 되자 숭유억불 정책으로 불교는 억압의 대상이 되었다. 조선후기에 전래된 천주교나 수운 최제우(水雲崔濟愚, 1824~1864)가 창시한 동학(東學)도 이단으로 탄압을 받았다.

그러나 구한말에 한불조약을 맺은 이후 조선에서는 신앙의 자유를 인정하게 되었고, 또 개신교가 전래되고 한국 신종교(천도교·증산교·대종교 등)들이 등장하면서 한국은 다시 본격적인 다종교 사회가 되었다. 최제우는 "유도불도 누천년에 운이 역시 다했던가"(『용담유사』「교훈가」)라고 하면서 유교·불교 등 선천시대(先天時代)의 가르침은 그 생명력이 다했다고 비판했다. 그러나 한편으로는 "인의예지는 선성(先聖)의 가르침이요, 수심정기

---

42 吳法眼, 위의 책, pp. 123-124.
43 吳法眼, 위의 책, pp. 144-145.

(修心正氣)는 오직 내가 다시 정한 바"[44]라고 하였듯이 유교 등의 한계를 지적하면서 동시에 동학이 그것을 계승했다고 밝히기도 했다.

그리고 서학에 대해서도 "서양 학문(서학)은 (나의 도와) 같은 것 같지만 다르며, 비는 것도 같으나 (서학 주문에는) 결실이 없느니라."[45]라고 서학과 동학의 차이를 강조하면서도 "그러나 시대의 운수를 타고난 것은 하나요, 도도 같지만, 다만 이치가 다르니라."[46]라고 동학과 서학의 바탕이 같음을 밝혔다.

증산 강일순(甑山 姜一淳, 1871~1909)은 일찍이 유·불·선·음양·참위·서학까지 두루 섭렵하면서 과거 종교들은 모두 선천의 도수(度數)로 그치고 말았다고 단정했다. 그러면서 그는 상제의 권능으로 천지공사(天地公事)을 일으키면서 각 종교를 대표하는 신령들을 불러들여 통합 활용하고 있다고 주장했다.[47]

또 원불교에서는 소태산 박중빈(少太山 朴重彬, 1891~1943)이 "심체라 하는 것은 … 곧 천지 만물의 본원이며 언어도단의 입정처(入定處)라. 유가에서는 이를 일러 태극 혹은 무극이라 하고, 선가에서는 이를 일러 자연 혹은 도라 하고, 불가에서는 이를 일러 청정 법신불이라 하였으나, 원리에 있어서는 모두 같은 바로서 비록 어떠한 방면 어떠한 길을 통한다 할지라도 최후 구경에 들어가서는 다 이 일원의 진리에 돌아가나니…"(『원불교교전』 제2 「교의품」)라고 설명했다. 정산 송규(鼎山 宋奎, 1900~1962)는 그 논리를 발

---

44 "仁義禮智. 先聖之所敎. 修心正氣. 惟我之更定."
45 『東經大全』, 「論學文」, "曰洋學. 如斯而有異. 如呪而無實."
46 『東經大全』 「論學文」, "然而運則一也. 道則同也. 理則非也."
47 金洪喆, 『韓國 民衆思想과 新宗敎』, 1998, p. 235.

전시켜 삼동윤리(三同倫理)를 제창했다. 이것은 동원도리(同源道理; 모든 종교와 교리의 근본이 한 근원의 도리), 동기연계(同氣連契; 모든 인종과 생령의 근본은 다 같은 기운), 동척사업(同拓事業; 모든 사업과 주장은 다 같이 세상을 개척하는 데에 힘이 되기 위한 것)이라는 세 가지 강령으로 구성된다. 원불교 제3대 지도자인 대산 김대거(大山金大擧, 1914~1998)는 이를 바탕으로 종교간 대화를 추진하였으며 오늘날까지 원불교는 종교간 대화를 적극 지원하고 있다.

대략적으로 말하면 회통사상은 단순한 관용 또는 절충주의가 아니라 자기 나름대로 사상적인 바탕을 깔고 나서 여러 사상·학술·종교의 장단점을 살피고 단점을 비판하고 장점을 인정·수용하고 상호 모순점을 조정하는 주체적인 사상이라고 말할 수 있다. 그런 면에서 보면 최한기도 역시 '기학'이라는 바탕을 가지고 있는 점에서 회통사상적인 면을 충분히 갖추고 있다고 할 수 있다. 다음 장에서는 최한기 기학의 내용을 개략적으로 살펴보고자 한다.

3. 최한기 '기학'의 체계

1) '신기(神氣)'의 본체론

최한기의 세계 인식과 종교관, 그리고 '기학'의 사상 체계는 나눠서 생각할 수 없다. 그는 독자적으로 재해석한 기(氣)의 개념 위에 인간관과 세계관을 구축하고 기존 학문의 재편성을 시도했다. 그에 의하면 "'기'는 곧 "참된 이치[實理]의 근본이요 미루어 헤아림[推測]은 앎을 넓히는 요점"[48]이다. 이 '기'는 천지에 빈틈 없이 가득 차고 사물 속에도 스며들어 있다. 그 전체를 보면 한 덩어리의 활물(活物)로 활동운화(活動運化), 즉 쉴 새 없이 살아 움직이고 빙빙 돌고 변화하는 것이다. 그리고 빛과 소리와 냄새는 수시로 변하지만 본래 순수하고 담백하며 맑은 질을 가지고 있다.

그 '기'를 최한기는 천지의 기 또는 신기(神氣), 운화기(運化氣) 등으로 불렀다. 그리고 그 기가 모여서 형체를 이루고 사물을 구성하는 형질의 기(質, 形質 또는 形質氣라고도 함)가 된다. 그리고 형질의 기가 흩어지면 천지의 기로 돌아간다. 천지만물은 모두 '기'가 모이고 흩어짐에 의해 발생하고 소멸한다. 그는 사람과 생물의 생사도 이러한 기의 집산으로 설명했다.

최한기는 형질=사물 사이에 충만한 신기가 피차간에서 전달·소통·매개의 역할을 수행한다고 보았다. 그 작용을 '통(通)'이라고 한다.

2) '추측(推測)'과 '통(通)'의 인식론

최한기는 사람이 타고난 것은 그 안에 들어 있는 신기와 여러 감각기관[竅]과 손발뿐이며, 그밖에 가진 것은 아무것도 없다고 주장했다.[49]

갓 태어난 아이의 신기는 순수하고 맑아서 마치 아직 물들지 않은 흰 비단이나 맑은 샘물과 같으며, 거기에는 주자학에서 말하는 본연(本然)의 성

---

48 『氣測體義』, 「氣測體義序」, "氣爲實理之本. 推測爲擴知之要."
49 『神氣通』卷1, 體通, 「知覺推測皆自得」, "人之所稟于天者. 乃一團神氣與通氣之諸竅. 四肢則須用之具. 如斯而已. 更無他分得來者矣."

(性)이나 태극(太極)의 리(理), 양명학에서 말하는 양지(良知)와 같이 타고난 착한 본성이라는 것은 있지 않다는 것이다.

그러나 한 번 태어난 후에는 감각기관을 통해 자극을 받아서 신기가 물들고[習染], 그것이 축적되면 저절로 '추측(推測)'이 일어나게 된다. 그리고 그것은 손발 등을 움직여서 외부세계에 작용하게 된다. 그가 말하는 '추측'은 직관·직각을 의미하는 '추(推)'와 분석·반성을 의미하는 '측(測)'의 합성어이다. 그리고 무언가를 '추측'한 결과 앎[知]을 얻는 것이다.

최한기에 의하면 그 앎 즉 '인정물리(人情物理)'는 반드시 입(入)—유(留)—출(出)의 과정을 밟는다. 달리 말하면 이 과정을 밟지 않는 지식, 즉 선천적으로 가지고 있거나 신과 같은 초월적 존재로부터 주어졌다고 하는 지식이라는 것은 믿을 가치가 없다는 것이다. 소위 신통(神通)이라는 것도 다른 사람이 쉽게 '추측'한 것에 근거하면서 더욱 깊이 있게 '추측'을 가한 것이라고 말했다.

최한기는 경험을 통해 이루어지는 인식으로서의 '통(通)'에는 '형질통(形質通)'과 '추측통(推測通)'이 있다고 말한다. 전자는 감각기관을 통해서 받는 자극 그 자체이며, 후자는 그것을 과거의 경험과 대조시켜 비교, 분석해서 얻어지는 판단을 의미한다. 그러나 '형질통'과 '추측통' 그리고 그것을 통해 얻어지는 인식인 '추측지리(推測之理)' 그 자체는 무조건 확실하고 정확한 인식이라고 보증된 것은 아니다. 이른바 '통'이라는 것은 기를 통하는 것, 다시 말하면 사물에 대해 무언가를 알게 된 것을 대략 말한 것이고, '통하고자 하다[通之]'는 힘껏 연구하고 그 무언가에 통달하기를 기약하는 것을 가리킨다. 그러나 '통'은 주관적인 인식에 그치지 않고 증험을 겪어야만 확실한 앎이 된다는 것이다. 그리고 그것을 통할 수 있음을 알아서 통하고자 하는 것을

'통'이라 하고, 통할 수 없음을 알아서 통하려 하지 않는 것도 역시 '통'이라고 할 수 있다. 그것이 통할 수 있다는 것을 몰라서 통하려 하지 않는 것은 '불통'이 아니다. 통할 수 없음을 모른 채 통하려 하는 것이 '불통'이다.[50] 하지만 그 '통' 중에서도 통할 가치가 있는 것과 통하지 말아야 하는 것이 있다.

> 무릇 기가 통하고자 하고 증험할 수 있는 것은 곧 통해도 좋은 것이나 비록 통하고자 했다 하더라도 증험되는 바가 없는 것은 통하지 말아야 하는 것이다.[51]

그리고 통하려 한 것이 저것과 이것이 서로 뒷받침하고 서로 맞아떨어지고 증험이 되면 그것을 '실통(實通)'이라 하고, 통하려 하다가 근거가 위태롭고 석연하지 않는 것을 '차오통(差誤通)'이라고 한다.[52] 최한기는 이렇게 여러 사실들을 비교 검토하고 검증된 확실한 앎(실통)과 근거가 애매하고 불확실한 앎(차오통)을 구별했을 뿐만 아니라, 확실한 '통'을 얻는 방법까지 제시했다. 그는 '통'에 '범위(範圍)의 통', '점진(漸進)의 통', '증험(證驗)의 통'이라는 세 단계가 있다고 주장한다. 즉 '범위지통'은 먼저 대상의 대범한 윤곽을 파악하는 과정이다. 다음으로 '점진지통'은 그것

---

50 『神氣通』 卷1, 體通, 「通有不同」, "所云通者. 指其通氣之大略也. 通之者. 指其精力鑽究. 期達於彼也. 知其可通而通之. 是謂通也. 知其不可通而不通之. 亦可謂通也. 不知其可通而不通之. 非不通也. 不知其不可通而通之. 是不通也."

51 『神氣通』 卷1, 體通, 「通有相應」, "夫氣通之而可以證驗者. 方許其通. 雖謂通之而無所證驗. 不可許其通也."

52 『神氣通』 卷1, 體通, 「通有不同」, "通之而彼此有相台相應之契者. 是實通也. 通之而麀脆未釋然者. 差誤通也."

에 대한 구체적인 고찰이나 실천을 단계적으로 심화시키는 과정이다. 그리고 마지막의 '증험지통'은 어떤 앎을 얻거나 실천을 한 뒤에 그 허실과 결과를 검증하는 과정을 의미하는 것이다.

요컨대 최한기는 오로지 감각적 경험에 바탕을 두어야지만 확실한 인식(통)이 될 수 있다고 생각했다. 그에게 있어서 주자학의 본연(本然)의 성(性)이나 양명학의 양지(良知)와 같은 선천적인 앎, 눈으로 보고 귀로 듣는 등의 감각적 경험에 근거하지 않는 인식은 애초부터 허망한 것이다.

그런데 감각적 경험을 통해 얻어진 지식(통)이라도 모두 다 확실하고 믿을 만한 것도 아니다. 추구하려는 지식에도 역시 통할 만한 가치가 있는 것과 없는 것이 있다. 그래서 추구할 만한 지식인지 아닌지를 분별하는 것은 매우 중요하다. 추구할 만한 것을 추구하고, 그런 가치가 없는 것을 내버려두는 것은 모두 '통'이다. 또 추구할 가치가 있는 지식임을 모르고 추구하지 않는 것은 '불통'이라 할 수 없지만, 추구할 만한 가치가 없는 지식을 추구하려 하는 것은 '불통'이라고 최한기는 말한다.

3) 기통적(氣通的) 인간관

그가 말하는 신기는 마음의 본체이자 인식의 바탕임과 동시에 신심의 건강과 생명을 유지하는 생명력이기도 하다. 사람의 몸속에 스며든 신기는 기질 안에 국한된 하늘의 기[53]이며 그것은 생명과 건강의 바탕이 된다. 신

---

53 『神氣通』 卷1, 體通, 「諸竅通氣」, "一氣質中局成之天氣."

기는 혈액맥식(血液脈息)의 순환을 통섭하고 조종하면서 생명을 유지하고 있다.[54] 신기가 체내를 고루고루 순환하면 통(通)이고 그때 몸은 건강하다. 그러나 신기의 흐름이 치우치거나 막히는 편체(偏滯)가 되면 불통(不通)이고 그때에는 몸이 아프게 되고 병통이 생긴다.

몸에 감기·가래·추위·열의 편체(偏滯)가 없으면 신기가 잘 통하고 화창하며 특별히 굳이 통한다고 말하지 않아도 통하지 않음이 없다. 그러므로 도량이 넓어지고 활발하며 정신은 여유롭고 유유자적하다. 이럴 때에는 천지의 신기와 자기의 신기가 일체가 되어 있다.

그러나 감기·가래·추위·열의 편체가 있게 되면 신기가 아프고 괴로워서 고통에 관한 일, 신기의 고통에서 나오는 일에만 통하게 된다. 그렇게 감기·가래·추위·열 때문에 신기가 방해되는 것은 몸에 일어나는 일이기 때문에 충분히 몸을 보호하면서 살아가는 것은 성현(聖賢)도 모면하기 어려운 일이었다고 한다.[55] 즉 신기의 '통'은 우선 개체의 생명과 건강을 좌지우지하는 것이기도 하다.

---

54 『神氣通』卷1, 體通,「氣質相應相援」,"臟腑百骸. 各具其質. 自相聯絡而周偏流注者. 血液脈息也. 統攝操縱者. 神氣也."

55 『神氣通』卷1, 體通,「通有防害」,"身體之上. 無風痰寒熱之偏滯. 則神氣通暢. 雖不言通. 而無所不通. 竑量豁達. 意思閒適. 此時神氣與天地之神氣. 打成一體. 通與不通. 亦無可論. 如有風痰寒熱之偏滯. 則神氣痛苦. 通之者. 只在痛苦之事. 所通者. 亦出於神氣之痛苦. 然則風痰寒熱之防礙神氣. 由於形體榮衛而生. 聖賢之所難免."

4. 최한기의 세계관과 '가르침[敎]'

1) 복합유기체적 인간관·사회관·세계관과 '불통(不通)'의 문제

앞에서 최한기의 '통' 개념이 신체의 건강과 인식의 성립이라는 두 가지 의미를 가진 개념임을 살펴보았다. '통/불통'은 인식론적인 의미와 몸의 건강/병통이라는 의미를 함께 지니고 있다. 이것은 그가 인식론적 '통/불통' 과 신체건강상의 '통/불통'에 무언가 통저(通底)하는 면이 있다고 보았기 때문이라고 볼 수 있다. 그뿐만 아니라 그는 이 '통/불통'을 한 개인뿐만 아니라 집안[家], 나라[國] 그리고 가르침[敎]에까지 확대 적용시켰다.

> 사람[人]·집안[家]·나라[國]·가르침[敎]은 일을 가리켜 말하면 비록 (사람이) 많고 적음, (규모의) 크고 작음의 구분은 있더라도 점차 통하게 되면 그 실질 은 동일하다.[56]

즉 사람·집안·나라·가르침은 구성원의 인구와 규모의 차이가 있더라도 어떤 공통점이 있다고 본 것이다. 그 공통점이란 무엇이냐 하면 지금의 말 로 하면 인간에 의해 이루어진 유기체(개체/공동체)라는 점이다. 그러므로 거기에는 모두 '불통=잘못된 인식=병'과 '통=잘된 인식=건강'이 있고 불통 을 고치고 통을 회복할 수 있다고 본 것이다. 좀 더 엄밀히 말하자면 집안·

---

56 『神氣通』卷3 變通,「除祛不通」,"人家國敎. 指事而言. 雖有多寡大小之分. 漸次通之. 其 實一也."

나라·가르침은 각각 그 공동체 자체와 동시에 그 공동체 구성원으로서의 개인의 의식구조·사고방식도 의미하고 있다.

그에 의하면 남의 사정에 통하지 않는 자는 반드시 자기 일을 자랑하면서 남의 일을 비난한다. 남의 집 사정에 통하지 않는 자는 반드시 자기 집을 칭찬하면서 남의 집을 비방한다. 남의 나라 사정에 통하지 않는 자는 반드시 자기 나라를 칭찬하면서 남의 나라를 비루하게 여겨 흘겨보고, 다른 교법(敎法)에 통하지 않는 자는 반드시 그(자기가 믿는) 가르침을 높이고 크게 여겨 다른 가르침을 배척한다.

(통틀어서 말하면) 불통의 병폐는 자기에게 속하는 자에 대해서는 과부족이 있어도 그것을 말하는 사람을 반드시 매도하고, 자기 것이 아닌 것에 대해서는 선하고 이익이 되고 균형이 잡힌 점이 있어도 그것을 받아들이고자 하는 자를 반드시 업신여겨 매도한다[57]는 것이다. 여기서 말하는 '불통'을 다른 말로 바꾸어 말하면 편애, 당파주의, 집단이기주의 등을 의미한다고 볼 수 있다. 이것은 오늘날의 우리 사회에도 심각한 문제가 되는 요소이다.

여기서 주목할 만한 것은 사람·집안·나라와 더불어 '가르침' 또는 '교법(敎法)'을 언급한 점이다. '교법'에 대해 그는 "오직 장차 말과 글로써 제각각의 풍속[殊俗]을 인도하고 변화시키려 하는 것이 교법"[58]이라고 말했다. "다

---

57 『神氣通』卷3 變通,「除袪不通」, "不通乎人之事者. 必誇伐己之事. 而非毀人之事. 不通乎人家之事者. 必讚揚己家之事. 而誹訕人家之事. 不通乎他國之事者. 必稱譽本國之事. 而鄙訾他國之事. 不通乎他敎法者. 必尊大其敎. 而攘斥他敎. 不通之弊. 尤有甚焉. 屬於己者. 縱有過不及之差誤. 言之者. 必聲討之. 屬於彼者. 雖有善利得中之端. 取用者. 必唾罵之."
58 『神氣通』卷1 體通,「天下敎法就天人而質正」, "惟將言文而導化殊俗者. 敎法也."

른 교법(敎法)에 통하지 않는 자는…"라고 하는 데서 그가 '교법'의 복수성(複數性)을 이미 인정했던 것을 알 수 있다. '교', '교법'은 또 '교술(敎術)' 등으로도 불렀다. "서역의 교술은 불교부터 이슬람교로 변"[59]했다고 하는 구절을 보면 '가르침', '교법', '교술'은 모두 종교를 가리키는 것을 알 수 있다. 여기서는 '종교'를 인간의 힘이나 자연의 힘을 뛰어넘은 존재를 중심으로 한 관념과 그 관념 체계에 기초한 교의·의례·시설·조직 등을 갖춘 사회집단으로 정의해 둔다. 집안을 가족공동체, 나라를 국가공동체라고 한다면 이러한 사회집단은 종교공동체라고 할 수 있다.

〈표 1〉 불통의 병폐

영역		각 영역에서 나타난 불통의 양상	총론
원문	유기체		
사람人	개체	남의 사정에 통하지 않는 자는 반드시 자기 일을 자랑하면서 남의 일을 비난함(不通乎人之事者. 必誇伐己之事. 而非毀人之事)	자기에 속하는 것에 대해서는 과부족을 지적하는 자를 반드시 성토함(屬於己者. 縱有過不及之差誤. 言之者. 必聲討之.) 타자에 속하는 것은 선하고 이롭고 균형이 잡힌 구석이 있어도 그것을 받아들이려고 하는 자를 반드시 업신여겨 매도함(屬於彼者. 雖有善利得中之端. 取用者. 必唾罵之.)
집안家	가족공동체	남의 집안 사정에 통하지 않는 자는 반드시 자기 집을 칭찬하면서 남의 집을 비방함(不通乎人家之事者. 必讚揚己家之事. 而誹訕人家之事)	
나라國	국가공동체	남의 나라 사정에 통하지 않는 자는 반드시 자기 나라를 크게 칭찬하면서 남의 나라를 비루하게 여겨 흘겨봄(不通乎他國之事者. 必稱譽本國之事. 而鄙訾他國之事)	
가르침敎 또는 교법敎法	종교공동체	다른 교법에 통하지 않는 자는 반드시 (자기가 믿는) 가르침은 높이고 크게 여기면서 다른 가르침을 배척함(不通乎他敎法者. 必尊大其敎. 而攘斥他敎)	

* 출처: 『神氣通』 卷3 變通, 「除袪不通」

59 『推測錄』 卷5, 推己測人, 「西敎沿革」, "西域敎術. 自佛敎而變爲回回敎…."

최한기는 위와 같은 '불통'의 병폐에 대해 그것은 스스로를 편협하게 하고 해치는 일이며 그러한 태도로는 일시적으로 기승을 부리고 옹호하는 세력을 얻었다고 해도 결코 널리 퍼질 수는 없다고 경계한다.

> 이것은 스스로를 편협하게 만들고 스스로를 해치는 일이다. 가령 한때 기세를 타고 아주 많은 무리들이 옹호하고 선전되었다고 한들 어찌 멀리까지 갈 수 있겠는가?[60]

그리고 동시에 그것에 대한 처방전도 제시하였다. 즉 그 병을 고치자면 선입견이 깨끗이 씻어지고 텅 비어 크고 공편한 마음을 가지고 많은 견문을 쌓고 사람들이 좋아하는 것을 받아들여서 타자와 자기에게 상통하는 늘 변함이 없는 떳떳함[常]을 얻어야 한다는 것이다.[61]

그렇게 해야 너와 나가 함께 참여해서 인도(人道)가 서고, 남과 우리 집안이 화합하면 좋은 풍속이 이뤄지고, 대소·원근의 나라들이 서로 우의를 지키면 예의와 양보가 일어나고, 윤리와 변함없는 떳떳한 도리[倫常]를 따라서 법을 세우고 인정에 기초한 가르침을 베풀면 법률과 교화가 제대로 밝혀지고 사람들은 사는 것을 귀하게 여기고 죽어서 썩어 버리는 것을 귀하게 여기지 않게 된다고 주장했다. 그리고 사물을 취사(取捨)하는 요점은 이해(利害)에 있지 남의 것이냐 우리 것이냐에 있지 않으니 이것이 '변통의 술

---

60 『神氣通』卷3 變通,「除袪不通」, "是自狹自戕也. 縱得一時之乘勢. 頗有徒黨之護傳. 烏能致遠哉."
61 『神氣通』卷3 變通,「除袪不通」, "欲醫此病. 掃除習染. 廓然大公. 多聞多見. 取諸人以爲善. 通物我而得其常."

(術)'이라고 덧붙였다.[62]

<표 2> 통의 양상

영역		각 영역에서 나타난 통의 양상	변통(變通)하는 방법[術]
원문	유기체		
사람人	개체	너와 나가 함께 참여해서 인도가 섬(我與人相參. 而人道立焉)	남의 것이냐 우리 것이냐를 따지는 것이 아니라 이해에 따라 사물을 취사하는 것(事物取捨. 在利害. 而不在彼此)
집안家	가족 공동체	남과 우리 집안이 화합하면 좋은 풍속이 이뤄짐(人我之家相和. 而善俗成焉)	
나라國	국가 공동체	대소·원근의 나라들이 서로 우의를 지키면 예의와 양보가 일어남(大小遠近之國. 相守其宜. 禮讓興焉)	
가르침 또는 교법	종교 공동체	윤리와 변함없는 떳떳한 도리를 따라서 법을 세우고 인정에 기초한 가르침을 베풀면 법률과 교화가 제대로 밝혀지면서 사는 것을 귀하게 여기게 되고 죽어서 썩어버리는 것을 귀하게 여기지 않게 됨(從倫常而立法. 因人情而設敎. 法敎修明. 貴生活. 而不貴死朽)	

* 출처: 『神氣通』 卷3 變通, 「除袪不通」

요컨대 그는 인간 개체뿐만 아니라 집안, 나라, 가르침까지도 모두 유기체로서 본질적으로 공통성이 있다고 보았다. 그것은 그 구성원들이 '불통'의 병, 즉 자기에 속하는 것을 편애하고 타자에 속하는 것을 비난, 배척하는 병폐, 그리고 자기의 잘못을 지적하는 자를 성토하는 병폐, 남에게 좋은 점이 있더라도 그것을 배우고 받아들이지 못한 병폐가 있다고 보았다. 다시 말하면 그는 개인에게 이기주의의 병폐가 있듯이 집단에도 집단이기주의의 병폐가 있다고 보고 그것을 '불통'으로 요약하고 경계하며 그 극복(변통)을 주장한 것이다.

---

62 『神氣通』 卷3 變通, 「除袪不通」, "則我與人相參. 而人道立焉. 人我之家相和. 而善俗成焉. 大小遠近之國. 相守其宜. 禮讓興焉. 從倫常而立法. 因人情而設敎. 法敎修明. 貴生活. 而不貴死朽. 事物取捨. 在利害. 而不在彼此. 是爲變通之術."

2) '군도(君道)'와 '사도(師道)'

특히 주목되는 것은 그가 나라보다 광범위한 공동체로 '가르침'을 설정한 점이다. 사실 최한기는 종교적 신앙과 관련되는 영혼불멸, 천당-지옥, 불로장생, 길흉화복, 귀신, 신천(神天; 주재신, 하느님) 등의 관념·교설에 대해 매우 비판적이었다.

> 대개 사후의 영혼에 대한 의논은 모두 외도(外道)에게 미혹된 것이다.[63]

> 만약에 죽은 후에 앎이 있다고 한다면 이것은 형질과 무관한 앎이니 살아 있는 자가 잘못 추측한 것에 말미암은 것이다.[64]

> 외도(外道)의 학은 사람이 살기를 좋아하고 죽기를 싫어하며 길함을 쫓고 흉함을 피하려는 심정에 따라 장생구시(長生久視)의 술법, 윤회보응(輪廻報應)의 담론, 영혼불멸(靈魂不滅)의 언설을 말하고 몸소 행하고 남에게도 전했으나 전혀 의문에 대한 증명도 없었고 또 볼 만한 효험도 없었다.[65]

사실 앞 장에서 보다시피 최한기가 믿을 만한 인식은 경험을 바탕으로

---

63 『神氣通』卷1 體通,「形滅則知覺滅」, "凡論死後之靈魂者. 皆外道之迷惑也."
64 『神氣通』卷1 體通,「形滅則知覺滅」, "若謂死後有知. 是形質. 無攸關於知也. 由於生在者之誤推測也."
65 『氣學』, 1：21, "外道之學. 因人之好生惡死. 趨吉避凶之情. 說長生久視之術. 輪廻報應之談. 靈魂不滅之言. 行之於身. 傳之于人. 及其死後. 更無向問之證. 亦無可見之驗."

나온다고 하면서 '추측'을 강조하고 '통'의 인식론을 자세하게 고찰한 것도 종교적·형이상학적 교설을 물리치고 참되고 보편적인 앎을 추구하는 의미가 강했다고 할 수 있다.

그러한 그가 종교가 지구상에서 국가보다 넓은 영역을 통합하고 있다는 사실을 인정하고 그것에 주목했다는 것 자체가 매우 흥미로운 사실이다.

최한기는 이미 유교만을 기준으로 세계를 중화(中華)와 이적(夷狄)으로 나누는 화이사상(華夷思想)을 극복하고 "사대세계(四大世界)에는 모두 군사(君師)가 있어 가르쳐 지도하고 백성을 다스리는 것은 그 지경의 가르침으로써"[66] 한다는 인식에 도달하고 있었다. 세계에는 유교뿐만 아니라 여러 가지 종교가 있고 그것이 공유되는 지역 안에서 하나의 공감대를 형성하고 그 울타리 안에서 사는 백성들을 교화하고 통합시키면서 국가 간에서도 공통적 가치관으로 작용하고 있다는 사실에 주목했다. 그것은 국가를 넘어선 범위에 주목하면 세계종교(世界宗敎)이고, 사회적 통합을 이루고 공통된 가치관·윤리관을 제공하고 있다는 측면에서 보면 공공종교(公共宗敎)라고 말할 수 있다.

이와 같은 국가를 넘어선 종교의 개념은 20세기 영국의 역사가 토인비(Arnold J. Toynbee, 1889~1975)나 미국의 정치학자 헌팅턴(Samuel P. Huntington, 1927~2008)이 제기한 '문명(civilization)' 개념과도 가깝다.[67] 여기서 말하는 이른바 '문명'은 흔히 '야만'과 대비되는 그것이 아니라 개인이 강하게 식별하는 가장 범위가 넓은 정체성이자 가족·부적·고향·국가·지역

---

66 『神氣通』卷1, 體通, 「通敎」, "四大世界. 皆有君師. 敎導御民則以此界之敎."
67 야규 마코토, 『崔漢綺氣學研究』, 2008, p. 119.

보다 넓은 범위의 문화적 동일성을 가리킨다.

그러나 최한기는 세계적으로도 서구 근대를 기준으로 한 문명-야만의 이분법적인 세계관이나 전통적인 화이사상이 주류를 이루었던 19세기 중반기에 이미 그 양자를 모두 극복하고 종교 다원적인 세계 인식에 도달했던 것이다.

최한기는 천하의 가르침[教]에 네 가지가 있다고 말했다. 불교, 이슬람[天方教], 그리스도교, 유교가 바로 그것이다. 그리스도교[天主教]는 통틀어서 그리스도교[克力斯頓教]라 하고[68], 가톨릭교[加特力教, 天主舊教], 성공회[額利教], 개신교[波羅特士頓教]의 셋으로 나누어진다고 말한 것처럼 그리스도교 전체와 그 일파로서의 천주교(가톨릭)의 관계를 대략 인식하고 있었다.[69] 그에 의하면 불교는 인도 중·남·동부 지역에서 미얀마, 태국, 중국 칭하이성, 티베트 서장고비 사막 남북의 몽골에서 믿어지고 있다. 이슬람은 인도 서부에서 이란, 아라비아, 아프리카 대륙, 파미르 좌우의 카자흐, 키르기스 등 유목민족들과 천산남로(天山南路)의 각 도시에서 신앙되고 있다. 그리스도교는 대서양의 유럽 각국, 그리고 대서양 맞은편의 미국대륙 각국에서 믿어지고 있다. 마지막으로 유교는 중국, 베트남, 조선, 일본에서 믿어지고 있다고 서술했다. 그러면서 그는 이들 종교가 모두 창시 혹은 전래된 연수

---

68 『推測録』卷5, 推己測人「推師道測君道」, "天主教總名爲克力斯頓教. 亦分三. 一加特力教. 乃意大里亞所行天主舊教. 一額利教. 一波羅特士頓教." 여기서 말하는 '天主教'는 그리스도교의 총칭이다.

69 『推測録』卷5, 推己測人「推師道測君道」, "佛教分爲三. 一墨那教. 即印度國舊教. 又名興杜教." 최한기는 힌두교를 불교의 일파로 보고 있었다.

를 세어 보면 길어도 3,000년 정도에 지나지 않다고 서술했다.[70]

이들 종교는 고대부터 각각 나름대로 종교적 세계관을 나타내는 개념을 가지고 있다. 불교에서는 염부제(閻浮提) 또는 섬부제(贍部提), 이슬람에서는 다르 알 이슬람(Dār al-Islām), 그리스도교에서는 오이쿠메네(Oikoumenē), 유교에서는 천하(天下) 등이 그것이다.

최한기의 '가르침'은 바로 그렇게 종교적으로 구획된 문명권·문화권을 통틀어서 가리키는 개념이라고 말할 수 있다. 그리고 그는 '가르침[敎]'과 거의 같은 의미로 '교법(敎法)' '사도(師道)'라는 말도 사용하고 한 나라의 정치를 가리키는 '군도(君道)'라는 말과 대비시켰다.

그는 세월이 지나면 없어지는 것이 아니라 오래도록 없어지지 않는 것이 올바른 가르침[正敎]이고, 있어도 좋고 없어도 좋은 것이 아니라 잠깐 동안이라도 없어서는 안 되는 것이 올바른 가르침이라고 말한다. 그리고 군도(君道)와 사도(師道)가 한때나 한 나라의 낡은 규범에 구애된다면 스스로 한계를 짓게 된다고 하면서 군도를 시작하는 자(즉 위정자)는 사도의 떳떳한 도리를 염두에 두고서 천하 만세에 행해질 만한 법도[程章]를 세우고, 사도를 맡은 자는 군도가 관할하는 것을 통솔해서 전 세계에 떳떳하고 오래가는 도리를 밝혀야 한다고 하면서 융성한 덕이 나타나는 큰 사업[盛德大業]은 이것보다 나은 것이 없다고 강조했다.[71]

---

70 『推測錄』卷5, 推己測人「推師道測君道」, "凡天下之教有四. 自中南東三印度. 而緬甸暹羅而西藏而青海漠南北蒙古皆佛教. 自西印度之包社阿丹. 而西之利未亞洲而東之蔥嶺左右哈薩克布魯特諸游牧而天山南路諸城郭皆天方教. 自大西洋之歐邏巴各國. 外大西洋之彌利堅各國皆天主教. 與中國安南朝鮮日本之儒教. 計其歷年. 則總不過數三千年之久."

71 『推測錄』卷5, 推己測人,「推師道測君道」, "稍俟幾年之久遠. 而息滅者非正教也. 雖久遠.

즉 그는 가르침=사도가 한 나라의 정치=군도를 이끄는 것을 당연한 것으로 생각하고 있었다. 그렇다면 그 가르침은 마땅히 지역적·역사적으로 한정되는 편파적인 것보다는 좀 더 보편적이고 항구적이고 떳떳한 도리를 밝히는 것이어야 된다. 그리고 그러한 가르침을 받아서 이루어지는 정치는 단지 한 나라만 잘 다스리면 그만이 아니라 세계와 미래에 모범이 될 만한 법도를 세우는 데까지 나아가야 된다는 것이다.

'가르침'을 중시한 그의 생각의 바탕에 유교적 사상이 깔려 있는 것은 틀림없다.

> 요·순·주공 이래로 몇 천 년 동안 억조의 백성이 그 가르침 안에서 함육되고 일치일란(一治一亂)은 이 가르침이 분명하느냐 그렇지 못하느냐에 달려 있다. 가르침이 밝혀지지 않으면 장차 괴란(壞亂)이 다가올 수 있으므로 아는 자는 근심하고 한탄하지 않음이 없다. 가르침이 만약에 밝혀지면 장차 다스려지고 융성해지게 되면서 동식물들까지도 기뻐하지 않음이 없다. 이것으로 뭇 백성이 신기에 '통'함이 없는지 있는지를 시험해 볼 수 있다.[72]

그는 교화가 제대로 이루어지고 있는가 여부가 나라의 평안과 혼란과도

而不息滅者正教也. 有之可無之可者非正教也. 雖須臾不可無者正教也. 非特天下之教道. 雖一家一鄕之立教. 以其常久與不常久之理. 可占優劣耳. 君道師道. 拘於一時一國之弊規. 則未免自畫. 刱君道者. 念師道之經常. 而立天下萬世可行之程章. 任師道者. 統君道之管轄. 而明四海常久之道理. 盛德大業. 孰過於此."
72 『神氣通』卷1, 體通, 「通教」, "自堯舜周公以來數千載. 億兆民. 涵育於斯教中. 一治一亂. 由於斯教之明不明. 教若不明. 將有壞亂之漸則有知者莫不憂歎. 教若休明. 將有治隆之漸則動植羣生. 莫不悅豫. 於此可驗蒸民神氣之通無有乎."

연관된다는 전통적 유교의 관념을 자기의 '통' 사상과 결부시키고 한 나라의 백성들이 '통'하고 있느냐 여부와도 관련이 있다고 보았다. 그뿐만 아니라 그 사상을 세계에 부연시켜 각각의 '가르침'이 그 지역의 흥망과 관련된다고 본 것이다.

3) 세계의 '불통(不通)'

그러나 그가 보기에 당시의 세계는 거기에 훨씬 못 미치는 상황이었다. 우선 세계가 불교·이슬람·그리스도교·유교의 네 가지 '가르침'으로 갈라지고, 또 그 안에서도 여러 교파로 다시 갈라져 있었기 때문이다. 개인이나 집안, 국가 사이와 마찬가지로 '가르침'을 달리하는 사람들 사이의 대립 갈등도 자기중심주의, 오만과 타자에 대한 멸시와 같은 불통의 병이기 때문이다.

또 하나의 문제는 세계의 주요한 '가르침' 자체가 그가 말하는 외도(外道) 즉 영혼불멸이나 천당과 지옥, 윤회전생, 불로장생, 무형의 신천(神天, 즉 유일신)이나 허무, 그리고 길흉화복, 귀신, 방술(方術)이나 기타 여러 가지 괴탄한 이야기들, 달리 말하면 형이상학이나 초월적·미신적·신화적 요소가 뒤섞이고 있는 점이다. 그는 감각적 경험을 바탕으로 한 근거도 없이 어떤 신앙·신조에 반대하는 입장이었다. 하지만 "뭇 백성을 통솔하는 도는 오직 가르침뿐"[73]이라고 생각하는 그에게는 그러한 '가르침'이 현실적으로 넓은

---

73 『神氣通』 卷1, 體通, 「通敎」, "統率蒸民之道. 惟敎耳."

지역에서 수많은 사람들에게 공유되고 있다는 현실만은 받아들이지 않을 수 없었다.

세 번째 문제는 이미 전 지구가 항로(航路)로 연결되고 사람들과 물자가 왕래하게 되면서 각각의 가르침과 가르침을 매개하고 통용할 만한 '가르침' 이 하나도 없다는 점이다.[74] 그래서 그는 각각의 '가르침'의 벽을 넘어서 보편적으로 받아들일 수 있는 세계적 가르침을 구상하게 된 것이다.

5. 최한기의 '통교(通教)'

최한기는 단지 전 세계적으로 통용될 수 있는 가르침의 필요성을 주장만 한 것이 아니라 그것이 어떤 것이어야 하는지에 대해서도 나름대로 지침을 제시했다.

> 여러 지역의 가르침을 비교하면 4대 지역에 참조가 되고 비교가 되지 않음이 없다. 저절로 같은 바가 있고, 또 저쪽에는 있어도 이쪽에 없는 것이 있고, 이쪽에 있어도 저쪽에 없는 것이 있다. 천하가 모두 같이하는 가르침이 바로 '천인(天人)의 가르침'이다. 이 가르침을 닦고 밝히는 자가 천하의 스승이 된다. 만약에 마땅치 않은 가르침을 섞으면 곧 천하의 스승이 아니다. 저

---

74 그 문제를 해결하기 위해 당시 제국주의 열강들은 비서구세계를 식민지화시키면서 자기들의 규칙과 제도를 강요하는 방법을 취했다. 그것을 '문명화(civilization)'의 이름으로 미화시키고 제국주의 침략과 식민지화를 정당화시킨 것은 잘 알려진 사실이다.

쪽에 있고 이쪽에 없거나, 이쪽에 있고 저쪽에 없는 가르침은 벽처(僻處)의 낡아빠진 풍속이 아니면 화복(禍福)을 가지고 유혹하는 설이다. 처음에는 올바른 가르침처럼 꾸며서 행해지더라도 마침내 올바른 가르침에 해가 되고 망치게 되므로 도리어 백공(百工)을 묶을 스승이 될 수 없다. 기용학(器用學)·역산학(曆算學)도 역시 천하가 같이하고 민생에 없을 수 없는 것이니 오히려 스승으로 존중받을 반열에 낄 수 있다. 다만 저 같이 않는 가르침, 도리어 해가 되는 도는 마땅히 함께 털어내 버려야 된다. 점차 바뀔 수는 있으나 갑자기 변화시킬 수는 없다. 권세와 이익을 가지고 이끌 수는 있으나 위력으로 깨뜨리고 억누를 수는 없다. 저 오랫동안 전해 내려왔으나 효험이 없는 것은 반드시 변천하게 되고, 이미 변천하면 거의 근원으로 돌아가기를 바라보게 될 것이다.[75]

그는 '천인의 가르침'을 세우기 위해서는 세계의 여러 가르침을 비교하면서 천하 사람들이 같이할 수 있는 공통된 내용을 찾아내는 것과 '화복'과 같은 내용으로 사람을 끌지 말아야 된다는 방침을 제시했다. 그리고 기용학(器用學; 공학·기술학?)과 역산학(曆算學; 자연과학·수학 등)의 예를 들어서 그것은 세계에서 공통적으로 사용되고 민생에 필요불가결한 것이기 때문

---

75 『神氣通』 卷1, 體通, 「通教」, "較諸彼界之教. 四大界無不叅較. 自有所同. 又有彼有此無. 此有彼無者. 天下皆同之教. 則天人之教也. 修明此教者. 爲天下師. 若雜以不當教之教. 便非天下師也. 彼有而此無. 此有而彼無之教. 如非僻處之弊俗. 卽是禍福之誘說也. 始則假正敎而行焉. 末乃害正敎而淪胥. 反不約百工之師也. 器用學. 曆算學. 是亦天下之所同. 民生之不可闕. 寧可叅於師尊之列. 惟彼不同之教. 反害之道宜幷汰棄. 可漸化而不可猝變. 可以因勢利導不可將威摧抑. 彼自有久傳無驗. 必至變遷. 旣至變遷庶望返原."

에 스승으로 삼을만하다(배울 만하다)고 주장했다. 다시 말해 '천인의 가르침' 또는 '통교'를 확립함에 있어서 가치관의 다원성을 인정하면서 각각의 '가르침'에서 공통성, 보편성, 타당성, 합리성이 있고 공유가 가능한 요소를 채용하는 한편, 형이상학적, 비합리적, 신비적, 미신적인 요소를 제거하려는 회통적(會通的) 방법을 채용한 것이다.

여러 가르침 가운데서 하늘[天]과 사람의 마땅한 도리에 있어서 절실한 것을 골라서 취하고 허망하고 잡박하며 기괴하고 황당한 것을 제거한 것은 천하만세(天下萬世)를 통틀어서 행해지는 가르침이 될 것이다. … 유도(儒道) 중의 윤리도덕과 인의(仁義)를 취하고 귀신과 재앙과 상서(祥瑞)의 설을 제거하고, 서양의 과학과 종교[西法] 중의 자연과학[曆算]과 기설(氣說)을 취하고, 괴탄(怪誕)한 이야기와 화복(禍福)의 설을 제거하고, 불교 중의 허무(虛無)를 실유(實有)로 바꾸어서 셋을 아울러 하나로 돌아가게 하고 옛것을 따르면서 혁신한다면 참으로 천하를 통틀어서 행할 수 있는 가르침이 될 것이다.[76]

그는 유교에서 윤리도덕과 인의를, 서양 학술에서 자연과학과 기설(氣說)[77]을 취하고, 불교에서 허무(虛無)를 실유(實有)로 바꾸자고 주장했다.[78]

---

76 『神氣通』卷1, 體通, 「天下教法就天人而質正」, "諸敎中擇取切實於天人之宜者. 除去虛雜怪誕者. 以爲天下萬世. 通行之敎. (……) 儒道中取倫綱仁義. 辨鬼神災祥. 西法中取歷算氣說. 祛怪誕禍福. 佛敎中以其虛無. 換作實有. 和三歸一. 沿舊革新. 豈爲通天下可行之敎."
77 여기서 말하는 기설(氣說)은 자연과학 중에서 대기(大氣)의 성질, 대기 중의 자연현상, 예를 들면 천문 관측 시에 대기 굴절로 일어나는 대기차 현상과 같은 기술로 생각된다.
78 성리학자들은 대부분 불교를 단지 이단(異端)이라 하여 물리쳤으나 최한기는 그것과 달

언뜻 보면 그가 제안한 '천하에 행할 수 있는 가르침'의 내용은 유교 도덕과 서양 과학을 접목시키려 했다는 점에서 동서 절충주의와 비슷하게 보인다. 그러나 조선 말기의 '동도서기(東道西器)', 일본의 '화혼양재(和魂洋才)', 중국의 '중체서용(中體西用)' 등 동양적 윤리도덕을 바탕으로 서양문명을 수용하고자 한 부류의 사상과는 확실히 상이한 것이다.

우선 최한기의 경우 동서(東西)·유불(儒佛) 등을 회통시킴으로써 전 세계 사람들이 공통적으로 승인하고 수용하고 활용할 수 있는 가르침을 모색했다는 점에 차이가 있다.

다음으로 최한기가 '하늘'에 대한 분명한 안목을 가지고 있었다는 점에서도 동도서기 식의 동서양 절충 논리와 구별된다. 그는 유교·불교·이슬람·서양교(그리스도교)의 4개 가르침이 본래 모두 하늘을 섬기는 것이라고 강조했다.

> 무릇 네 가르침[四敎]은 모두 숭상하고 섬기는 것이 있으니 유교의 상제(上帝), 불교의 제천(諸天), 이슬람의 사천(事天), 서양의 신천(神天)이다. 비록 이름은 달라도 기실은 모두 하늘이다. 후학의 달관하지 못한 자가 명명한 뜻에 따라 궁구하는 바가 같지 않게 되고, 보는 바가 각기 다르기 때문에 점차 다른 방향으로 가게 되었고, 장황해서 알기 어렵게 되었다. 어떤 이는 인사(人事)를 미루어서 본뜬 상(像)을 만들고, 어떤 이는 신괴(神怪)하고 엉뚱하게 꾸

리 어떤 면에서 불교의 의의를 나름대로 인정했던 것 같다. 최한기의 불교 이해와 인식은 다른 기회에 검토하고자 한다.

머놓았으니 이것이 어찌 하늘을 따르는 도(道)를 받들어 따를 뿐이겠는가?[79]

그는 종교의 형이상학적·비합리적·신비적·미신적 측면을 배격하면서도 하늘에 대한 공경은 오히려 중요시했다. 하늘을 섬긴다는 점에서 보면 네 종교는 근본적으로는 다를 바가 없다는 것이다. 그러나 후세 사람들은 그 원래 뜻을 모르고 서로 다른 방향으로 가게 되었고, 또한 상(像)을 만들거나 엉뚱한 이야기를 꾸미거나 함으로써 하늘을 따르는 도가 오히려 애매해졌다는 것이다.

또한 최한기는 자기 혼자만으로 공평하고 올바른 '통'을 이루어내는 것은 거의 불가능한 일로 보고 그것을 얻으려면 무수히 많은 사람들의 중지(衆智)를 결집해서 뭇사람이 공통적으로 인정할 수 있는 '경상(經常)'을 얻어야 한다고 강조한다.

> 치우쳐 통하면 고체(固滯)하고 두루 통하면 활달(豁達)하다. … 반드시 내 몸의 통한 바를 미루어 여러 사람이 통한 바를 통하고 여러 사람의 이목을 나의 이목으로 삼고, 여러 사람의 신기로써 나와 신기와 통한다면 나는 비록 하나의 신기라 할지라도 무수히 많은 사람들[萬億]의 신기로 만들 수 있다. 무수히 많은 사람들의 신기를 거두어 모으려면 모름지기 한 몸의 신기를 써야 하고, 그러한 연후에 중정(中正)의 대도(大道)에 대해 무수히 많은 사람들이 통

---

79 『推測錄』卷5, 推己測人, 「推師道測君道」, "若夫四敎皆有尊事. 儒之上帝. 佛之諸天. 回之事天. 洋之神天. 名雖殊. 而其實皆天也. 後學之不能達觀者. 因其命名之義. 而所究不同. 因其所見之各異而. 趨向漸歧. 巍蕩難知. 或推人事而倣像. 或以神怪而杜撰. 豈是順天之道. 奉承而已哉."

하는바 경상(經常)에 따라 특별히 내세우고 명호(名號)을 세울 수 있다. 이것이 곧 '윤강인의(倫綱仁義)'이다.[80]

그는 동서 회통적인 가르침의 중심에 유교적인 학의 윤리도덕을 놓았다. 하지만 그는 '윤강인의'의 윤리도덕이 수많은 사람들이 공통적으로 통한 바라고 생각했다. 그리고 인의예지와 같은 덕목도 '추측(推測)'을 통해 이루어진 것이라고 보았다.

맹자는 "측은할 마음[惻隱之心]은 인(仁)의 단서요, 수오할 마음[羞惡之心]은 의(義)의 단서요, 사양할 마음[辭讓之心]은 예(禮)의 단서요, 시비를 아는 마음[是非之心]은 지(智)의 단서이다."라고 했다. 이 구절에 주자가 "측은·수오·사양·시비는 정(情)이다. 인·의·예·지는 성(性)이다. 마음[心]은 성·정을 거느리는 것이다. 단(端)은 실마리[緖]이다. 정(情)이 일어남으로 인하여 성(性)의 본연(本然)을 볼 수 있으니 마치 물건이 안에 있는 것을 바깥에서 볼 수 있는 것과 같다"[81]고 주석을 달았듯이, 도덕심의 근원은 원래 인간 본성에 내재한다는 것이 전통 유교의 주류적 견해였다.

이에 대해 최한기는 그것도 인간 본성으로 내재된 것이 아니라 "추측 속

---

80 『神氣通』 卷1, 體通, 「耳目神氣統萬爲一」, "偏通則固滯. 周通則豁達. 以一身之諸竅諸觸. 泰互比較. 以定一事之本末. 猶勝於通一竅而斷一事. 必使我身之所通. 推通於諸人所通. 以諸人之耳目. 爲我之耳目. 以諸人之神氣. 通我之神氣則我雖雙耳雙眼. 可作萬耳萬目. 收聚萬耳萬眼之所得. 須用於雙耳雙眼. 我雖一神氣. 可作億億之神氣. 收聚億億神氣. 須用於一身之神氣. 然後中正大道. 從萬億人所通經常. 特揭建號. 卽倫綱仁義也."
81 朱熹, 『孟子集注』, 「公孫丑上」, "惻隱之心, 仁之端也; 羞惡之心, 義之端也; 辭讓之心, 禮之端也; 是非之心, 智之端也. 〈惻隱, 羞惡, 辭讓, 是非, 情也. 仁, 義, 禮, 智, 性也. 心, 統性情者也. 端, 緖也. 因其情之發, 而性之本然可得而見, 猶有物在中而緖見於外也〉"

에는 저절로 (남을) 살리고 이루게 하는 인(仁), 마땅한 쪽으로 나아가는 의 (義), 질서를 따르는 예(禮), (선을) 권장하고 (악을) 징계하는 지(知)가 있다"[82] 고 하여, 경험을 바탕으로 한 '추측'을 통해 얻어지는 일종의 도덕적 판단이 라고 보았다. 그리고 이러한 도덕의 실천을 통해 서로 화합하고 협력하는 가운데서 사람들이 서로 도와가는 도가 성립된다고 보고 그것을 '인도(人 道)'라고 불렀다.

최한기는 보편적인 윤리도덕으로서 유교의 오륜(五倫)을 강조하면서 그 것에 일관하는 것은 '인인상위용(人人相爲用)' 즉 사람들이 서로 상대방을 위해 도움이 되는 것으로 정의했다.

> 부모는 자식이 모실 보람이 있는 도를 행하고, 자식은 부모가 가르친 보람 이 있는 행실을 하고, 임금은 신하가 충성할 보람이 있는 훌륭한 정치를 하 고, 신하는 임금이 올바를 수 있게끔 정책을 세우고, 남편은 아내가 따를 보 람이 있는 남편이 되고, 아내는 남편과 화합하는 보람이 있는 아내가 되고, 어른은 젊은이가 공경할 보람이 있는 어른이 되고, 젊은이는 어른에게 사랑 받는 젊은이가 되고, 친구는 서로 믿을 수 있는 친구가 되어야 된다. 먼저 남 에게 믿음직한 사람이 되어야 남은 곧 그 사람을 믿어 주는 것이다. 사람 쓰 는 도는 오륜으로부터 시작되며 나라가 백성을 유지하고 백성이 나라를 의 지하기에 이른다.[83]

---

82 『推測錄』卷3, 推情測性,「仁義禮智」, "推測之中. 自有生成之仁. 適宜之義. 循序之禮. 勸 懲之知."
83 『人政』, 卷20,「相求爲用」, "父爲子之可事之道. 子爲父之可敎之行. 君爲臣之可忠之政. 臣爲君之可義之謨. 夫爲婦之可順. 婦爲夫之可和. 長爲幼之可恭. 幼爲長之可愛. 朋友相

최한기에게 오륜은 윗사람에 대한 아랫사람의 복종의 윤리가 아니라 윗사람에게도 나름대로 의무를 요구하는 상호적인 것이었다. 이렇게 보면 최한기가 재해석한 '오륜'도 역시 '통'에 포함되는 것을 알 수 있다. 그러한 상호적 윤리적 관계가 나라와 백성 사이에 이루어지면 나라와 백성이 서로 의지하게 된다는 것이다. 그리고 그 앞에 있는 윤리적 목표가 바로 무수한 인민이 서로 화합하는 '조민유화(兆民有和)'의 실현이었다.

> 부자유친(父子有親), 군신유의(君臣有義), 부부유별(夫婦有別), 장유유서(長幼有序), 붕우유신(朋友有信) 아래에 하나 '조민유화(兆民有和)'의 한 구절을 보탠다면 오륜이 드러나고 통행되면서 조민지화의 실효와 오륜의 가르침을 각자가 힘써 행하게 되고 더불어 천하를 통틀어 행해지게 될 것이다.[84]

삼강오륜 등 유교 윤리에는 군신·가족·붕우 사이가 아닌 시민 간의 윤리가 희박하다고 지적되곤 한다. 최한기는 거기에 '조민유화(兆民有和)' 즉 뭇사람의 조화라는 일륜(一倫)을 첨가함으로써 그 결함을 보완하려 했다고도 할 수 있다. 그와 더불어 윤리의 기초를 신과 같은 초월적 존재에도, 양지나 본연의 성과 같은 내재적인 도덕적 본성에도 두지 않고 오로지 인간과 인간 사이의 관계성에만 두었다고 볼 수 있다.

爲可信. 先爲人之可信. 人乃信之. 用人之道. 始於五倫. 至於國依於民. 民依於國."
84 『人政』卷18,「畎畝教法兆民有和」"父子有親. 君臣有義. 夫婦有別. 長幼有序. 朋友有信之下. 添一兆民有和一句. 以著五倫通行. 兆民致和之實效. 五倫之教. 各自勉行. 與通行天下."

6. 맺음말

실학자 최한기는 '신기(神氣)' 개념을 도입함으로써 전혀 다른 시각으로 인간과 세계를 보게 되었다. 그는 이 우주 전체가 한 덩어리의 살아 움직이는 '신기'라고 보았다. 우주에 가득 찬 신기가 엉켜서 구체적이고 개별적인 사물의 형질(形質)이 되고, 형질의 기가 흩어지면 신기로 다시 돌아간다. 사람과 생물의 생사도 기가 모이고 흩어지는 순환으로 설명된다.

그는 사람이 본연의 성이나 양지 같은 착한 본성을 타고난다고 하는 기존의 유학(성리학·양명학 등)의 주류적 견해에 반대하고 사람이 갓 태어났을 때에는 맑고 투명한 신기와 이목구비와 같은 감각기관, 그리고 손발만 가지고 태어나고 그밖에는 아무것도 갖추지 않는다고 주장했다.

그러나 한 번 태어난 후에는 눈으로 보고 귀로 듣는 등 감각기관을 통해 받는 자극으로 맑았던 신기가 물들고―이것을 형질통(形質通)이라 한다―그 물듦이 쌓이면 어느새 그것에 대한 인식·판단이 생기는데 그것을 '추측(推測)'이라고 한다.―이것이 추측통(推測通)이다―그 추측된 내용은 손발 등 신체의 기관을 통해 바깥세상에 시행된다. 최한기는 이러한 경험주의적인 인식론을 바탕으로 올바른 인식을 얻을 방법을 제시했다.

또 최한기는 인간의 신체는 각각 다른 기능을 가진 기관들 사이를 신기가 두루 통하고 있기 때문에 생명과 건강이 유지된다고 보았다. 만약 그 기의 흐름이 치우치거나 막히면[偏滯] 기의 불통(不通)으로 인해 몸이 아프고 병들게 된다고 주장했다. 기의 불통은 몸의 병뿐만 아니라 편견이나 지적 정체와 같은 지적 부조화[不調]로도 나타난다.

흥미로운 점은 최한기가 그러한 인간관·신체관을 개체로서의 인간뿐만 아니라 집안[家], 나라[國], 가르침[敎]이라는 더 넓은 영역에도 적용한 점이다. 그는 그러한 공동체에도 인간 개체와 같은 '유기체'로서의 동질성을 발견한 것이다.

그가 이와 같은 새로운 인간관과 세계관을 통해 본 세계는 더 이상 중국과 황제와 유교적 가치관을 중심으로 해서 그 중심으로부터의 원근에 따라 중화와 이적으로 나눠지는 화이사상으로 설명되는 세계가 아니었다. 그렇다고 19세기 당시에 세계적으로 확산되었던 서구근대를 정점으로 세계를 문명과 야만으로 서열화하는 세계관도 아니었다.

그가 보게 된 세계는 유교, 불교, 이슬람, 그리스도교 등 여러 가르침[敎, 敎法, 師道]으로 분절된 세계였다. 그는 군도(君道) 즉 한 나라의 정치는 사도(師道)에 의해 인도되어 있고, 또 올바르게 인도되어야 된다고 생각했다. 그것은 아득한 옛날에 요·순이나 주공 같은 성인들이 문물제도를 만들고 교화를 베풀고 백성을 다스렸다고 하는 유교적 역사관에 바탕을 둔 것이었으나 유교문화권만 아니라 다른 문화권도 역시 마찬가지로 나름대로의 가르침=사도가 있고, 그것에 따라 정치가 이루어지고 있다고 보았다. 그 결과 그는 종교 다원주의적으로 세계를 보게 된 것이다. 여기서 그가 말하는 '가르침'은 국가의 영역을 넘어서 넓은 영역을 망라하고 있다는 점에서 보면 '세계종교'이고, 그 영역 안의 수많은 사람들을 통합시키고 공통적인 가치관·윤리관을 제공한다는 점에서 보면 '공공종교'라고 할 수 있다. 다만 그가 보기에 당시의 세계는 매우 근심스러운 것이었다. 먼저 그 '가르침'도 내부에서 여러 교파로 갈라지고 대립 갈등─즉 불통─을 낳고 있다는 점이다. 두 번째는 그 가르침의 내용 자체가 그가 '외도(外道)'라고 부른 형이상학이나 초월적·미신적·신화적 요소가 혼재되고 있다는 점이다. 세 번째는 가르침 안에서는 공감대가 형성되고 사회적·지역적 통합이 유지된다고 해도, 이미 세계가 항로에 의해 하나로 연결되고 사람과 물자가 서로 오고가게 되었음에도 하나의 가르침과 또 다른 가르침 사이에서는 서로 소통할 길이 없다는 점이다.

그래서 최한기는 '천하만세(天下萬世)를 통틀어서 행해지는 가르침'을 제안했다. 그것은 유도에서 윤리도덕과 인의를 취하고, 서양에서 자연과학과 기설을 취하고, 불교에서는 허무를 실유로 바꾸어서 귀신, 재앙과 상서, 괴탄과 화복, 허무 등을 제거하고 셋을 하나로 아우르는 것이었다. 이것은 한국사상사에서 보면 신라시대의 풍류도나 원효의 화쟁회통 사상을 거쳐 동학을 비롯하여 증산교, 원불교 등의 한국 개벽종교에 이어지는 회통의 계보 위에 자리매김할 수 있다.

21세기의 오늘날, 세계적으로 다양성(diversity)이 화두가 되고 있다. 다종교·다문화와의 공존과 상생은 시급한 과제이다. 그러나 한편으로 종교뿐만 아니라 이념 갈등, 정치적 갈등 등 각가지 갈등 대립은 세계적으로 갈수록 심각해지고 있다. 그런 가운데 한국사상 및 종교를 살펴보면 종교 간의 공존과 소통, 나아가서는 사회의 인심의 폐단을 경계하고 이념적·계층적 대립 갈등을 조정하고 회통시키는 중도(中道)의 길을 제시하기도 했다. 그 사상과 실천은 오늘날의 세계와 사회가 안고 있는 문제에 시사하는 바가 크다고 하겠다.

제3장

한국 · 일본 · 중국에 있어서 '신실학론(新實學論)' 비교

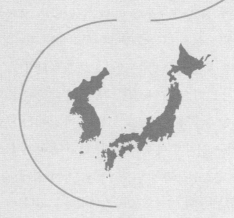

제3장에서는 근현대 한 · 일 · 중의 실학관(實學觀)을 살펴본다. 한국에서 말하는 '실학(實學)', 일본의 '지츠가쿠', 중국의 '시슈에'는 그 의미내용도 연구가 시작된 시기도 각각 다르다. '실학'을 동아시아 세 나라에서 먼저 사상사적으로 연구한 것은 한국이었다. 1910~20년대의 국고(國故) 연구에 이어서 1930년대에 '실학'이 개념화되었다. 한국 독립 후 1950년대부터 일어난 '실학' 개념 논쟁을 거쳐 1970년대에는 근대 지향 의식, 민족의식, 탈주자학적 사유라는 실학의 성격이 정립되었다. 한편 북한에서는 마르크스=레닌주의, 뒤에 주체사상의 입장에서 실학파는 상대적으로 진보적 · 민중적이고 유물론적인 사상으로 높이 평가했다. 일본의 실학연구는 마루야마 마사오[丸山眞男]가 에도시대 주자학의 '윤리의 실학'이 후쿠자와 유키치[福澤諭吉]의 '물리의 실학'으로 전환되었다고 주장하면서 그 문제제기를 비판적으로 이어받은 미나모토 료엔[源了圓]부터 본격적인 실학연구를 시작되었다. 대체로 일본의 실학 연구는 제국주의 · 군국주의로 나간 실제의 역사와 다른 '또 하나의 근대'의 가능성을 모색하는 면이 있었다. 오가와 하루히사[小川晴久]는 '실심실학(實心實學)'을 제창하면서 실학의 유교적인 '수기(修己)'의 측면이 오히려 현대적 의미가 있다고 주장한다. 중국의 경우 유교가 원래부터 경세(經世)의 전통과 현실참여 지향을 가지고 있었다. 꺼롱진[葛榮晉]에 의하면 송명이학(宋明理學)이 명대(明代)에 형식화 · 경직화되면서 거기에 내표된 실학사상, 중국고전과학의 부흥, 서세동점(西勢東漸)의 자극이 (1)실체실학(주로 기의 철학), (2)경세실학, (3)과학실학, (4)고증실학, (5)계몽실학으로 정리되는 실학 사조를 낳았다고 한다. 현대 중국에서는 역사적인 실학과 시진핑[習近平] 정부가 내세우는 '삼엄삼실(三嚴三實)'이 결부되면서 국가적 지원 아래 활발한 실학 연구가 이루어지고 있다.

1. 들어가는 말

　'실학'이라는 말은 한국·일본·중국에서 공통적으로 중요한 학문 용어로 등장한다. 그렇다면 '실학'이란 무엇인가? 한국·일본·중국에서의 실학의 역사와 그것에 대한 인식을 비교해 볼 때, 거기에는 적지 않은 차이가 있다. 한국에서 실학은 사상사적 범주·개념으로 확립되어 있지만 일본과 중국에서는 꼭 그렇지 않다. 일본에서는 대부분의 대학이 '실학 중시', '실학주의'를 내세우고 있듯이 '지츠가쿠[実学]'는 흔히 쓰이는 말이지만 실학을 사상사적으로 보려는 시각은 매우 약하다. 한편 중국에서는 요즘 '시슈에[実学]'를 중화민족의 정신문화이자 오늘날의 정치·경제·경영·학술·교육 등을 통틀어서 지향해야 할 이념으로 자리매김하고 있다.

　이 논문에서는 한국·일본·중국의 (사상사적 범주로서의) 실학 연구 경향과 실학관을 각각 개관한 뒤 오늘날의 새로운 실학이 지향해야 할 방향을 모색해 보고자 한다.

2. 한국·일본·중국의 실학에 대한 새로운 시각

1) 한국

한국의 실학 연구는 한·일·중 세 나라에서 가장 먼저 시작되었다. 1910~ 20년대 조선학(朝鮮學) 운동에서 국고(國故) 연구가 이루어지는 가운데 조선후기의 '의독구실(依獨求實)'의 학풍이 주목을 받게 되었다. 1930년대에 정인보·문일평·최남선 등이 '실학'이라는 말을 쓰기 시작하고 1935년에는 다산 정약용 서거 100주년을 맞이하여 각 언론기관이 실학에 대한 관심을 불러일으켰다.

그런데 1930년대의 실학 연구에는 두 갈래가 있었다. 하나는 타율사관· 정체사관에 입각한 식민사학이 바로 그것이고, 그들은 실학이 단지 청학 (淸學) 또는 중국 사상을 도입한 것으로 설명하려 했다.[85] 한편 조선학의 입장에서는 실학에서 민족의식의 맹아와 근대 지향 의식, 현실 변혁의식을 보았다. 이른바 실학이 유달리 고조된 그 기초는 바로 민족주의였다.[86]

태평양전쟁과 독립, 그리고 한국전쟁을 겪은 후 1950년대에 실학 연구가 다시 고조되면서 실학은 조선왕조 사회의 정치·경제·사회·문화적 모순을 해결함으로써 왕조 사회의 정비를 도모하는 사회정책 내지는 그 기반으로 파악되었다. 그리고 이 시기의 실학 연구에서는 조선왕조 사회의 역사적 현실을 문제로 삼게 되었고, 이에 따라 실학의 개념 문제가 중요한 논쟁거

---

85 藤塚鄰, 末松保和, 高橋亨 등이 그 대표적인 학자들이다.
86 千寬宇, 「朝鮮後期 實學의 概念 再檢討」, 延世大學校 第1回 實學公開講座, 1967.11.3.

리가 되었다. 그 속에서 실학 개념은 실학사상 자체의 역사적 성격에 의해서만 규정될 수 있다는 방향으로 의견이 모아졌다고 하겠다. 또 1960년부터는 1930년대 민족사학의 성과를 계승하면서 실학은 중세에서 근대에로 움직여 가는 사회경제의 사상적 방향으로 인식되게 되었다. 이어서 1970년대에는 실학의 성격으로 근대 지향 의식, 민족의식, 탈주자학적 사유 등이 정립되었다. 그리고 이우성에 의해 이른바 '3대 실학파'(經世致用, 利用厚生, 實事求是)가 교과서에 실릴 정도로 정착되었다.

한편 북한에서는 식민지시대의 조선사상 연구 성과를 비판적으로 수용하면서 처음에는 마르크스-레닌주의의 시각으로 재해석하고[87] 한국(조선) 사상사를 재구성했다. 그 가운데서 17세기부터 더욱 격화되는 봉건사회의 모순을 반영하고 중국을 통해 들어오는 진보적인 자연과학을 받아들인 기초 위에서 일련의 진보적인 철학가들이 등장하였는데, 그들이 바로 실학파(實學派; 실용학파)라고 보았다. 북한 마르크스주의(뒤에 주체사상)의 입장에서도 실학파는 진보적·민중적·상대적으로 유물론적인 사상으로 높이 평가받았다.

그들(실학파-옮긴이)의 유물론적인 철학적 요소와 진보적인 사회·정치적 견해는 기본적으로 진보적 양반계급의 이익을 대변하고, 또 농민과 도시 평민층의 이익을 대변했다. 특히 그들의 진보적인 사회·정치적 견해와 애국주

---

87 다카하시 토오루[高橋亨]가 조선 성리학파를 주리파(主理派)와 주기파(主氣派)로 양분한 것을 유물사관(唯物史觀)적 시각으로 주리파를 관념론, 주기파를 유물론으로 해석한 것이 대표적이다.

의 사상은 당시의 봉건통치의 반동성을 폭로하고 조선 인민의 자주독립의
정신 발전을 위해 큰 역할을 했다.

실학파의 철학체계는 일정하지 않다. 혹은 서경덕(徐敬德)의 기일원론(氣
一元論)의 영향 하에 있거나, 혹은 이이(李珥)의 객관적 관념론의 영향 하에
있었다. 그러나 그들의 공통된 사상은 당시의 부패한 봉건사회를 개조하고
압박을 받는 인민을 구제하려는 불타는 열의로 가득 차 있었다. 그러므로 그
들은 자기들의 진보적인 사상개혁안을 제기한 것이다. 그들의 사상은 이조
말의 계몽사상가의 주요한 사상적 원천이 되었다. … 이조 시기에 기일원론
적 철학의 최고봉을 이루고 그것을 정식화한 걸출한 유물론자는 최한기(崔漢
綺)이다. 그는 특히 깊은 선진적인 자연과학 지식에 입각해서 그의 유물론철
학을 전개했다.[88]

북한에서는 기철학=유물론으로 보았기 때문에 그 시각에서 묻힌 사상
가를 발굴하기도 했다. 최한기는 바로 그중 한 사람이다. 최한기는 그 사후
에 저술의 대부분이 분산된 바람에 수수께끼의 인물이 되어 있었으나 1960
년대에 먼저 북한에서 재발견되었다가 『조선철학사』가 일본어로 번역되
면서 일본에서 알려지고, 일본을 통해 다시 남한에 소개된 사상가이다.[89]

---

88 鄭鎭石, 鄭聖哲, 金昌元 저, 宋枝學 역, 『朝鮮哲學史』 결론, p. 391-192.
89 최한기의 사상사적 위상에 대해서는 적지 않는 논란이 있다. 보통 최한기는 조선후기 실
   학사상가 중 한 사람으로 인정받고 있다. 이우성은 최한기가 정약용까지의 '경학의 실
   학'을 '과학의 실학'으로 전회(轉回)시켰다고 평가하면서 최한기의 사상사적 위상을 실
   학사상과 개화사상 사이의 가교자(架橋者)로 자리매김했다. (李佑成, 「明南樓全集 解
   題」, 『明南樓全集』 一, 2002) 하지만 김용옥은 '실학=반주자학=반봉건=부르주아 자본주
   의 자유정신의 맹아'라는 도식에 의문을 제기하면서 '실학 허구론'을 주장하였다. (김용

한편 실학 개념에 (음으로 양으로) 전제되어 온 유교중심주의를 비판하고 그것과 다른 실학이 존재한다는 주장도 있다. 종교학자인 여산 류병덕(如山 柳炳德, 1930~2007)은 1930년대에 개념이 정립된 조선후기 실학 논의에 대해 이른바 실학이 한국 근대화의 효시나 역할이 되지 못하고 다만 학자들의 문헌 분석에 의한 '이론실학'에 지나지 않는다고 비판했다. 그리고 원불교의 소태산 박중빈(少太山 朴重彬)이나 기독교인의 안창호(安昌浩), 승려의 백용성(白龍城) 등이야말로 이론과 실천이 명실상부한 '실천실학'이라고 주장했다.[90] 그는 조선후기 '이론실학'의 한계를 다음 두 가지로 지적한다. 하나는 민중들이 주체가 된 실천운동이 아니었다는 점이고, 또 하나는 실학자들의 개혁론이 정책에 반영되지 못했다는 점이다. 다시 말하면 그들의 주장은 민중들과 더불어 사회를 변혁시키는 사회적 차원의 실천으로 나아가지 못했다는 것이다.[91] 다만 그에 의하면 실학자들의 생각과 민족의식은 전혀 헛된 것이 아니라 민중 속으로 흘러들고 구한말에 마침내 일본 식민지로 전락한 국가의 운명을 바로잡으려고 종교운동 및 사회운동, 사상운동 등으로 끊임없이 일어나고 널리 퍼지게 만들었다고 한다. 즉 실학의 생각과 민족정신이 민중 속에 유전되고 침투되면서 종교·사회운동을 일으킬 밑거름이 되었다는 것이다. 류병덕의 주장은 조선후기 실학과 종교운동, 사회운동을 연속선상으로 보는 점에서 새로운 시각을 제공하는 것이라고 하겠다.

옥, 『讀氣學說』, 통나무, 1998/2004)
90 조성환, 「여산 류병덕의 '원불교 실학론'」, 『한국종교』 제44집, 2018.
91 조성환, 앞의 논문, p. 79 참조.

2) 일본

일본의 실학 연구는 17~19세기, 거의 에도시대~메이지 초기의 동향을 연구 대상으로 한다. 본격적인 '실학' 연구는 미나모토 료엔[源了圓]의 『근세 실학사의 연구(近世實学史の研究)』(1962)에서 비롯된다. 다만 선구적인 연구로는 마루야마 마사오[丸山眞男]의 「후쿠자와에 있어서 『실학』의 전회(福澤に於ける『實學』の轉回)」(1947)가 있다. 이 논문은 주자학을 중심으로 하는 '윤리를 핵으로 하는 실학'에서 후쿠자와의 '물리를 핵으로 하는 실학'으로의 전환을 논한 것이다. 미나모토는 이에 대해 "그 선명한 문제의식, 명석한 유형화와 논리는 (제2차 세계대전) 전후(戰後) 실학 연구의 출발점이 될 만하고 그 뒤의 연구에 큰 영향을 주었다"[92]고 높이 평가하였다. 그러나 그는 마루야마가 지적한 후쿠자와 식의 '물리를 핵으로 하는 실학'은 비록 역사적인 의의가 있다 하더라도 오늘날의 문제를 생각할 때에, 유효한 지표가 될 수는 없다고 지적한다. 그러면서 '유기체적 우주론'에 대한 희망을 피력한다. "나(미나모토-인용자)에게는 기계론을 안으로 내포하면서 그 방향을 잡고 그것을 살리는 고차원의 유기체적 우주론 형성이 필요하지 않을까 생각된다. 그것이 사회와 인간의 이론으로 어떻게 전개될지 지금의 나로서는 단정할 자격이 없지만 우리가 필사적으로 모색해야 한다는 것은 피하기 어려운 사실이다."[93]

92 源了圓, 「附論 日本における実学研究の現状」 — 戦前の実学研究, 『近世初期実学思想の研究』 p. 544.
93 源了圓, 같은 책, p. 554.

또 미나모토는 "나의 일본 근대화에 대한 기본적인 생각은 한마디로 말해 정신분석학자의 이른바 ambivalence(애증병존)"[94]라고 복잡한 심정을 밝힌다. 또 실학에 대해서도 "나의 경우는 한쪽에는 일본을 향상시키는 지적 원동력이 된 에도시대나 메이지 초기 실학사상의 역사적 의의에 대해 정당한 평가를 줌과 동시에 다른 한쪽에서는 '실(實)'을 규제하는 '허(虛)'의 원리를 잃은 근대 일본, 특히 패전 후 고도 산업사회로 급성장한 일본에 있어서의 '문명의 위기'라는 것이 최대의 관심사가 되고 있다"고 말하였다. 여기에서 알 수 있듯이 일본의 근대화를 무조건 긍정하지 않는 시각이 애초부터 존재했고, 그 때문에 일본의 실학 연구는 단순히 근대성 취향의 사상을 연구하는 것이 아니라 실제 역사보다 더 바람직한 방향으로 나아갈 가능성을 내포한 '또 하나의 근대'의 사상을 찾으려 하는 면이 있다는 점이 일본 실학 연구의 큰 특징이라 할 수 있다.

오늘날 일본의 실학 연구를 주도하는 오가와 하루히사[小川晴久]에게서는 이와 같은 시각이 좀 더 뚜렷하게 나타난다. 그는 '실심실학(實心實學)'을 제창한 것으로 잘 알려져 있다. 오가와에 의하면 오늘날 일본에서 일반적으로 말하는 '실학'은 (이론이 아니라) 실용·기술의 학문, 일상에 쓰이는 학문을 가리킨다.

오가와는 '윤리의 실학'에서 '물리의 실학'에로의 전환이 바로 중세에서 근대로의 변화라고 하는 후쿠자와·마루야마 식의 '실학'관을 역전시킨다.

그에 의하면 동아시아 3국에서는 출세간(出世間)을 설하는 불교와 자연

---

94 源了圓, 『德川思想小史』, p. 12.

을 모범으로 하는 노장사상에 비해 실생활을 중시하는 유교가 바로 진실된 학, 즉 실학이라는 인식이 있었다. 유교는 또 수기치인(修己治人)의 학을 자임했다. 유교적인 '치인(治人)' 관념은 남존여비와 신분사회적 차별 의식에 기초한 것으로 오늘날에는 보편성을 가질 수 없지만 '수기(修己)' 즉 도덕적 자기 수양의 측면은 오늘날도 평가할 만하다. 남을 배려하고 사랑하는 '인(仁)'이라는 덕은 영원토록 필요하다. '수기'의 측면을 '실심(實心)'으로 본다면 수기치인의 학은 실심실학(實心實學)이 된다. '치인'의 측면은 오늘날 (일본에서) 말하는 실학이 된다고 주장했다.[95] 다시 말해 오가와는 근대(적 실학)에 기술·실용··이익 편중과 수기=실심=도덕성의 결여를 본 것이다. 다만 유교 전체를 실심실학으로 볼 수는 없다. 그 시기는 한정되지 않을 수 없다.

근대 이전의 실학이 유교의 대명사이고 그것을 실심실학으로 규정할 수 있다고 한다면 그것은 공자 시대부터 있었다는 말이 되지만, 우리가 주목하는 것은 17~19세기의 그것이다. 왜냐하면 예수회 선교사가 동아시아에 전해준 서학(西學)의 세례를 받은 실심실학이어야 하기 때문이다. 마테오리치가 전해준 세계지도를 통해서 세계의 중심은 중국이 아님을 알게 되었다. 세계에 열린 실심실학이 17~8세기의 동아시아에 실현되었다. 특히 우리가 주목하는 것은 17~8세기의 자연철학자, 자연학자, 백과전서파들의 실심실학이다. 그것은 '천인(天人)' 형 실심실학으로 규정할 수 있다. 그들의 학문은 11세기 중국의 장재(張載; 橫渠)의 기(氣) 일원의 철학을 철학 기반으로 하면서 눈

---

95 小川晴久,『日中韓思想家ハンドブック ―実心実学を築いた99人』, p. 5-6 참조.

은 하늘(天; 자연, 우주)에 열려 있었다. 그들에게 하늘은 사람(그들)이 따라야 할 스승이었다. (중략) 21세기 이후의 학문은 18세기의 '천인' 형 실심실학이 모범이 되고 인도의 실마리가 될 거라고 확신한다. 모럴과 그 스케일에 있어서 말이다.[96]

오가와는 이제 근대지향성이 아니라 근대가 잃어버린 소중한 것을 되찾고, 또 앞으로 학문의 모범이 될 만한 실심실학에 관심을 가질 것을 촉구한다. 그리고 또 하나 중요한 것은 그가 말하는 '실심실학'의 개념은 홍대용의 『담헌서』에서 따온 것이라는 점이다.

> "이 사람들(土亭 李之菡, 重峯 趙憲)이 (학문을) 성취함은 이와 같으니 모두 그 실심실학으로 한 것입니다."[97]

> "오직 그 실심(實心)·실사(實事)로 날마다 실지(實地)를 밟아라. 먼저 이러한 진실의 본령이 있는 다음에야 대개 주경(主敬)·치지(致知)·수기치인(修己治人)의 술(術)은 바야흐로 필요한 대책이 있게 되고 헛된 그림자로 돌아가지 않게 될 것이다."[98]

홍대용을 통해 '실심실학'이라는 시각을 갖게 된 오가와의 실학관은 말

---

96 小川晴久, 같은 책, p. 6.
97 洪大容,『湛軒書』內集 卷二,「桂坊日記」, "此等人成就如此, 皆以其實心實學也."
98 洪大容,『湛軒書』外集 卷一, 杭傳尺牘「答朱朗齋文藻書」, "惟其實心實事日踏實地."

하자면 동도서기적이다. 즉 수기치인의 유가적 전통이 서양과 만나면서 과학, 세계지리, 우주적 시각을 갖추고 보편성을 가지게 된 것이 실심실학이다. 다만 역사적인 동도서기론의 '동도'는 서양 과학기술을 받아들이면서 유교적인 왕조국가 체제와 사회질서도 온존하려 하는 것이었지만, 오가와의 경우는 봉건적 신분질서를 버리되 개인의 도덕 수양과 서양에서 전래된 과학적 인식, 세계적 또는 우주적 시각을 결부시키는 점에 실심실학의 의의가 있다고 본 것이다.

3) 중국

유교는 탄생 처음부터 경세(經世)의 전통과 현실참여 지향을 많이 가지고 있었다. 『한서(漢書)』「하간헌왕전(河間獻王傳)」에는 한나라 황실의 유덕(劉德)에 대하여 "학문을 닦아 옛것을 좋아하고 사실에 바탕을 두고 진실을 구했다."(修學好古, 實事求是)고 평하는 구절이 보인다. 여기서 말하는 '실(實)'은 주로 유교를 가리킨다. 실학(實學) 개념을 처음으로 제출한 사람은 북송의 정이(程頤, 伊川)이다. 주자의 『중용장구』에서는 정이의 "이 책(=『중용』)은 처음에는 하나의 이치[一理]를 말하고 중간에는 흩어져서 만사가 되며 끝으로 다시 합쳐서 하나의 이치가 되니, 풀면 천지사방[六合]에 두루 미치고 말면 깊숙이 자취를 감추어서 그 맛은 무궁하니 모두 실학(實學)이다"라는 말을 인용하고 있다. 송대의 이학자·신유학자인 정자, 주자도 육구연(陸九淵, 象山)의 사상도 모두 유교의 경세의 전통을 버리지 않았기 때문에 실학사상의 요소가 어느 정도 포함되어 있었다. 꺼룽진[葛榮晉]에 의하면 송대 이학의 실학은 대략 다음과 같은 내용을 가지고 있었다. (1) 본체론에서의 실리(實理), (2) 윤리도덕상의 궁행실천(躬行實踐), (3) 경학연구에서 명도치용(明道致用)의 논의가 바로 그것이다.

그런데 주자가 『대학장구』 서문에서 "속된 선비가 기송사장(記誦詞章)을 배움은 그 공(功)이 소학(小學)보다 쓸모가 없고 이단허무적멸(異端虛無寂滅)의 가르침은 그 고상함이 대학보다 내실이 없다"[99]고 말했듯이 (주로 과거시험을 위해) 책을 외우고 글이나 시를 짓는 공리적인 공부나 양주·묵적 등의 이단이나 허·무·공을 설하는 노장·불교 등을 물리치고 성현의 학과 생활현실 속에서의 도덕 실천을 결부시키는 학문을 '실학'이라고 일컬었다. 이 점은 정주의 '이학적 실학'도 육왕의 '심학적 실학'도 마찬가지였으나 그들의 '실학'은 어디까지나 이학·심학의 틀 안에서 추구된 것이었다. 하지만 명나라 중기 이후 일어난 송명이학의 형식화·경직화와 거기에 내포된 실학사상, 중국고전과학의 부흥, 그리고 천주교 선교사의 중국 포교 등의 이른바 서세동점의 현실이 자극이 되어 실학 사조가 일어났다. 송명의 실학보다 두드러진 특징을 갈영진은 (1)비판정신, (2)경세사상, (3)과학정신, (4)계몽의식으로 요약한다. 그리고 이 시기에 다양하게 전개된 실학의 내용은 대략 (1)실체실학(주로 氣의 철학), (2)경세실학, (3)과학실학, (4)고증실학, (5)계몽실학[100]으로

---

99 朱熹, 『大學章句』 序, "俗儒記誦詞章之習, 其功倍於小學而無用. 異端虛無寂滅之敎, 其高過於大學而無實."

100 경제사상 면에서는 '공상개본(工商皆本)'-상공업의 중요시, 정치사상 면에서는 특히 군주 전제 비판, 철학 면에서는 이욕(理慾) 통일론에 기초한 개성의 개방과 인문주의의 제창, 문학·예술 면에서는 반전통주의적인 낭만주의가 일어났다. 서위(徐渭)의 '본색론(本色論)', 이지(李贄, 卓吾)의 '동심설(童心說)', 탕현조(湯顯祖)의 '지정론(至情論)', 원굉도(袁宏道)의 '성령설(性靈說)' 등이 그 예이다.

정리할 수 있다.[101] 물론 한 사람이 여러 부류의 실학을 겸한 경우도 많았다. 중국의 경우 실학을 대략 16~19세기, 명대 중기부터 청대에 일어난 '숭실출허(崇實黜虛)', '실사구시(實事求是)', '경세치용(經世致用)'의 사조, 시대정신으로서 문학·예술까지도 포함한 아주 넓은 분야를 포괄하는 개념으로 보고 있는 점이 특징이라고 할 수 있다.

다만 앞에서 보았듯이 유교 자체가 처음부터 현실참여 지향성을 띠고 있고, 실학 개념 자체는 송대에 출현했기 때문에 연구자들 중에는 '실학'의 시발점을 16~17세기보다 앞당기는 견해도 있다. 그 때문에 실학의 시기 설정은 한국, 일본에 비하여 약간 애매한 면이 있다. 또 중국 실학 연구 초창기에는 양명학을 실학의 전 단계로 자리매김하는 경우가 많았지만 최근에는 양명학도 실학으로 포함시키는 것이 일반적인 것으로 보인다.

또 '실(實)' 개념 자체가 매우 다양한 의미 내용을 내포하기 때문에 '실학' 개념도 당연히 다의적·중층적이 되지 않을 수 없다.

실학은 중층적인 의미를 내포한 개념이다. 중층적이라고 하는 의미는 두 가지가 있다. 하나는 내용적으로는 단일이 아니라 여러 가지 의미를 가지고 있다는 것이다. 사회 사조로는 사회정치 영역의 이데올로기에 투영되고, 사상적으로는 철학·도덕·미학 및 종교에 투사되고 문학·예술·경학·과학·사학에 반영되었다. 다른 하나는 중국의 철학이 본체론·인식론 및 도덕론의 통일체이기 때문에 실학이라는 개념은 왕왕 본체론·인성론의 의미도 내포

101 葛榮晉,「中國実学概論」,『日中実学史研究』, pp. 210-229 참조.

하고 철학의 각 분야에 널리 미쳤다는 것이다. '실학' 개념의 다의성을 역사적·종합적으로 분석해야 그 진정한 의미를 전면적으로 드러내고 파악할 수 있는 것이다.[102]

현대 중국에서는 실학과 오늘날 시진핑 정부가 내세우는 중화민족 부흥, 또는 삼엄삼실(三嚴三實)[103]과 결부시켜서 실학 연구가 매우 활발하게 이루어지고 있다.

고대의 실학 관념은 이미 역사가 되었다 하더라도 그 원전의 정신은 중국인의 문화심리 속에 깊이 뿌리를 내리고 있다. 이것은 우리가 실사구시(實事求是)하여 사회 발전의 상황을 연구하고 대외 개방과 개혁 사업을 추진시키는 데에 날카로운 사상적 무기가 된다. 마오쩌둥, 덩샤오핑, 시진핑과 같은 우리나라(중국) 지도자들이 제창한 '실사구시', '구진무실(求眞務實)', '실간흥방(實干興邦)' 사상은 고대 실학과 긴밀한 관련이 있다.[104]

이상의 고찰을 토대로 중국에서의 실학의 특징을 다음과 같이 말할 수 있다. 한국은 실학을 오로지 사상사적 개념으로만 보는 경향이 강하며, 일본은 실학이 인도한 일본의 근대에 대해 애증 병존의 복잡한 감정이 있다

---

102 葛榮晉,「中国実学概論」,『日中実学史研究』, p.235.
103 2014년 1월 14일에 열린 제18회 중앙기위(中央紀委) 제3차 전회(全會)의 강화에서 제시된 '엄이수신(嚴以修身)', '엄이용권(嚴以用權)', '엄이율기(嚴以律己)', '모사요실(謀事要實)', '창업요실(創業要實)', '주인요실(做人要實)'을 말한다.
104 中国実学研究会 소책자, 2017.11. pp.18-19.

면, 중국은 과거의 실학 전통을 마오쩌둥을 비롯한 근대 중국 지도자들과 직결시켜서 그 연속성을 보려고 하는 경향이 강하다고 할 수 있다. 중국에서는 역사적·사상사적 범주로서의 '실학'과 구분하기 위해 '신실학(新實學)'이라는 이름으로 오늘날의 실학을 계속하고 있다.

지난 2017년 11월 18~19일, 중국실학연구회는 베이징에서 제14차 동아시아 실학국제서미트포럼[第十四屆东亚实学国际高峰论坛]을 개최하였다. 이 국제회의에서는 "신시대 신실학"이라는 주제로 뛰어난 전통문화와 전통적 가치를 발굴하고 실천하는 것으로 정부의 관리와 기업의 발전에 이바지하고, 아울러 중국 전통문화의 정수를 활용해서 기업정신을 함양하고 현대 기업문화를 길러 나가자는 목표를 전면에 내세웠다. 이 학술회의를 협찬하거나 초청을 받은 단체도 매우 다양했다.[105] 실학에 대한 중국 사회의 주목도를 침작할 만하다.

이 동아시아 실학 포럼은 중국 이외에 한국·일본·대만·홍콩·마카오의 연구자를 포함한 약 400명이 참석한 대규모 국제회의로, 크게 학술분과와 정치·기업 섹션으로 나누어지고 각 섹션이 다시 세 분과로 나뉘어 진행되었다. 이 회의를 통해 지금의 중국에서는 '실학'이 '신실학'의 이름으로 현

---

105 협찬 및 후원은 학계에서는 中華炎黃文化硏究會, 中國孔子基金會, 中國哲學史學會, 華夏文化促進會, 中華孔子學會, 中華日本哲學會, 北京大學韓國學硏究中心.
기업계는 佐丹力健康産業集團 등.
인민정부(지방정부)는 〈江西省〉鷹潭 貴溪市, 〈山東省〉淄博 臨淄區, 濟寧 曲阜市, 德州 慶雲縣, 〈安徽省〉阜陽 潁東區, 宣城 績溪縣, 〈河南省〉鄭州 管城區 등.
TV, 신문, 인터넷 언론매체로는 中央電視臺(CCTV), 新華社, 人民日報, 光明日報, 學習日報, 經濟日報, 中央人民廣播電臺, 中國國際廣播電臺, 中國中文衛視, 黨建網, 中央黨校網, 中新網, 中國文明網, 人民網 등이다.

대와 연결되면서 정치·경제·교육·군사·학술연구 등을 아우르는 개념으로 자리 잡고 있다는 것을 확인할 수 있었다.

3. 맺음말

이상 한·일·중의 실학 연구와 최근의 특징적인 움직임을 살펴보았다. 체계적이고 조직적인 실학 연구가 맨 먼저 시작된 것은 한국이었다. 1930년대에 조선후기의 의독구실(依獨求實)적 학풍을 실학(조선후기실학)으로 개념화하였다. 해방 후 1950년대부터 70년대에 걸쳐 실학이 조선왕조 사회의 정치·경제·사회·문화적 모순을 해결하는 것으로 왕조 사회를 재정비하고자 하는 사회정책 연구와 제안 내지 그 기반이었으며, 근대지향의식, 민족의식, 탈주자학적 사유가 실학의 성격으로 정립되었다. 그리고 경세치용, 이용후생, 실사구시의 3대 실학파의 틀도 확립되었다.

그러나 여산 류병덕은 이른바 실학(파)이 민중과 괴리되고 그 개혁안이 거의 정치적으로 실현되지도 않았다고 지적하면서, 그것을 '이론실학'이라고 불렀다. 이와 더불어 박중빈, 안창호, 백용성과 같은 종교인들의 사상과 실천이 오히려 '실천실학'이었다고 주장하면서 유학 중심의 실학 개념에 대하여 새로운 실학관을 제기했다. 류병덕의 주장은 실학 자체의 부정이 아니라 (이론)실학이 민중 속에 스며들면서 그 저류를 흐르고 종교·사회운동(이른바 실천실학)으로 나타나 널리 퍼지게 되었다고 그 연속성을 지적하면서 실학 인식의 전환을 요구한 것이다.

일본에서 실학의 시대적 범위는 17~19세기로 에도시대 및 메이지 초기에 해당된다. 제2차 세계대전 패전 후 마루야마 마사오가 「후쿠자와에 있어서 『실학』의 전회」(1947)를 발표하면서 에도시대 사상가들에게 많이 거론되었던 주자학을 중심으로 한 실학을 '윤리를 핵으로 하는 실학'으로 규정하고 그것을 후쿠자와 유키치가 '물리를 핵으로 하는 실학'으로 전환시켰다고 주장했다. 하지만 미나모토 료엔은 실학이 일본을 향상시키는 지적 원동력이 되었다고 인정하면서도 그 실학이 오히려 오늘날 일본에 문명의 위기를 가져왔다고 하여 그 양면성을 지적했다. 실제로 이루어진 근대화의 긍정적인 면/부정적인 면의 양면성을 보고 근대의 다른 가능성을 실학에서 찾으려 하는 것이 일본의 실학 연구의 특징이라 할 수 있다.

현대 일본의 실학 연구를 이끄는 오가와 하루히사는 실심실학을 제창하면서 실학이 유학에서 이어받은 도덕 수양의 측면에 주목한다. 그리고 수기(修己; 자기수양)를 놓지 않는 실학이 실심실학이고 오늘날의 우리는 그것을 배워야 된다고 강조한다.

중국에서는 유교가 원래 실학적(사회참여 지향성) 요소를 가지고 있었다. 하지만 송대에 이르러 과거시험을 위한 글이나 시 짓기에 경도된 학문과 불교·노장에 대한 안티테제로서 유학자들이 실학을 표방하게 되었다. 그런데 송·원 그리고 명대 중기까지는 실학이 이학·심학의 일부분으로 매몰되고 독자성을 가지지 못했는데, 명대 중기부터 청대에 걸쳐 송명이학의 형식화·경직화된 것, 천주교 선교사의 중국 선교 등의 서세동점에서 자극을 받아서 독자적인 실학 사조가 일어났다. 그 내용은 다양하지만 기본정신으로는 비판정신, 경세사상, 과학정신, 계몽의식으로 요약한다. 그리고 그 내용도 실체실학(기철학), 경세실학, 과학실학, 고증실학, 계몽실학으로 정리된다.

그런데 최근에 중국에서는 사상사적 개념으로서의 실학을 현대화하려는 운동이 국가와 기업이 함께 주도하면서 활발하게 전개되고 있다. 사상사적 개념으로서의 실학은 '신실학(新實學)'이라는 이름으로 현대와 연결되면서 정치·경제·교육·군사·학술연구 등을 아우르는 개념으로 자리 잡고 있다.

　한·일·중 실학 연구와 '신실학'의 움직임을 살펴볼 때 기존의 실학 인식, 실학 연구에 대한 몇 가지 문제점을 제기할 수 있다. 먼저 실학(연구)의 사회화와 민중화가 필요하다. 실학 연구의 성과를 어떻게 현대사회에 활용할 것인가, 특히 일반 민중을 위해 활용할 것인가가 중요하다.

　다음으로 실학 연구도 탈(脫) 서구중심주의가 필요하다. 서구 근대화를 모델로 삼고 그것과 유사한 사상(가)을 실학(자)으로 범주화하여 서구 근대화의 맹아를 보는 연구 방식은 이미 시대적 사명을 다했다고 본다. 그리고 기존의 실학 연구에서 간과되어 온 이슬람 문명 또는 비서구 지역과의 교류·교섭을 통해 자라난 실학을 더욱 조명할 필요가 있을 것이다. 예를 들면 1402(太宗2)년에 조선에서 만들어진 세계지도 '혼일강리역대국도지도(混一疆理歷代國都之圖)'는 몽골제국의 유라시아 정복과 이슬람권의 지리학·지도 제작 기술 없이는 생각할 수 없는 것이었다.[106] 즉 오늘날 서구 중

106　이 지도에는 아프리카 대륙도 일그러진 모습이나마 그려져 있다. 바스크 다 가마가 희망봉을 통과하여 유럽 세력이 인도 항로를 개척한 것은 1497년의 일이었다. 헤로도토스의 『역사』에 따르면 기원전 600년경에 이집트의 파라오 네코 2세의 명을 받은 페니키아인들이 홍해에서 희망봉을 지나서 3년 만에 아프리카를 돌고 돌아왔다고 쓰여 있다. 아프리카 대륙의 남쪽 끝이 열려 있다는 지리학적 지식은 유럽세계에서는 오랫동안 잊혀 있었으나 이슬람 세계에서는 페니키아인을 통해 그 지식을 제대로 이어받았던 것으로 보인다.

심주의를 벗어난 새로운 실학 연구·실학관이 절실하게 요구되는 것이다.

세 번째로 유교로부터 서구 근대에의 징검다리로서의 실학이라는 관점에서 암암리에 전제되어 온 유교중심주의도 재검토가 필요하다. 앞에서도 보았듯이 유교는 경세치인의 학인만큼 처음부터 현실참여 지향성을 가지고 있었다. 하지만 류병덕이 이론실학과 실천실학을 대비시키면서 지적했듯이 사회 모순에의 대처나 민생 문제의 해결 등은 곧 유교만의 전매특허가 아니었기 때문이다.

끝으로 지금까지 한·중·일 3국의 테두리에서 추진되어 온 실학 연구의 범위를 넓힐 필요가 있다. 예를 들면 한자문화권인 베트남이나 류큐[琉球]에는 17~19세기 무렵에 한·중·일 3국과 색다른 실학이 꽃피고 있었다. 그것을 자세히 연구하고 실학 연구의 폭을 넓힐 필요가 있다고 본다. 더 나아가서는 유라시아 동부에서 일어난 신유학(新儒學; 성리학 및 심학)과 유라시아 서부 (및 북부 아프리카)에 널리 퍼진 이슬람권의 학술적 성과를 아우르는 실학사조를 '실학의 시대'로 보고 새로운 실학관을 구축할 수도 있다는 생각까지 해 본다.

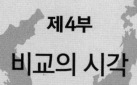

제4부

비교의 시각

제1장

일본에서의
퇴계 · 율곡 · 다산 연구의 흐름

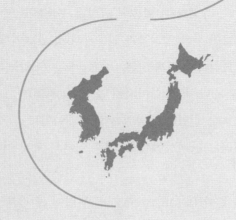

제1장에서는 에도시대[江戶時代]부터 제2차 세계대전 이후까지 일본의 조선유학사상연구의 흐름을 개관한다. 16세기말~17세기 초, 학승에서 유학자가 된 후지와라 세이카[藤原惺窩], 하야시 라잔[林羅山]이 조선성리학을 본격적으로 도입하고, 야마자키 안사이[山崎闇齋]에 이르러 공맹의 도[正宗]를 제대로 이어받은 것이 바로 주자이고, 그 도를 가장 깊이 이해한 학자가 바로 퇴계 이황(退溪李滉)이라는 평가를 정착시켰다. 그 이후 일본의 조선유학 연구는 오랫동안 거의 퇴계 일변도라고 할 수 있는 상황이 계속되었다. 에도시대 후기에도 서일본을 중심으로 퇴계에 대한 관심이 다시 고조되었다. 구마모토실학파[熊本實學派]의 비조가 된 오오츠카 타이야[大塚退野]가 퇴계를 아주 존중하고, 그 맥을 이은 요코이 쇼난[橫井小楠]은 퇴계를 "고금절무(古今絶無)의 진유(眞儒)"라고 극찬했다. 모토다 나가자네[元田永孚]는 뒤에 메이지천황[明治天皇]의 시강(侍講)이 되기도 했다. 그런데 일본의 조선유학 연구사를 살펴보면 1897(明治30)년 무렵을 계기로 일본에서 퇴계학의 의미가 크게 전환되었음을 알 수 있다. 그전에는 퇴계학이 개인의 사상과 실천에 영향을 주고 있었다고 한다면, 그 후에는 중국 유학의 도통(道統)을 구마모토 실학파와 모토다 나가자네를 거쳐 메이지천황까지 연결시키는 중간의 연결거리로 그 위상이 바뀌기 때문이다.

1. 들어가는 말

한국유학을 대표하는 유학자인 퇴계 이황(退溪 李滉)·율곡 이이(栗谷 李珥)·다산 정약용(茶山 丁若鏞)이 일본에 어떻게 수용되고 연구되고 이해되어 왔는지를 살펴보면 한국 성리학과 일본과의 첫 만남이 있던 16세기 말로부터 근대에 이르기까지 퇴계 일존(一尊)이라 할 수 있는 만큼 이퇴계의 영향이 압도적으로 컸다. 특히 야마자키 안사이(山崎闇齋)는 오로지 주자만이 공자의 정통[正宗]을 얻었다고 믿었는데, 퇴계야말로 그 주자를 가장 깊게 이해한 인물이라고 단정하면서 그 이후 일본의 퇴계 이해에 결정적인 영향을 끼쳤다.

다만 일본의 퇴계 이해는 1879(明治30)년 무렵에 큰 전환점을 맞이했다. 그전의 퇴계 연구가 주로 『자성록』,『주자서절요』 등에 의거하면서 자기 수양공부를 실천하는 것이었던 데에 비해, 그 이후의 퇴계에 관한 담론은 '중국의 주자학이 조선의 이퇴계를 통해 일본정신과 접목되면서 메이지 일본의 정신에 영향을 미쳤는가'라는 식으로 일종의 '도통(道統)'의 일본화가 거론되었기 때문이다.

이상하게도 퇴계와 더불어 한국유학의 쌍벽을 이루고, 조선 후기에는 퇴계학을 제치고 사상계의 주류를 차지하게 된 율곡학(栗谷學)이 일본의 유학자에게 평가받는 것은 매우 드물었다. 게다가 퇴계·율곡과 더불어 조선

3대 유학자로 손꼽히는 다산에 이르러서는 활동 시기가 18-19세기로 늦었기 때문인지 에도시대 일본에는 거의 그 이름조차 알려지지 않았다. 율곡·다산이 일본인 학자에게 연구되기 시작한 것은 겨우 1910년 이후의 일이었다. 본고에서는 일본의 한국유학 수용과 그 의미, 한국 유교에 대한 견해의 변천, 그리고 앞으로의 연구 과제를 생각해 보고자 한다.

2. 에도시대 일본의 한국유학

1) 초창기 일본 주자학자의 퇴계학 이해—세이카와 라잔의 경우

16세기 말에서 17세기 초에 걸쳐 일본 역사에서 이른바 아즈치모모야마[安土桃山] 시대부터 에도시대로 옮겨가는 시대에 소우코쿠지[相國寺]의 학승이었던 후지와라 세이카[藤原惺窩, 1561-1619]는 도요토미 히데요시의 일본통일 후에 찾아온 조선통신사 서장관인 허성(許筬, 山前, 1548-1612)[1]이나, 임진왜란 때 포로로 일본으로 끌려온 수은(睡隱) 강항(姜沆, 1567-1618)과 같은 한국 유생들과의 만남을 통해 그 제자인 하야시 라잔[林羅山, 1583-1657]과 더불어 환속하고 유학자로서 자립하게 되었다. 이 사건은 일본 역사상에서 보면 유학의 학문적 연구가 본격적으로 시작되는 단서였고, 또다른 면에서 보면 학문이 박사 가문[博士家]과 승려와 같은 일부 특수한 가

---

1 허성(許筬)은 일본 문헌에서 주로 허잠지(許箴之)라는 이름으로 많이 나온다. 허난설헌(許蘭雪軒)·허균(許筠) 등의 형(오빠)이다.

문이나 종교 세력의 지배에서 독립된 "직업으로서의 학자"가 일본에서 탄생한 것을 알리는 사건이기도 했다.

후지와가 세이카와 하야시 라잔은 모두 한국유학 서적들을 많이 읽고 이퇴계에 대해서도 일찍부터 익히 알고 있었다. 세이카는 퇴계가 교정한『연평문답(延平問答)』(남송 李侗 지음)을 존중하고 라잔에게도 그것을 가르쳐 주었다. 또 그는『천명도설』에 감복하고 그 이기철학은 명나라 나흠순(羅欽順, 整庵, 1465~1547)의『곤지기(困知記)』보다 훌륭하다고 높이 평가했다.[2]

라잔은 퇴계와 관련된『연평문답』외에도『천명도설』,『주자서절요』도 읽고 있었다. 그중에서도 특히 정지운(鄭之雲)과 퇴계가 공동으로 지은『천명도설』을 존중하고 그 가운데 이기성정(理氣性情)의 의론에 큰 관심을 보였으며, 그 문제에 대해 조선통신사에게 물어보곤 했다.[3] 다만 라진의 이기론 이해는 사단을 이(理)로, 칠정을 기(氣)로 나누어서 배정시키는『천명도설』의 단계에 머물고 있는 듯하고 수제자인 기대승(奇大升, 高峯, 1527-1572)과의 논쟁을 거친 퇴계의 최종 결론이라고 할 수 있는 사단-이발기수(理發氣隨), 칠정-기발이승(氣發理乘)의 설을 어느 정도 이해했는지 의문이 남는다.

2) 야마자키 안사이의 퇴계학 수용

세이카·라잔은 퇴계뿐만 아니라『성학집요』,『격몽요결』등 율곡의 책도 읽고 퇴계에만 편중되지 않았다. 그러나 그들이 볼 수 있던 텍스트 자체

---

2 阿部吉雄,『日本朱子学と朝鮮』, p. 453 참조.
3 위의 책, pp. 201-203 참조.

가 한정되어 있었다. 그 때문에 퇴계학을 깊이 이해하기에는 한계도 있었던 것으로 보인다. 퇴계학 이해의 심화는 세이카·라잔보다 한 세대 뒤인 야마자키 안사이[山崎闇齋](1619~1682, 이름: 嘉, 자: 敬義, 통칭: 嘉衛門, 신호[神號]: 垂加靈社)의 몫이었다.

안사이는 에도막부 전기의 주자학자이자 신도가(神道家)이다. 그는 교토에서 로닌[浪人](주인 없는 사무라이)의 아들로 태어나 어려서 히에이산[比叡山]의 사찰에 맡겨지고 불교를 공부하게 된 후, 묘심사(妙心寺)에서 삭발하고 승려가 되었다. 19세 때 토사 지방[土佐](현 高知縣)의 흡강사(吸江寺)에 가서 토사번[土佐藩]의 중신(重臣)인 노나카 켄잔[野中兼三]과 승려 자충[慈沖][4]에게 주자학을 배웠다. 마침내 안사이는 주자학에 심취하여 25세 때 환속하여 유학자가 되면서 「벽이(闢異)」한 편을 짓고 불교와 결별했다. 그리고 교토에 올라가서 강학을 시작하고 1665년에는 아이즈 번주[會津藩主]인 호시나 마사유키[保科正之]로부터 빈사(賓師)의 예우를 받았다. 그리하여 마사유키의 정책에 조언하는 한편, 신도가 요시카와 코레타리[吉川惟足]와 만나 그 영향으로 신도를 연구하게 되면서 수이카 신도[垂加神道]라는 새로운 종파를 일으키기에 이르렀다. 마사유키가 죽은 후에는 교토에 정착해서 후학들의 교육에 전념하고 기문학파(崎門學派, 안사이학파)의 시조가 되었다.

안사이는 오직 주자만이 공자의 올바른 도[正宗]를 이어받았다고 믿었다.

내가 생각건대 주자의 학인 거경궁리(居敬窮理)는 바로 공자를 조술(祖述)

---

4 자충은 뒤에 환속해서 유학자가 되면서 '다니 지추[谷時中]'로 이름을 고쳤다.

한 것이니 어긋남이 없는 것이다. 그러므로 만약에 주자를 배워서 그르침이 있다고 한다면 차라리 나도 주자와 함께 기꺼이 그르칠 것이니 무슨 뉘우침이 있겠는가. 이것이 내가 주자를 믿고 조술하되 짓지 않는 까닭이다.[5]

이러한 이해는 주자학의 '도통론(道統論)'에서 필연적으로 도출된 것처럼 보이지만, 그는 이와 같은 대도를 가지고 주자학파 내부에서도 왕왕 있었던 절충을 부정하고 '정통'과 '이단'을 엄격하게 따졌다. 그리고 안사이는 한국과 중국 송·원·명나라 유학자들의 저술을 폭넓게 섭렵한 결과 한국의 이퇴계야말로 정말 주자를 가장 깊이 이해한 인물이라고 평가하게 되었다.

퇴계의 『천명도설후론(天命圖說後論)』은 매우 자세하다.[6]

사단과 칠정을 이(理)와 기(氣)로 나누는 뜻은 …『자성록(自省錄)』에 기술된 것이 가장 완비되어 있으니 여러 선비들이 감히 밝히지 못했던 바이다.[7]

이렇게 열성적인 주자학도(朱子學徒)인 야마자키 안사이에 의해 에도시대 일본의 퇴계에 대한 평가가 확립되었던 것이다.

---

5 「闇斎先生年譜」.
6 田尻祐一郎, 『山崎闇斎の世界』, pp. 155-156 참조.
7 岡田武彦, 『山崎闇斎と李退渓』, pp. 188-189 참조.

3) 퇴계와 안사이의 공통점

(1) '경(敬)' 중시

퇴계와 안사이의 공통점으로 먼저 손꼽히는 것은 둘 다 '경(敬)'을 무엇보다 중요시하고 이것을 수양 실천의 핵심에 둔 점이다. 퇴계의 '경'은, 예를 들면 그의 『성학십도』에도 밝혀져 있듯이 사람이 타고난 마음에 갖추어진, 만물을 생성하는 하늘의 마음, 인간의 도덕적 본질로서의 '인(仁)'을 잃지 않게 항상 말과 행동을 단정하게 하고, 별 일이 없을 때에는 이것을 존양하고 무슨 일을 행할 때에는 스스로를 성찰해서 천리(天理)에 위배되는 일이 없도록 하는 태도이다. 안사이도 역시 20대 때에 불교와 결별하기 위해 저술한 『벽이(闢異)』에 이미 주자의 『대학혹문』에서 "경(敬) 한 글자는 성인의 학문의 시작이자 마지막인 까닭이다."(敬之一字, 聖學之所以成始而成終者也)를 인용하고 있었다.

두 사람의 '경(敬)'에 차이가 있다고 하면 퇴계의 그것은 하늘[天]을 인격적으로 파악하는 면이 강하고 하늘과 사람이 늘 마주보고 있다는 의식·감각·사상이 바탕에 깔려 있었다는 점이다. 달리 말하면 그의 경은 경천(敬天)·외천(畏天)의 '경'으로 하늘이 사람을 감시하고 악에 흐르는 것을 끊임없이 경고하고 있다는 의식을 계속 가지고 있었던 것이다.

퇴계는 말년에 선조 임금에게 아뢴 상소문에서 다음과 같이 밝혔다.

임금이 하늘을 대함은 아이가 부모를 대함과 같습니다. 아이가 두려워하면서 몸가짐을 가지런히 하고 스스로 돌이켜보면서 부모가 화가 나 있는지 아닌지를 불문하고 매사에 성심을 다하고 효도를 하듯이 임금도 역시 하늘이 우리 인간들을 사랑하고 있음을 알아서, 하늘의 마음[天心]을 받들어 신사숙고(愼思熟考)해서 그것을 실천으로 옮기셔야 합니다. 그런 연후에야 하늘의 마음을 기꺼이 받아서 임금의 도리[君道]를 다하게 될 것입니다.[8]

이에 대해 안사이의 '경(敬)'은 좀 더 개인적인 것이다. 다지리 유이치로[田尻祐一郎]에 의하면 안사이에게 '일심의 주재(一心之主宰)'란 어떤 주재자가 마음 바깥에서 관할하고 제어한다는 의미가 아니지만, 단지 자기 내면만을 응시하는 것으로 본래의 마음에 이르러 '한 마음의 주재'를 확립할 수 있다고도 생각하지 않았다. 이(理)에서 몸과 마음이 상즉일체(相卽一體)가 되도록 심신을 수렴하고 단속하는 것이 바로 안사이의 '경'이라고 지적한다.[9] 이것이 단적으로 나타나 있는 것이 그가 스이카신도에서 강조한 '토금(土金)의 전(傳)'이다. 그는 일본어의 土[츠치, 흙]와 敬[츠츠시무]의 소리가 통하는 것에 주목하면서 토금(土金)이야말로 도체(道體)이고 土[츠치, 토]가 굳어져서 金이 되듯이 敬[츠츠시미]으로 몸을 굳게 단속하는 것으로 오륜이 밝혀지고 도체를 체인할 수 있다고 말했다.[10]

(2) 학문 방법

퇴계와 안사이는 모두 불교·노장으로부터 육상산·왕양명에 이르기까지

---

8 李退溪, 『戊辰封事』, "君之於天猶子之於親. 親心有怒於子, 子之恐懼修省不問所怒与非怒. 事事盡誠而致孝. 人主於此, 又當知天心之所以仁愛我者何故而然. 又當知我所以奉承天心者何道而可. 無不深思熟講而實體行之, 然後庶可以享天心而盡君道矣."
9 山崎闇齋, 「文会筆録」十ノ一.
10 山崎闇齋, 「文会筆録」五.

이단(異端)·이학(異學)을 가차 없이 물리쳤다. 그리고 원·명 이후의 주자 후학의 설은 그것이 주자의 참뜻을 잘 파악하고 있는지를 엄격하게 따졌다. 그뿐만 아니라 주자의 설이라고 전해지는 것도 함부로 믿지 않고 주자의 미정설(未定說)과 성설(成說)을 분명히 구분하고 잘못 전해진 것을 가려서 주자의 순정(純正)한 설만을 믿고 따르는 태도를 보였다. 이것은 오히려 야마자키 안사이가 퇴계의 저서를 열심히 읽고서 퇴계의 방법론을 배웠다고 보는 것이 타당할지도 모른다.

(3) 민간 교육의 중시

퇴계도 안사이도 둘 다 국왕이나 영주(領主)·막부 간부[幕閣]와 같은 권력자들에게서도 가르쳐달라고 청을 받을 정도의 인물인데, 실제의 그들은 민간교육에도 많이 마음을 썼다. 다시 말하면 그들은 단지 권력자를 가르치거나 개인의 수양을 강조하기만 한 것이 아니라 공권력에 의존하지 않는 민간 차원의 학문 공동태(共働態)· 지역 도덕 공동태의 육성에도 힘을 다한 것이다.

퇴계의 경우 일찍이 풍기군수로서 백운동서원(白雲洞書院; 지금의 紹修書院)을 재건한 것을 비롯하여, 벼슬을 물러나 재야에서 활동하는 동안에도 10여 군데 서원의 개설에 직접·간접적으로 관여했다. 또 예안현의 향약인 「향립약조(鄕立約條)」나, 퇴계가 살던 온계리 마을의 「온계동규(溫溪洞規)」 등 향약·향규를 기초하여 지역 도덕 공동태의 규약을 만드는 일에도 애를 썼다. 나아가 한문을 잘 모르는 백성들을 대상으로 하여 지역의 풍속을 개선하기 위하여 한글로 「도산십이곡(陶山十二曲)」을 짓기도 했다.

한편 야마자키 안사이도 고전의 사상과 정신을 쉬운 일본어로 표현하고 그것을 강의록 형태로 출판함으로써, 직접 배우는 제자가 아닌 사람도 그의 사상을 공부할 수 있는 방법을 확립했다. 이와 같은 강의록의 활용은 안사이학파의 수제자들에게도 계승되었는데, 이것은 일종의 미디어를 활용한 민간 교육 방법이라고 할 수 있다.

4) 안사이와 퇴계의 차이점

(1) 안사이―신도에의 심취

야마자키 안사이는 이퇴계로부터 많은 것을 배우고 퇴계를 가리켜 주자의 학을 제대로 계승한 조선의 제1인자로 존숭했으나 퇴계의 설을 그냥 받아들이는 것이 아니라 납득할 수 없는 부분은 가차 없이 비판했다. 거기에 두 사람의 개성과 일본과 한국의 문화적·역사적 배경의 차이도 개재해 있고, 실제의 사상 내용에는 상당히 큰 차이가 있는 것도 사실이다.

안사이는 주자학과 동시에 일본 고유의 신도에도 심취했다. 당시의 유력한 신도 학설이었던 요시다신도[吉田神道]와 이세신도[伊勢神道] 등의 오의(奧義)를 배우다가 거기에도 만족하지 못하고 결국 독자적으로 연구를 진행하여 스이카신도[垂加神道]라는 새로운 신도 종파를 세우기에 이르렀다. 그는 "우주는 오직 하나의 이치(一理)뿐인즉 신성(神聖)이 태어나는 것에는 비록 해가 뜨는 곳과 해가 지는 곳의 차이가 있더라도 그 도(道)에는 저절로 그윽이 맞아떨어지는 바[妙契]가 있는 것이다"[11]라고 하여 보편적인

---

11 山崎闇斎, 『洪範全書』 「序」.

도(道)·이(理)가 일본에서는 신도(神道)라는 특수 형태로 나타난다고 생각한 것이다.

(2) 중요시한 텍스트의 차이

퇴계는 자기 일생의 학문성과를 『성학십도』에 정리하여 젊은 국왕 선조에게 바쳤지만 안사이는 이 『성학십도』를 별로 평가하지 않았다. 또 퇴계는 명나라 정민정(鄭敏政, 篁墩, 1446-1499)이 편저한 『심경부주(心經附註)』를 한평생 존중하고 만년에 편자인 정민정이 주육(朱陸: 朱子와 陸象山) 합일을 주장하였다는 사실을 알고 나서도 『심경부주』를 중시하는 입장을 바꾸지 않았지만, 안사이는 이 일이야말로 퇴계 "일대(一代)의 잘못"이라고까지 혹평했다.

(3) 군신의 도리에 대한 생각의 차이

세 번째로 퇴계에게는 별로 눈에 띄지 않고 안사이에게 현저한 것은 강렬한 군신대의(君臣大義)의 사상과 거기에 관련되는 극단적 국수주의이다. 안사이는 한유(韓愈) 당시 거의 잊혔던 글인 「구유조(拘幽操)」에 주목하고 군신의 대의를 밝힌 글로써 현창했다. 이것은 은나라 주왕(紂王)에게 유폐되던 주나라 서백(西伯; 뒤의 文王)의 심정을 한유가 상상해서 읊은 시로, 폭군인 주 때문에 죄도 없이 갇히면서까지 주군의 처사를 원망하지 않고 오히려 "신(臣)의 죄는 주살(誅殺)에 합당하는데 천왕(天王; 주왕)께서 성명(聖明)하시어 (목숨만은 구해주셨다)"라고 하여 신하로서 도리를 다하지 못했다고 하면서 스스로를 문책하는 내용이다. 안사이는 여기서 서백이 주군을 '성명(聖明)'하다고 말하면서 충성의 뜻을 버리지 않았던 점이 바로 그의 '뛰어난 덕(德)'이었다고 설명한 것이다.

또 안사이의 수제자인 아사미 케이사이(淺見絅齋)는 다음과 같은 말을 전하고 있다.

> 야마자키 선생님께서 일찍이 말씀하시기를, "중국이 일본을 복종시키기 위해 군대를 가지고 침공해 온다면 비록 요순(堯舜)이나 문무(文武)가 장군으로 있더라도 총[石火矢]으로써 쏴 죽이는 것이 대의(大義)요, 예의(禮義)와 덕화(德化)로써 회유시키려 온다고 하더라도 신하가 되지 말아야 된다. 이것이 바로 춘추(春秋)의 도(道)요 우리 천하의 도리이니라."고 했다.[12]

안사이는 만약 성인인 요·순이나 문왕·무왕 등이 최고사령관으로서 군대를 거느리고 일본을 침공해 온다면 그들을 총으로 쏴 죽이고, 예의와 도덕으로 길들이러 온다고 해도 결코 이것에 넘어가 회유되어서 그 신하가 되지 말아야 하는데, 이것이 바로 '춘추의 도'이자 우리가 받드는 '천하의 도'라고 주장했다.

퇴계는 오히려 「구유조」의 주군에 대한 절대복종 사상과 정반대로, 서원의 설립이나 향약의 기초 등을 통해, 조정·관청·중앙과 맞설 만한 또 하나의 '극(極)'으로서 재야·민간·지방의 정치공간을 창조하려고 노력했다. 퇴계가 그것을 지향한 배경에는 지치(至治), 즉 도학적 이상 정치의 실현을 목표로 나아갔으나 모략에 걸려 어이없이 처형을 당한 도학 정치가 조광조

---

12 淺見絅齋, 『中国弁』.

(趙光祖)나 사화로 인하여 죽임을 당하거나 불우하게 생애를 마친 퇴계의 형인 해(瀣), 그리고 사상적 선배인 이언적(李彦迪) 등의 존재가 있었다.

퇴계는 조광조의 실패 원인을 분석하면서 그가 오로지 국왕의 신임만을 믿고 의지한 것이나, 나아갈 줄만 알고 물러설 줄 모르는 무모함 등 본인의 자세에도 많은 문제가 있었지만, 동시에 벼슬아치가 조정으로부터 안전하게 물러가는 제도적 장치가 잘 갖추어지지 않는 까닭에 선비가 한번 조정에 서면 '낚시 바늘에 걸린 물고기'처럼 위험을 피하기 어렵게 된 당시 조선왕조의 제도적 문제도 있었다고 지적했다. 그래서 그는 기존의 조정 일극형(一極形) 정치 구조를 재편하여 출사⇔귀향의 왕복 운동이 가능하게 만드는 양극형 정치 구조를 확립하려고 하고, 실제로 이것을 조선 사회에 정착시켰던 것이다.

물론 퇴계도 군신의 의리를 가벼이 여긴 것은 아니었지만 그에게 임금과 신하는 어디까지나 도리를 함께 행하는 동지, 다시 말하면 함께 공공선(公共善)을 실현하고자 하는 관계이기 때문에 임금과 신하가 주장하는 도리가 맞지 않으면 신하 된 자가 물러나는 것이 당연한 일이라고 생각했다. 실제로 그는 60회 남짓 왕의 부름을 받으면서 그 대부분은 사퇴하거나 출사 후 겨우 몇 개월 만에 사직했다.

5) 규슈학파와 퇴계

(1) 오오츠카 타이야[大塚退野]·히라노 신엔[平野深淵]

에도시대 후반기, 이퇴계의 학은 규슈[九州]를 중심으로 한 일본 서부의 유학자들로부터 재차 주목을 받았다. 이 무렵에 퇴계를 평가한 사람들은 더 이상 안사이학파, 혹은 주자학자만으로 한정되지 않았다. 그중에는 예를 들어 이와쿠니[岩國](현 山口縣岩國市)의 3박사(三博士) 또는 3사(三士)라고 불리는 히가시 타쿠샤[東澤瀉](별호: 白澤, 1832-1891)와 같은 양명학자도 포함되어 있었다.

이 시기에 퇴계를 존숭한 인물 중의 한 사람이 오오츠카 타이야[大塚退野, 1678-1750]이다. 그는 구마모토 번사[熊本藩士]·유학자로 이름은 히사나리[久成]이고, 통칭은 단자에몬[丹左衛門]이며, 호는 겐사이[蹇齋], 후사이[孚齋]로 하다가 벼슬을 그만둔 후에 타이야[退野]라고 일컬었다. 그는 당초 주자학을 배웠으나 나카에 토쥬[中江藤樹] 계통의 양명학을 공부했다. 그러나 28세때 우연히 퇴계의 『자성록』을 보고 정주(程朱)의 깊은 뜻을 깨닫게 되면서 주자학에 회귀했다. 그의 학문은 자득(自得)과 본원(本源)을 체오(體悟)하는 것을 중요시하는 것이었는데 '퇴야(退野)'라는 호는 이퇴계에 유래한다고 소문이 날 정도로 퇴계에 심취하고 "퇴계 선생께서 근심하시면서 공부한[憂學] 뜻은 모두 『주자서절요』에 담겨 있다."고 강조할 정도였다.

타이야는 수양공부의 면에서 "학문을 하고서 한 개나 반 정도의 이익은 있겠으나 큰 이익을 거두기는 기대하기 어렵다. 하나하나의 일에 대한 격물치지라도 이와 같이 쌓아서 본원에 도달하지 않으면 쓸모가 없게 된다."고 하여 자득을 중시했다. 이와 동시에 경세 면에서 그는 백성의 '이익'을 중히 생각했다. 이 때문에 구마모토 번(藩) 재정을 개선하기 위해 농민에 대한 착취를 강화하는 정책에 반대하고, 오히려 조세를 감면하는 인정(仁政)을 베풀면 농민의 경작 의욕이 향상되고 번의 재정도 풍족하게 된다고 주장하면서 감세의 실시를 번에 요구하다가 배척 당한 이상주의자이기도 했다.

타이야의 수제자인 히라노 신엔[平野深淵, 1705-1757]도 퇴계를 존숭했으나 정계에서 물러난 후에는 정이천(程伊川)의 『역전』 연구에 전념하고, 그 사상에 입각해서 군신의 도를 설파했다. 신엔에 의하면 하늘의 작용은 만물을 끊임없이 생육하는 것이고, 군주의 역할도 "하늘을 대신하여 천하 백성을 아끼어 사랑하고 그들이 제자리를 얻게 하는" 데에 있다고 주장했다. 요순은 바로 '천도(天道)의 건(乾)' 그 자체로서, 만물을 생성하는 '천도의 건'의 작용은 요순에게 있어서 백성을 아끼고 사랑해 마지않는 데에 나타나 있다. 그러므로 후세의 군주는 마땅히 요순의 본연의 자세를 본받아야 한다. 신하도 또한 군주를 요순과 같은 군주로 받들고 요순의 신하로서 의무를 다하고 이 세상을 요순의 세상으로 만들어갈 책임을 지고 있다고 강조했다.[13]

(2) 구스모토 단잔[楠本端山] · 세키스이[碩水] 형제

오오츠카 타이야 및 히라노 신엔은 불우하게 생을 마감했으나 19세기에 와서 타이야학[退野學]이 큐슈 나가사키의 안사이학파의 대유학자인 구스모토 단잔[楠本端山, 1828-1883]과 그 동생인 세키스이[楠本碩水, 1832-1916] 형제에 의해 재조명되었다.

형인 단잔은 사토 잇사이[佐藤一齋] 문하에서 배운 후 안사이의 수제자인 미야케 쇼사이[三宅尚齋]의 학맥을 이은 츠키다 모우사이[月田蒙齋, 1807-1866]로부터 안사이학을 전수받고 큐슈에 안사이학을 널리 펴는 데에 큰 역

---

13 北野雄士,「近世熊本における朱子学の一系譜」,『別冊環 横井小楠―公共の先駆者』, p. 65 참조.

할을 했다. 그는 별도로 퇴계에 대해 언급한 기록이 없고 단지 히로시마[廣島] 번유(藩儒)인 가네코 쇼잔[金子霜山, 1789-1865]에게 보낸 편지에서 이퇴계와 안사이학파가 조선과 일본에서 각각 유일하게 주자학의 정통을 잇는 것으로, 그 이외에는 없다고 말한 것이 문헌상 유일한 예이다.

그러나 그의 동생인 구스모토 세키스이는 오오츠카 타이야에 대해 성학(聖學)의 요점을 깊이 체득한 점에서 참으로 호걸의 선비이며, 학식의 넓이와 정밀함은 야마자키 안사이만 못하다고 해도 자득(自得)함에 있어서는 안사이를 넘어서 있다고 칭찬했다. 이와 같은 오오츠카 타이야의 재평가는 이퇴계에 대한 주목으로 이어졌다.

세키스이는 또한 한국유학자의 저작도 널리 읽고 있었다. 예컨대 그는 정몽주(鄭夢周)를 언급하면서 "문집 중에 학문을 논한 글이 없다. … 그러나 인품은 매우 고상하다. 대개 고려왕조의 제1인자로서 가히 흠모할만하다"라고 존경의 뜻을 나타내고, 조선유학계에서는 정퇴우율(靜退牛栗, 靜庵 趙光祖·退溪 李滉·牛峰 成渾·栗谷 李珥)을 4현(四賢)이라 일컫는다고 소개했다. 그러나 정암·우봉은 중요한 말만 체득하면 족하고, 율곡은 문집이 너무 많아서 읽기가 힘들다고 냉정하게 언급하는 한편, "조선의 유생들은 퇴계 이전의 사람은 퇴계에 절충되고 퇴계 이후는 퇴계보다 뛰어난 이가 없다. 조정암·이퇴계·성우봉·이율곡은 4현으로 나란히 일컬어지지만 아마 통론(通論)이 아닐 것이다"라고 한국유학 중에서도 퇴계가 특별히 뛰어난 존재임을 강조했다. 그뿐만 아니라 주자 이후의 중국 유생의 제1인자로서 청나라 장리상(張履祥, 楊園, 1611-1674)을 들면서 그 양원조차 퇴계에는 미치지 못한다[楊園不及退溪]고 했다.

(3) 이케다 소우안[池田草庵]

이케다 소우안[池田草庵](1813-1878)은 일찍이 소라이학[徂徠學]을 공부하고, 후에 주자학·양명학을 닦고, 시문(詩文)에도 뛰어나며, 독실한 사상과 실천 중시로 알려진 유생이다. 메이지[明治]~타이쇼[大正] 시대에 학계·정치계·실업계에서 활약하게 되는 많은 문인들을 배출하고, 타지마 성인[但馬聖人]이라고 일컬어졌다. 소우안은 쿠스모토 형제와 친교를 맺었으며, 세키스이부터 퇴계의 『자성록』이나 『퇴계서초(退溪書抄)』, 그리고 퇴계가 존중하고 야마자키 안사이가 혹평한 『심경부주』까지 읽어보라고 권유받고 퇴계에 관심을 가지게 되었다. 그는 특히 『주자서절요』에 대해 "혼탁한 감정의 기운이 일시에 이것에 의해 날아가 버렸다"라고 칭찬했다.

다만 육왕학(陸王學)을 배척한 쿠스모토 형제와 달리 소우안은 명나라 말기의 양명학자로 양명학의 '치양지(致良知)'설을 발전시킨 유종주(劉宗周, 念台·戴山, 1587-1645)의 신독의 학을 숭상하면서 "요컨대 신독(愼獨)과 지경(持敬)과 존심양성(存心養性)의 논에 차이는 없다."[14]고 했다. 즉 유종주의 '신독'과 퇴계의 '지경'이 동일하고, 신독에 있어서 정주·육왕은 물론 염태·퇴계까지도 귀일한다고 생각했다. 그 때문에 세키잔에게 이른바 '신독'이 너무나 주관주의·내면주의에 치우쳐 객관적 타당성을 잃을 우려가 있다는 경고를 받을 정도였다.

---

14 「碩水余稿」卷一, 岡次郎, 『楠本端山積水全集』288면, "朝鮮諸儒, 退溪以前 折衷於退溪, 退溪以後無出於退溪之外者.静退牛栗, 四賢並称, 恐非無通論也."(岡田武彦, 『山崎闇斋と李退溪』 p. 347에서 재인용·)

요점은 신독에 있다고 하는 말씀은 아주 지당하십니다. 그러나 천하의 여러 가지 도리를 아울러 닦으려면 태극(太極)의 이치의 전체에 명료하게 통하고, 털끝만큼도 의심스러운 점을 남기지 않게 하지 않으면 혹 도적을 보고 자기 아이와 착각하듯 심한 오류를 범할지도 모릅니다.[15]

다시 말하면 한마디로 퇴계학의 영향이라고 해도 소우안은 퇴계의 '지경'을 '신독'과 결부시켜 내면적인 존심양성을 더욱 존중하는 쪽으로 나아간 것에 대해, 퇴계가 내면 절대주의·주관주의에 빠지기 쉬운 양명학의 위험성을 지적했듯이 세키잔은 오히려 퇴계학에 포함된 바, 격물궁리(格物窮理)에 의해 사물과 행위의 타당성을 항상 돌이켜보고 검토해보는 신중한 측면을 주로 계승했다고 말할 수 있다.

(4) 요코이 쇼난[橫井小楠]

19세기 중반의 구마모토 번에서는 오오츠카 타이야와 히라노 신엔의 학이 다시 각광을 받게 되었다. 가로(家老; 藩의 재상)인 나가오카 켄모츠[長岡監物](1813-1859)와 신진기예의 무사 요코이 쇼난[橫井小楠](1809-1869)·모토다 나가자네[元田永孚](1818-1891) 등은 번잡한 문헌 고증학에 빠져서 경세제민의 실질을 상실한 번의 학교인 지슈칸[時習館]에 등을 돌리고 타이야·신엔의 뜻을 이어 동지를 모아 학습 모임을 결성했다. 그들은 단지 번교(藩校)의 개혁에만 머물지 않고 번의 정치 개혁까지 시야에 두고 행동함으로써

---

15 『幕末維新朱子学者書簡集』 pp. 278-279, "ツマル処, 慎独ト持敬ト存心養性之場合ニ至リ候事ハ異論無之"(岡田武彦, 앞의 책, p. 339에서 재인용)

세상 사람으로부터 '실학당(實學黨)'이라고 불렸다.

그들 구마모토 실학당의 중심인물인 요코이 쇼난은 구스모토 세키스이와 일찍이 친교가 있었다. 세키스이는 자주 쇼난을 방문하고 애당초 "유용한 학문과 유위한 재주가 있어 호걸의 사무라이로서 속된 유생이 아니다"라고 쇼난의 학재를 칭찬하고 있었다. 그가 소우안에 권한 것과 똑같은 열성으로 쇼난에게도 퇴계 공부를 권한 것은 틀림없을 것이다. 다만 훗날 쇼난이 서양 학문에 관심을 갖게 되자 세키스이는 쇼난이 공리(功利)의 학에 빠졌다고 비난하면서 절교하고 말았다.

쇼난은 뒤에 후쿠이번[福井藩] 번주인 마츠다이라 슌가쿠[松平春嶽]에게 초대를 받아 정치 고문으로서 후쿠이 번의 정치개혁에 참여했다. 마쓰다이라 슌가쿠가 막부 간부가 되자 쇼난은 그 브레인으로 일하면서 서양 열강이 일본에게 개국을 강요하는 긴박한 정세에서 슌가쿠를 뒤에서 도와 막부의 개혁에도 활약했다. 메이지유신 후에는 신정부에 출사했으나 그가 일본을 기독교 국가로 만들려 하고 있다고 시기한 양이론자(攘夷論者)에게 암살당하고 말았다.

요코이 쇼난은 퇴계를 명나라의 주자학자 설경헌(薛敬軒; 名-瑄, 1389-1464)보다도 훌륭한 "고금절무(古今絶無)의 진유(眞儒)"라고 극찬했다. 그리고 『자성록』 중의 "우선 세상의 궁통(窮通)·득실(得失)·영욕(榮辱)을 모두 생각 밖에 두고, 그것이 마음을 어지럽히지 않도록 해야 된다. 이미 그렇게 마음이 분별된다면 고민거리의 5할에서 7할쯤 가라앉히고 있는 것이다"[16]

---

16 『幕末維新朱子学者書簡集』64면, "其要在慎独と申事尤至極之事ニ御座候.然此義兼々於天下之道理, 太極之全体明白透徹, 一毫之疑無之様参不申候得ハ, 或者認賊為子之誤謬

라는 말을 소중히 여기고 가끔 문인에게 써서 나눠줄 정도였다.

그는 이러한 퇴계의 사상과 타이야·신엔의 사상을 정신적 바탕으로 삼으면서 "대개 우리나라가 외이(外夷)에 대처하는 국시(國是)는 유도(有道)한 나라에 대해서는 통신을 허락하고 무도(無道)한 나라는 거절하는 이 두 가지이다. 도가 있고 없음을 가리지 않고 모두 거절하는 것은 천지공공(天地公共)의 실리(實理)에 어둡다는 말이 되고 결국 만국(萬國)에 대해 신의(信義)를 잃게 되는 것은 필연의 이치이다"라고 말했듯이 일본 한 나라나 유교 문화권의 범위를 넘어서 온 세계에 미치는 보편적인 '천지공공의 실리'를 강조했다. 나아가 쇼난은 청나라 위원(魏源; 1794~1857)의 『해국도지』를 읽고 세계 각국의 사정을 알게 된 후에는 적극적인 개국론으로 탈바꿈하고 외국이 평화적·문명적으로 통교·무역을 요구해 올 경우에는 '공공(公共)의 도(道)'로써 개국해야 한다고 주장하기에 이르렀다.

쇼난의 사상 형성 과정을 더듬어 보면 초기 사상에서 충성의 대상이었던 '천지신명(天地神明)', '천지인심(天地仁心)'이 만년에는 더욱 분명하게 '천제(天帝)'라는 초월적 인격신의 이념으로 승화되었다고 지적된다.[17] 쇼난의 '천지', '하늘' 사상의 이러한 전개에는, 하늘을 인격적으로 파악하는 퇴계의 "천심(天心)" 사상이나 이(理)에 능동성을 부여하는 '이발(理發)' 사상으로부터의 영향을 엿볼 수 있다. 다음이 그 전형적인 예이다.

亦掛念之事＝御座候."(앞의 책에서 재인용)
17 李退溪, 『自省錄』, "第一須先將世間窮通得失栄辱, 一切置之度外, 不以累霊台, 既辨得此心, 則所患五七部休歇矣"

임금이 된 자는, 과연 천심(天心)이 우리를 사랑해주는 것은 무슨 까닭인지, 과연 천심을 받들어 모시는 도(道)란 어떠한 것인지를 알아야 하는 것입니다. 그것을 심사숙고하고 실제로 그것을 체득해서 몸소 실천하지 않을 수 없사옵니다. 그러한 연후에야 겨우 천심을 향수(享受)하고 군도(君道)를 다하게 될 수 있습니다.[18]

동시대인으로부터 흔히 오해받은 것과 달리 쇼난 자신은 기독교에 대해서 명백히 비판적이었지만, 그의 아들인 요코이 토키오[橫井時雄]를 비롯하여 실학당 멤버들이 미국인 선교사 L. L. 제인즈를 초빙해서 설립한 구마모토양학교[熊本洋學校]의 학생들 대부분이 일본 개신교의 3대 원류의 하나인 '구마모토 밴드'의 구성원이 되었다. 이것은 물론 직접적으로는 제인즈의 인격적 감화가 컸기 때문이겠지만, 간접적으로는 쇼난과 실학당의 사상 속에 이미 흐르고 있었던 퇴계의 하늘 사상에 의해 기독교의 신관을 쉽게 받아들일 사상적 토대가 마련되어 있었기 때문이라는 것은 충분히 침작할 만하다.

---

18 平石直昭, 「大塚退野学派の朱子学思想」【小楠朱子学との関連で】, 『別冊環 橫井小楠―公共の先駆者』, 57면 참조

3. 메이지 이후 일본에서의 한국유학

1) 모토다 나가자네[元田永孚]―수양공부로부터 도통이야기로의 전환

구마모토 실학당의 한 사람이었던 모토다 나가자네[元田永孚]는 일찍이 "아, 하야시가[林家]의 주자학이 아니고, 이토 진사이[伊藤仁齋]의 학도 아니며, 또 야마자키 안사이[山崎闇齋]의 학도 아니다. 우리가 따르는 것은 도우히[東肥](구마모토)의 양 부자(夫子, 오오츠카 타이야와 모리 쇼사이[森省齋])뿐이라고 말했다.[19] 실학당의 실각 후, 그는 실학당과 거리를 두고, 메이지유신 후에도 은거하고 있었지만 실학당의 복권과 더불어 번지사(藩知事) 호소카와 모리히사[細川護久]의 시독(侍讀)이 되고 1871(明治4)년부터는 번과 오오쿠보 도시미치[大久保利通]의 추천으로 궁내성에 출사하여 메이지 천황의 시강(侍講)이 되었다. 그 후 궁중고문관·추밀고문관 등을 역임하고 『교학대강(敎學大綱)』, 『유학강요(幼學綱要)』 편찬과 『교육칙어』 기초에 힘을 다했다.

그런데 이퇴계의 학이 오오츠카 타이야·히라노 신엔으로부터 모토다 나가자네를 거쳐 메이지 천황에게 영향을 주었다는 설이 있다. 이 설은 우노 데츤도[宇野哲人]·우노 세이이치[宇野精一]·다카하시 토오루[高橋亨]·도모에다 류타로우[友枝龍太郎]·다카하시 스스무[高橋進] 등에 의해 계속 언급되어 왔지만 메이지 천황에 대한 진강(進講)과 관계되는 「시강주차(侍講奏箚)」, 「경연에 시종한 기록[経筵に侍するの記]」, 「경연진강록(經筵進講錄)」,

---

19 李退渓, 『戊辰六條疏』, "人主於此, 又當知天心之所以仁愛我者何故, 而當知我所以奉承天心者何道, 而可無不深思熟考而實體行之, 然後庶可以享天心而盡君道矣."

「모토다 선생 진강록[元田先生進講錄]」 등에서는 직접적인 언급을 찾아볼 수 없고, 겨우 「교학대의사의(教學大意私擬)」(1870)에만 다음과 같은 퇴계에 대한 언급이 보인다고 한다.

> 게이쵸 언무[慶長偃武](에도막부의 일본통일) 이래의 유학자로 구마자와 반잔[熊沢蕃山]은 우리 선유들 중에서 도덕과 경륜에 있어서 천년에 단 한 명 나올 걸출한 인물이다. 그 밖에 오오츠카 타이야 선생의 학파가 조선의 이퇴계에서 전해진 정주의 진수를 이회(理會)하고서 공자의 본뜻을 얻었다. 그 문인인 히라츠카 신엔 선생께서는 정자의 도덕을 깊이 간직하고 이윤의 뜻을 몸소 체인했다. 이 세 분의 학맥은 실로 요순공맹의 심법을 얻어서 후세에 스승으로 삼을 만하다.[20]

나가자네 본인이 오오츠카 타이야나 요코이 쇼난 등의 영향으로 이퇴계를 깊이 존중하고 있었다고 해도 별로 이상하지 않다. 그러나 진강록 등의 자료에 하나도 언급이 보이지 않는 점을 보면 적어도 메이지 천황에게 무슨 인상을 남길 만큼 이퇴계에 대해 이야기했는지 약간 의문스럽다.

나가자네는 "정주의 학은 조선의 이퇴계에 전해졌으니, 선생(오오츠카 타이야-인용자)께서 그(이퇴계)가 찬한 『주자서절요』를 읽고 초연히 얻은 바가 있었다. 지금 타이야의 학을 전하고 이것을 금상황제(메이지 천황-인용자)

---

20 元田永孚, 「左肥著講筵余吟」 『肥後先哲遺蹟』 卷一, "嗚呼非林非伊又非崎, 吾服東肥両夫子." (岡田武彦, 앞의 책, p. 354에서 재인용) 모리 교사이는 오오츠카 타이야와 히라노 신엔의 학맥을 계승한 유학자이다.

에게 바친다.”[21]라고 말했다고 한다. 하지만 강해수(姜海守)에 의하면 이것은 마츠다 코우[松田甲]의 『일선사화(日鮮史話)』 제6편(1927)에서의 이중 인용이며 더 올라가 보면 1897(明治30)년 6월에 발행된 『규슈사화회보(九州史話會報)』 제1호에 실린 우치다 슈헤이[內田周平]의 담화에 이와 같은 이야기가 나온다고 한다.[22]

여기서 중요한 것은 모토다 나가자네를 통해 메이지 천황이 이퇴계의 영향을 받았느냐 여부보다 오히려 그 시기에 퇴계로부터 메이지 천황에 이르는 계보 이야기(내러티브)가 거론되게 되었다는 사실의 의미일 것이다. 왜냐하면 이것은 메이지[明治] 30년 무렵을 경계로 일본에서 퇴계학의 의미가 크게 변화했다는 것을 나타내고 있기 때문이다. 즉 이 시기에 퇴계학은 개개의 일본인 사상가의 사상과 실천에 영향을 주었던 시대가 막을 내리고, 퇴계가 공자·맹자로부터 정자·주자로 이어지는 중국 주자학의 도통(道統)과 구마모토 실학당의 모토다 나가자네를 경유하여 메이지 천황으로 연결되는 학맥의 중계자라는 위치가 사상사적으로 다시 부여되고, 일본의 '도의국가(道義國家)' 담론 속에 포섭되어 버리기 때문이다.

21 海後宗臣,「元田永孚」『日本教育先哲叢書』p. 192. (井上厚史,「近代日本における李退溪研究の系譜学」『総合政策論叢』第18号, p. 63에서 재인용)
22 阿部吉雄,「解説李退溪」『朱子学大系』十二巻, p. 13.

2) 다카하시 토오루[高橋亨]

─조선을 알고 지배하는 대일본제국의 학지(學知)를 체현한 일본 한국학의 거인

(1) 생애

일본에서의, 혹은 일본인에 의한 한국사상 연구는 한일합방 전후부터 통감부나 조선총독부가 한국의 전통 문화와 사상을 파악하고 식민지 지배를 좀 더 원활하게 진행시키기 위한 '제국(帝國)의 학지(學知)'로 자리가 바뀌고 말았다. 그 상징적 인물의 한 사람이 바로 다카하시 토오루[高橋亨](1878-1967)이다.

다카하시는 니가타현[新潟縣]에서 태어났다. 1902년에 도쿄제국대학 문과대학 한문과를 졸업하고(졸업논문 「한역을 비판하고 네모토 박사의 역설에 이른다[漢易を難して根本博士の易説に及ぶ]」), 교호쿠중학교(京北中學校)와 와세다 대학 강사, 『큐슈일보[九州日報]』(현 西日本新聞) 주필 등을 역임한 후, 1903~4년 말경[23]에 대한제국 정부 초빙으로 한국에 건너가 관립 중학교 교사가 되었다. 다카하시는 한국에 간 후 곧장 한문을 매개로 한국어를 배우기 시작하여 반년 정도 후에는 거의 불편함이 없는 정도가 되었다고 한다. 이와 동시에 넓은 의미의 한국문학, 즉 시문가요(詩文歌謠), 이야기, 패사소설(稗史小說)부터 불교·유교에 이르기까지 한국인의 사상·신앙을 전하는 문헌을 연구하기 시작했다. 그리고 그 성과를 기초로 1909년에는 『한어문전(韓語文典)』을 펴냈고, 이듬해에는 『조선 이야기집[朝鮮の物語集] 부(附) 속

---

23 姜海守, 「近代日本の李退溪研究」, 『退溪學論集』 2号, pp. 3-4; 井上厚史, 앞의 책, pp. 64-65 참조

담[俚諺]』을 간행했다.

한일합방 직후인 1910년 9월, 다카하시는 조선총독부 종교 조사 촉탁의 명령을 받았다. 다음해 1월에 삼남(三南) 유생들의 동태 조사에 종사했을 때, 의병장의 집집마다 책상 위에 하나같이 『퇴계집』이 놓여 있는 것을 보고 크게 놀란 것이 조선유학 연구의 발단이 되었다. 그 후 조선 도서 촉탁을 명령받아 이왕가(李王家) 규장각 도서를 조사하고 정만조(鄭萬朝)·구사바 킨자부로[草葉謹三郎] 등과 함께 『조선도서해제(朝鮮圖書解題)』를 지었다. 또 1912년 여름에는 강릉 오대산 월정사(月精寺)에서 반달 동안 사고(史庫) 조사를 실시했는데, 거기서 승려가 매우 단정하게 근행을 올리고 있는 것을 보고 승려에 대한 인식을 확 바꾸고 조선불교 연구에 뜻을 두게 되었다.

1919년에는 학위청구논문「조선의 교화와 교정[朝鮮の教化と教政]」을 도쿄대학 문학부에 제출하고 문학박사를 수여받았다. 3.1운동 후, 신임 총독 사이토 마코토[斎藤實]의 소위 '문화통치' 방침 아래, 한국인 사이에서 고조된 민립대학 설립 운동의 선수를 치기 위해 관립대학의 설립을 추진하자 다카하시는 1921년에 조선총독부 시학관(視學官)으로서 1년 남짓 구미의 교육 상황을 시찰하고 돌아온 후에는 경성제국대학 설립위원회 간사로서 대학 설립의 중심인물이 되었다. 1926년에는 신설된 경성제국대학 교수가 되고 법문학부의 조선어학 문학 제1강좌를 담당했다. 그 뒤에도 그는 왕성하게 연구를 계속하여 1927년에는 『조선유학대관』을 발표하고, 1929년에는 『이조불교』를 간행했다. 같은 해, 언문철자법(=한글맞춤법) 조사회 위원에 참여하면서 한국어 정서법 제정에도 관여했다. 또 『이조불교』 간행 후 제주도에 갈 기회를 얻어서 민요 채집에 집중하였다.

1939년에 다카하시는 정년으로 경성제국대학 교수직을 퇴임했다. 이듬해 1940년에는 혜화전문학교(惠化專門學校, 현 동국대학교) 교장에 취임하고, 같은 해 조선총독부로부터 제1회 조선문화공로상과 경성제국대학 명예교수를 수여받았다. 1941년에는 한반도를 떠나 일본 본토로 돌아가 야마구치현[山口縣] 하기시[萩市]에서 붕어낚시로 나날을 보내는 유유자적의 은둔생활에 들어갔다.

그런데 1930년에 경학원(經學院, 성균관의 후신) 부속기관으로 유교교육을 실시하는 명륜학원(明倫學院)이 개설되자 다카하시는 그 강사 및 평의회원으로 교육 활동과 운영에 적극적으로 관여했다. 그리고 1939년에 발표한 논문 「왕도유도(王道儒道)에서 황도유도(皇道儒道)에」에서 '황도유교'론을 선양했다.

> (전략) 따라서 지금 유교 교화를 진흥해서 현재의 국민정신총동원 운동에 한몫을 하려면 범연하게 재래의 중국·조선 유교를 그대로 널리 선포한들 그 것에 의해 바로 조선 민중의 국민정신을 일깨우고 국민도덕을 내선일치(內鮮一致)로 나아가게 하는 것은 지극히 어려운 일이다. … 오늘 조선에서 크게 진흥시켜야 할 유교 교화는 이러한 미온적인 유교의 가르침이 아니라 충분히 일본의 국수(國粹)와 동화되고 국민정신, 국민도덕을 계배(啓培)하고 함양(涵養)할 황도적(皇道的) 유교라야 할 것이다.[24]

이러한 소신을 밝힌 것이 배경이 되어, 일단 일본 본토에 돌아간 그는

---

24 다카하시가 한국으로 건너간 연대는 자료에 따라 1903(明治36)년과 1904(明治37)년으로 된 것이 있고 연구자가 추정하는 연대도 의거하는 자료에 따라 차이가 있다.

1944년 말에 경성경학원(京城經學院) 제학(提學) 및 명륜연성소(明倫鍊成所) 소장에 임명됨과 동시에 조선유도연합회 부회장으로 취임해서 다시 서울로 돌아왔다. 그러나 얼마 지나지 않아 일본의 패전을 맞이하여 1945년 10월에 일본으로 돌아왔다.

1946년에는 반년간의 연구를 거쳐 '순수역단(純粹易斷)'을 개업하였는데, "전후 이색적 풍경"이라고 신문의 화젯거리가 되곤 했다. 후쿠오카 상과대학 교수를 거쳐 1950년에는 천리교(天理教) 제2대 진주(眞柱: 교단대표)인 나카야마 쇼젠[中山正善]의 초빙을 받아 신제 천리대학의 창설(天理外國語學校에서 조직 개편)에 참여했다. 그는 천리대학 교수로 취임해서 조선문학과 사상사 등을 담당하는 한편 외무성 유학생 등의 지도도 담당하고, 또 〈조선학회〉를 발족시켜 평생 동안 부회장을 맡았다. 이를 통해 일본 패전 후 단절 위기에 놓여 있던 한국학 연구의 거점이 구축되고, 남북 분단이나 사상 사조의 벽을 넘어서, 또 한국학이라는 전문 영역에도 한정되지 않고 한국·조선 연구의 큰 흐름을 형성하여 오늘에 이른다. 그 스스로도 정력적으로 연구를 계속해서 『허응당집(虛應堂集)』(1960) 같은 단행본이나 논문 「조선의 양명학파[朝鮮の陽明学派]」(『조선학보』 제4집, 1953), 「정다산의 대학경설[丁茶山の大學經說]」(앞의 책, 제18집, 1955) 등을 발표했다. 여기서는 일찍이 그가 스스로 세운 주리파·주기파 범주에 곧장 포섭되지 않는 한국 양명학파나 정다산(丁茶山)을 다루고 있는 점이 주목된다.

다카하시는 1964년에 천리대학을 퇴직하고 천리대학 제1호 명예교수가 되었다. 1967년 9월에 서거했다. 향년 89세였다.

(2) 평가와 영향

다카하시 토오루의 연구 분야는 한국의 사상·문학·언어·종교에 걸쳐, 영역의 넓이와 발자국의 거대함에 있어서는 일본의 한국학 연구에서는 전무후무일 것이다. 다만 그의 연구, 특히 1945년까지의 그것은 총독부의 식민지 정책에 적극적으로 복무하는 형태로 이루어진 것임을 부인하기 어렵다. 그 결과 이미 많은 선학들이 지적하고 있는 바와 같이 그것은 지배를 위한 인식으로서 전형적인 '제국(帝國)의 학지(學知)'이며, 식민지 아카데미즘으로서의 한계를 태생적으로 안고 있는 것이었다.

다카하시가 제시한 '주리', '주기'의 범주로 한국유학을 양분하는 시각은 독립 후 한국 및 북한의 사상사(유학사) 연구에도 큰 영향을 미쳤다. 한국의 학계에서는, 다카하시가 제시한 주리/주기 범주의 타당성에 대해 오늘날까지도 의논이 계속되고 있다. 예를 들어 배종호·윤사순 등은 그 이분법이 조선시대부터의 유학 전통에 기초한 것임을 인정하지만, 조남호는 퇴계학파·율곡학파의 양자 모두 '이(理)'를 가리는 '기(氣)'의 혼탁함을 수양을 통해 극복하고 맑고 순수한 '기'를 회복하게 되면 '리'에 어긋나지 않게 된다고 하는 전제를 인정하고 있는 점과, 그러므로 율곡학파가 '주기'를 주장했던 적은 없고, 주리·주기의 범주는 단지 퇴계학파가 일방적으로 주장한 것이라는 점에서 주리/주기분의 이분법 도식은 부적절하고, '이발(理發)'을 인정하는지 여부에 따라 구분해야 한다고 주장한다.[25]

북한에서는 다카하시 토오루의 사상사 기술이 마르크스·레닌주의, 후

---

25 高橋亨, 「王道儒教より皇道儒教へ」 『朝鮮』 二九五, 1939, (川原秀城 · 金光来 編訳, 『高橋亨 朝鮮儒学論集』 p. 417 재인용·)

에는 주체사상의 시각에서 환골탈태되면서 주리파가 관념론이고 주기파가 유물론이며, 전자가 좀 더 반동적이고, 후자가 상대적으로 진보적이라고 규정한다. 그 틀에 의하면 주리파 철학을 확립한 이퇴계는 사회 개혁을 전면적으로 부정한 반동으로 간주된다. 그것과 비교하면 주기파의 이율곡은 애민(愛民) 사상에 기초한 개혁을 주장한 점으로 상대적으로 긍정적·진보적이고 율곡의 개혁사상은 17세기 이후 실학파에게 계승된다고 인식된다.[26]

(3) 다카하시 토오루의 퇴계 · 율곡 · 다산 평

① 이퇴계(李退溪) : 다카하시 토오루는 퇴계 개인을 다룬 『이퇴계』라는 저작이 있다. 그는 퇴계를 평가하기를 조선유학을 연구하고서 처음으로 만나는 "학문과 도덕이 겸비된 위대한 유학자"라고 칭찬하고, 그의 문자나 시문에 대해서도 "『퇴계집』을 얻어 읽고 나서 이에 비로소 숭배할 만한 고도의 수준에 달한 조선의 문헌에 접했다는 환희에 잠기게 된다."라고 최대한의 찬사를 바쳤다. 다카하시는 퇴계가 이론·실천·문예의 어느 점에서도 조선 최고봉의 유학자이며, 동시에 주자설의 정통을 이은 사람이라고 보았다.

다카하시는 사단칠정이기호발설(四端七情理氣互發說)을 퇴계의 독창으로 보는 시각을 물리치고 주자 본인이 "사단은 이(理)의 발(發)함이요, 칠정은 기(氣)의 발함이다(四端是理之發, 七情是氣之發)"라고 밝힌 것을 비롯하여, 그 제자인 황간(黃幹, 勉齋, 1152-1221), 원나라 정복심(程復心)을 거쳐, 조선

---

26 趙南浩, 「역주와 해설」高橋亨 저, 趙南浩 역, 『조선의 유학』 p. 13 참조.

왕조의 권근(權近)의 『입학도설』이나, 유숭조(柳崇祖)의 『성리연원촬요(性理淵源撮要)』에 이르기까지 계속 기술되어 왔다고 지적했다. 다만 퇴계 스스로는 안동의 산간에 거주하면서 문헌의 입수와 열람이 어려웠으므로 정지운의 『천명도』에 '사단이지발(四端理之發)', '칠정기지발(七情氣之發)'이라고 적혀 있는 것을 보고, '침사 궁리한 끝에 발명했는데, 주자의 설에서 증거를 얻어서 자신이 깊어졌다'고 말하고 있는 것[27]을 다카하시도 긍정하고 있다. 또 다카하시는 퇴계의 사단칠정이기호발설 중 애당초 『천명도』에 첨부한 '사단=이발 / 칠정=기발'의 설을 좋다고 하여, 7년 여에 걸친 기대승과의 논쟁을 거쳐 최종적으로 퇴계가 도달한, '사단=이발기수(理發氣隨), 칠정=리발기승(氣發理乘)'이라는 결론에 대해서는, "…그가 능했던 논리적 일관(一貫)을 버리게 되었다"고 냉담한 평가를 내렸다.

② 이율곡(李栗谷) : 한편 퇴계와 한국유학의 쌍벽을 이루는 이율곡에 대해서는 "학자이면서 경세제민의 식견을 겸비하고 소위 시무(時務)를 아는 준걸"로서, 그 학문 방법 면에서는 퇴계가 계속 심사숙고하는 편인데 비해 율곡은 "활연하게 갑자기 깨닫고 단번에 극치를 다하며, 쉽게 논리적 체계를 조직하는" 편이라고 평가했다.

다만 다카하시는 율곡의 기발이승일도(氣發理乘一途)의 이기론이 형식상은 주자의 이기이원론을 관철한 것이지만 그 수양론 자체는 본성을 물에, 기질을 그 흐림에 비유하고 흐린 기운의 발동을 억제하고 본래의 맑은 상태에로 되돌린다고 하는 정명도(程明道)의 '징치(澄治)의 궁리(窮理)'설에 기

---

27 鄭聖哲 저, 崔允珍・權仁燮・金哲央 역, 『朝鮮実学思想の系譜』 pp. 116-118 참조.

원한다고 했다. 게다가 이 수양법의 문제점에 대해 어느 상황에 대처하고 자기 행위를 결정할 경우, 공과 사, 도리와 불의 등의 심중의 갈등이 인식되지 않고, 단지 맑은 기(氣)가 이(理)를 싣고 발동할 따름이기 때문에, 결국 나는 마음대로 행동했다고 느끼는 데에 머문 것에 불과하다고 지적했다.

> 율곡의 본연지기(本然之氣) 사상은 사단이발(四端理發)을 부인하고 온갖 정(情)은 이기(理氣)가 더불어 발한다는 주장을 논리적으로 관철시키려고 궁여(窮餘)의 일책으로 고안된 것이지만, 그가 이(理)에 있어서 본연지성(本然之性)의 구체적인 존재를 부정하고 본성을 기질지성(氣質之性)에 한정시킨 주장과 모순되지 않을 수 없다. 아직 형질에 떨어지지 않는 본연지기가 성과 합하여해 순연(純然)한 정(情)을 형성한다고 하면, 아직도 형질에 떨어지지 않는 본연지성의 단독 발동을 왜 인정하지 않는 것인가? 차라리 이것은 특별히 새로운 술어를 만들지 않고 퇴계와 같이 그냥 본성이 순수한 기(氣)를 타서 움직인다고 말하는 것이 어려움을 피할 수 있게 되고, 오히려 이기공발(理氣共發)이라는 그의 설과 저촉하지 않을 것이다.[28]

즉 다카하시는 이발과 기발의 양쪽을 모두 인정하는 퇴계의 이기론과 비교해서 율곡의 이기론은 순수선(純粹善)의 근원을 설명하는 데에 근본적으로 무리가 있고, 그 무리를 미봉하기 위해, 조금도 사악을 섞지 않는 순수한 기(氣)인 '본연지기(本然之氣)' 혹은 '담일청허(湛一淸虛)'와 같은 기묘한 개념

---

28 『朱子語類』卷五十三 및 『退渓集』卷十六, 「与奇明彦大升 己未」 참조.

을 만들어내지 않을 수 없었다고 생각했던 것이다. 그리고 한국 유생의 의견을 소개하는 방식으로 다카하시는 이기의 논리적인 관계, 혹은 심리의 설명을 위한 이론으로서는 기대승과 이율곡의 설이 뛰어나지만, 도덕적 수양 실천을 위한 기초 이론으로서는 이퇴계의 설이 낫다고 밝혔다.

③정다산(丁茶山) : 정다산에 대해 다카하시는 조선 경제학파(실학파)의 학문이 그에 이르러 절정에 이르렀다고 평가하면서 「정다산(丁茶山)의 대학경설(大學經說)」(1955)에서 다산의 생애와 경학을 소개했다.

다카하시는 정다산의 경학이 청조 고증학에 연원한다고 말하면서 다산의 사람됨에 대해서는 조선유학의 전통을 타개하고 새로운 공기를 도입해 조선 사상사 4백년의 단조로움을 타파한 석학으로서 높은 평가를 주었다. 그리고 그의 경학의 내용은 『역(易, 周易)』과 『예(禮, 禮記)』에 관한 연구가 가장 많지만 『대학』과 『중용』에서 수기치인의 실천 원리를 많이 찾고 있다고 말했다.

다카하시는 다산의 경학적 수양 실천론의 큰 특징이 우선 『고본대학(古本大學)』을 취하고 주자가 개정한 『대학집주』를 물리친 데에 있고, 이 점은 왕양명이나 일본의 오오타 킨조[太田錦城]·오규 소라이[荻生徂徠]·아사카와 젠안[朝川善庵] 등과 일치한다고 하였다. 또 다산의 『중용』 해석은 주자의 그것과 달리 상당히 종교적인 태도로써 '신독(愼獨)'을 중시하면서 남이 보고 있지 않는 곳에서도 상제(上帝)가 항상 주시하고 있기 때문에 상제의 명령을 두려워하면서 올바른 도(道)를 따르고 실천해야 한다고 강조했다고 논했다. 그는 다산이 항상 하늘을 상제, 즉 우주의 주재자라고 해석하고 유교도(儒敎徒)의 마음에 상제 신앙의 불을 켜려고 했다고 지적한다.

같은 논문에서 다카하시는 다산 생시에는 정적들의 주도로 그를 단죄할

하나의 구실이 되었고, 후세에는 한국의 가톨릭교도가 다산을 자기편으로 끌어들이기 위해 거론된 '다산=천주교도' 설에 대해서도 고찰했다. 다산의 경서 해석을 봐도 그는 순수하게 유교도이며 천주교 신앙을 암시하는 구절은 찾아낼 수 없는데, 만약 그러한 단서가 조금이라도 있었다면 그의 만년에 조정에서 그의 정적이 주도한 천주교도 수색·심문·탄압을 도저히 피할 수 없었을 것이라고 하면서, 다산의 『중용』 해석과 천주교 신앙은 무관하다는 견해를 밝혔다.[29]

3) 아베 요시오[阿部吉雄]―일본에서의 한국유학 연구의 계승과 그 과제

1945년, 일본이 제2차 세계대전에서 패전한 후부터 1960년대에 걸쳐 사회혼란과 식민지 상실에 따르는 관심의 소실 등으로 인해 일본의 한국 연구 자체가 거의 공백 상태에 빠졌다. 이 시기에 주목할 만한 것은 재일(在日) 한국·조선인 학자에 의한 사상 연구가 나타난 점을 들 수 있다. 예를 들면 1962년에는 다산 탄생 200주년을 맞이하여 조선대학교의 재일조선인 연구자들이 기념논문집 『조선의 위대한 사상가·정약용: 다산(茶山) 정약용 탄생 200주년을 기념하여』를 출판했다. 그렇다 하더라도 조선학회나 조선대학교 등을 거점으로 겨우 이루어진 연구도 그 방향성은 주로 역사와 문학, 언어 쪽으로 향하고 봉건사상 혹은 망국의 사상이라고 낙인찍힌 한국유학의 연구가 허술해진 것은 부정할 수 없다. 그런 와중에도 한국사상 연구의 명

---

29 高橋亨, 「李朝儒学史に於ける主理派主気派の発達」, 川原秀城·金光来 편역, 『高橋亨 朝鮮儒学論集』 p. 256 참조.

맥을 유지해 온 사람이 앞에서 본 다카하시 토오루와 아베 요시오였다.

(1) 생애

아베 요시오[阿部吉雄, 1905-1978]는 야마가타현[山形縣] 태생으로 1928년에 도쿄제국대학 문학부의 중국[支那]철학과를 졸업했다.(졸업논문, 「순자의 연구」) 본인의 술회에 따르면 1929년부터 우노[宇野哲人] 교수의 조수로서 야마자키 안사이 연구에 착수했다.[30] 1941년에 경성제국대학 법문학부 조교수로 부임했을 때 이퇴계와 야마자키 안사이와의 사상적 혈연관계를 알고 관심을 갖게 되었다. 1944년에는 『이퇴계』(文敎書院)를 출판했다. 그리고 전문서 「야마자키 안사이와 이퇴계」의 원고를 엮었지만 발간 직전에 일본이 패전을 맞이하고 조선에서 일본으로 돌아오는 동안의 혼란 속에서 원고와 자료, 그리고 도서를 몽땅 잃고 말았다. 그런데 일본 본토에 돌아온 후에도 아베는 에도[江戶] 유학과 조선유학의 연구를 계속하여 여러 곳에서 발표한 논문을 묶어서 1956년에 도쿄대학 문학부에서 「에도 초기 유학과 조선유학[江戶初期儒學と朝鮮儒学]」을 제출하고 문학박사를 수여받았다. 이 논문을 증보·정리한 것이 『일본주자학과 조선[日本朱子学と朝鮮]』(1965)이다. 또 1976년에는 『일본각판이퇴계전집』을 간행했다.

---

30 다산의 인격적인 상제관(上帝觀)과 기독교의 신관은 상관이 없다고 하는 다카하시의 견해와 정반대로 다산 상제관에 나타난 한역 서학서의 천주교 신학의 영향에 주목하고 다산의 〈자벽문(自辟文)〉 제출과 천주교 탄압 이후에도 그의 경학사상과 천관 및 윤리사상의 바탕에는 경학적 언사로 교묘하게 감추어진 천주교 신앙이 맥맥이 흐르고 있다는 지적도 있다. (李光來 지음, 高坂史朗·柳生真 訳『韓国の西洋思想受容史』, pp. 32-37 참조)

패전 후에는 조선 양명학파나 정다산과 같이 주자학의 범위를 벗어난 자리에 위치하는 사상가에게 관심을 돌린 다카하시 토오루와는 달리, 아베는 계속 퇴계학에 관심의 축을 두었다. 그는 퇴계 연구를 통해 한일 양국의 문화교류에도 공헌했다. 1972년에는 한국 측 연구자와 더불어 이퇴계연구회를 조직하고 그 2년 후에는 동 연구회 회장으로 취임했다. 한일 양국에서 이퇴계 연구 국제학회 개최에 힘을 기울였다. 대한민국 정부에서도 그의 이러한 공적을 인정하고 1976년 5월에는 대한민국 국민훈장 동백장을 수여했다.

(2) 평가

대부분의 일본인이 한국에 대해 멸시하는 감정밖에 안 가졌던 시대에 실증적인 연구를 통해 퇴계가 에도시대 일본의 유학자들로부터 높이 평가되고 그 저서가 가끔 간행되던 사실을 일본 사회에 밝히고 퇴계를 비롯한 한국유학에 대한 관심을 불러일으킨 공적은 크다고 하겠다. 또한 실제로 정력적인 이퇴계 연구를 통해 한일 문화 교류에 이바지한 점도 높이 평가할 만하다. 그뿐만 아니라 이퇴계의 원저를 일본에서 출판한 것도 평가할 만하다. 이퇴계의 사상이 일본사상, 특히 메이지유신에 영향을 끼쳤다고 하는 담론은 오늘날 한국에서도 비교적 긍정적으로 받아들여지고 있다.

그러나 아베 요시오를 비롯한 일본에서의 퇴계에 대한 긍정적 평가는 실은 율곡 이후의 한국유학의 전개에 대한 부정적 평가와 동전의 양면과 같은 관계라는 것도 부정하기 어렵다. 즉 퇴계 이후에 율곡이 그와 맞서 주기철학을 주장하고, 결국은 주리파와 주기파의 사상투쟁을 야기하면서 정쟁의 도구로 타락해 버렸다는 말이다. 결국 아베는 일본에서 한국유학에 대한 관심을 제고시킬 수는 있었으나 기존의 한국유학 자체에 대한 부정적 인상을 타파·갱신시키기에는 역부족이었고 오히려 한국인·한국유학·한국사에 대한 낡아빠진 편견을 재생산해 버렸다는 인상을 씻기 어렵다.

> 그(=李退溪: 인용자)의 이기(理氣) 철학은 주자 철학의 불명료한 점을 파고 들어 결국 이(理)를 주로 하는 철학을 세운 것이지만, 후에 이율곡은 기(氣)를 주로 하는 철학을 세워 이것과 대립해, 조선의 유학계는 주리(主理) 철학과 주기(主氣) 철학의 논쟁이 그치지 않고, 마침내 피투성이인 붕당의 싸움으로까지 발전한 것은 유명하다.[31]

이것은 이른바 '조선정체성론'의 한 줄기를 이루는 '당파싸움 망국론'이라고 할 만한 담론이다. 즉 '조선의 주자학(성리학)은 이퇴계에 의해 중국의 그것이 따라잡을 수 없는 정도로 높은 수준에 도달했다. 그러나 조선의 사상계 자체는 주자학 이데올로기 일색으로 통제되고 유생들은 주자학을 중국 이상으로 고수하면서 그중의 사소한 차이를 둘러싸고 서로 논쟁하고 있었다. 그 때문에 조선 조정에서는 정치와 학문이 직결한 당쟁이 끝도 없이 이어지고, 근대화의 세계적·역사적 조류를 타지 못할뿐더러 결국은 망국의 사태에 이르렀다'고 하는 역사 이해가 바로 그것이다. 지금도 한국사 및 한국사상의 전문가가 아닌 일본 사람의 상당수가 한국유학에 대해 이것과 대동소이의 인상을 가지고 있는 것이 아닐까?

---

31 阿部吉雄,『日本朱子学と朝鮮』 p. 6 참조.

4. 맺음말

토요토미 히데요시의 조선 침략 후에 일본을 방문한 조선국사인 허성 (許筬), 포로 강항(姜沆)과 후지와라 세이카[藤原惺窩]·하야시 라잔[林羅山]과 의 만남은 한국유학을 일본의 지식인 사회에 수용·정착시키는 단서가 되 었다. 그 바탕 위에서 일본에서 처음으로 퇴계를 깊이 연구하고, 그가 바로 주자의 정통을 이은 인물이라는 평가를 내린 인물은 야마자키 안사이[山崎 闇齋]이다. 안사이학파는 퇴계의 책을 교정·출판하는 것을 통해 일본의 지 식사회에 퇴계학을 보급시키고 일본에서 한국유학이라고 하면 당연히 이 퇴계를 떠올릴 수 있는 정도의 상황을 빚어냈다.

18-19세기, 에도시대 후기 큐슈를 중심으로 한 일본 서부에서는 곧 안사 이학파에만 한정되지 않고, 또 주자학이나 양명학 등 학파의 벽에 구애되 지도 않는 이퇴계 평가가 일어났다. 이러한 퇴계학의 흐름은, 오오츠카 타 이야[大塚退野]·히라노 신엔[平野深淵]으로부터 구스모토 단잔·세키스이 형제를 거쳐, 구마모토 실학당의 요코이 쇼난·모토다 나가자네 등에까지 계승되었다.

특히 구마모토 실학당 출신의 모토다 나가자네가 메이지 천황의 시강이 된 것은 일본에 있어서의 퇴계의 위상을 크게 전환시켰다. 퇴계학이 나가 자네를 통해 메이지 천황에게까지 영향을 미쳤다고 하는 이야기는 의문의 여지가 있지만 중요한 것은 그 사실 여부가 아니라 이러한 이야기가 가지 는 의미이다. 이러한 담론이 최초로 나타난 것은 청일전쟁 후, 일본이 한반 도에 대한 영향력을 확대시키던 1897년경의 일이었다.

1910년의 한일합방 후 한국유학도 일본 제국주의가 조선을 지배하기 위해 이해하는 이른바 '제국의 학지'의 일익을 담당되게 되었다. 그것을 대표하는 학자가 다카하시 토오루이다. 그는 한국유학, 적어도 조선시대 주자학을 '주리파'와 '주기파'의 2대 학파로 정리했다.

한편 패전 후 거의 단절되어가던 일본의 한국사상(유학) 연구의 맥을 이은 대표적 인물은 아베 요시오이다. 아베는 퇴계와 일본과의 관련성을 실증적인 문헌 연구를 통해 밝히고 일본인의 한국유학에 대한 관심을 불러일으키고 이퇴계를 매개로 한일 우호에 공헌한 점에서는 공적이 결코 작지 않다. 그러나 아베 요시오의 이퇴계에 대한 긍정적 평가는 율곡 이후의 한국유학의 전개에 대한 부정적 평가와 동전의 양면이라는 점을 간과할 수 없다. 아베는 종래의 한국유학에 대한 부정적 인상을 시정하기보다는 오히려 재생산했다는 점에 아쉬움이 남는다.

한편 아베 요시오는 퇴계학과 일본과의 관련성에 대해 다음과 같이 말한 바 있다.

> 퇴계는 그 저술을 통해서 특히 일본 유학자들의 존경을 받았다. … 이퇴계의 학문은 야마자키 안사이 학파에 의해서 일본적으로 지양되고 메이지유신의 사상적 원동력이 되었으며, 또 한편으로는 요코이 쇼난·모토다 나가자네의 두뇌를 통해 메이지의 교육정신 확립에도 관계되는 것이다. 이퇴계는 일본 사상사 안에 살아 온 사람이라고 해도 좋을 것이다.[32]

---

32 阿部吉雄,「解説 李退渓」,『朱子学大系』, 十二巻, p. 13.

앞에서 필자는 1897(明治30)년경을 고비로 이퇴계의 일본사상사에서의 위상이 달라졌다고 말했다. 에도시대의 이퇴계는 성학(聖學)—인격수양을 통해 성인이 되고자 하는 학—을 언행과 실천을 통해 밝힌 "스승"으로 존경 받았다. 그런데 이퇴계가 모토다 나가자네를 통해 메이지 천황에게 영향을 주었다는 담론이 나타난 이 시기는 곧 일본 국가의 '국체[國體]'가 구체화되고 굳어지고 또 청일전쟁으로 일본이 청나라를 패배시키고 한반도에 대한 영향력을 증대시키는 시기에 해당된다. 그 후의 이퇴계는 일본이 청조(淸朝)까지의 중화제국을 대신하여 아시아에 군림할 새로운 제국으로서의 '대일본제국'으로 성장하는데 필요한 '양식'으로서 이용되었다. 게다가 천황이 천하에 널리 덕화(德化)를 펴고 황도(皇道)를 이루게 하는 성천자(聖天子)로서 군림하기 위해 만세일계(萬世一系)의 황통과 동시에 요순으로부터 문무주공·공맹을 거쳐 정주에 이르는 중국의 도통을 일본의 메이지 천황까지 끌어오기 위한, 말하자면 도통의 우회 통로로 이용되었다.

그리고 다카하시 토오루의 황도유학(皇道儒學)에 전형적으로 나타나 있 듯이 이퇴계는 한국 민중을 '교화(敎化)'시켜 저항정신을 약화시키고, 식민 통치를 원활화시키는 선전도구로서도 이용되었다. 그러한 의미에서는 아베 요시오의 말과 다른 의미로 이퇴계는 과연 일본 사상사 속에 살아 온 사람이라고 할 수 있겠다. 앞으로 일본에서 퇴계의 진면목을 재조명하기 위해서는 우선 일본사상사에 견인되어 죄수로 갇혀 있는 퇴계를 구출하고 퇴계학에 대하여, 그리고 한국유학에 대해 완전히 새로운 각도로부터 소명하고 다시 읽을 필요가 있을 것이다.

제2장

최한기와 일본의 공공 사상가
비교 연구

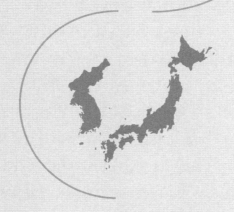

제2장에서는 자연 상태에서 살던 태고의 인류에게 제도를 제정하고 공공질서를 부여해준 존재라는 '성인(聖人)'에 주목함으로써 공공사회와 정치를 근본적으로 생각한 사상가를 공공사상가로 정의하고 그 대표적 인물로 일본의 오규 소라이, 및 안도 쇼에키, 그리고 조선의 최한기(崔漢綺)를 살펴보고자 한다. 오규 소라이는 성인을 무엇보다 문물제도의 '작자(作者)'로 보았다. 백성을 평안히 하려는 인(仁)의 심덕을 가지고 예악형정(禮樂刑政)을 제정했다. 그 제도들을 이르러 선왕(先王)의 도(道)라고 한다. 소라이는 소인(小人)=민(民)은 성인군자=통치자가 세운 제도 안에서 개인적인 행복을 추구하는 존재로 보았다. 소라이학은 원래 철저히 간리자적, 통치자적 사고방식에 입각한 '공'의, '공'에 의한, '공'을 위한 통치철학, 조직철학, 사회철학이라고 할 수 있다. 안도 쇼에키는 성인을 백성들로부터 천하를 훔치고 천도(天道)를 사물화(私物化)시킨 큰 도둑으로 보았다. 아득한 옛날, '자연세(自然世)'의 세상에서는 누구나 '직경(直耕)' 즉 스스로 농사짓고 스스로 먹고 입을 것을 만들어서 살았으며 귀천과 남녀의 차별도 없었고 사치스러운 물건들도 없었다. 그러나 성인은 임금/백성, 위/아래, 사농공상 등 신분질서를 정하면서 윗사람이 아랫사람을 착취하고 차별하는 것을 정당화시켰다. 쇼에키에 의하면 성인은 본래 있었던 천지의 질서를 빼앗고 가짜 질서와 규범을 사람들에게 씌운 존재이다. 쇼에키는 성인에게 빼앗기기 전의 자연의 도를 '자연진영도(自然眞營道)', '직경도(直耕道)'라고 말하면서 그것을 회복할 길을 모색했다. 최한기는 아득한 옛날에 성인 태호(太昊, 복희씨)가 쓴 것이 '추측(推測)'의 방법이었으며 보통사람도 그것을 써서 천지만물과 인간을 살펴보고 그 이치를 알아서 따를 수 있다고 보았다. 그것에 의해 그는 보통사람을 고전 경서의 권위에서 해방시킴과 동시에 천지만물을 관찰하고 그 이치와 추세를 알아내고 시대에 따라 변통(變通)하고 나아가 제도를 새롭게 만드는 권리를 부여한 것이다.

1. 들어가는 말

　공자 이래 유교에서 성인론(聖人論)과 예악론(禮樂論)은 늘 중요한 논점이었다. 왜냐하면 유교에서 성인(聖人)이란 궁극적·이상적 인간이므로 성인을 논하는 것은 결국 인간관을 논하는 것이기 때문이다. 또 유교에서 예악은 개인에서부터 나라와 나라 사이의 관계에 이르기까지 인간 만사를 통틀어서 질서를 잡는 것이기 때문에 예악의 뜻을 밝히는 것은 바로 유교적 공공인간(公共人間)과 공공세계(公共世界)를 논하는 것이었기 때문이다.

　다만 성인에 대한 시각은 유학의 학파마다 달랐다. 달리 말하면 어떤 새로운 학문적 경지가 개척되면서 성인관도 달라지는 것이다. 중국 한당(漢唐)의 훈고학(訓詁學)에서 성인은 도저히 도달할 수 없는 아득히 먼 존재였다. 그러나 송대 이후 신유학(新儒學)에서 성인은 (아주 어렵지만) 수양공부를 통해 도달할 수 있는 학문의 목표로 재설정되었다. 심지어 양명학에서는 '만가성인(萬街聖人)'까지 주장하기에 이르렀다.

　유학을 수용한 한국과 일본도 사정은 마찬가지였다. 두 나라 사상가들 역시 나름대로 독자적 학문을 개척하면서 성인에 대한 다른 시각을 제시하게 되었다. 그리고 성인관의 변화는 개인이 어떻게 바람직한 인격을 형성하고 어떤 공공세계를 지향하느냐라는 학문 실천의 방법론과도 직결한다.

　그래서 이 글에서는 일본 고학파(古學派)의 창시자로 고의학파(古義學派,

또는 仁齋學派)의 이토 진사이[伊藤仁齋]와 고문사학파[古文辭學派]의 오규 소라이[荻生徂徠], 그리고 유학의 테두리를 벗어나 자연진영도(自然眞營道)를 제창한 안도 쇼에키[安藤昌益]을 살펴본다. 한국에서는 기존 유학에 대해 '기학(氣學)'을 제창한 최한기(崔漢綺)의 예를 들었다.

2. 중국 유교 사상사에서 성인과 예악 논의

1) 맹자 · 순자 및 선진 유생

일본·한국의 성인론·예악론에 들어가기 전에 우선 중국에서의 논의를 간단하게 살펴보고자 한다. 맹자는 "순(舜)임금도 사람이고 나 또한 사람"[33]이라는 안회의 말을 인용하면서 성인이란 곧 자기 도덕적 본성을 확충하고 완전히 발휘한 사람이라고 주장했다. 그래서 요·순과 같은 성인은 만백성이 그 덕성을 인정하고 임금 자리에 추대하면서 "법을 정해서 천하에 베풀고 후세에 전할 수 있었다"[34]고 한다. 그리고 그 '법'이라는 것도 사람의 마음속에 원래 갖추어졌던 것을 구체화한 것에 지나지 않는다고 생각했다. 이는 맹자가 사람의 본성이 선(善)하다고 본 견해를 바탕으로 한다.

순자는 이러한 견해에 반대하면서 "사람의 본성은 악(惡)하다. 선(善)이

---

33 阿部吉雄, 위와 같음.
34 『孟子』離婁下, "舜人也, 我亦人也."

라는 것은 인위[僞]에 의한 것이다"³⁵라고 말했다. 순자에 의하면 인간의 본성은 이익을 좋아하고, 남을 미워하고, 이목(耳目)의 욕망에 흘리는 것이기 때문에 그대로 놓아두면 반드시 다툼이나 쟁탈전을 일으키고 질서와 합리성·타당성이 파괴되고 폭력과 부조리가 횡행하게 된다. 그러므로 "반드시 스승의 법에 따르는 교화와 예의에 의한 교도"³⁶가 있어야 되고, 그러한 연후에야 사람과 사람이 서로 양보하고 삶의 도리가 이루어지며 세상이 다스려지게 된다.

즉 맹자가 성선설의 입장에서 성인과 보통사람, 자연인(自然人)과 사회인(社會人)을 그 본성이 동질적인 존재로 보고 본성을 '확충'해서 공공세계가 만들어진다고 본 것에 대해, 순자는 성악설의 관점에서 성인(교화·교도하는 이)과 일반인, 사회인(교화·교도된 사람)과 자연인 사이에 각각 계선을 긋고 어느 작위자(作爲者)가 의도적으로 자연인을 '화(化)'해야만 공공세계가 만들어진다고 본 것이다.

순자는 표면적으로 유교사상의 주류에서 제외되었지만 후세의 유학자들은 그가 강조한 예악과 교육의 의의까지 부정할 수 없었다. 그래서 그것을 재해석하고 "악(樂)은 천지의 조화이며, 예(禮)는 천지의 질서이다"³⁷라고 하여 예악을 천지자연과 관련지었다. 또 순자가 말한 '예의'를 '리'로 대치시키고 "예(禮)란 리(理)이며 악(樂)이란 절(節)이다. 군자는 리(理; 道理·條

---

35 위와 같음, "舜爲法於天下, 可傳於後世, 我由未免爲鄕人也."
36 『荀子』 性惡, "人之性惡, 其善者僞也." 순자가 말하는 '위(僞)'는 '거짓' '허위'와 같은 부정적인 의미가 없고, 다만 사람이 주체적이고 자각적으로 만들어내는 것, 즉 "인위(人爲)"를 뜻한다.
37 위와 같음, "故必將有師法之化, 禮義之道."

理)가 없으면 움직이지 않고, 절(節; 節度·節操)이 없는 것은 하지 않는다"[38] 는 공자의 말(에 가탁한 언설)로 그것을 정당화했다.[39]

2) 신유학

송대 신유학은 '리'의 개념에 형이상학적인 의미를 부여했다. 그것 작업에 최대의 기여를 한 이는 물론 주자이다. 주자는 이기론(理氣論)이라는 일관된 사상 체계를 구축함으로써 불교·도가와 비교해서 형이상학이 빈약하고 일관성이 부족했던 한당 유학의 약점을 보충했다. 나아가 인간본성에 대해서도 순수선(純粹善)인 '본연지성(本然之性; 또는 天地之性)'과 선/불선이 섞인 '기질지성(氣質之性)'의 이중구조에 의해 맹자의 성선설을 기초로 하면서 순자의 성악설도 포섭했다. 그리고 예(禮)와 수양의 실천에 대해서도 탁한(=사욕·불선에의 경향성을 지닌) 기질을 순화시켜서 순수한 선인 본성을 밝히며 하나하나의 사물의 이치에도 폭넓게 통하고 성인이 되기를 실천 목표로 삼는다고 이기론에 의해 설명하고 수양론(修養論)과 성인론(聖人論)에 철학적인 의미를 부여했다.

주의해야 하는 것은 주자에게 '리(理; 道·道理·天理·義理·道義)'는 단지 한 개인의 주관적인 지적 인식, 또는 객관적인 법칙성, 형식적인 규율이 아니라 "이(理)는 천하공공(天下公共)의 이"[40]라고 하듯이 '공공(公共)'되는 것, 다

---

38 『禮記』 樂記, "樂者天地之和也. 禮者天地之序也."
39 『禮記』 仲尼燕居, "禮也者理也. 樂也者節也. 君子無理不動, 無節不作."
40 부언하면 이것은 음악의 음계(音階)나 천체의 운행이 가진 수학적·기하학적 질서와도 관련이 있다. 결과적으로 보면 예악을 자연계의 조화와 질서와 관련짓거나 예의를 '리'

시 말하면 도·리는 고금의 사람들이 공통적으로 의거하는 바로써 사람과 사람을 매개하는 것이기도 하다. 그래서 아버지의 자(慈), 자식의 효(孝), 임금의 인(仁), 신하의 충(忠)과 같은 도덕도 "이들은 하나의 공공하는 도리"[41]인 것이다. 그 때문에 이(理)는 단지 만백성·만물에 갖추어져 있을 뿐만 아니라 각자가 자발적으로 그것을 추구하고 살펴서 항상 '리'에 따라 행동·행위·실천해야 한다는 말이 된다. 다시 말하면 주자는 성인도 예악도 모두 '리' 안으로 포섭하고 '리'를 계속 목표로 삼는 지향과 운동으로써 공공세계를 정초(定礎)했다고도 말할 수 있다.

그 후 중국에서는 명대에 양명학, 청대에 고증학이 일세를 풍미했지만 대개 그것들도 주자학적 '리'의 큰 틀을 완전히 뒤집기에 이르지 않았다고 여겨진다.

(원래 옥돌의 무늬를 뜻한다)라고 해석한 것은 진한(秦漢) 이래 중화제국(中華帝國)의 사상적·제도적 범위를 음계의 관계나 천체의 운행, 돌의 무늬와 같이 변하지 않는 것으로 고정시키는 데에 이어졌다고 할 수 있을지도 모른다. 비록 역성혁명으로 왕조는 교체하더라도 각 왕조의 유학자들은 그때마다 "예의=이"라고 하는 일정한 포맷에 따른 형태로 예악의 제도를 재정비했다.(적어도 그런 겉모습을 꾸몄다) 이것은 한편으로 개개의 왕조를 넘은 중화제국·중화문명·중화질서의 영속성·일관성을 보장했지만, 다른 한편 시대가 갈수록 중국사회의 진보·발전·혁신을 저해하는 요인이 되기도 한 것처럼 보인다. 그렇게 보면 청나라 말기의 담사동(譚嗣同)이 "생각해 보면 (중국) 2천 년간의 정치는 진(秦)나라 정치의 연장이고, (역대 황제들은) 모두 큰 도둑들이며, 2천 년간의 학문은 순자의 학문[荀學]이었다"(『仁學』)고 결론 지은 것은 어떤 의미에서 날카로운 지적이었다.

41 『朱子語類』 卷第十八, 大学五 或問下 伝五章 "這理是天下公共之理, 人人都一般, 初無物我之分. 不可道我是一般道理, 人又是一般道理."

3. 일본·한국의 독자적인 성인론·예악론 전환

1) 개론

주자학은 중국뿐만 아니라 한국을 거쳐 일본에까지 전파되었다. 그러나 주자학이 체제 학문으로 자리 잡음에 따라 점차 경직화되고 교조화하면서 현실성과 유연성을 상실하는 폐단도 나타나게 되었다. 그러자 그것을 떠나서 독자적인 학문을 확립하려는 움직임이 각국에서 동시 다발적으로 일어났다. 일본에서는 먼저 이토 진사이[伊藤仁齋]·오규 소라이[荻生徂徠] 등이 유학의 (옛날에의 회귀를 내세웠으나) 새로운 의미를 천착하면서 이른바 '고학(古學)'을 일으켰다. 이어서 안도 쇼에키[安藤昌益]·도미나가 나카모토[富永仲基]·야마가타 반토[山片蟠桃]·미우라 바이엔[三浦梅園]·니노미야 손토쿠[二宮尊德] 등 유학자의 테두리에 완전히 들어가지 않는 사상가들도 나타났다. 한편 한국에서도 유형원(柳馨遠)·이익(李瀷)·김육(金堉)·홍대용(洪大容)·박지원(朴趾源)부터 정약용(丁若鏞)·최한기(崔漢綺)에 이르는 '실학(實學)'의 흐름이 일어났다.

본고에서는 그중에서도 특히 일본에서는 오규 소라이와 안도 쇼에키, 한국에서는 최한기를 뽑아서 살펴보고자 한다. 왜냐하면 그들은 모두 각자 나름대로 독자적인 입장에서 성인과 예악 제도를 재검토해서 자리매김하고, 나아가 공공세계·공공인간에 대한 새로운 시각을 제시했기 때문이다.

2) 오규 소라이

(1) 생애

오규 소라이[荻生徂徠]는 1666(寬文6年)년 도쿠가와 츠나요시[德川綱吉](훗날 제5대 쇼군)의 시의(侍醫) 호안(方庵)의 차남으로 에도(江戶)에서 태어났다. 그러나 아버지가 주군의 노여움을 사서 에도에서 추방당하고 소라이 일가는 가즈사(上總) 지방의 혼노[本納] 마을(현 千葉縣茂原市)에서 살게 되었다. 어린 소라이는 시골 마을에서 어렵게 살면서 몇몇 안 되는 책들을 정독(精讀)해서 학문의 기초를 닦았다. 1692(元祿5年)년 아버지가 사면을 받음으로써 소라이 집안이 에도로 돌아올 수 있게 되자 그는 에도 시중(市中)의 시바[芝]의 조죠지[增上寺]에서 학원을 열고 문인들과 승려들에게 한문을 가르쳤다. 1696(元祿9年)년 소라이가 31세 때, 야나기사와 요시야스[柳澤吉保](제5대 쇼군으로 취임한 츠나요시의 측근)의 지우(知遇)를 받아서 그에게 강학하고 그의 자문에 응하게 되었다. 그러나 1709(寶永6年)년 츠나요시 장군이 죽자 요시야스가 실각하고 44세의 소라이도 야나기사와 저택에서 물러나게 되었다. 그는 니혼바시[日本橋]의 가야바쵸[茅場町]에 훤원숙(蘐園塾)이라는 학원을 열고 많은 문인들을 가르쳤다. 그 후 1722(享保7年)년 이후 제8대 쇼군 도쿠가와 요시무네[德川吉宗]에게 다시 등용되었다. 그 무렵에 오랜 독자적 연구 성과를 바탕으로 주자학과 이토 진사이의 고의학(古義學)을 비판하고 독자적인 '고문사학(古文辭學)'을 확립했다. 1728(享保13年)년 63세로 세상을 떠났다.

(2) 소라이의 공천하(公天下) 사상

① 선왕(先王)의 도(道)

소라이 사상은 '선왕(先王)의 도(道)'에 귀결된다. 소라이에 의하면 성인(聖人)이란 무엇보다 고대 중국을 다스린 이상적인 통치자들이었다. 그들은 보통사람에는 헤아릴 수 없는 총명함으로 하늘에서 부여되고 천하 만민을 편하게 하는 사명을 깨달아 '인(仁)'의 덕에 의해 예악형정(禮樂刑政)과 문물제도(文物制度)를 제작한 사람들이다. 선왕의 '도(道)'란 그들이 만든 수많은 구체적인 예악과 문물제도들의 총칭[通名]이다.

이런 시각에서 소라이는 '도'를 형이상자(形而上者)로 보는 주자학과 그것을 단지 '인도(人道)' 즉 효제충신(孝悌忠信)과 같이 일상적인 덕으로만 보는 이토 진사이의 견해에 반대했다. 그리고 도란 원래 유가만의 것이 아니라 제자백가부터 불교에 이르기까지 모두 도가 갈라진 것이어서 오히려 그들이 모두 '도' 안으로 포섭된다고 주장했다.

또 소라이는 "사람들이 모두 함께하는 것을 '공(公)'이라 하고, 자기가 홀로 하는 것을 '사(私)'라고 한다. … 즉 공과 사에는 각각 합당한 때가 있기 때문에 군자라도 사가 없을 수 없다. 단지 천하국가를 다스림에 있어서 공을 존중하는 것이 위에 서는 자의 도이다."[42]라고 하면서 공이 바로 선이고 사가 바로 악이 아니라 공과 사는 각각 영역과 규모를 달리 했을 뿐이며, 정치와 사회 차원에서 공이 사보다 우선될 따름이라고 주장했다.

---

42 『朱子語類』卷第十三, 学七 力行, "是一箇公共底道理."

따라서 사적 영역에서는 개인의 신앙과 문예·학문 등도 공적 영역을 침범하지 않는 한 특별히 정치적 및 도덕적인 통제를 받을 까닭이 없다고 말했다. 한편 '도'는 천하를 편안하게 다스리는 공의 영역과 관계되는 것이므로 '위에 서는 자'는 반드시 그것을 배우고 몸에 지녀야 한다는 것이다.

그런데 하필 에도시대의 일본인이 고대 중국의 선왕의 도를 배워야 하는가? 그것에 대한 소라이의 대답은 다음과 같다. 시대와 지역이 서로 달라도 천지의 도리와 인정(人情)은 언제 어디서나 변하지 않고 보편적이다. 그런데 낡은 것이 사라지고 새로운 것과 바뀌는 것은 천지의 도리이지만 공적이 있는 옛 가문이 오래오래 이어지기를 바라고 집안 어른이 오래 살기를 원하는 것이 변하지 않는 인정인 것처럼 천지의 도리와 변하지 않는 인정은 대립, 갈등하기가 쉽다. 그래서 성인(선왕)은 변하지 않는 인정에 의거하면서 천지의 도리를 잘 살펴서 '도'를 세웠던 것이다. 그런데 선왕의 도는 천지의 도리 그 자체도 아니고 변하지 않는 인정 그 자체도 아니며 그들 양자의 관계를 조정하는 것이라는 점이 중요하다.

② 쿠루와(울타리)

소라이의 예악관(禮樂觀)은 순자의 영향을 많이 받았지만 근본적인 차이가 있다. 그것은 소라이가 순자의 성악설과 '배워서 성인이 될' 가능성을 부인한 점이다. 순자가 사람의 본성을 악, 즉 파괴적·투쟁적·자기중심적인 것으로 본 것과 달리 소라이는 사람에게는 각각 다른 개성·특징·장단점[氣質]이 있지만 또한 이 세상에서 서로 협력하고 분업하는 사회성이 있다고 보았다. 그래서 성인은 이러한 인간의 본성에 입각하면서 만백성이 각각 직업을 골고루 맡아 서로가 서로를 도우고 지탱하면서 천하를 평화롭게 다스리기 위해 예(禮)에 의거한 사회적 서열과 사농공상(士農工商)의 직분을 세웠다고 주장했다.

또 소라이는 "기질은 변화하지 않는다"고 주장하면서, 주자학의 변화기질설(變化氣質說)과 그것에 입각한 수양실천론(修養實踐論)·성인론에 반대했다. 다만 그에 의하면 기질은 '변화'하지 않지만 잘 '옮긴다.' 다시 말하면 타고난 기질=개성은 근본적으로 바꿀 수 없지만 '습(習; 배움, 몸에 익힘, 학습, 습관)'에 의해 '기를 수 있다.' 개성에 내재된 일정한 경향성·가능성을 배양할 수는 있다는 것이다. 사람은 각각 나름대로 태어나서 자란 시대와 환경, 습속에 물들고 그것에 따라 뜻과 생각이 틀에 박혀 있다. 그 틀·테두리·습관을 소라이는 '쿠루와(クルワ, 울타리)'라고 불렀다. 그에 의하면 학문한다는 것은 바로 그러한 세속·습관의 울타리를 벗어나 성인의 울타리 안으로 들어가서 성인이 제작한 시서예악(詩書禮樂)을 몸에 익힘으로써 '마음과 심장(心腸)을 씻는', 즉 자연스럽게 선왕의 도와 합치되는 시각·생각·마음가짐을 기르는 것이다.

그에 의하면 소인(小人)=민(民)이란 성인이 세운 예악제도 안에서 사적 생활을 하는 자들이다. 그들은 자기 살림에만 마음을 쓰고 천하를 다스린다는 생각은 하나도 없고, 원래 그러한 의무도 없다. 그리하여 소인=민은 자기도 모르게 습속에 물들기도 하고 예악에 감화되기도 한다. 그들에게 학문은 필요가 없는 것이다. 한편 군자(君子)란 그 '자리'와 '덕'을 가리켜 말하는 경우가 있는데 어쨌든 간에 천하 만민을 편하게 다스릴 의무를 가지고 따라서 자각적으로 선왕의 도를 배워서 몸에 익혀야 하는 자들, 소위 엘리트를 말한다. 그렇다고 해도 현실적으로 보아 벼슬하는 위정자는 선왕의 도를 배우고 몸에 익힐 시간적 여유가 없을 수도 있다. 이런 경우에도 군자라면 최소한 역사와 시문(詩文)만큼은 공부하고 치란흥망의 자취와 세상 인정에 통하고 자기가 살았던 환경[境涯]과 시대와 신분의 제약을 벗어나 세상을 통찰하는 높은 식견을 갖추어야 한다. 또 학자(學者)는 이와 같은 군자=위정자를 대신하여 선왕의 도를 학습하고 연구하며 몸에 익힘으로써 학덕(學德)을 갖추고 있어야 한다.

소라이는 학문하는 것 자체는 천하를 다스리는 것과 아무런 상관도 없는 사적 영역에 속하다고 생각했다. 그렇지만 학자가 학덕을 갖추고 위정자에게 조언하고(집정할 수 있으면 더욱 바람직하지만) 천하를 편하게 다스리는 실적을 올림으로써 공적 존재로 변하는 것이다. 요컨대 소라이학은 원래 철저히 관리자적, 통치자적 사고에 입각한 '공의, 공에 의한, 공을 위한' 통치철학·조직철학·사회철학이었다.[43]

3) 안도 쇼에키(安藤昌益)

(1) 생애

안도 쇼에키, 호는 확룡당(確龍堂)·양중(良中)이다. 그는 에도시대에 가장 과격하고 철저하게 봉건사회와 이데올로기를 비판하고 농본주의를 주장한 사상가로 알려져 있다. 그는 1703(元祿16年)년, 아키타번[秋田藩] 히나이[比內] 지방의 니이다 마을[新井田村](현 秋田縣大館市)의 농가에서 태어났다. 그의 전반생은 대부분 알 수 없다. 다만 에도·교토·나가사키 등지에서

---

43 荻生徂徠, 『辨名』「仁」.

의학·불교·유교 등을 널리 공부했다고 추정될 뿐이다.

그의 생애에 대해 구체적이고 확실하게 알 수 있는 것은 쇼에키 42세 때, 아키다 번의 행정수도 격인 하치노헤[八戸]에서 의업(醫業)을 시작하면서부터이다. 그는 당시 이미 지역에서 의사·지식인·문화인으로 명성과 덕망이 높았던 모양이다. 어느 축제 때 기사(騎射)하다가 낙마하여 다친 무사를 그가 치료했다거나, 토론회·강연회를 개최했다는 기록이 남아 있다. 50세 때부터 쇼에키는 자기 사상을 밝힌『속통진전(續統眞傳)』,『자연진영도(自然眞營道)』의 집필을 시작했다. 이들 저서는 에도·교토 등지에서도 간행되었다.

1756(寶曆6年)년에는 하치노헤에 가족을 두고 고향인 니이다 마을로 돌아가 마을의 의사·사상가로 활약했다. 1770년경 쇼에키는 문인들을 모아서 토론회를 개최했는데 마츠마에(松前, 지금의 홋카이도)부터 교토·오사카에 이르기까지 약 14명의 문인들이 찾아왔다고 한다. 그때 의논된 내용이『양연철론(良演哲論)』에 정리되어 있다. 쇼에키는 1762(寶曆12年)년에 60세로 세상을 떠났는데 마을 사람과 문인들이 그의 덕을 기리기 위해 비석을 세워 '수농태신(守農太神)'이라는 시호를 추중했다.[44]

---

44 그러나 소라이 사후의 소라이학파[蘐園]는 공적 목표인 정치·통치의 면과 사적 영위로서의 문학·문예의 면이 분열되고 문인들도 주로 전자를 계승한 다자이 슌다이[太宰春臺]·가이호 세이료[海保青陵] 등의 경세파와 주로 후자를 계승한 핫토리 난카쿠[服部南郭] 등의 시문학파로 갈라졌다. 그리고 후자가 소라이학파의 주류를 이루면서 에도 문학의 발전에 공헌한 반면, 아이러니컬하게도 소라이학파의 학자들은 도덕을 무시하고 풍속을 문란케 하고 사회를 어지럽히는 존재로 다른 학파 학자나 위정자로부터 지탄을 받기에 이르렀다.

(2) 쇼에키의 반봉건 · 농본주의적 공공사상

① 찬탈자·파괴자·유혹자로서의 성인

앞에서 본 것처럼 오규 소라이는 '도(道)'를 성인=선왕이 천하를 평안하게 다스리기 위해 만든 예악형정의 제도라고 보았다. 이처럼 도를 철저히 통치자의 입장에서 본 소라이와 대조적으로 안도 쇼에키는 도를 철저히 생산자인 농어민의 입장에서 파악했다.

쇼에키는 성인을 만백성으로부터 천하를 훔치고 천도를 사물화(私物化)한 큰 도둑이라고 주장했다. 쇼에키에 의하면 자연·천지[轉定][45] 그리고 활진(活眞)의 오묘한 운행도 따지고 보면 '직경(直耕)'의 도밖에 없다고 한다. 직경이란 하늘과 땅의 우주생명의 끊임없는 운동과 생성의 작용이며 그것을 받아서 만들어진 '히토[男女][46] 즉 사람도 역시 "직경의 하나의 도[一道]"가 있을 뿐이다. 만물 가운데서도 인간은 특히 "천지[轉定]의 통기(通氣)를 갖추고" 있는 까닭에 기타 동식물과 달리 천지의 도를 알고 통할 수 있고, 원래 정신[神]이 바르기 때문에 도리를 벗어난 경우에는 부끄러워할 줄 아는 존재이다. 그에 의하면 아득한 옛날, 모든 사람은 천지자연 그대로의 직경(直耕)의 도를 따라 자기 먹을거리와 옷을 스스로 얻어서 살고 있었다. 이와

---

45 비석은 쇼에키가 죽은 얼마 후에 그를 반대하던 무리들에게 파괴되었지만 그들이 남긴 기록문서가 오늘날 쇼에키 학단(學團)의 실상에 대한 중요한 자료가 되고 있다.
46 쇼에키는 저서에서 그의 사상에 입각한 독특한 용어를 많이 썼다. 그는 천지(天地)라는 말의 봉건적 색채(하늘이 위에 있고 땅이 아래에 있다는 것을 君과 臣民, 또는 男과 女의 상하질서를 정당화시키는 생각)를 없애기 위해 하늘(天, 일본어로 텐)은 순환 · 운행하므로 轉(일본어 발음은 텐)이라고 쓰고 땅은 고요히 움직이지 않고 일정한 곳에 머물기 때문에 定(쇼에키는 이것을 "치"라고 읽게 한다)라고 쓴다.

같은 '자연세(自然世)'의 시대에는 탐욕도 없고, 신분·계급과 같은 상하귀천의 차별도 빈부 격차도 없었다. 성현(聖賢)·우자(愚者)의 차이도 학지(學知)나 교설(敎說)도 없었다. 게으름을 피우는 이도 없었으나 고역(苦役)도 없고, 도둑이 없으므로 형벌도 없었고, 싸움[爭]·난리[亂]·군역[軍]·전쟁[戰]도 없이 무사하고 평안한 세상이었다고 한다.

그런데 어느새 '성인이라는 놈'이 나타나 천하에 왕 노릇하면서 뭇사람 위에 군림하게 되었다. 그놈은 주인은 대인(大人), 하인은 소인(小人)으로 정하고, 임금/백성·위/아래·사농공상(士農工商)과 같은 신분귀천을 나누고 상과 벌을 비롯한 제도들, 그리고 윗사람이 아랫사람을 착취하는 사회구조와 그 차별을 정당화하는 오상오륜을 비롯한 윤리도덕 규범까지 사사로이 만들어냈다[私作].

② 호성활진(互性活眞)

쇼에키에 의하면 천지의 도는 원래 대조적인 성격·성질·속성을 가지는 양자가 대등·평등의 자격으로 짝을 이루어 하나가 되는 '호성(互性)'을 본질로 삼는다. 그는 그것을 '일신(一神)'이라고 불렀다. 일신이 진퇴하는 절묘한 자기운동을 '호성활진(互性活眞)'이라고 한다. 그러나 성인은 주도면밀하게도 이 호성·활진의 도마저도 도둑질하고 "하늘은 높고 귀하고 땅은 낮고 천하며, 남자가 높고 귀하고 여자가 낮고 천하다는 높낮이·귀천의 관계로 일체가"[47] 된다고 하여 가치적인 높낮이를 수반하는 불평등·비대칭적인 관

---

47 쇼에키는 '男女'를 "히토(사람)"이라고 읽게 한다. 호성(互性) 사상의 시각에서 보면 인간은 남녀 한 짝으로 일체로 보기 때문이다. 당시로서는 선진적인 일부일부론(一夫一婦

계로 일체가 되는 '이별(二別)'의 사법(私法)으로 바꾸고 말았다. 이렇게 성인은 스스로를 꼭대기로 올려놓고 기타의 사람들을 아래에 두고 지배하는 제도적·이데올로기적 장치를 구축했다. 이렇게 성인은 감쪽같이 "밭을 갈지 않고 가만히 앉아 있으면서 전도·인도의 직경을 훔쳐 탐식(貪食)하고, 사법을 세우고 세금을 억지로 거둬두는"⁴⁸ 자기의 처지를 정당화한 것이다.

③ 오역십실(五逆十失)

쇼에키는 성인이 천도와 인도에 대해 지은 죄를 들어서 '오역십실(五逆十失)'로 정리하고 규탄했다. 먼저 오역(五逆: 다섯 가지 거역함)이란 [1]제멋대로의 생각으로 왕(지배자)이 된 것 [2]직경의 도를 거역하고 불경탐식(不耕貪食) 한 것 [3]지배-복종 관계를 정당화·영속화시키는 사회질서·윤리도덕·사상체계를 만든 것 [4]자연의 인도(人道; 一夫一婦制를 가리킴)를 거역하고 축첩(蓄妾)의 나쁜 습관을 정당화시킨 것 [5]금은(金銀)을 채굴하여 화폐를 만들어서 유통시킴으로써 환경 파괴를 일으키고 사람들을 이욕에 현혹시킨 것의 다섯 가지이다.

또 십실(十失: 열 가지 잘못)이란 [1]악기를 만들어서 뭇사람을 유흥에 빠뜨린 것 [2]바둑(도박의 원형)을 발명한 것 [3]제사지내기 위해 가축을 희생으로 바치게 한 것 [4]제후(諸侯)들에게 천하를 나눠주고 쟁란의 씨를 뿌린 것 [5]지배계급을 만들고 뇌물과 아첨을 야기한 것 [6]민중 탄압의 폭력 장치로서의 무사(武士) 계급을 만든 것 [7]장인을 두고 사치스런 물건을 만들게 한 것

論)도 여기서 나온다.
48 『自然眞營道』 卷二十五.

[8]상인을 두고 이식(利殖)의 풍조를 만연시켜 거짓된 말을 쓰도록 한 것 [9] 직공(織工)을 두고 화려한 옷을 만들게 함으로써 사치의 원인을 만든 것 [10] 지배의 도구로써 글·책에 능통한 자를 현자(賢者)로서 높이고 논밭을 갈고 직경하는 백성들을 아랫것·우자(愚者)로서 비하한 것을 가리킨다.

이렇게 성인들의 오역십실에 의해 별일 없고 평안했던 자연세는 '금수의 세상'인 '법세(法世)'로 타락하게 되었다. 쇼에키에 있어서 성인은 천하를 탈취한 큰 도둑일 뿐만 아니라, 사회적 분업과 오락·사치를 발명·창안함으로써 원래 소박했던 백성을 타락시키고 사람들의 욕망을 자극하면서 쟁란의 씨를 뿌린 악마적 존재인 것이다.

④ 성인과 중인(衆人)·진인(眞人)·정인(正人)

쇼에키가 말하는 '성인'의 범위는 상당히 넓다. 과거와 현재의 제왕·지배자만이 아니라, 스스로 생산하지 않고 저술이나 설교로 생계를 유지하는 제자백가·학자·지식인·종교인 등도 성인의 무리로 분류된다.

> 법세의 사람이란 ⋯ 복희·신농·황제·요·순·우·탕·문왕·무왕·주공·공자·자사(子思)·맹자·주자(周子, 周濂溪)·정자(程子, 程明道·程伊川 형제)·주자(朱子)를 비롯하여 당·송·명나라, 그리고 그전의 한나라에 이르는 각 시대의 성현·학자들, 석가부터 달마에 이르는 부처와 여러 학승(學僧)들, 노장·열자·회남자, 일본의 성덕태자 및 각 시대의 학자들, 도춘[道春](林羅山), 소라이[荻生徂徠] 등에 이르기까지 모두 경작하지 않고서 먹고 뭇사람이 직경하는 천도를 훔친 '놈'들이다. ⋯ 책 속의 만 가지 구절은 모두 하늘의 진정한 도[轉

眞가 아니라 망령되게 사사로이 지은 것[妄作]이다.[49]

위에 열거된 이름만 보아도 고대의 성인부터 유교·불교·노장, 중국·일본의 학자에 이르기까지 유명한 성현들은 몽땅 쇼에키의 비판의 대상이라고 해도 과언은 아니다.

부언하면 쇼에키는 일본의 신도(神道)에 대해서도 독특한 견해를 가지고 있었다. 그에 의하면 원래 신도는 오로지 '일신(一神)'의 위대한 작용을 기리는 것일 따름이었으나 후세의 신도는 불교에 영향을 받으면서 황당무계한 이야기나 쓸데없는 기도·의례 등이 덧붙어서 아득한 옛날의 자연의 신도가 타락한 '대죄의 사법'이라고 보았다.

그런데 그는 성현 중 유독 공자의 수제자인 증자(曾子)에 대해서만은 "만세(萬世)의 성현들 중 증자 한 명만은 참으로 훔친 죄가 없으니 정인(正人)이다"라고 하여 칭찬을 아끼지 않았다. 이것은 증자가 노공(魯公)이 제시한 녹봉과 벼슬을 사퇴하고 부모를 봉양하기 위해 평생 직경하면서 살았다고 쇼에키가 이해했기 때문이다.

여기서 주목할 만한 것은 그가 증자를 '정인(正人)'이라고 평가한 점이다. 쇼에키는 그가 보기에 바람직한 사람들을 '중인(衆人)' '진인(眞人)' '정인(正人)'이라고 표현했다. '중인'은 남을 착취하거나 다른 사람의 노동성과를 훔쳐 먹지 않고 자립해서 살고 있는 근로대중·생활자라고 할 수 있다. 다른 한편 중인은 불경탐식의 무리들에게 착취당하는 존재라는 함의도 있다. 쇼

---

49 같은 책, 卷一.

에키는 그러한 생활자를 하늘의 자식[轉子]이라고 불렀다. 통상적으로 하늘의 자식 즉 천자(天子)라고 하면 황제·천황을 가리킨다. 그러나 쇼에키는 불경탐식하는 임금을 천자라고 부르는 것은 심한 오류이고, 그러한 착오 때문에 하늘의 분노를 사서 천하에 쟁란이 끊이지 않는다고까지 비판했다.

다음에 '진인(眞人)'이란 중인 가운데서도 특히 스스로 경작하고 베를 짜면서 의식(衣食)을 스스로 생산하는, 인간으로서의 자연스럽고 참된 삶을 살고 있는 '진정한 사람', '인간다운 인간'으로서의 농어민을 뜻한다.

그리고 정인은 중인·진인 중에서도 특히 올바른 자연의 도를 자각하고 그것에 종사하는 백성을 이른다. 쇼에키는 그 도를 '직경도(直耕道)' '경진(耕眞)의 도(道)' '자연의 신도[神道 또는 眞道]' '자연진영도(自然眞營道)' 등으로 다양하게 표현했다.

> 정인은 비도(備道)를 쓰고 사법(私法)의 서학(書學)을 바라지 않고 경진(耕眞)의 도를 높이고 상식(上食) 하지 않는다.[50]

즉 정인이란 인간에 원래 갖추어진 자연의 도를 따라 살고, 성인이 사사로이 만든 법에 지나지 않는 불교나 유교 등의 문헌지(文獻知)에 관심을 두지 않는다. 그리고 스스로의 옷과 음식을 생산하는 삶의 방법에 높은 가치를 두며, 윗자리에 앉아서 남의 노동 성과물을 얻어먹는 생활을 감히 하지 않는 사람을 이르는 말이다.

50 같은 책, 卷六.

쇼에키는 자신의 이상을 부정어(否定語)로 표현하는 경우가 많다. 그가 말하는 자연세란 탐욕이 없고, 차별이 없고, 착취가 없고, 도둑질이 없고, 형벌도 없고, 욕망이 없고, 쾌락도 고통도 없고, 성(聖)도 현(賢)도 지(知)도 우(愚)도 없고, 쟁(爭)·란(亂)·군(軍)·전(戰)도 없는 세상이다. 개개인의 바람직한 대도에 대해서도 "진도(眞道)를 일삼아 게으르지 않고, 사람을 칭찬하지 않고, 남을 비방하지 않고, 자기를 교만하게 하지 않고, 스스로 비하하지도 않고, 윗사람을 부러워하지도 않고, 아랫사람을 업신여기지도 않고, 귀히 여기지도 않고, 천대하지도 않고, 아첨하지 않고, 탐내지 않고, … 자타를 사랑하지 않고, 미워하지도 않고, 친하게 하지도 않고, 싫어하지도 않고, 효도하지 않고, 불효를 저지르지 않는 것"[51]이 필요하다고 말했다. 문인에 의하면 쇼에키 스스로도 평생 이것을 실천했다고 한다.

그뿐만 아니라, 쇼에키에 의하면 삶과 죽음마저도 '활진호성'에서 보면 활진의 진퇴라는 한 자연의 전개일 따름이라고 한다. "활진이 나아가는 것이 삶이고, 물러나는 것이 죽음이다. 삶의 본성은 죽음이며, 죽음의 본성은 삶이다. 생사는 호성이며 시작도 끝도 없다. … 그 기(氣)는 항상 활기차고(活活) 진퇴·호성은 그칠 줄 모른다. 이것이 생사이다."[52] 이것을 깨닫게 되면 당연히 "삶을 기뻐하고 죽음을 걱정하는 일을 잊게 되고"[53] 신이나 부처를 함부로 무서워하거나 높이 모시거나 사후에 극락세계를 꿈꾸고 지옥을 무서워하는 까닭도 없게 된다고 주장했다.

---

51 安藤昌益, 『良演哲論』.
52 『安藤昌益全集』 一卷.
53 위와 같음.

⑤ 쇼에키 '자연진영도'의 전파와 과제

쇼에키의 사상은 그가 만년을 보낸 니이다 마을의 농가를 중심으로 급속히 확산되었다. 그래서 마을의 종교인들이 "근년 쇼에키가 이곳에 다시 나타나면서부터 그 5년간에 집집마다 해맞이·달맞이·제사·제례 등을 전혀 믿지 않게 되어서 폐지되고 말았습니다. 기타 경신(庚申) 맞이·이세신궁 신앙[伊勢講]·아타고산 신앙[愛宕講] 같은 신앙 모임도 그만두고 저희들은 이제 기원소(祈願所)·보리소(菩提所)의 이름만이 되고 말았습니다. 이래서는 자손들에게 법을 전할 수 없습니다."[54]라고 위기를 호소할 정도였다. 게다가(아마 출판물을 통해서) 쇼에키 사상의 지지자가 하치노헤에서 멀리 마츠마에(홋카이도), 교토, 오사카에까지 나타나기도 했다.

그런데 문제는 어떻게 이른바 자연세의 '자연진영도(自然眞營道)', '직경도(直耕道)'를 현실화시키느냐이다. 1760년경 일본 각지에서 모인 지지자 약 14명(토론에서 발언하지 않았거나 기록에서 빠진 이가 그 외에 있었을 가능성도 있다)이 쇼에키 집에 집결해서 토론회를 개최했다. 그 기록인 『양연철론(良演哲論)』을 보면 문인 중에는 현실사회와 기존의 사상을 비판만 하는 데에 만족하지 않고 어느 다이묘[大名]에게 등용되거나 혹은 기회를 보고 자기들의 힘으로 혁명을 일으켜 기존의 체제를 전복시키거나 해서 능동적·적극적으로 자연세를 부활시키려는 생각을 가진 자도 있었던 모양이다. 그리고 쇼에키가 계속 그것을 말리고자 했던 모습도 엿보인다.

54 위와 같음.

쇼에키: "세상에 등용되기를 좋아해서는 아니 되느니라. 세상에 등용되지 않는 것을 고민해선 안 되느니라. (출세하기를) 좋아하지 않고 (아무도 알아주지 않기를) 고민하지 않는 것이 바로 활진의 도이니라."

중향(中香): "치란(治亂)은 법입니까? 도입니까?"

쇼에키: "도는 치란 따윈 아는 바가 아니나 사법으로 인하여 치란이 시작되느니라. 그러니까 다스려짐을 원치 아니하면 난이 일어나지 않고, 군대를 쓸 것도 없느니라."

정가(靜可): "군술(軍術)은 저희가 감히 생각하기에 도가 아닙니까?"

쇼에키: "도가 아니다. 질문할 만도 못한 일이니라."

중향: "천하는 무엇에 의해 상도(常道)로 되돌아오게 할 수 있습니까?"

쇼에키: "중인(衆人) 모두 천하를 준다고 해도 받아서는 안 되느니라. 받아서 위에 서게 되면 곧 그것으로 인하여 상도를 잃고 나아가서는 천하를 훔치고 어지럽히게 되기 때문이니라. 만약 어찌할 수 없이 천하를 받아서 남위에 선다고 해도 윗사람의 농지를 구획해서 경작하고 인정(仁政)을 베푸는 일도, 형벌을 내리는 일도 하지 않도록 해야 되느니라. 그러면 도적도 병란도 일어나지 않으니라."

쇼에키에 의하면 치란이란 인간의 작위로 인해 비로소 일어나는 것이므로 자연에는 치도 난도 없다. 그의 과격한 '법세' 비판과 '자연세' 사상은 오늘날에도 유토피아 사상이나 무정부주의로 간주되기 일쑤이다. 심지어는 크메르 루즈의 농본원리주의에 비견될 경우조차 있다. 그러나 위의 쇼에키와 문인들과의 대화를 보면 그는 만약에 권력을 잡고 힘으로 기존의 체제와 권력구조, 이데올로기 등을 죄다 중지시키려고 하더라도 도리어 새로운 변혁 주체가 새로운 지배권력, 새로운 '성인'이 되고 마는 것을 통찰하고 우려했음을 알 수 있다. 그것을 피하기 위해서 쇼에키는 올바른 도를 자각한 '정인'이 한두 명씩 나타나 사회의 아래층으로부터 세상의 구조를 바꾸어 가는, 언뜻 보기엔 너무 우원(迂遠)하게 보이는 방식에 기대를 건 것이다.

쇼에키 이전의 동양 정치사상은 기본적으로 덕성과 지성이 탁월한 한 자가 지도자·지배자·관리자가 되고, 그 밑에 문무백관을 거느리면서 정치권력과 조직·제도·이념(이데올로기 장치)의 힘으로 사회를 영도하고, 유지하며, 개량한다는 엘리트주의적 발상에 입각하고 있었다고 하겠다. 앞에서 본 오규 소라이의 '선왕의 도' 사상은 그 전형이다.

이에 대해 안도 쇼에키는 한 사람 한 사람의 생활자·생산자가 자립된 일상적 생활 실천을 통해서 잃어버린 자연성을 되찾고 인간 소외적인 사회의 여러 모습을 자연세로 회복시켜 가는 공공주체가 되어야 한다고 하면서, '정인'이라는 새로운, 자각한 민중=생활자=개혁자의 이미지를 제시했다. 다시 말하면 그는 권력과 조직과 이데올로기 장치를 구사하는 지배자·관리자·통치자로서의 변혁 주체 대신에 일반 생활자·공명자(共鳴者)·공동 실천자로서의 변혁 주체라는 개념을 제시했다고도 볼 수 있으며, 이것은 오늘날의 우리들에게도 시사하는 바가 크다고 할 수 있다.

4) 최한기

(1) 생애
최한기(崔漢綺)는 19세기 조선의 유학자·실학자로 '기학(氣學)'의 제창자로 알려져 있다. 본관은 삭녕(朔寧), 자는 지로(芝老), 호는 혜강(惠岡, 惠崗)·

패동(浿東), 당호는 기화당(氣化堂)·명남루(明南樓) 등이다. 그는 1803년 10월 26일에 개성에서 태어났으나 10대 중반 무렵부터 한양에서 살게 되었다. 1825(純祖25年)년 23세 때 그는 생원시에 합격했으나 출사할 뜻을 버리고 독서와 저술에 전념했다. 1838(憲宗4年)년에는 자신의 기철학(氣哲學)을 『신기통』, 『추측록』으로 정리하고 두 책을 합본한 『기측체의』를 북경의 서점인 인화당(人和堂)에서 간행했다. 1871(高宗8年)년 신미양요가 일어나자 최한기는 전선(前線)에서 지휘하던 강화유수 정기원(鄭岐源)부터 참모로 진영에 와 달라고 초빙을 받았다. 최한기는 고령(당시 69세)과 질병 때문에 사양했으나 편지로 자문에 응했다. 그때 주고받은 편지가 지금도 남아 있다.

그 자신은 평생 재야의 지식인으로 정계와 거리를 두었으나 일찍이 문과에 급제했던 장남 최병대(崔柄大)가 고종(高宗)의 시종관(侍從官)이 된 연유로 1872(高宗9年)년에 70세가 된 시종의 아버지에게 은전(恩典)을 내리는 관례에 따라 최한기도 통정대부 첨지중추부사에 제수되었다. 또 이듬해와 2년 후에도 장수직(長壽職)으로 오위장(五衛將) 및 절형장군행용양위부호군(折衝將軍行龍驤衛副護軍)을 받았다.

(2) 최한기의 공공하는 인도사상

① '추측'하는 주체와 탈상고주의

최한기는 사람의 마음에는 '본연지성'이나 '양지'와 같은 타고난 앎 및 도덕적 본성이 있다고 하는 주자학이나 양명학의 입장에 반대하고 다음과 같은 경험주의의 입장을 밝혔다. 사람이 태어날 때에 품수되는 것은 순수하고 맑디맑은 한 덩어리의 신기(神氣)와 각종 신체기관[諸竅諸觸]뿐이지 그밖에는 없다. 그렇지만 태어난 후 감각기관을 통해 받는 자극에 의해 신기가 물들고[習染], 그 물듦이 점차 쌓이고 무르익으면서 '추측(推測)'이 일어난다고 말했다. '추측'은 직관적·직각적인 인식을 가리키는 '추(推)'와 분석적인 판단인 '측(測)'을 합친 말이다. 그리고 추측의 내용은 사지와 각 기관을 통해 외계에 발휘된다. 그에게 있어서 이와 같은 "입(入)-유(留)-출(出)"의 과정을 거치지 않는 '앎'은 원리적으로 있을 수 없다. 그래서 사람이 갓 태어났을 때부터 추측한 것은 모두 스스로 획득한 것이지 선천적·생득적으로 부여된 것이 아니다. 선/불선도 스스로 선택한 결과이며, 성공/실패도 자신의 노력에 달려 있는 것이다. 그는 다음과 같이 말했다.

> 아아, 태호(太昊, 옛 성인 伏羲) 이래로 우러러 하늘을 살피고, 내려다 땅을 살피고, 가까이는 몸에서 취하고 멀리는 사물에서 취하는 것은 바로 우주를 통찰하는 것이고 추측의 근본이로다.[55]

이것은 『주역』 계사하의 "옛날 포희(包犧, 伏羲, 太昊와 같음)씨가 천하에 왕 노릇했을 적에 우러러 하늘의 상을 살피고, 내려다 땅의 법을 살피고 … 이렇게 해서 비로소 팔괘(八卦)를 지었다"[56]고 하는 구절을 염두에 둔 것이다. 그러나 『주역』 원문을 보면 팔괘를 지은 복희와 신농·황제·요·순과 같은 역대 성인들은 팔괘를 본떠 문물제도를 발명했다고 한다. 즉 1차 자료

---

55 崔漢綺, 『推測錄』 序, "粤自太昊, 仰觀天, 俯察地, 近取身, 遠取物. 卽洞宙達宇. 推測之宗詮也."
56 『周易』 繫辭下, "古者包犧氏之王天下也, 仰則觀象於天. 俯則觀法於地. 觀鳥獸之文與地之宜. 近取諸身. 遠取諸物. 於是始作八卦."

로서의 천지만물을 관찰하는 것은 복희가 홀로 맡았고 그 후의 성인들은 2차 자료인 팔괘를 살피고 사물을 발명했다는 말이 된다. 그뿐만 아니라 주공·공자가 역(易)의 텍스트를 부연 설명하고 『역경』을 완성하였다고 전통적으로 여겨져 왔다. 이것을 흔히 삼성일규(三聖一揆)라고 한다.

그렇다면 그보다 후대의 학자들은 3차, 4차 자료를 읽고 해석했다는 말이 된다. 이것은 결국 인류의 문명과 예지는 모두 고대 중국의 위대한 옛 성인들에 의해 발견·발명되었다고 하는 상고주의(尚古主義)와 옛 성인들이 창조한 문명·문물을 이어받은 중화문명이야말로 진정한 문명이라고 하는 중화사상(中華思想), 그리고 옛 성인들이 창조한 문물제도와 도덕적 가르침이 경서(經書) 속에 기록되어 있으므로 그것을 제대로 해독하기만 하면 위대한 옛 문명과 가르침을 복원할 수 있다고 하는 고전주의(古典主義)의 모델이자 그 바탕이 되는 사고방식이다.

이에 대해 최한기는 '팔괘'를 '추측'으로 대치함으로써 이러한 구조를 탈구축하고 누구나 '추측'을 써서 1차 자료로서의 우주-천지만물과 인간 만사에 통달할 자격과 능력이 있다고 보았고, 뭇사람에게 누구나 그 지견에 입각하면서 문물제도를 발명·개량할 권리가 있음을 밝혔다고 볼 수 있다.

② 인도(人道)

최한기는 성인이 예악을 제정함으로써 인간 사회에 질서와 조화를 가져왔다는 전통적 유교의 입장을 일단 인정하면서, 그것을 기학적 시각으로 재해석했다. 그에 의하면 사람은 천지의 기운에게 보호와 양육을 받으면서 짝을 짓고 대를 이어간다. 이것을 '생생지통(生生之通)'이라고 한다. 그래서 사람은 천지 사이에서 없어지지 않는 것이지만, 바로 이것 때문에 본연지성(本然之性)·기질지품(氣質之稟)으로 남녀가 서로 끌리게 되고, 젊은 남녀는 자칫하면 분별을 잃을 수도 있다. 그래서 성인은 이것을 우려해서 '인도(人道)'로써 혼인의 예(禮)를 제정하고 부부의 윤리와 엄격한 규칙을 세우고 그것을 침해하는 것을 금단했다. 그렇게 해서 각각 지키는 바가 있도록 하고 아이를 낳고 기르는 데에 방해가 되지 않게 했다고 한다.[57]

즉, 그는 먼저 사람에게 자연적(혹은 생물로서의) 인간과 사회적 인간의 두 가지 위상이 있음을 인정한다. 그런데 자연적 인간이 자기 욕망·충동을 따르게 되면 사람과 사람 사이의 관계성을 파괴할 수도 있다. 그래서 자연과 별도의 제도적 장치(그는 그것을 人道라고 부른다)를 마련할 필요가 있는데 최한기에 의하면 성인이란 바로 그 장치를 만들어낸 사람이다.

달리 말하면 자연적 인간과 인도는 모종의 변증법적 관계에 있다. 즉 인도는 자연적 인간의 욕망이나 충동을 제한하는 것이다. 그러나 사람이 그 인도를 받아들임으로써 사회적 인간이 되고 자연적 인간으로도 온전하게 생명을 이어갈 수 있는 것이다. 타고난 본성을 인위적으로 제한해야 한다는 생각은 순자와 비슷한 면이 있다. 그러나 최한기는 순자와도 다르고 맹자와도 다르게 '사람이 타고난 본성이 선이냐 악이냐'라는 논의 자체를 부정했다. 그것은 본질적으로 불가지론으로 원래 그러한 문제설정 자체가 무

---

57 崔漢綺, 『神氣通』 卷三, 生通 「生生大道」, "人類之生生繁殖. 自有天地氣之煦乳. 夫婦情之產育. 天地人物. 常久不息之大道. 惟在生生之通乎. 自己之平生經營事業. 不過百年之間. 子孫棉延. 可與天地久遠. 一身之精液. 注會於根. 待壯成而結實. 四肢耳目之衛護生氣. 發於自己. 成於種產. 自有衝發之眞氣. 難捨之至情. 本然之性. 氣質之稟. 則男悅乎女. 女感乎男. 慮有無別之患. 故聖人制昏嫁之禮. 以定夫婦之倫. 使產育. 各遂遵守. 自其色慾言之. 少壯男女. 縱無分於彼此. 自其人道言之. 不可不嚴立科條. 禁斷侵害. 各有所守. 以全產育."

의미하다는 것이 그의 생각이었다. "선악이란 공공으로 논의된[公儀] 이해(利害)이며 이해란 사세(事勢)의 선악이다. 처음부터 끝까지 미세한 것부터 뚜렷한 것에 이르기까지 선하면 이롭게 되고, 이로우면 선이 된다. 악하면 해롭게 되고, 해로우면 악이 된다. 선악·이해에 어찌 하늘이 정한 한계가 있겠으며 변통함이 없겠는가?"[58]라고 하듯이 그는 원래 미리 정해진 선악은 존재하지 않고 선과 악은 공론을 통해 무엇이 이롭고 해로우냐에 대해 합의가 이루어지고, 그것에 따라 선악의 규범이 생성된다고 생각했다. 그래서 변통하는 것도 가능한 것이다.

다만 그렇다 하더라도 뭐든지 선이 되고 악이 될 수 있는 것이 아니라 최소한 양보할 수 없는 대원칙이 분명히 존재한다. 즉 자기와 남을 살리는 도리가 있어도, 죽여 없애는 도리는 있을 수 없는 것이다.[59]

> (성인은) 인의예악(仁義禮樂)을 인도하고 교화하는 법으로 삼았으나 기실 인도(人道)에 원래 있는 것이어서 성인은 특히 그 조목에 이름을 지어서 언어화했을 따름이다.[60]

최한기에 의하면 전통적으로 유가가 존중해 온 인의·예악도 필경 '인도'

---

58 같은 책, 變通「善惡利害」, "善惡者. 公議之利害也. 利害者. 事勢之善惡也. 自初至終. 自微至著. 善爲利. 而利爲善矣. 惡爲害. 而害爲惡矣. 善惡利害. 豈有天定之限截. 而未有變通哉."
59 崔漢綺,「明南樓隨錄」, "有生道而無死道."
60 崔漢綺,『神氣通』卷一, 體通「通敎」, "仁義禮樂. 以爲導化之方. 是實人道之所固有. 聖人特名言其條目而已."

를 구체화한 것에 불과하다. 그뿐만 아니라 도(道)·덕(德)·인(仁)·지(知)·성(性)·이(理)와 같은 유교의 주요 개념마저도 학문하는 명목상 나오고, 이로 인해 가르치고 배우는 근거가 된 것에 지나지 않는다.[61] 그리고 성인은 인도를 사람들이 널리 공유할 수 있게 개념화한 사람인 것이다.

또 인도는 옛날부터 수없이 많은 가문과 국가가 흥폐(興廢)·존망(存亡)했음에도 불구하고 줄줄이 이어져 오늘날에 이르고 있다. 이것은 천지의 도에 따르는[承順] 것으로, 윤리·기강·정치·교육·학문이나 전례(典禮)·형벌 등으로서 구체화된다. 인도가 신체화(身體化)되면 천하 만민의 이목을 이끌어서 신기(神氣)·형질(形質)을 보전하게 하고, 나아가서는 (집안이나 나라의) 안과 밖을 통하게 한다.

세상이 어지러워지면 인도가 망가지고 파묻힌 것처럼 보이지만 그런 시대에도 총명한 국가 지도자나 현자(賢者)·지자(知者)·철인(哲人) 등이 인도를 밝혀서 널리 알리고, 인도가 숨어 있으면 찾아내서 드러내고, 인도를 침해하는 자를 징계한다. 웃어른은 인도를 권유하고 사우(師友)는 강학하면서 인도를 서로 연마한다. 이렇게 해서 세계에 인간이 존재하는 한 인도는 저절로 존재하는 것이다.[62]

요컨대 인도는 사람들이 함께 어울리면서 살아가기 위해 필요한 사상·

---

61 崔漢綺,「明南樓隨錄」, "道德仁知性理. 出於學問之名象. 因成傳受之依據."
62 같은 책, "自古及今. 家國之廢興存亡無常. 而人道繼承. 窮天地盈萬古爲一生. ……人道承順天地之道. 樹立倫綱政教學問. 達於典禮刑律. 自成人道之頭身四肢耳目口鼻. 提挈億兆耳目口鼻. 完然有神氣形質. 通達內外. 有生道而無死道. 名可滅而實不泯. 又有聖帝明王. 賢知明哲. 布刊遐邇. 見藏隱則發揚. 遇侵害則懲勵. 學校耆老. 勸獎人道. 師友講席. 漸磨人道. 宇內人類餘存. 則人道固自在矣."

규범·윤리·도덕·제도·시스템 등의 총칭이다. 이것은 과거 어느 시대에 특정한 사람이 제창·제작한 것이라기보다 여러 시대의 수많은 사람들에 의해 늘 재발견되고 재조명되는 것으로, 근본적으로 어느 특정 인물·조직·체제·종교 같은 것이 강요하고 주입하는 것이라기보다, 사람들끼리 서로 권유하고 연마해 가는 점이 강조되는 점에 특징이라고 하겠다.

③ '군도(君道)'와 '사도(師道)'

최한기가 말하는 인도는 내용적으로 크게 '군도(君道)'와 '사도(師道)'로 나눌 수 있다. '군도'는 국가·법률·조직과 같은 정치적·제도적인 측면을 가리킨다. 이에 대해 '사도'는 사람들에게 공유되는 사상·규범·종교·윤리·도덕과 같은 정신적·사상적·이념적인 요소를 포괄한 것이다. 군도와 사도를 최한기는 각각 '정(政)'과 '교(敎)'라고도 불렀다.

> 정(政)은 교(敎)에 의해 융성해질 수 있고, 교는 정에 의해 행해질 수 있으며 정과 교는 서로 통하고 밝히면서 서로 전진한다. 옛날의 도(道)로 행해질 만한데 행해지지 않는 것은 갈고 닦아서 거론하고, 최근에 밝혀지면서 마땅히 행해져야 할 것은 우선 뚜렷하게 밝힌다. 세상을 평화롭게 하는 데 이로우면 그 교를 천명해서 장려하고, 세상을 평화롭게 하는 데 해로우면 그 교를 고쳐 수치스러운 것으로 만들어서 바로잡도록 한다. 옛것에 묻혀서도 안 되고 현재의 것에 구애받아서도 안 된다. 자기 것에 치우쳐도 안 되고 남과 무리를 지어서 억지로 시켜서도 안 된다. 단지 하늘과 사람의 올바른 도리와

시대적인 적합성을 정과 교를 변통하는 기준으로 삼아야 한다.[63]

최한기는 "사대세계(四大世界)에는 모두 군(君)과 사(師)가 있다"[64]고 한다. 여기서 말하는 '사대세계'는 지리적인 개념(4대륙[65])으로 볼 수도 있지만 세계의 4대 종교라는 해석도 가능하다.

> 대략 천하의 교(敎)는 넷이 있다. 중앙·남부·동부인도, 미얀마, 태국 그리고 티베트, 고비사막 남북의 몽골은 모두 불교이며, 서부 인도부터 나아가서 페르시아, 아라비아, 그 서쪽에 가서 아프리카 대륙, 동쪽에 가서 파미르 좌우의 카자흐, 키르기스 등의 유목민족과 천산남로의 성곽도시는 모두 이슬람이다. 대서양의 유럽 각국부터 대서양 저쪽의 남북미 각국은 모두 그리스도교이다. 중국과 베트남, 조선, 일본의 유교와 마찬가지로 겪어온 시간을 계산해보면 모두 길어도 3천 년을 넘지 않는다.[66]

---

63 崔漢綺,『神氣通』卷三, 變通「政敎沿革」"政由敎而得振. 敎由政而得行. 政敎相通. 休明互進. 古道之當行而不行者. 修擧之. 方今之驗試而當行者. 刱著之. 益於治平者. 闡其敎而獎勸之. 害於治平者. 變其敎而恥格之. 勿泥於古. 勿拘於今. 毋偏於己. 毋黨於人. 惟以天人之正道. 隨時之適宜. 爲政敎變通之準的."

64 같은 책, 卷一, 體通「通敎」, "四大世界. 皆有君師."

65 당시 오스트레일리아, 남극은 대륙으로 간주되지 않았던 것으로 보인다.

66 崔漢綺,『推測錄』卷五, 推己測人「推師道測君道」, "凡天下之敎有四. 自中南東三印度. 而緬甸暹羅而西藏而靑海漠南北蒙古皆佛敎. 自西印度之包社阿丹. 而西之利未亞洲而東之蔥嶺左右哈薩克布魯特諸游牧而天山南路諸城郭皆天方敎. 自大西洋之歐邏巴各國. 外大西洋之彌利堅各國皆天主敎. 與中國安南朝鮮日本之儒敎. 計其歷年. 則總不過數三千年之久."

그는 유교 문화권 외부의 나라와 민족들도 각각 독자적인 국가 체제와 문화, 사상을 가지고 있다는 것을 익히 알고 있었다. 그리고 이른바 세계종교가 초국가적 규모의 공공세계를 형성하고 국가라는 개개의 공적 영역을 포함하고 그 내부 사람들의 의식·가치관·사고방식을 인도하고 함양하며 수렴하고 있다고 생각했다. '사(師)'가 만약 자연과 인간의 상도(常道)를 가지고 사람들을 교화한다면 그는 이윽고 천하의 스승이 되고, 그 교는 금방 멀리 퍼지지 않더라도 언젠가는 천하 만세에 통용되는 기준이 된다고 한다. 그러나 교에 허위나 망령된 생각이 섞여 있다면 한때 어리석은 사람들을 끌어 모아서 확대될 수 있어도, 언젠가 소멸하게 된다고 한다.

그런데 지금 행해지고 있는 교는 역사적 전개 과정에서 비합리적인 신조·편견·독단을 많이 내포하고 있을 뿐만 아니라, 각자의 내부에서 차이점을 강조하다가 여러 분파로 갈라져 있기 때문에 그것은 단지 한정된 지역의 사람들 사이에만 수용되고 있을 뿐, 진정한 보편성을 갖지 못하고 있다고 보았다.

그래서 그는 가치관을 달리하는 사람들도 공통적으로, 무리 없이 받아들일 수 있는 격률(格率)로써의 인도와, 조잡한 독단·신조 등을 섞이지 않고 신기(神氣)의 활동운화가 생성하는 천지자연의 올바른 조리로서의 기화(氣化)에 입각하고, 강제 없이 뭇사람들의 공감과 찬동을 받을 수 있는 '교(敎)'의 확립을 통해 전 지구적인 공공세계의 확립을 목표로 삼았다. 그는 그것을 '정교(正敎)' '천인지교(天人之敎)' '기화인도교(氣化人道敎)' '천하 만세에 행할 수 있는 법도[天下萬世可行之程章]' 등으로 표현했다.

4. 맺음말

이상 오규 소라이·안도 쇼에키·최한기라는 근세 한일의 공공사상가 세 명을 비교·검토해 보았다.

우선 오규 소라이는 성인을 중국 고대의 지배자·통치자이면서 예악의 제작자·설계자로서 다시 보고, 백성을 평안하게 다스리기 위해 그들이 대대로 만들어 온 제도적 장치로서 예악을 규정했다. 그는 이 작업을 통해 (특히 일본에서는) 흔히 내면적 수양의 학으로 간주되던 유학(주자학)을 국가·조직 통치를 위한 공적 철학으로 바꾸려고 한 것이다. 소라이에게서 주목할 만한 것은 '제작자·설계자로서의 성인'과 '그 속에서 인간의 사고와 행동을 규정하는 쿠루와(울타리)'라는 생각을 제시한 점이다. 공천하(公天下) 사상가로서의 소라이의 의의는 그전까지의 유교에서는 애매했던 제도를 작위(作爲)하는 인간―성인에 대표되는―의 주체성과 그 제도에 의한 인간의 순화(馴化)라는 측면을 집어내고 밝힌 점에 있다고 하겠다.

다음으로 안도 쇼에키는 성인을 지배자·제작자로 본 소라이적인 견해를 이어받으면서도 소라이가 성인의 선의(善意)를 믿은 것에 대해 그는 성인이 제작했다고 하는 것들 속에 스스로의 착취와 지배를 정당화·영속화시키려고 하는 성인의 악의를 간파했다. 그리고 그것을 맹렬하게 비판함과 더불어 성인 출현 이전의 아득한 옛날에 있었던, 만민이 직경(直耕)하는 '자연세(自然世)'의 회복을 꿈꾸었다. 쇼에키에 관해서 주목해야 할 점은 우선 그의 '성인' 비판이 현대에도 맞는 점이 있기 때문이다. 소라이 시대에는 당시 체제를 지탱했던 유교적·종교(불교·신도)적 성인이 비판의 대상이었으나 현대는 일반 생활자를 괴롭히는 현대사회의 모순들에 눈감게 하고 정당화하는 기술적·경제적·정치적 성인들이 행패를 부리고 있는 실정이다. 생명·생활·생업에서 유리된 사회구조와 그것에서 이득을 얻은 자들(즉 聖人), 그리고 그 때문에 억압당하는 생활자(즉 衆人)가 있는 한 쇼에키의 비판은 그 날카로운 빛을 잃지 않을 것이다. 또 다른 하나는 '법세'를 '자연세'에로 되돌리는 과정에서 일어난 변혁 주체의 문제에 관해서 그는 종래의 엘리트 중심주의적인 생각을 물리치고 민중 생활자·생산자 중의 자각한 사람[正人]이 삶의 터전을 떠나지 않은 채 한 사람씩 동지를 증가시켜서 서서히 인간소외적인 사회를 바꾸어 간다는 개혁 모델을 제시한 점이다.

한편 최한기는 종래의 유학이 존중하던 '인의예악'과 '성인'을 인정하면서도 그것을 그대로 이어받는 것이 아니라 그것을 배후에서 성립시키는 사상적 구조를 환골탈태시켰다. 그는, 선악마저 고정된 규범이 아니라 사람들의 공론에 의해 형성되는 개방적인 것으로 보았다. 그리고 인의예악과 같은 유교적인 규범·도덕·실천을 사람들이 함께 살아가기 위해 필요한 '인도(人道)'의 일부로 다시 자리매김하고 성인도 그 인도를 찾아내고 밝히며 널리 알린 사람들로 재해석했다.

최한기는 오규 소라이와 안도 쇼에키와 달리 유교문화권 바깥의 나라들에도 훌륭한 제도와 공공세계가 존재하고 있다는 사실을 익히 알고 있었다. 그래서 공공 사상가로서의 최한기는 단지 개체적 생명을 영위할 뿐만 아니라 개체와 개체 사이나 공동체와 공동체 사이도 좀 더 좋은 관계성을 구축하고 서로가 서로에게 보탬이 되고 서로에게 의지하여 지탱하면서 살아갈 수 있는 테두리를 찾아내고 구축해 나가는 능력을 가진 존재로서의 인간상을 발견하고, 그러한 인간들이 서로 전 지구적 규모의 공공세계를 구축해 나가는 미래를 전망했던 것이다.

제3장

동서양 공공성 연구와
한국적 공공성
- 교토포럼의 연구 성과를 중심으로

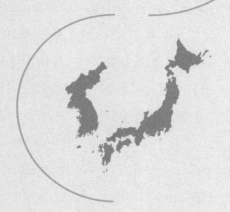

제3장에서는 동서양의 '공(公)'과 '사(私)', '공공(公共)'론에 대해 살펴보고자 한다. 서양에서 '공공'의 원형은 고대의 도시국가에 있다. 이것은 원칙적으로는 자유민들이 경영의 주체가 되었다. 중세에는 왕이 그 무력으로 교회를 보호하고 다른 세력의 침범을 막는 것으로 그 공공성을 인정받았다. 중세 말기의 절대왕정 시대에는 왕권신수설과 '공공의 복지'의 이념으로 왕권의 절대성을 정당화시켰다. 그러나 시민혁명을 겪으면서 절대왕정적인 '공공의 복지'를 반대하는 시민사회의 공공권(公共圈)이 탄생했다. 고대 중국애서 원래 공(公)과 사(私)는 지배관계를 나타내는 말이었으나 전국시대 이후 공이 '천(天)'의 관념과 결부되면서 공평·공정 등 윤리적 의미가 부여되었다. 하늘과의 관계에서는 오히려 백성이 '공'이 되고 임금과 벼슬아치가 '사'가 되는 역동성을 내포하게 되었다. 일본의 '오오야케[公]'와 '와타쿠시[私]'는 전자가 후제를 내포하는 상대적인 위/아래, 바깥/안, 겉/속과 관련되는 개념으로 파악되었다. 또 이슬람의 공/사 관념은 '암므'와 '하쓰'라는 한 쌍의 축 개념에서 도출된다. 한국에서는 문헌상에서도 중국이나 일본에 비해 비교적 '공공(公共)'이 많이 언급되는 듯하다. 『조선왕조실록』에는 '공공(公共)'의 용례가 무려 600여 건에 달한다. 특히 주목할 만한 것은 '천하고금공공(天下古今公共)'이라는 용례이다. 공공은 보통 공공권, 공공영역 등 공간적 표상으로 생각되는 경우가 많고 이와 같이 시간 축으로 생각된 '공공'은 한국 이외에서는 매우 드물다. 또 김태창에 의하면 한국적 공공성의 바탕에는 '혼'적 영성이 흐르고 있다고 한다. 영성에 기초한 공공성은 한국 신종교에서도 다양하게 전개되었다.

1. 들어가는 말

1989년에 결성된 이래로 일본을 거점으로 활동해 온 공공철학공동연구소 교토포럼[公共哲學共働研究所京都フォーラム](이하 '교토포럼')은 김태창(金泰昌) 소장(당시)의 주재로 대략 한 달에 한 번씩 사상, 사회, 정치, 경제, 교육, 과학기술, 환경, 장래세대, 종교, 문학, 예술, 여성, 인물 등 다양한 주제를 가지고 각 분야의 일본 내외의 석학들과 전문가·실천자들이 한 자리에 모여서 기본적으로 사흘 동안 발제와 토론을 진행하는 대화를 무려 20여 년간 계속해 왔다. 그리고 그 논의의 내용은 뒤에 문서화되어 도쿄대학출판회(東京大學出版會)에서 『공공철학(公共哲學)』 총 20권으로 간행됨으로써 사회에도 널리 알려지게 되었다.

또 교토포럼에서는 서양의 공공철학(public philosophy)의 연구·소개·보급에 머물지 않고 중국·일본·이슬람 등에서의 공·사·공공 관념까지도 검토했다. 특히 2000년대 후반부터는 한국적 공공성에 대해서도 집중적인 연구와 토론을 했다.

본고에서는 주로 교토포럼이 이루어낸 성과를 바탕으로 먼저 서양과 동양(중국·일본·이슬람)의 공·사·공공 관념을 개관하고, 이어서 교토포럼이 도달한 '공공하는 철학'의 이념을 살펴본다. 마지막으로 한국적 공공성과 그 가능성을 생각해 보고자 한다.

2. 서양의 공·사·공공

1) 고대

서양에서의 '공공'의 원형은 고대 희랍·로마의 도시국가(희랍어 polis, 라틴어 civitas)에 있다. 후쿠다 간이치[福田歡一]에 의하면 고대 그리스 혹은 제정(帝政) 이전의 로마는 유럽문화권에서 오늘날까지 하나의 카논(희랍/라틴 canon; 표준, 기준)이 되고 서양이 어떤 문제에 부닥칠 때마다 미래를 모색하는 길잡이와 같은 역할을 해 왔다. 대저 '공(公)'(및 公共)과 '사(私)'에 해당되는 퍼블릭(public)과 프라이빗(private)의 개념 자체가 고대 로마에서 유래하는 개념이다. 따라서 공과 사, 그리고 공공의 문제를 살펴보기 위해서는 그 사회적 배경의 이해를 피해 갈 수 없다.[67] 예를 들면 영어의 republic, 불어의 République, 독일어의 Republik 등 오늘날 '공화국'을 의미하는 각 서양 언어의 어원인 라틴어 '레스 푸브리카(res publica)'는 원래 '공공의(publica) 것(-res)'을 가리킨다. 이 말은 구체적으로는 로마 국가를 의미했다.

그리고 public의 어원인 라틴어 '푸블리쿠스(publicus)'는 '공개성' 즉 '공중의 눈에 띄다', '중인 감시 속으로', '자유민에게 심사를 받다'는 의미가 있다. 그래서 예를 들면 'in publico'라고 하면 야외 또는 길거리에서 하는 것을 의미한다. 한편 private, privacy의 어원인 '프리와투스(privatus)'는 남의 눈에 띄지 않는 것을 의미한다. 하지만 와타나베 히로시[渡辺浩]에 의하면 퍼블

---

67 福田歡一, 「西欧思想史における公と私」, 『公共哲学 1 公と私の思想史』 p. 1 참조.

릭(publicus)과 프라이빗(privatus)은 과연 서로 대조되는 개념으로 널리 사람들에 관한 것과 그렇지 않은 것으로 관념상의 영역성(領域性)이 있지만, 동양 한자문화권의 '공(公)'과 '사(私)'의 관계성과 확연히 다른 것이라고 지적한다. 프라이빗한 것은 퍼블릭의 일부로 그것에 포섭되어 있지 않다. 오히려 그것에 포섭되지 않는 것을 가리킨다. 프라이빗은 결코 퍼블릭과 상반·적대·배반하는 것이 아니다. 오히려 개인의 내면의 믿음과 같이 프라이빗 중의 프라이빗한 것이 더욱 귀중할 수 있는 것이다.[68]

폴리스 또는 키위타스는 원래 여러 개 마을이 합친 정도로 구성원들도 서로 얼굴을 알 수 있는 작은 공동체였다. 그리고 기본적으로 외부의 지배자에게 종속되지 않는 독립된 공동체라는 점이 특징이고[69] 또 시민 스스로도 그것을 보람으로 여기고 있었다. 왕 또는 참주가 나와서 지배하는 경우도 있었으나 원칙적으로 자유민(自由民; 〈희랍〉 polites, 〈라틴〉 cives)이 도시국가 경영의 주체가 되었다. 그들은 전쟁이 일어나면 자비(自費)로 무장하고 병사로서 출정하는 의무와 더불어 나라의 정치에 참여할 권리도 있었다.

마침내 그리스 도시국가는 마케도니아의 정복으로 알렉산드로스 대왕과 그 후계자들이 지배하는 여러 개의 헬레니즘 왕국으로 변모했고 로마는 영토 확장과 더불어 임페리움(Imperium) 즉 제국(帝國)으로 바뀌었지만, 도시국가 시대의 국가·공동체 관념과 공공성은 오랫동안 계속 유지되었다.

---

68 渡邊浩, 「「おほやけ」「わたくし」の語義ー「公」「私」, "Public" "Private"との比較において」, 위의 책, pp. 146-147 참조.
69 福田歡一, 「西欧思想史における公と私」, 위의 책, p. 2 참조.

2) 중세

서로마제국이 멸망하고 중세로 넘어가면서 고대국가가 담당하던 공공성을 기독교회(로마가톨릭교회)가 인계하게 되었다. 고대 희랍에서 시민들이 소집되어서 중요한 정치문제를 논의한 민회를 의미하던 '에끌레시아(ecclecia)'라는 말이 기독교회를 의미하게 되고, 로마교회가 '에끌레시아 카톨리카(Ecclecia Catholica)' 즉 보편적인 교회, 공동(公同)의 교회로 자칭하게 된 것은 바로 그것을 상징하는 것이라고 할 수 있다.

그리스 로마 시대에 오랑캐 취급을 받았던 게르만 민족이 서유럽 땅에 할거하면서 이른바 봉건제(封建制, feudalism)가 보편화되었다. 이것은 잘 알다시피 가장 밑바탕의 농노들의 공동체를 바탕으로 하고 그 위에 사적인 영유권을 가진 자들끼리 서로 계약을 맺고 힘이 큰 세력이 약소한 세력을 보호하는 대신 작은 세력이 큰 세력에게 봉사하는 관계가 중첩되는 사회질서이다. 고대에서는 사람이 사람을 지배하는 속인지배가 기본이었지만 중세에 와서는 어느 땅의 영유권을 가지는 것이 곧 그 땅 위에서 사는 백성을 지배하는 것을 의미했다. 이와 같은 지역적·영토적인 지배 방식은 근대국가에까지 이어지는 중세의 중요한 유산이다. 이와 같은 사회체제 속에서 위는 국왕(부터 대공, 공작, 후작, 백작, 자작, 남작, 기사(騎士)) 등 소령(所領)에 의한 영주의 격이 정해졌다.

그런데 한 영주의 소유지에는 그가 봉사하는 상위의 영주라도 함부로 들어갈 수 없었다. 따라서 국왕조차도 신종(臣從)하는 영주의 백성으로부터 직접 세금을 거둘 수 없었고, 오직 국왕이 직접 지배하는 백성부터 거둘 수 있을 뿐이었다. 만약 전쟁이 일어나서 국왕 자신의 경제력만으로 감당하기 힘든 전비(戰費)가 필요할 때에는 수하 영주들한테 오늘날 기부금을 모으는 것과 비슷한 방식으로 돈 모으기를 청해야만 했다.

봉건영주의 우두머리로서의 국왕은 그 무력으로 교회를 보호하고 다른 세력이 감히 침범하지 못하게 하는 것으로 그 공공성을 인정받았다.(소위 '칼의 공공성') 그것을 통해 국왕은 봉건제 질서를 하나의 법질서로 정착시키는 공적인 역할을 맡았다. 국왕의 존재 자체가 가시적인 질서의 상징이 된 한편, 바로 그 때문에 국왕은 그 (봉건적) 질서를 제멋대로 무시하고 무너뜨릴 수 없었고 거기서 저항권이 도출되기도 했다.

때로는 국왕의 대권이 미치는 범위와 기타 봉건영주의 특권 등이 성문화(成文化)되기도 했다. 그중에서도 가장 유명하고 역사적으로 의미가 깊은 것이 영국의 대헌장(마그나카르타, 1215년)이다. 이로 인해 신분제 의회가 만들어지면서 국왕이 직접 지배하는 땅 이외에서도 징세가 가능해진 한편, 귀족 의회와 더불어 서민원(또는 하원, House of Commons)이 만들어지고 평민(commons)에게도 정치 참여의 길이 열리게 되었다. 의회가 생겨나면서 '대표'의 관념도 등장했다. 국왕, 귀족부터 평민 대표까지 나라의 대표적인 인물이 모여서 승인한 것은 나라 전체가 승인했다는 말이 되기 때문에 필연적으로 의회가 공론을 구성하고 표명하는 기관이 되었다.

그러나 중세 말기에 이르러 가톨릭 대 개신교의 종교전쟁으로 인해 중소의 영주·제후들이 피폐하고 몰락하는 한편 각국의 국왕들은 점차 절대왕정을 확립해 나갔다. 그들은 상비군과 관료제를 정비하고 국왕의 주권(主權), 즉 신분제 의회나 봉건법에 구애받지 않는 절대적인 권력을 과시하게 되었다. 게다가 이와 같은 국왕에의 권력 집중을 왕권신수설(王權神授說)과 '공공의 복지(salus publica)'의 개념으로 정당화했다.

국가·영토는 결국 봉건영주인 국왕의 개인 재산으로서의 성격을 면할 수 없었지만 프랑스 왕국의 재상·추기경인 리슐리외(A. J. du Plessis de Richelieu) 같은 일부의 절대주의 정치가·사상가는 정부의 국고(國庫)와 왕실의 사유재산인 궁정비(宮廷費)를 명확히 분리하고자 했다. 그들은 국고에서 사적 재산의 성격을 불식시킴으로써 국가를 완전히 공적(公的)인 것으로 만들고자 노력했던 것이다.

3) 근대

중세 말기부터 근대에 들어서는 시기에 구텐베르크가 촉발한 인쇄술의 발달에 의한 책의 보급, 신문의 발간, 그리고 부를 축적한 신흥 시민계층의 성립과 더불어 등장한 독서 살롱이나 학자들의 아카데미(학회), 유력자·명사의 클럽은 논의·언론·사상의 공공권(公共圈)이 되었다. 지금도 독서 인구, 독서계(讀書界), 또는 낭독회(朗讀會)를 가리켜 '리딩 퍼블릭(reading public)'으로 부르는 것은 이를 잘 보여주고 있다. 이러한 시민사회의 새로운 공공권에서는 절대왕정적인 '공공의 복지'에 반대하는 새로운 퍼블릭(public) 개념이 형성되었다. 시민 지식층들은 키위타스/키비타스(civitas), 레스 푸블리카(res publica)와 같은 고대 그리스·로마에서 유래한 개념들을 환골탈태하고 새로운 의미를 부여했다. 그리고 그것에 의해 절대왕정을 정당화하는 정치이념을 이론적으로 해체시킨 것이다. 이와 같은 이론적 해체가 훗날 시민혁명의 도화선이 되었다.

그들의 공공 개념은 비록 고대의 용어를 빌려서 표현된 것이지만 사실 그것과는 매우 상이한 것이었다. 우선 고대 도시국가에서 '시민'은 노예제를 전제로 한 자유민이었다. 남에게 종속되지 않는 것은 물론, 전시(戰時)에는 자기 비용으로 무장하고 나라를 위해 전쟁터에 나가서 싸우는 것을 의무이자 명예로 여겼다. 남성 시민들은 나라를 위해 기꺼이 목숨을 바치는 대가로 광장(희랍 agola, 라틴 forum)에서 열린 정치적인 논의에 참여할 자격이 있었던 것이다. 그래서 완전한 자유인 성인 남성 중심 사회였고 여성, 노인, 노예, 외국인 등은 그 의무가 없는 대신 정치적 결정권도 없었고 법적 권리도 많이 제한되고 있었다.

그리고 고대에서는 개인이라는 개념이 아예 없었다고 할 수 있다. "아테네 사람이 아테네를 위해 있는 것이지 아테네가 아테네 사람을 위해 있는 것이 아니다"라고 하는 것이 그 시대의 상식이었고, 도시국가 공동체 그 자체가 수호신(예를 들면 아테나이의 아테나 여신)의 비호를 받은 어떤 정치적·사회적인 실체·주체로 간주되었다. 희랍어로 폴리테스(polites), 라틴어로 키웨스(cives)로 불린 시민들은 도시에서 태어나고 도시를 위해 죽는, 말하자면 도시의 부속물과도 같은 존재였다.

이에 대해 근대에서는 개인이 실체·주체가 되고, 그러한 개개인이 서로 공존하기 위해 정치사회를 만들어 낸 것으로 간주된다. 이것을 이론적으로 뒷받침하는 것이 기본적 인권의 개념으로 국가는 그 권리·생명·재산을 보장하기 위한 제도적 장치에 지나지 않는다. 또 근대적 시민이 확립된 시기에는 아직 노예제가 있었으나 점차 폐지되어 갔다. 그리고 여성운동의 진전으로 지금은 거의 모든 나라가 여성 참정권을 인정하고 있다. 또한 남성과 동등한 여성의 시민적 권리를 추구하는 데서 시작한 페미니즘은 일찍이 '사적' 영역으로서 불가침한 것으로 여겨져 온 가정 내에서의 여성에 대한 폭력의 문제를 지적하고 사적/공적 영역의 구분에 대한 재검토를 요구하고 있다.

18세기 아메리카 대륙에서는 영국 식민지로부터 미합중국이 독립했다. 미국 독립선언문에 들어 있는 '행복의 추구(pursuit of happiness)'라는 구절에서도 볼 수 있듯이 미합중국에서는 '개인'이 추상화되고, 개인을 정치사회의 목표로 내세우게 되었다.[70]

한편 유럽 대륙에서는 프랑스혁명을 비롯한 시민혁명으로 봉건적인 소유권(영유권)이 철저히 부정되었고, 혁명 후의 혼란기에 실권을 장악한 나폴레옹(Napoléon Bonaparte)은 1804년에 프랑스민법전을 제정했다. 이것에 의해 시민 개개인의 재산과 생명의 재생산이 보장된 한편 치안·국방·사법·공공사업이 '공적'인 영역으로 전정해지고 징세와 징병, 그리고 새롭게 창설된 국민군에 의해 그 수요가 충당되면서 이른바 '공공성'은 공법(公法)의 체계 속에서 구체화되었다. 이 법정은 '법 앞의 만민의 평등', '국가의 세속성(비종교성)', '신앙의 자유', '경제활동의 자유' 등의 이른바 '근대적'인 가치관을 근대 시민사회의 법적 규범으로 만든 것으로, 수많은 나라의 법률에 영향을 미쳤다. 또 프랑스는 이미 절대왕정 때부터 법체계와 관료제가 잘 정비되었던 덕분에 19-20세기의 100여 년 동안에 공화제, 왕정복고, 제정(帝政), 파리 코뮌 등 일곱 번이나 정체(政體)가 바뀌는 혼란스러운 정치상황 속에서도 질서(l'ordre)의 연속성을 가지게 되었다.

이상에서 본 바와 같이 서구의 공공성에는 고대로부터 중세를 거쳐 근대에 이르는 역사가 중첩적으로 나타나 있다. 하지만 보통선거가 실현되고

---

70 福田歡一,「西欧思想史における公と私」,『公共哲学 1 公と私の思想史』(東京大學出版會, 2001) p. 12.

선거권이 점점 확대되어 가면서 단지 시민적인 권리와 이익뿐만 아니라 유권자의 국가주의, 애국심과 같은 감정에 호소하고 민심을 동원·선동하는 것으로 권력을 잡으려는 경향이 나타났다. 이것이 공권력을 독차지하고 시민적 자유와 권리가 짓밟히는 전체주의에로 이어졌다. 그런가 하면 지나치고 맹목적인 자유와 권리의 추구로 사회가 혼란에 빠지기도 하고, 또 노동자와 자본가·경영자와 같이 권리와 권리의 충돌 문제가 일어나기도 했다. 이러한 가운데 개인과 개인, 개인과 국가 사이의 관계를 조절하고 바람직한 공공성을 재정립하려는 공공철학(public philosophy)이 등장하게 되었다.

3. 동양의 공·사·공공

1) 중국

(1) 중국의 '공(公)'과 '사(私)'

후한 시대의 허신(許愼)은 『설문해자』에서 공(公)이라는 글자에 대해 '평분(平分)' 즉 공평하게 나누는 것이라고 설명하고 '사(私)와 위배하는 것이 공(公)'이라는 『한비자』 오두편(五蠹篇)의 해석을 채용하고 있다. 한편 사(私) 자에 대해서 『설문해자』는 '간사함'이라고 설명하고 『한비자』에서는 '厶'가 사사 사(私)의 원자(原字)로 모두의 것, 공동체의 것을 독차지하고 자기 것으로 만드는 의미라고 설명하고 있다.

하지만 시라카와 시즈카[白川静]에 의하면 '公' 자의 '厶'는 갑골문이나 금석문에서는 'ㅁ'로 되어 있었는데 이것은 궁실(宮室)을 나타내고, '八'의 부분은 원래 'ㅁ' 위의 빈 공간에 세로 두 직선을 써서 궁궐 앞마당(廷前)의 좌우에 장벽을 세운 모양이라고 한다. 즉 공(公) 자 전체는 궁궐 앞마당의 좌우에 장벽을 세워놓고 의례를 거행하는 신성한 마당[齋庭]의 모습을 본뜬 상형문자로 원래는 '공궁(公宮)'을 의미했다. 은나라 도읍지인 천읍상(天邑商)에는 공궁(公宮)이 있었다. 공궁은 지배자인 족장영주(族長領主)로서의 '공(公)'의 씨족의 묘소이다. 공궁에서 의례를 거행하고 제사를 지낼 수 있는 사람은 곧 죽은 후에 거기에 모셔질 사람이기도 했기 때문에, 궁묘(宮廟)를 가리켰던 이 글자가 거기에 모셔지게 될 사람의 의미가 된 것이다. 또한 공궁이라는 장소와 거기서 지내지는 제사는 씨족의 공동 제의 성격을 띠었기 때문에 공(公) 자에서 공동체적인 의미도 파생되었다.

한편 '私' 자의 '禾'는 경작하는 것, 'ㅿ'는 보습(耜)의 상형문자로 '사(私)' 자 전체는 보습을 잡고 밭을 가는 사람, 예농적(隸農的) 신분의 경작자, 개인이 소유하는 농노(農奴)와 같은 사람을 가리켰다. 족장영주·귀족인 공(公)의 사속(私屬)인 농민이 바로 사(私)인 것이다. 이러한 씨족공동체의 용어가 정치 부문으로 옮겨지면서 공(公)이 관부(官府)의 의미도 가지게 되고, 공과 사의 관계는 관(官)과 민(民)의 관계에로 유용되었다.

시라카와는 공의(公義)·공정(公正)이라는 말도 원래 지배자의 논리로 이것은 마치 원래 정복의 의미였던 '정(正)'이 중정(中正)·정의(正義)의 뜻으로 쓰이는 것과 같다고 말한다. 이에 반해 사(私)에는 사곡(私曲)·사절(私竊)과 같은 부도덕적인 의미가 있지만 원래 '공'과 '사'는 지배관계를 나타낸 말로

바르고 그름(正邪)의 뜻은 없었다고 지적한다.[71]

이에 대해 미조구치 유조[溝口雄三]는 전국시대에 공(公) 개념이 '천(天)'의 관념과 결부되면서 공평·공정과 같은 윤리적인 의미를 띠게 되었다고 지적한다. 특히『노자』,『장자』와 같은 전국시대 도가 문헌을 보면 천(天), 도(道), 자연(自然)이 치우침이 없음을 공(公) 자로 표현한 사례가 많다. 즉 치우침이나 사사로움이 없는 하늘의 성격이 '공(公)'이라고 규정된 것이다. '하늘의 공'은 다시 정치, 사회, 자연의 세 측면으로 구분할 수 있다고 한다.

먼저 정치적인 측면에서 보면 중국에는 옛날부터 하늘이 백성을 낳았다는 천생증민(天生蒸民)[72] 사상이 있었다. 이에 의하면 백성은 국가·조정 또는 한 지배자가 아니라 하늘·천하에 속하는 것으로 생각되었다. 그래서 '평천하(平天下)'의 평(平)에는 단지 전쟁이 없는 평화·평온만이 아니라 사람들이 두루 공평하고 조화로운 공존이 실현되어 있다는 함의가 있다.

예컨대 하나의 왕조가 폭정을 자행해서 민심을 잃게 되면 그 왕조는 '하늘·천하=공'의 시각에서 보면 '일성일가(一姓一家)의 사(私)'가 된다. 그 황실·왕가가 오히려 '사'적인 것, 이기적이고 전사적(專私的) 존재로 간주되어서 도의적인 지탄을 받게 되는 것이다. 심지어 역성혁명으로 그 지배 체제가 뒤집어지기까지 한다. 중국에서는 국가·조정과 백성의 관계에서 볼 적에는 황(皇)·제(帝)·왕(王)·군(君)·관(官)이 '공'이 되고 신(臣)·민(民)·중(衆)이 '사'가 되지만 하늘·천하와의 관계에서 보면 거꾸로 백성이 '공'이 되고 임금(天子·皇帝·王公·君)이나 벼슬아치(官)가 '사'가 되는 역동성을 내포하고

---

71 白川靜,『字統』「公」「私」, pp. 285-286, p. 365 참조.
72 『詩經』大雅·蕩之什「蒸民」: 天生烝民, 有物有則. 民之秉彝, 好是懿德.

있는 것이다.

다음으로 사회적 측면에서 볼 때 사(私)는 사전(私田)·사가(私家)와 같이
공 영역 안의 개인 또는 가정적인 것으로 허용된 부분과 편사(偏私)·자사
(自私)·이기(利己)와 같이 간사한 것으로 부정되는 부분으로 나눠진다. '공'
에게 윤리적인 의미가 부여된 반면에 '사'는 사곡(私曲)·사사(私邪)와 같은
부도덕·반윤리를 함의하게 되었다. 이렇게 '공'과 '사'가 도덕적으로 대립하
는 의미를 가지는 것은 퍼블릭(public)과 프라이빗(private)을 상호 보완적인
관계로 보는 서양의 공사 개념과 아주 대조적인 점이다.

끝으로 자연적 측면에서 보면 『장자』「응제왕(應帝王)」의 "만물의 자연
을 따라서 사(私)를 용납하지 않으면 천하가 다스려진다."[73]에 대해 3세기
의 철학자·현학자 곽상(郭象)은 "본성에게 맡기고 저절로 생겨나는 것이 공
(公)이다. 그것을 늘리고자 하는 마음을 가지는 것이 사(私)다. 사를 허용하
면 과연 생생함에 부족하니 공을 따라야 생생이 온전히 이루어진다"[74]라고
주를 달았다. 여기서 말하는 '자연' 또는 '본성'은 전국 말기 도가 집단에서
우주만물의 존재 양태·근거를 나타낸 개념으로 등장하고 위진 시대에 이
르러 널리 쓰이게 된 개념이다. 곽상은 지도(至道)·지무(至無)와 같은 초월
적인 실체 개념을 생각하는 종래의 해석에 반대하고 사물 자체의 내부에서
그것의 존재 근거를 찾았던 것이다. 그가 말하는 '사'는 만물의 자연·본성
에 대해 작위적인 것이 개재·개입·간섭하는 것을 의미하고, '공'은 자연의

---

73 『莊子』「應帝王」: 順物自然而無容私焉, 而天下治矣.
74 『莊子』「應帝王」 郭象 注: 任性自生, 公也. 心欲益之, 私也. 容私果不足以生生, 而順公乃
　全也.

조화로운 질서 그 자체, 혹은 그 질서를 그대로 따르는 모습을 가리킨다.

여기서 공(公)의 원초적인 의미를 대략 다음과 같이 정리할 수 있다.

ㄱ) 지배자(족장영주·귀족) 혹은 그와 관련된 것

ㄴ) 씨족 공동체 또는 공동체 전체의 소유와 관련된 것

ㄷ) 치우침이 없고 바르다는 윤리적인 의미(公平·公正 등)

ㄹ) 자연·본성의 작용 또는 그것에 그대로 맡기는 것.

한편 사(私)의 의미도 정리해 보면 다음과 같다.

ㄱ) '공(公; 족장영주·귀족)'에 예속·사속하는 백성, 혹은 그들에게만 관련된 것

ㄴ) 공동체 내부에서 개인·집안이 각자 소유하는 것(私田·私家 등)

ㄷ) 공동체 모두의 것 또는 남의 것을 챙겨서 자기 것으로 만드는 일, 또는 치우치고 그르다는 뜻, 비윤리적·반윤리적인 의미(私邪·私慝·私曲 등)

ㄹ) 자연·본성 그대로 맡겨두거나 따르지 않고 그것을 보태려고 하는 마음

위와 같은 공과 사의 개념을 송대의 성리학자들이 수렴해서 이기이원론과 천리/인욕의 범주로 체계화했다. 특히 남송의 주자는 장자·곽상 같은 도가가 도(道)·자연·본성과 결부시킨 '공'의 개념을 유가의 입장에서 환골탈퇴하고 '공'을 이(理)·천리(天理) 쪽에, '사'를 인욕(人欲) 쪽에 배치시키고 '천리의 공(天理之公)/인욕의 사(人欲之私)'라는 이항 대립의 구도를 확립했다. 성리학의 관점에서는 인애(仁愛)·도의·예절과 같은, 사람으로서의 천리, 윤리적인 감정은 우주자연의 조리가 사람에게 발현한 것이다. 사람은

우주자연의 이치 속에서 비로소 본성의 자연을 발휘할 수 있다는 것이다. 사람이 우주자연의 이치에 맞게 사는 것이 '공(公)'이고 이것이 바로 사람에게 있어서의 자연이다. 이에 대해 우주자연의 이치를 외면하고 어긋나면서 자기의 흐린 기질에 재촉되고 욕심·이익·쾌락·명예 등을 쫓아가는 것이 '사(私)'이다.

하지만 16-17세기 명말 청초 시기에 이와 같은 인간적 자연의 관념이 수정을 겪었다. 윤리적 본성뿐만 아니라 소유욕, 생존욕구까지 본성적 자연 속에 포용된 것이다. 양명학 좌파의 이지를 비롯하여 황종희·고염무 등은 사람마다 가지고 있는 자사(自私)·이기(利己)의 마음을 인간적 자연으로 긍정했다. 그들은 결코 무제한의 사리사욕 긍정을 허용한 것은 아니었지만 특히 전제권력이 극도에 달한 명나라 황제들과 '존천리알인욕'을 외치고 인욕·사욕을 부인하는 속된 유학자들에게서, 백성에게 욕심을 버리라고 말해놓고 스스로는 백성들로부터 수탈하고 착취하는 데 바빴던 지배층의 기만을 보았다. 그들은 후세의 지배층들의 '대사(大私)'를 비판하고 개개인의 사욕을 성취시키면서 조화를 이루게 하는 것이 위정자의 몫이라고 강조한 것이다. 이것은 공사의 시각에서 보면 '사(私)'를 긍정적으로 받아들인 새로운 '공(公)'의 탄생이라고 말할 수 있다.

(2) '공공'의 개념

한자문화권에서 '공공(公共)'이라는 단어는 기원전 90년경 전한 때 사마천이 지은 『사기』 권 102 「장석지풍당열전(張釋之馮唐列傳)」에서 처음으로 나타났다. 이것은 다음과 같은 장면에서 나온다.

장석지가 정위(廷尉, 사법장관)를 맡았을 때 황제(한나라 文帝)가 행차하면서 어떤 다리를 건너가고 있었다. 그때 한 남자가 갑자기 다리 아래서 뛰어나와 황제의 마차를 끌던 말을 놀라게 했다. 황제는 호위 기병(騎兵)을 시켜서 즉각 남자를 제포하고 장석지로 하여금 심문하게 했다. 남자는 황제의 행차가 오는 것을 보고 두려워서 다리 밑에서 숨었는데 한참 지나서 이미 행차가 지나간 줄 알고 다리 위로 뛰어 올랐는데, 뜻밖에도 마침 황제의 마차가 와서 그 말을 놀라게 했지만 전혀 나쁜 뜻은 없었다고 변명했다. 장석지는 그 말이 거짓이 아님을 인정하고 남자에게 약간의 벌금만 물게 하고 그냥 풀어주라고 판결을 내렸다. 그 말을 듣고 황제는 크게 화를 냈다. "나의 말이 착해서 다행히 별 탈이 없었지만 만약 그렇지 않았더라면 내가 땅에 떨어지고 크게 다칠 뻔했잖소! 그런데 그게 말이 되오?"라고 장석지를 꾸짖었다. 이에 대해 장석지는 "법이라는 것은 '天子所與天下公共也.' 지금 법의 규정보다 무겁게 다스린다면 법을 백성이 믿지 않게 될 것이옵니다."라고 대답했다. 그러자 한참 뒤에 황제는 "자네의 말이 옳다"라고 말했다.

그런데 '천자소여천하공공야(天子所與天下公共也)'의 부분을 중국·한국·일본을 통틀어서 기존의 해석에서는 "(법이) 천자와 천하 만민의 공공의 것" 또는 "천자와 천하가 더불어 지켜야 할 것" 정도로 번역되어 왔다. 진나라 이전 법이라는 것은 임금이 꽉 잡고 결코 남에게 넘겨서는 안 되는 덕(德)과 형(刑) 즉 상과 벌의 두 자루, 다시 말하면 현명한 군주가 신하를 제어하는 지배의 도구로 생각되었다. 그러나 장석지는 이와 같은 법가적인 법 관념에 반대하고 법에 대한 새로운 견해를 제시한 것이다. 이것도 당시로서는 획기적인 견해라고 할 수 있지만 '공공'이란 무엇인가에 대해서는 주의 깊게 검토되지 않았다는 아쉬움이 있다.

김태창 전 소장은 이 대목이 서양적 공공=퍼블릭과 다른 동양적 공공을 나타내는 매우 중요한 대목이라고 강조하면서, "천자가 천하 만민과 더불어 공공(公共)하는 것"으로 읽어야 한다. 다시 말하면 이 '공공'은 '공공(公共)하다'라는 동사로 보아야 한다고 강조한다.

송대의 주자도 『주자어류』 등에서 '천하공공(天下公共)'과 '중인공공(衆人公共)'을 논의했고 주자의 '공공' 개념은 성리학 또는 주자학의 주변국에의 확산과 더불어 한국·일본 등지에도 전해졌다. 또 왕양명도 '천하공공지학'은 공자든 누구든 사사로이 할 수 없다고 말한 바 있다.(『王陽明全集別卷』)

현대 중국어의 '공공(公共, gōnggòng)'은 'public'의 번역어인 경우도 있으나 정치·행정 차원에서는 정부가 인민에게 제공하는 행정 서비스의 의미로 쓰이고, 민간에서는 주민 서비스나 "동시에 수많은 사람이 사용하도록 제공되는 것" "배타적이지 않고 경쟁적이지 않은 것, 즉 누구나 사용하는 것을 저지하지 않는 것"이나 '공용·공유·공개' 정도의 뜻으로 많이 쓰이고 있다.

2000년 전후의 중국에서는 국가나 공산당에서 독립적인 '공공성'이 거론된 바 있었다. 2002년에는 상해 화동(華東)사범대학에서 '공공성과 지식인'을 주제로 한 국제회의가 열리고 발표논문이 『공공성과 공공지식분자』라는 제목으로 출간되기도 했다. 그 후 한때 공공적 지식인[公共知識分子]이라는 개념이 인터넷 등에서 비판을 받고 모습을 감춘 시기가 있었으나[75] 최근

---

75 金泰昌 편, 『公共哲学を語りあう 中国との対話・共働・開新』, p. 236-237 참조.

에 와서 다시 공공(철학)에 관한 관심이 일어나고 관련 서적도 속속 나오고 있는 형편이다.

2) 일본

(1) '오오야케[公]'와 '와타쿠시[私]'

일본어에서는 한문의 '公'을 '오오야케(おおやけ, 〈옛말〉おほやけ)', '私'를 '와타쿠시(わたくし)'로 읽는다.(公共과 대응하는 일본 고유어는 없다) 오오야케는 '오오(큰) 야케(집)'에 유래하는 말로, 역사적으로 천황·조정 또는 국가·정부·권력자를 의미하는 말로 쓰여 왔다. 에도시대에는 막부를 '코우기(公儀)', '오오야케'라고 불렀다.

현대 일본어에서 오오야케는 명사로는 '국가·천황·지배자·통치자·관료·공무원·정부·관공청·공동체'를 의미하고 동사·부사로는 '공개하다·공개된'이라는 의미로 쓴다. 한편 명사 와타쿠시는 '나, 저(1인칭)', '개인적인 것', '집안의 일' 등의 의미가 있으나 한자의 '私'와 달리 사곡(私曲)·편사(偏私)의 사(私)와 같은 부정적인 의미는 별로 없다. 하지만 와타쿠시가 '와타쿠시스루(わたくしする)'라는 동사가 되면 '사물(私物)화하다', '독차지하다', '횡령하다' 등의 부정적인 의미로 쓰이는 특징이 있다.

앞에서 본 바와 같이 한자의 공(公)에 있는 지배자와 그에 관한 것, 공동체에 관한 것이라는 의미는 '오오야케'도 공유하고 있지만 공평·공정과 같은 윤리적인 의미는 없다. 또 공(公)과 달리 오오야케는 하늘과 연결된 의미도 없거니와 하늘의 시각에서 보면 백성이 공이 되고 지배자가 거꾸로 사가 되는 역동성도 없다.

또 오오야케/와타쿠시는 상대적인 '위/아래', '바깥/안', '겉/속'과 관련되는 개념이다. 오오야케와 와타쿠시는 연쇄적으로 이어지고 있으며, 어디까지나 상대적인 개념이다. 오오야케와 와타쿠시의 관계는 마치 마토료시카와 같다. 다시 말하면 오오야케는 와타쿠시를 내포하고 있다. 그 오오야케는 더 큰 오오야케에게 내포되는데 큰 오오야케에서 본다면 그것은 곧 와타쿠시가 된다. 그리고 큰 오오야케는 더 큰 오오야케에게 내포된다. 더 큰 오오야케에서 보면 하위의 오오야케는 와타쿠시가 된다. 이와 같은 오오야케와 와타쿠시 연쇄의 꼭대기에는 천황, 또는 국가(일본)가 자리한다.

거꾸로 오오야케 안에 와타쿠시가 있는데 그것도 그 안에 들어 있는 와타쿠시에서 보면 오오야케가 된다. 이렇게 큰 오오야케 안에 약간 작은 와타쿠시가 들어 있고, 그 안에 더 작은 와타쿠시가 들어 있고 그 안에 더욱더 작은 와타쿠시가 들어 있는 오오야케와 와타쿠시의 연쇄 고리 끝에 있는 가장 작은 와타쿠시가 바로 개인이다. 이렇듯 오오야케와 와타쿠시는 상하관계에 있다. '와타쿠시'가 일본어의 1인칭으로 널리 쓰이게 된 것도 상대방을 '오오야케'로 높이는 겸양어(謙讓語)이기 때문이다.

그 연쇄 고리의 어느 단계에도 하위(와타쿠시)에 속하는 자가 상위(오오야케)의 조직·개인에게 봉사하는 것을 '호우코우(奉公)'라고 한다. 에도시대에는 사무라이가 주군을 섬기는 것도, 서민이 상가(商家)에 고용되는 것도 모두 호우코우라고 불렀다. 지금 호우코우라는 말은 (비유적인 의미를 재외하면) 별로 안 쓰지만, 고용-피고용의 관계를 계약 관계로 보는 사고방식은 여전히 희박한 편이다.

(2) 일본에서의 '공공(公共)'의 성립과 좌절

이와 같은 수평적인 인간관계가 기본이 된 일본 사회에서는 개인의 독립성이나 광범위한 수평적인 관계는 그다지 발달하지 않았다. 하지만 예외적으로 유예(遊藝)·취미·오락의 세계에서는 오오야케/와타쿠시의 상하관계를 떠나서 취미를 매개로 개인과 개인이 맺어지는 일종의 수평적인 유대관계, 공공세계가 성립되었다.

중세 일본에서는 산진[散人], 코우코[江湖]라는 말이 떠돌이, 유예인(遊藝人)과 같은 노마드(nomad)적 존재를 가리켰다. 이것이 선림(禪林)에서는 세속의 권력·권세 혹은 가문의 세력에 의지하거나 얽매이지 않는 것으로 이상시(理想視)되고, 출가자의 유대감에 기초한 승려들의 정신적인 공동체를 함의하게 되었다. 그리고 코우코라는 말은 에도시대를 거쳐 메이지시대에 이르기까지 정치적인 입장이나 직업 등을 떠난 재야 문화인·지식인들의 문예(문화인)공동체의 의미로 사용되어 왔다.

또 17~19세기에서는 '공공(公共)'을 거론한 사상가들이 단속적으로 나타났다. 교토포럼에서는 이들 중 이토 진사이[伊藤仁齋], 이시다 바이간[石田梅岩], 요코이 쇼난[横井小楠], 아라이 오우수이[新井奥邃], 다나카 쇼조[田中正造], 나카에 초민[中江兆民] 등을 논의한 바 있다. 특히 에도시대 말기의 무사·사상가·정치가인 요코이 쇼난은 도쿠가와 막부의 정치를 '사정(私政)'으로 비판하면서 '공공(公共)의 정치[政]'를 주장했다. 또 '천지공공(天地公共)의 실리(實理)'를 기준으로 우호적으로 일본에게 개국을 청해오는 유도(有道)한 나라와는 국교를 맺고, 무력으로 굴복시키고자 하는 무도(無道)한 나라와는 마땅히 맞서 싸워야 한다고 하면서 당시의 맹목적인 양이론(攘夷論)을 비판했다.

이처럼 '公=오오야케/私=와타쿠시'와 다른 공공의 사상이 싹트고 있었으나 '국가의 공'과 '인민의 사'를 갈아 놓은 후쿠자와 유키치[福澤諭吉]적인 공사 분담의 사상, 그리고 신권적(神權的)인 천황제 절대주의를 확립하고자 한 메이지 정부의 신도국교화(神道國敎化) 정책과 대교(大敎) 선포운동, 그리고 그 연장선상에 만들어진 국가신도(國家神道) 체제로 인해 고취된 멸사봉공(滅私奉公) 사상에 의해 일본적 공공의 맥은 매몰되고 말았다.

3) 이슬람

(1) 암므(공)와 하쓰(사)

이슬람 세계의 공공성을 생각할 때 간과할 수 없는 것은 알라(allāh, 하나님), 그리고 그 타우히드(tawḥīd, 유일성)에 대한 믿음이 온갖 사상적 영위의 공통 바탕으로 깔려 있다는 점이다. 그리고 이슬람 사상의 저변에는 인간이 약하고 위태로운 존재임을 자각하고 하나님의 인도에 의해 오류와 방황에서 올바른 길에 돌아서기를 바라는 강렬한 원점 회귀 지향이 깔려 있는 점이다.

이슬람 또는 아랍어의 '공'과 '사'는 이슬람 공동체와의 관계에 의해 결정되고 '암므('āmm)'와 '하쓰(khāṣṣ)'라는 한 쌍의 축 개념에서 도출된다. '공중/일반/전체의'라는 의미의 암므에서 '공적인, 공공의~'이라는 의미가 되는 '옴미', 공공성을 뜻하는 '옴미야'라는 개념이 파생된다. 한편 '특수한, 개별의~'라는 뜻의 '하쓰'에서 '사적인~, 사인(私人)의~'라는 의미의 '후쓰쉬'와 '사적인 것, 사적 성격'을 의미하는 '후쓰쉬야'라는 개념이 파생된다.

또 암므와 관련된 단어 '아믐마'는 영어의 커먼즈(commons)와 비슷한 '공

중, 대중'의 의미로 쓰인다. 그리고 하쓰와 관련이 있는 '핫싸'라는 말은 '개
인재산, 요인(要人)들, 개성'이라는 의미로 쓰인다. 이렇듯 암므와 하쓰라는
개념에 바탕을 둔 이슬람 혹은 아랍어의 '공'과 '사'의 개념은 공동체 전체와
그 내부의 개체와의 관계성을 바탕으로 성립되어 있다.

　물론 국가·정부와 개인과의 대비에 기초한 공/사 개념도 아랍어에는 다
양하게 존재하지만 이들은 '암므/하쓰'를 축으로 한 공/사 개념에 대한 개
입이자 교란으로 간주된다.[76]

　무슬림(이슬람교도)의 의무는 크게 신앙고백, 예배, 단식, 희사, 순례 등의
종교적 의무를 가리키는 '이바다트('ibādāt)'와 사회적 규범을 가리키는 '무
아말라트(mu'āmalāt)'로 나누어진다. 다만 이 두 가지는 편의상 또는 개념상
나눠질 뿐, 종교적 의무도 사회적 행위로 수행되고, 사회적 의무도 알라와
의 관계에서 의미가 부여된다. 따라서 양자는 상호적이고 서로 분리할 수
없는 관계이다. 종교적인 것은 곧 사회적이라는 것이고, 사회적인 것은 곧
종교적인 것이다. 이슬람에서 신앙과 행위는 나눌 수 없고 사회와 개인은
연속적인 것으로 간주된다. 그래서 이바다트와 무아말라트는 하나의 의무
의 두 가지 측면이라고 할 수 있다.

(2) 움마(이슬람공동체)

　사회계약 면에서 보면 먼저 움마(umma), 즉 이슬람 공동체 내부에서는
이마마(지도자성)가 문제가 된다. 이슬람의 이념에서는 통치자는 이슬람 공

76　板垣雄三, 「イスラーム思想史における公と私」, 『公共哲学1 公と私の思想史』 p. 97-100
　　참조.

동체의 '슈라(합의)' 또는 '이프티야르(선택)'에 의해 통치자로서의 정당성(이마마)이 인정되어야 한다. 이것은 매주 금요일마다 거행되는 집단예배에서 재확인된다.

다음으로 움마와 다른 종교 공동체인 '밀라(milla)'와의 관계에서는 세금과 안전보장을 매개로 한 다각적 계약인 '짐마(dhimma)'가 이루어진다. 이 다각적 계약의 네트워크 시스템이 안정적·지속적으로 이루어지는 영역을 '다르 알 이슬람(dār al-Islām)'이라고 부른다. 원래 '이슬람의 집'을 뜻하는 이 말은 이슬람 세계를 가리킨다. 무슬림은 이것이 인간 본성을 바탕으로 하면서 다양한 개개인과 종교들이 뒤섞인 도시공간의 성립과 지속을 보장한다고 생각한다.

알라의 계시로서, 이슬람법의 법원(法源)인 꾸란(al-Qur'ān)과 무함마드의 언행록인 하디스(ḥadīth)의 규범은 아무도 건드릴 수 없다. 이에 대해 통치자·국가가 제정하는 법은 희랍어 '카논(kanōn)'에 유래하는 '카눈(kānūn)'이라고 한다. 이것은 어디까지나 '샤리아(Sharī'a)'의 보완물(補完物)로 간주된다.

이슬람은 애초부터 도시의 종교인 만큼 공공적 문제를 해결하기 위한 여러 가지 제도적 장치와 개념을 가지고 있다. 그 대표적인 것은 다음과 같다.

① 히스바(ḥisba) : 권선징악을 의미하는 '히스바'는 주로 장사의 공정성과 관련된 개념으로 이해되어 왔다. 시장감독관(市場監督官)으로 번역되는 '무흐타시브(muḥtasib)'는 히스바의 담지자로서 도량형의 검사, 상품의 품질과 가격 등의 감시, 부정의 단속 등 정당한 거래를 위한 시장의 질서 유지를 담당했다. 오늘날 이슬람 사회에도 무흐타시브는 여전히 살아 있고 소

런 붕괴 후 독립한 우즈베키스탄처럼 일찍이 없어진 무흐타시브를 부활시
킨 나라도 있다.

② 마스라하(maṣlaḥa) : 아랍어로 '이익'을 의미하는 말이지만 이슬람법학
에서는 특히 '공공의 이익' 또는 '공동체 전체의 이익'을 의미하는 개념이다.
이것은 이슬람 법학의 주요 개념으로 중요한 법학적 판단 근거의 하나로
활용되었다.

③ 와크프(waqf) : 이 말은 아랍어로 '멈추다', '정지하다'를 뜻하고 이슬람
법학에서는 소유권의 영구 정지(된 재산)를 의미한다. '기진지(寄進地)', '기
증', '신탁재단' 등으로 번역되는 이슬람세계에 특징적인 와크프 제도는 그
자산에서 올린 수익을 종교활동·교육·사회복지와 같은 공공적 시설물이
나 재단 등을 유지·운영하기 위해 영속적으로 충당하게끔 보장해주는 것
이다. 와크프에 지정된 재산은 '알라의 재산'으로 간주된다. 그것에 대해서
는 정부도 징세는 물론 정당한 이유 없이 아무런 개입·간섭도 할 수 없다.[77]
이슬람세계에서는 여전히 모스크·병원·고아원·공공급수장·학교·학생 장
학금 등의 유지 관리를 와크프에 의존하는 바가 크다.

④ 기타 도시문제에 관한 해결책 : 예나 지금이나 도시에서 공공 공간과
사적 공간을 어떻게 설정하느냐가 가장 중요하고도 복잡한 문제이다. 도시
설계와 이해관계자의 불일치, 공해, 프라이버시 침해 등의 여러 가지 분쟁
들을 해결하기 위해 이슬람 법학자들은 다양한 해결책을 축적해 왔다.

---

77 하지만 근대 이전에는 와크프 제도가 자기 자신 또는 일족을 와크프 관리자에 임명하는
　것으로 탈세의 수단으로 악용되는 폐해가 적지 않았다. 그래서 현대 이슬람 각국에서는
　대부분 와크프를 국가 관리 하에 두고 있다.

매주 금요일마다 주요한 모스크에서 이루어지는 집단예배야말로 '암마(amma, 서민)'의 공공성이 가장 드러나는 장소이다. 이슬람의 원칙에 따라 아무리 포악한 독재자라도 그 자리에서는 일반 서민들과 섞여서 예배의 줄에 서는 단지 신도의 한 사람일 뿐이다. '이마마(지도자성)'를 보증·인정받기 위해서는 민중들의 합의와 신임을 필요로 하는 것이다.

이슬람세계에서는 위정자가 종종 재무·징세·경찰 등의 공무를 대리인에게 대리하게 하는 관습이 있었다. 하지만 이것은 공적 영역의 잠식과 사적 영역의 무질서한 확대, 그리고 부패와 착취, 폭력 등의 온상이 되었다. 이로 인해 부정과 폭정이 자행되고 이슬람법학자인 울라마('ulamā)도 감히 비판의 목소리를 올리지 못했을 때 마을의 '아이야르(깡패, 무뢰한, 협객)', '하르프쉬(乞人)'들이 일어서서 종종 권력자와 맞서 싸우기도 했다. 시민사회의 변두리에 있던 그들의 행동이 부패하고 왜곡된 '샤리아'를 구출함으로써 사회질서를 회복하고 보완하는 역할을 수행했던 것이다.

4. 대화를 통해 열린 '공공하는 철학'의 이념

1) 공/사 이원론을 넘어서

교토포럼은 발족 이래 '공공'이라는 범주 하에 정치, 사회, 문화, 교육, 예술, 종교, 환경, 성, 과학, 생명, 법률, 조직, 안보, 리더십, 인물, 세대 간 대화 등 다양한 주제를 가지고 논의를 계속해 왔다. 그리고 그 활동을 통해 '공(公; 국가, 관료, 정부)'과 '사(私; 개인, 시민, 일반인)'와 더불어 그들과 다른 '공공(公共)'도 포함한 세 차원이 필요하고, 공과 사를 대립적으로 보는 것이 아니라 양자 사이를 맺고 잇고 살리는 상관연동(相關連動)이 필요하다는 인식을 확인하고 확산하는 자리가 되었다. (특히 일본에서는) 기존의 공사 담론이 '멸사봉공(滅私奉公)'이냐 그 안티테제로서의 '멸공봉사(滅公奉私)'냐를 막론하고 결국 공/사의 양극 대립구도와 공을 중심으로 해서 사를 그것과 관련시키는 문제의식·사고방식에서 벗어나지 못했기 때문이다.

그런데 여기서 주의해야 하는 것은 영어 public의 번역어로서의 '공' 또는 '공공성'의 속성으로 상정된 '공평성', '공정성', '공개성'은 어디까지나 공이 사에 대해 가져야 할 자세·태도·행위일 뿐이라는 것이다. 이것은 공의 '권력성', '방위성(防衛性)', '폐쇄성'의 측면과 대비시켜서 특히 강조되는 '공'의 한 측면에 지나지 않고 공/사와 병립되는 '공공'의 차원과는 다르다. '공공(하기)'은 어디까지나 '공'과 '사'와의 '사이'의 상호관계의 문제인 것이다.[78]

2) 공공(公共)하는 철학

김태창 전 소장은 교토포럼의 철학을 서양의 '공공철학(public philosophy)'과 다른 '공공하는 철학'이라고 강조한다. 그리고 사마천의 『사기』 열전에서 서술된 장석지와 전한의 문제가 나눈 대화 속에 서구적 공공성 및 공공철학과 다른 동양의 '공공하기', '공공하는 철학'의 전형을 찾는다.

---

78 金泰昌 편, 『公共哲学を語りあう 中国との対話・共働・開新』 p. 20 참조.

결국 장석지의 행위가 바로 '공공'하는 것의 전형이었고 그 행위야말로 법을 법답게 하고 법이 제대로 법이 되지 않는 위기에서 법을 구출할 수 있다는 것입니다. 그러면 장석지의 행위에는 어떤 의미가 있는가? 그의 행위는 어떤 남자와 황제 사이에 서서 양쪽과의 대화를 통해 서로의 주장과 뜻을 충분히 살펴 헤아림과 동시에 양쪽에게 공평·공정·공명한 사법 판단을 실현시켰다는 것입니다. 그리고 황제의 일방적인 독단·명령·집행은 법이 법으로서 기능 정지할 가능성이 있다는 것을 납득시킴과 동시에 황제와 민중 사이의 중개·매개·공매(共媒)를 통해 어느 쪽도 사전에 예상하지 않았지만 양쪽이 공인(共認)할 수 있는 새로운 해결의 길이 제시되었다고 다시 읽어봅니다. 황제를 향해 '공공'하기를 진언했다는 줄거리를 장석지의 행위야말로 '공공'하기의 원형이었다고 다시 이야기함으로써 퍼블릭과는 유래가 다른 '공공(하다)'라는 개념을 안출(案出)한 것입니다.[79]

우선 '공공하다'라는 어떤 뜻일까? 김태창은 '공공하다'의 구체적인 내용은 대화(對話)·공동(共働)·개신(開新)이고 이 이야기 자체가 그것을 나타내고 있다고 말한다. 황제와 장석지가 대화를 하면서 더불어 새로운 차원을 열어가는 동양적 공공이 무엇인가를 단적으로 보여주고 있다고 강조한다.[80] 이 이야기 속에서 사람들이 대화를 하고 함께 일하면서 새로운 차원(법에 대한 새로운 이해, 또는 과실로 인해 황제의 노여움을 사게 된 불쌍한 남자의 생명을 구함)이 열렸기 때문이다. 말하자면 '공공하기'는 공과 사의 영역(혹

79 金泰昌 편, 위의 책, p. 27.
80 金泰昌 편, 위의 책, pp. 56-57 참조.

은 어떤 공과 다른 공, 어떤 사와 다른 사) 사이를 매개하고 서로를 살리는 맺고 잇고 살리는 운동이자 역동이다. 그럼 그 운동은 무엇을 지향하는가? 김태창은 그 '공공하는 철학'의 핵심을 '활사개공(活私開公)', '공사공매(公私共媒)', '행복공창(幸福共創)'으로 정리한다.

또 '공공철학'과 '공공하는 철학'의 차이점을 보면 전자는

(ㄱ) 공공(성)이란 무엇인가를 분석하고 이론화하는 철학

(ㄴ) 한 나라의 정치체제를 정당화·변호하는 철학

(ㄷ) 자기관리(통제)와 구조관리(통제)를 중심으로 논의하는 철학

(ㄹ) 시민을 위하여/에 관하여/에 의한 철학

(ㅁ) 주로 정치체제의 문제를 논의하는 철학

(ㅂ) 전문가들끼리의 정책 논쟁이 중심이 되는 철학

(ㅅ) 한 사람의 학자가 생각하고 이론을 구축하고 자타의 학설을 해석·정리·비판하는 철학

이에 대해 '공공하는 철학'은

(ㄱ') 철학·이론 자체의 공공성을 다시 묻는 사고와 실천의 철학

(ㄴ') 글로벌(global, 지구적) 차원과 로컬(local, 지역적) 차원의 상호 관계에서 너셔널(national, 국가적) 차원 또는 기타 다양한 문제를 재고하는 철학

(ㄷ') 매개가 없는 자기(사)와 닫힌 전체(공; 공동체)라는 이극대립적인 폐쇄 상태를 그 중간에서의 발상과 역동으로 헤쳐 나가고 새로운 지평을 찾고자 하는 철학

(ㄹ') '모두와 함께, 더불어'의 차원을 중시하는 철학

(ㅁ') 인간과 국가와 세계의 문제를 각각 사이에서 다시 묻는 데에 중점을 두는 철학

(ㅂ') 전문가와 시민 사이에 활발한 토론을 촉발하고 정치철학을 비롯하여 사회과학, 인문학, 자연과학과 기술 분야의 참여·협동을 통해 인간과 사회와 자연의 상호 관련을 종합적으로 재검토하는 철학

(ㅅ') 많은 학자, 시민들의 다성(多聲, plurivocal)·다음(多音, polyphonic)·다리(多理, polylogos)·다분야(多分野, multidisciplinary)의 공동참여, 공동창발의 철학인 것이다.[81]

무엇보다 중요한 것은 '공공하는 철학'의 이념과 방향, 그리고 20여 년 동안 거듭해 온 대화와 공동의 시도 자체가 일본과 한국, 그리고 세계에서 참여한 무려 2,000여 명에 달하는 학자·연구자·관료·언론인·사회운동가·학생·경영자 등등의 대화와 공동을 통해 개척된 것이었다는 점이다. 다시 말하면 '공공하는 철학' 자체가 끊임없는 '공공하기'에 의해 이루어졌다는 점은 간과할 수 없는 중요성을 내포한다.

---

81 佐々木毅, 金泰昌 편, 『公共哲学10 21世紀公共哲学の地平』 p. 427 참조.

5. 한국적 공공성의 탐구

1) 교토포럼의 한국적 공공성 연구

교토포럼에서는 각 문화권·지역·국가에서의 공공성에 대한 연구 발표와 토론을 거듭하는 한편, 한국의 사상·철학·문화·역사·종교 속의 공공성 탐구와 다문화 철학 대화도 정력적으로 추진해 왔다.

특히 2008년 무렵부터 「실심실학」, 「최한기 기학」, 「한과 동학과 생명」, 「개벽」, 「선비와 사무라이」, 「상생」, 「공복(共福)」 등 다양한 주제로 한국사상·철학을 집중적으로 다루었고 또 『성학십도』, 『조선왕조실록』 등의 학습회도 개최했다.

또한 2010-11년에는 교토포럼 기관지인 『공공적 양식인(公共的良識人)』에서 「한국의 공공하는 인간」을 연재하고 원효·화담 서경덕·퇴계 이황·율곡 이이·남명 조식·하곡 정제두·다산 정약용·혜강 최한기·수운 최제우·증산 강일순·정산 송규·다석 유영모·신천옹 함석헌의 총 13명을 공공하는 철학의 시각에서 다시 읽고 한국을 대표하는 공공하는 인물·사상가로 일본 독자들에게 소개했다.[82] 이와 같은 연구와 토론의 결과 '공공(성/하기)'이라는 안목으로 한국의 역사와 사상·철학을 다시 봄으로써 '공공(하는)' 사상적 전통과 정신이 있음을 확인할 수 있었다.

---

82 이 내용은 『일본에서 일본인들에게 들려준 한삶과 한마음과 한얼의 공공철학 이야기』
(김태창 구술, 야규 마코토 기록, 정지욱 옮김, 모시는사람들, 2012)로 출판되었다.

2) 조선시대의 '공공'

(1) 『조선왕조실록』과 국가적 공공성

『조선왕조실록』만 보아도 '공공(公共)'의 용례가 무려 600여 건에 달한다. 이것은 중국·일본의 역사서에서 한 책당 겨우 수십 건에 지나지 않는 것과 비교하면 파격적인 숫자이다. 또 황제 전제 체제가 강하고 임금과 신하의 대화란 상상하기도 어려웠던 중국이나, 무사 계급의 지배가 무려 700년간 지속되면서 상의하달의 풍조가 강했던 일본과 비교해도 조선왕조에서는 임금과 신하의 대화·토론의 기록이 풍부하게 남아 있다.

조선왕조 건국 당시 정도전은 『조선경국전』에서 "임금이 신하에게 말해주기를 요구하고 신하가 임금에게 글을 올린다면 벽이 허물어지고 가려짐이 제거될 것이다. 임금과 신하의 사정이 통하면 어찌 어진 이가 버려질 수 있겠으며 어찌 원통한 사람이 억울함을 못 풀 수 있겠는가?"[83]라고 말하고 위민정치(爲民政治)를 신국가(조선)의 기본이념으로 내세웠다. 세종대왕 때는 정도전의 '위민'을 '여민공락(與民共樂)' 즉 백성과 더불어 즐긴다는 말로 바꾸었다. 그뿐만 아니라 글을 모르는 백성들을 위해 훈민정음 28자를 제정했다. 물론 예외는 있었으나 역대 임금들은 경연 자리에서 신하들과 토론하고, 또 행차 길목에서 백성의 격쟁(擊錚)을 맞이하거나 신문고를 통해 백성의 하소연을 듣는 기회를 마련함으로써 '여민공락'의 이념을 거듭 확인했다.

---

83 鄭道傳, 『朝鮮經國典』 「求言進言」: 上之求於下者以言. 下之進於上者以書. 則決壅去蔽. 上下之情通矣. 何善之有遺. 何冤之不伸哉.

(2) 조선시대 선비들의 공공성

개인의 문집에서도 이미 정도전·이언적(李彦迪) 등이 '공공(公共)'을 쓴 사례가 보인다. 또 이율곡은 부임하는 관찰사에게 권문세도가의 위세에 굴하지 않고 "힘써 권문가가 사사로이 하는 것을 막고 우리 생민(生民)으로 하여금 왕토(王土)를 공공(公共)하게 하라"[84]고 훈계를 했다. 또 『성학집요』에도 "천자의 부(富)는 사해(四海)에 저장되고 제후의 부는 백성에 저장되어 있습니다. 창름부고(倉廩府庫)가 있음은 공공(公共)의 것으로 삼기 위함이고 사적인 저축이 있어서는 아니 됩니다. 국군이 사적인 저축이 있으면 이것은 정리(征利)라 이릅니다."[85]

또한 18세기의 정약용은 경제론에서 '공공상의(公共商議)', '공공심미(公共審美)', '공공출납(公共出納)' 등의 개념을 사용했다.

그리고 굳이 '공공'의 말을 쓰지는 않았지만 예를 들면 퇴계 이황과 기대승의 7-8년에 걸쳐 벌어진 사단칠정 논쟁은 조선조 선비들의 '공공하기'의 모범적인 사례라고 할 수 있다. 이 과정에서 까마득한 후학인 기대승은 물론 퇴계도 30세 가까이 젊은 제자에게 예를 다했다. 그러면서도 논쟁함에 있어서는 둘 다 조금도 양보하지 않았다. 마침내 퇴계는 기대승의 지적을 일부 받아들이고 자기 학설을 수정하기에 이르렀다. 즉 "사단은 이에서 일어난 것[四端理之發]이고 칠정은 기에서 일어난 것[七情氣之發]"이라고 하던 종래의 학설을 고치고 "사단은 이에서 일어나고 기가 거기에 따른 것(理發

---

84 李珥『栗谷全書』「敎黃海道觀察使朴大立書」: 懋杜私門. 使我生民. 公共王土.
85 李珥, 『栗谷全書』「聖學輯要」七: 天子之富. 藏於四海. 諸侯之富. 藏於百姓. 有倉廩府庫. 爲公共之物. 不可有私貯也. 國君有私貯. 則是謂征利.

而氣隨之)이고, 칠정은 기에서 일어나고 이가 거기에 탄 것(氣發而理乘之)이다'라고 했다. 기대승도 역시 퇴계의 반론에서 동의할 수 있는 부분을 받아들여서 새로운 사상적 경지에 도달한 것이다. 이것은 곧 한국에 있어서 '대화·공동·개신'의 모범적인 사례라고 할 수 있다.

특히 주목할 만한 것은 '천하고금공공(天下古今公共)' 사상이다. 서양도 그렇고, 동양에서도 중국·일본에서는 공공(에 해당되는 개념)은 소위 공공권, 공공영역 등 주로 공간적 표상으로 생각되고 시간축의 공공성은 매우 드물었다.

그런데 한국의 역사·문집에는 '천하고금의 공공'이라는 말이 가끔 나온다. 예를 들면 『세종실록』에는 "법이라는 것은 천하고금이 공공하는 바이지 전하께서 얻고 사적으로 가지는 바가 아닙니다."[86]라는 말이 나온다. 그 이후에도 '천하고금의 공공'이 여러 번 언급되었으나 조선시대 말기에 이르러 면우 곽종석(俛宇郭鍾錫)이 "내가 생각건대 의리(義理)의 정(情)이라는 것은 자기 혼자만의 사사로운 것이 아니라 천하고금 사람이 공공하는 바라는 것을 말하는 것이다."[87]라고 말했다. 곽종석은 조선왕조~대한제국이 쇠퇴하고 일본의 식민지로 전락하는 시기에 살았다. 그는 무력에 의한 의병투쟁보다 각국 영사관에게 일본의 횡포를 규탄하는 글을 보내는 언론 투쟁을 선택하였고 1919년의 파리장서사건 때에는 136명의 유림대표와 더불어 작성·연서(連書)한 파리장서를 파리강화회의에 보내고 회의에 모인 각국 대

---

86 『世宗實錄』 권25 世宗6(1424)年 7月 28日 2번째 기사: 法者, 天下古今之所公共. 非殿下所得而私也.
87 郭鍾錫, 『俛宇集』俛宇先生文集 권87, 書「答金仲衍」在植○丁酉: 竊謂此是義理之情. 非一己之私. 而爲天下古今人之所公共.

표들에게 시대와 공간을 초월한 보편적 도리와 정의에 입각해서 식민지주의를 비판하고 조선 독립을 호소하였다.

3) 공공성의 바탕으로서의 '흔'

김태창은 한국적 공공성의 밑바탕에는 '흔'이 흐르고 있다고 본다. 흔은 한자로 한(韓) 이외에 간(干), 한(汗), 환(桓) 등으로 표기될 수도 있었다. 하지만 순수 한국어로 일상적으로 수사·부사·형용사 등으로 다양하게 쓰인 말이다. 예를 들면 하나, 한 걸음, 한 방울, 한뜻, 한 구석, 한쪽, 한비, 한물, 한가운데, 한겨울, 한복판, 한길, 한 10분, 한때, 한참, 한낮 등등의 '한'이다. 김태창은 이와 같이 다양한 한의 의미를 범주화하여 일(一), 다(多), 중(中), 대(大), 범(凡 또는 或)의 다섯 가지로 정리한다. 또 한과 상통하는 확(확 열리다), 환(환하다), 훤(훤하다, 훤히)에서 도출되는 개(開; 엶/열림), 명(明; 밝음), 활(活; 삶/살림)의 속성도 주목하고 있다. 이것은 개개인 속에도 깃들어 있지만 내면에만 한정되지 않고 자기와 타자, 나아가서는 삼라만상 사이를 유행하면서 그 전체를 크게, 대충대충 하나로 감싸는 우주적 영성 또는 생명력이라고 할 수 있다.

원효는 그것을 일심(一心)이라 부르고, 퇴계 이황은 그것을 이(理), 천리(天理) 또는 이발(理發), 활리(活理)로 보고, 혜강 최한기는 신기(神氣) 혹은 그냥 기(氣)라고 불렀다. 또 수운 최제우는 '한울님', '상제(上帝)' '천주(天主)' 또는 '지기(至氣)' '내유신령, 외유기화(內有神靈外有氣化)'라고 불렀고 소태산 박중빈은 그것을 일원상법신불(一圓相法身佛)로 표현했다.

유영모·함석헌은 이과 같은 우주적 영성·생명력이 깃든 개개의 보통사람을 '씨올'이라고 불렀다. 또 함석헌은 "한 혹은 흔이 우리 정신생활의 등 뼈다"라고까지 하였다. 한국적 공공성의 밑바탕에는 바로 이 흔의 우주적 생명 또는 영성이 원동력 또는 매개로 작동하고 있는 것이다.

한 가지 주의해야 하는 것은 흔을 '한(恨)'과 혼동해서는 안 된다는 것이 다. 김태창에 의하면 한(恨)은 어디까지나 한국적 심성의 극히 일부분에 지 나지 않는다. 한자의 한(恨)은 마음 심(忄)과 어긋날 간(艮)으로 이루어지는데 이것은 내적인 조건의 결핍과 외적인 부당한 억압과 방해로 인해 본래 활 발하게 활동하는 온전한 마음의 움직임이 억눌리고 그 생동이 멈추고 가로 막히며 침체된 상태를 이른다. 생동하는 온전한 마음이 바로 '흔마음'이고 그것이 억압·침체·응결되면 한(恨)이 되고 억압자·침략자에 대한 저항력 으로 수렴·결집·농축된다. 이것이 하나의 방향성을 잡게 되면 엄청난 변혁 의 에너지를 발생시킨다. 하지만 한(恨)은 흔마음의 역동의 일부분이자 그 것이 억눌리고 일그러진 상태로만 이해되어야 한다.

4) 한국 신종교의 공공성 —후천개벽으로 열린 새로운 '공공'

한국사상에서도 특히 동학(東學)을 필두로 하는 한국 신종교를 특징짓는 것은 후천개벽(後天開闢) 또는 다시개벽의 사상이다. 후천개벽은 낡은 천지 의 질서가 끝나고 난 후에 새로운 질서로 운행하는 천지가 열린다는 것을 의미한다. 개벽이란 무엇인가에 대한 설명은 사상가 또는 종교마다 각양각 색이다. 동학의 최제우는 술수학(術數學)·역수학(易數學)적인 개념을 빌려서 선천(先天) 오만 년의 시운을 다하고 후천(後天)시대가 열렸다고 표현했다.

한편 강일순은 신화적 또는 무교적(巫敎的)인 이야기로 단주(丹朱)[88]의 한(恨)에 의해 선천시대가 상극(相克) 시대가 되었다고 하면서 '천지공사(天地公事)'를 통해 한(恨)·원(怨)·원(冤)을 푸는 '해원상화(解冤相和)'의 개벽을 이르고 '선경상생(仙境相生)'의 후천의 도덕적 낙원 세계가 실현된다고 설명하고 있다.

박중빈은 "물질이 개벽되니 정신을 개벽하자"라는 구호를 내세우면서 앞서가는 물질문명의 발달과 조화를 이룰 수 있는 정신개벽을 강조하고 있다. 하지만 후천개벽의 논리구조는 앞의 두 경우와 상통하고 있다. 또 개벽사상의 공공적 의의도 역시 각 사상가·종교에서 서로 공통된 부분이 많다.

개벽사상은 언뜻 보기에 종말사상 또는 천년왕국사상과 유사해 보인다. 하지만 종말사상에서는 다가오는 구질서의 전면적인 파괴가 강조되는 데 비해 후천개벽사상에서는 선천시대가 이미 지나간 후의 쇄신·개신·혁신이 강조되는 점에 차이가 있다. 또 역사상에서 이루어진 수많은 정치 혁명이 한번 성사된 후에는 혁명 질서를 유지하기 위해 '혁명의 적', '반혁명 세력'을 척결·숙정하는 쪽으로 치우치고 결국 비참한 결과를 초래한 경우가 허다했다. 하지만 개벽사상에서는 사회변혁·개혁·혁명과 동시에 주문을 외우는 등의 수행과 생활 속의 도덕 실천을 통한 자기 변혁이 더욱 중시된다.

---

88 단주(丹朱)는 고대 중국의 성인인 요(堯)의 아들이다. 그가 불초였기 때문에 요는 임금 자리를 물려주지 않고 순(舜)에게 임금 자리를 물려주고 딸 두 명을 그에게 시집보냈다.(유교적 역사관) 그런데 증산에 의하면 단주는 그것에 불만을 품다가 마침내 순을 죽게 하고 부인들까지 강에 던지고 익사시키고 말았다. 그 후 갈수록 원한의 종자가 퍼지고 이제 천지에 가득차서 인류 전체를 위협하게 되었다고 한다.

(1) 인간 존중 사상

한국 신종교에서는 공통적으로 인간의 평등과 존엄성, 특히 기존의 사회에서 차별되고 억압되고 무시당했던 여성·천민·어린이들을 사람으로서 존귀하고 가치가 있는 존재로서 제대로 대우해야 한다는 점을 강조한다. 수운은 시천주(侍天主), 즉 사람은 누구나 모두 한울님을 모시고 있는 존귀한 존재임을 설파했다. 이것은 해월 최시형의 '사인여천(事人如天; 사람을 섬기기를 하늘 섬기듯 하라)', 의암 손병희의 '인내천(人乃天; 사람이 곧 한울님이다)'이라는 사상으로 계승·발전되었다. 게다가 이것이 그냥 구호로 그치지 않고 당대에 새로운 공동체를 형성하는 실천적인 규범으로 작동하였다. 동학을 탄압하던 당시의 유생들조차 동학이 "귀천, 남녀, 빈부를 막론하고 그 사이에 차별을 두지 않았기 때문에 백정과 술 파는 사람, 과부들이 모이고, 빈부를 물론하여 접포(接包)를 만들어서 부자와 가난한 사람이 서로 도왔기 때문에, 가난한 사람들이 기뻐했다"고 서술할 정도였다.

원불교에서도 다음과 같은 일화가 있다. 소태산이 영산(靈山)에 있었을 때 그 밑에 몇몇 창녀가 입교하고 교단에 나오기 시작했다. 제자들은 그것을 못마땅하게 여기고 세상 사람들의 비방을 받을 수도 있고 교단의 발전에도 폐해가 되니 그렇게 되기 전에 미리 왕래를 금해야 된다고 진언했다. 그러자 소태산은 제자들의 소견이 좁음을 꾸짖고 "세상에 신분의 상하, 직업의 귀천이 있어도 불법에는 그러한 차별이 없다. 그 원리를 깨닫지 못하고 그녀들이 다니는 것을 방해하고 함께 공부하기를 싫어하는 자가 있거든 그러한 자가 오히려 제도(濟度)하기 어려운 사람이다"라고 말했다.[89] 즉 모든 사람은 일원상의 진리를 부여받기 때문에 부처가 될 수 있는 불성을 지닌다. 그러므로 세상에는 차별이 있어도 진리의 눈에는 차별이 없다는 것이다.

(2) 생태 · 환경 · 사물 존중 사상

앞에서 보다시피 한국 신종교에서는 영적인 바탕에 입각한 인간의 존귀성을 강조했다. 하지만 이것은 다른 사물과 비교해서 인간의 가치가 높다는 차별적 논리가 아니었다. 해월 최시형은 수운의 시천주 사상을 발전시켜 경천(敬天)·경인(敬人)·경물(敬物)의 '삼경(三敬)'을 주장했다. 한울님과 사람을 모시고 섬기는 것만이 아니라 우주만유[物]까지를 공경해야 된다는 것이다. 그는 "물건마다 한울이요 일마다 한울이다[物物天事事天]"라고 하는 도리에 비추어 이 우주 내의 모든 것은 '이천식천(以天食天; 한울로서 한울을 먹는 것)'의 관계라고 말했다. 한울 전체를 본다면 동질적인 것은 서로 도움으로써 기화(氣化)를 이루게 하고, 이질적인 것은 한울이 한울을 먹음으로써 기화를 통하게 한다는 것이다.

또 소태산 박중빈은 천지은(天地恩)·부모은(父母恩)·동포은(同胞恩)·법률은(法律恩)의 '사은(四恩)'에 감사해야 한다고 주장했다. 그런데 세 번째의 동포은에서 말하는 '동포'는 반드시 같은 민족·국민·혈연, 또는 인간만이 한정되는 것이 아니라 금수초목과 같은 생명체까지도 동포로 보고 사람과

---

89 『圓佛敎全書』「大宗經」 제12 實示品 7.

동식물의 관계도 은혜의 관계로 보는 것이다.

이러한 사물·자연에 대한 존중의 사상은 자원·환경·생태계의 보전·보호 면에서 중요한 시사를 주는 것이다.

(3) 새로운 공동체와 이상세계

동학의 접(接)·포(包)는 믿음을 함께하는 사람들이 모이고 수행하는 신앙공동체임과 동시에 앞에서 본 바와 같이 그 안에는 귀천·신분·남녀·빈부의 차별이 없어지고 있는 자와 없는 자가 서로 돕는 상생(相生)의 공동체이자 후천개벽 세상을 구현한 모델이기도 했다. 또 동학혁명 이후, 특히 전주화약 이후에 설치된 폐정개혁의 기관으로서의 집강소(執綱所)는 지방 관청의 부정부패를 감시하고 행정을 대행하는 정치기구 역할까지 수행했다.

원불교에서는 사은의 하나로 법률은(法律恩)을 들고 일반 사회의 법률(오늘날의 법률보다 넓은 의미로 개인과 대인관계의 윤리도덕도 포함한다)을 준수하고 인도정의를 실현하도록 권장하고 있지만, 이상적으로는 도학(道學)과 과학, 물질과 정신이 조화를 이른 전반세계(甁盤世界) 건설을 지향하고 있다. 또 강증산은 해원에 의해 상극을 풀고 자타 간의 상생·상화(相和)를 실현하면, 성(誠)·경(敬)·신(信)의 덕목이 실천되고 단지 물질적인 부유함보다 정신적인 부유함이 우선되는 후천의 선경(仙境)이 이루어진다고 주장했다.

(4) 종교간 대화 · 소통 · 상호이해

근대 이전에도 원효가 화쟁회통(和諍會通)을 설한 것을 비롯하여 한국 사상사에서 회통의 논리는 하나의 중요한 사조라고 할 수 있다. 한국 신종교도 역시 대체로 타종교에 대해 개방적·우호적이며 특히 신도와 미신도·이

교도·불신자를 엄격히 구별하고 후자에게 벌이 내려진다거나 하는 폐쇄성·배타성·전투성은 찾아보기 힘들다.

소태산은 세상에는 이른바 세계 3대 종교라는 것이 있고 또 여러 가지 신흥종교도 적지 않지만 그 근원이 되는 도리는 하나같이 일원(一圓)의 진리를 벗어나지 않는다고 설파했다. 그래서 일의 시비·이해를 분석하고 이치의 대소·유무를 밝히며 인생이 일정한 방향으로 인도를 밟도록 하는 것으로 유교·불교의 많은 경전과 기타 각 종고의 많은 글들을 보아도 모두 그렇지 않은 것이 없는 것이다.[90] 또 그가 가르침을 듣고자 하는 어느 목사의 방문을 받았을 때 기독교의 울타리에서 나와서 광대한 천지를 구경한 일이 있느냐고 물었다. 목사가 그 광대한 천지는 어디에 있느냐고 묻자 그것은 마음가짐을 바꾸고 널리 바라보는 데에 있다고 대답했다. 만약 그렇지 못할 경우 자기 것에만 고집하고 남의 것을 비난하고 배척한다. 그렇게 해서 철벽처럼 굳어진 울타리가 생기게 되는데 나라와 나라, 교회와 교회, 개인과 개인 사이에서 서로 반목하게 되는 것은 바로 이것에 기인한다. 따라서 우리는 하루빨리 이 울타리를 타파하고 서로의 집을 융통시켜서 원만하고 활기찬 신생활을 전개해야 될 것이고, 그래야 세상에 하나도 버릴 것이 없게 된다고 말했다.[91]

또 홍암 나철은 "도(道)의 연원(淵源)을 찾아보라"고 하면서 선가(仙家)의 천선종조(天仙宗祖), 불교의 제석(帝釋), 유가의 상제, 기독교의 야화화(耶華和; 여호와), 이슬람의 천주(天主; 알라)는 모두 하나의 한배님, 즉 국조인 단

---

90 위의 책, 제3 修行品 23 참조.
91 위의 책, 제8 佛地品 21 참조.

군(檀君) 한배검이라고 주장했다. 다른 종교도 연원을 같이한다고 보고 성통공완(性通功完)으로 종교다원주의를 허용했다. 심지어는 대종교를 독실하게 믿는 사람이 견식을 넓히고 지혜를 더하기 위해 타종교에 참석하는 것도 금하지 않는다고까지 말했다.[92]

이렇듯 한국 신종교에서는 세계의 여러 종교도 근원은 하나라는 신념을 가지고 종교 간의 상호 이해와 대화에 적극적이었음을 알 수 있다.

6. 맺음말

이 논문에서는 교토포럼 공공철학공동연구소의 연구와 대화를 통해 정리된 서양과 동양의 공공성, 그리고 교토포럼과 수많은 참가자들의 대화·공동·개신을 통해 확립된 '공공하는 철학'의 기본 원칙, 그리고 한국 사상·철학의 공공적 특성을 간단하게 살펴보았다.

우선 서양의 '공'과 '사', 그리고 공공성은 고대 그리스·로마의 도시국가(폴리스 및 키위타스)가 기본적 모델·원형이 되어 있고, 또 '공' 및 '공공'과 '사'의 개념에는 고대에서 중세를 거쳐 근대에 이르는 서구 역사가 짙게 반영되어 있다. 고대에서 중세에 들어서면서 (도시)국가가 담지했던 공공성은 그리스도교회에로 옮겨갔다. 국왕은 칼(군사력)로써 교회 그리고 봉건적 질서 그 자체를 보호하는 것으로 통치의 정당성과 정치권력의 공공성을

---

92 金容煥, 「共福享有의 媒介方案」, 제99회 교토포럼 발표논문, 2010. 9. 발표논문 참조

인정받았다. 그러나 중세 말기 종교전쟁 시대를 거치면서 국왕과 그 옹호자들이 상비군과 관료 제도를 정비하면서 공공복지의 이름으로 절대왕정을 정당화했다. 한편 초기 자본주의의 발달로 인한 부의 축적과 인쇄술의 발달을 배경으로 시민사회와 독서를 매개로 한 공공공간이 탄생했다. 그들은 절대왕정에 반대하고 그것을 대신할 시민사회의 모델을 다시 고대 그리스·로마의 지적 유산에서 찾음으로써 시민혁명을 성사시키고 절대왕정을 타파하며 근대 국민국가와 서구 근대적 공공성을 확립해 나갔다. 그런데 그 근대적 공공성 개념은 중세 말기 절대왕정의 공공성을 부인한 면도 있었으나 한편으로는 그것을 계승한 면도 있었다.

다만 20세기에 들어서면서 국가, 민족, 계급, 적(敵) 등의 심벌(상징)을 이용해서 지도자가 민심과 독재 권력을 장악하는 전체주의의 문제가 일어났다. 또 페미니즘은 일찍이 깊이 검토되지 않았던 서구적 '공'과 '사', 그리고 공공 영역에 대한 재검토를 요구했다. 그 외에도 종교개혁과 종교전쟁을 거치면서 사적 영역에 몰렸던 종교의 공공성, 국가 및 공적 사회의 종교성을 재조명하는 '공공종교'가 거론되고 있다.

한편 동양으로 눈을 돌리면 중국에서는 갑골문·금석문이 쓰이던 시대까지 거슬러 올라가면 한자 '공(公)'은 원래 지배층인 족장영주(族長領主), 그리고 그들이 죽은 후에 모셔지는 사당[公廟]을 의미하고 거기서 공동체에 관한 것의 의미도 파생했다. 한편 '사(私)'는 족장영주·귀족인 공(公)에게 사속(私屬)하는 농민을 가리켰다. 그러한 공/사 관념이 정치적으로 전용되고 군주·정부가 '공'이 되고 신민·백성이 '사'로 간주되게 되었다. 하지만 '공'이 하늘(天)의 관념과 결부되고 공평·공정 등의 의미도 나타나게 되었다. 한편 원래 신분적인 개념으로 가치 관념이 없었던 '사'가 '사곡(私曲)·편사(偏

私)·자사(自私)'와 같이 도덕적으로 부정적인 의미로 굳어졌다. 또 '공'의 개념이 천생증민(天生蒸民) 사상과 결부됨으로써 백성이 오히려 '공'이 되고 폭정을 자행하고 하늘이 낳은 백성의 살림을 돌보지 않는 위정자가 오히려 '사'로 간주되고, 지배자·정부·정권과 민의 '공'과 '사'의 위상이 역정되는 역동성도 내포하게 되었다.

또 도가사상에서는 '공/사' 개념이 도·자연·본성과도 결부되고 도·자연·본성을 그대로 따르는 것이 '공'이며 자기 생각으로 그것을 더하고자 하는 것이 '사'라고 설명했다.

이러한 '공'과 '사'의 개념은 송대 성리학에도 이어진다. 예컨대 주자는 천리(天理)와 인욕(人欲)의 개념을 각각 '공'과 '사'와 결부시켜 '천리의 공'과 '인욕의 사'로 대립적으로 정식화했다. 그러나 16-17세기의 명말청초 시기에는 종래 부정적으로만 여겨졌던 '사', 특히 백성의 자사(自私)가 긍정되는 기운이 일어났다. 뭇 백성의 사를 인정하고 이루게 하면서 그것을 알맞게 조화시키는 것이 공이라고 하는 새로운 공-사 관념이 일어나기도 했다.

또 『사기』「장석지풍당열전(張釋之馮唐列傳)」 중의 정위(廷尉) 장석지(張釋之)와 황제와의 대화에서 나오는 "법자, 천자소여천하공공야(法者, 天子所與天下公共也)"에서 찾아볼 수 있다. 김태창은 이 대목이 서양적 공공성과 다른 동양적 '공공하기'란 무엇인가를 보여준다고 지적한다. 또 남송의 주자도 『주자어류』 중에 '천하공공(天下公共)'이나 '중인공공(衆人公共)'이라는 말을 쓰고 있다.

일본의 경우 '공(公)'과 '사(私)'가 훈독(訓讀)으로는 '오오야케'와 '와타쿠시'로 읽힌다. 그런데 일본 고유어의 오오야케와 와타쿠시는 위/아래, 바깥/안, 겉/속, 대/소와 같이 대립적이고 상대적인 개념이다. 오오야케 속에 와타쿠시가 들어 있고 그 속에 좀 작은 와타쿠시가 들어 있고 그 속에 더 작은 와타쿠시가 들어 있다는 식으로 중층적인 구조를 이루고 있다. 와타쿠시에서 보면 그보다 큰 영역/바깥/상위가 오오야케이고, 오오야케에서 보면 그보다 작은 영역/안/하위가 와타쿠시가 된다.

이와 같은 사회구조 때문에 일본에서는 수평적인 인간관계를 성립시키기 어려운 면이 있다. 하지만 중세 이래 유예·취미·오락 등의 영역에서는 이와 같은 관계를 벗어나 놀이 등을 매개로 수평적인 인간관계를 성립시킬 수 있었다.

중국적 공공성과 달리 일본에서는 '하늘의 공'과 같은 개념은 별로 발달하지 못했다. 또 '공'에 대한 오오야케, '사'에 대한 와타쿠시와 같이 (불충분하나마) 대응하는 개념도 '공공(公共)'에는 없었다. 하지만 에도시대 후반기부터 메이지시대에 걸친 17-19세기 무렵에는 요코이 쇼난, 다나카 쇼조와 같이 국가·정부에 독점되지 않는 '공공' 개념을 강조한 사상가·정치가가 등장했다. 하지만 이와 같은 일본 공공사상의 싹은 메이지 정부가 고취·추진한 국가신도와 멸사봉공 사상 밑에 매몰되고 말았다.

이슬람 세계에서 공/사 및 공공은 알라에 대한 신앙과 '타우히드(하나님의 유일성)'를 떠나서 생각할 수 없다. 이슬람의 '공'과 '사' 개념은 이슬람 공동체와의 관계를 바탕으로 하고 '암므'(공)와 '하쓰'(사)의 두 개념을 축으로 성립된다. 물론 국가·정부 대 개인의 관계를 나타내는 개념도 많지만 그것들은 오히려 암므/하쓰의 축 개념에 대한 개입이자 혼란으로 간주된다.

이슬람의 기본 규범은 종교적 의무(이바다트)와 사회적 의무(무아말라트)가 있지만 이것은 어디까지나 한 개인의 의무에서 중점 또는 시각의 차이일 뿐 종교적인 것은 사회적이고 사회적인 것은 종교적이어서 양자는 서로 나눌 수 없다. 또한 이슬람적 사회질서는 꾸란과 샤리아가 기본이 된다. 위정자가 제정하는 법(카눈)은 적어도 이슬람의 이념상 어디까지나 샤리아의 보완물에 지나지 않는다.

그리고 이슬람은 원래 도시의 종교인 만큼 도시생활의 다양한 문제를 해결하기 위해 이슬람 법학은 여러 가지 제도적·이론적 장치를 마련하고 있다. 거기에는 무흐타시브(시장감독관), 마스라하(공공의 복지), 와크프(기신지, 신탁재단) 등이 바로 그것이고 통치자는 이와 같은 제도적 장치를 이용해서 사회질서를 유지하는 지도자일 것이 기대된다.

하지만 포악한 통치자가 나타나고 우라마(법학자)들도 그 부패와 횡포를 비판하지 못할 경우 협객이나 걸인(乞人)들이 일어서서 샤리아적 질서를 회복시키기도 한다. 이렇듯 대체로 이슬람의 공적 역할은 이슬람법과 이슬람 공동체, 그리고 이슬람 지식인·법학자로서의 우라마에게 있다. 적어도 국가·정부의 공적 역할은 부수적인 것이고 비교적 약한 편이라고 할 수 있다. 교토포럼에서는 동서양의 공공 개념을 살펴보고 연구 발표와 참가자들의 토론을 거듭하면서 공/사 이원론이 아닌, 공과 사 사이에서 양자를 맺고 잇고 살리는 공공(하기)이라는 3차원 상관연동을 중요시한다. 그리고 활사개공· 공사공· 행복공창의 원칙을 확인했다.

다음으로 한국사상의 공공성은 교토포럼에서 2008년경부터 집중적으로 다루어졌다. '공공(하기)'의 시각에서 한국의 역사와 사상·철학·종교 등을 다시 보면 거기에는 확실히 두터운 '공공(하기)'의 전통과 사상적 차원이 있다는 것을 확인할 수 있었다. 먼저 '공공' 개념은 조선왕조 500년 동안 다양하게 전개되었고 특히 '천하고금공공'이라는 개념은 다른 공공성 개념에서 찾아보기 힘든, 과거·현재·미래를 관통하는 시간성을 지니고 있다.

또 김태창은 한국적 공공성의 저변에 혼이 깔려 있다고 지적한다. 혼은 일(一), 다(多), 중(中), 대(大), 범(凡 또는 或)의 다섯 가지로 정리되고 또 개(開, 엶/열림), 명(明, 밝음), 정(正, 바름), 활(活, 삶/살림)의 속성도 무시할 수 없다. 혼이란 개개인 속에도 깃들어 있지만 내면에만 한정되지 않고 자기와 타자, 나아가서는 삼라만상 사이를 유행하면서 그 전체를 크게, 대충대충 하나로 감싸는 우주적 영성 또는 생명력이다. 그런데 이 혼, 즉 우주적·근원적인 생명력이 억압되고 온전한 작동이 방해되었을 때 그것이 한(恨)이 되고, 한은 한으로 머물지 않고 억압·침략을 제거하고 혼을 회복하는 원동력이 된다.

한국 신종교를 특징짓는 것은 후천개벽 사상이다. 이것은 종말사상과도 다르고 서양 근대적 혁명사상과도 다르게 사회의 변혁·혁신과 개개인의 새로운 인간관에의 각성·수행이 수반된다. 개벽사상의 논리는 각 종교마다 각양각색이지만 그 인간 존중 사상, 생태·환경사상, 공동체론, 그리고 타종교에 대해 개방적이고 종교간 대화·소통·상호 이해를 재촉하는 사상은 현대사회에 공공적 가치를 제공해 준다고 본다.

 이 책 제1부「한국의 개벽」에서는 동학·천도교를 중심으로 한 개벽종교가 한국 근현대의 시민적 공공성을 발달시켜 왔음을 논했다. 수운 최제우는 '다시개벽'을 외치며 동학을 창도했다. 신앙공동체인 접 내에서는 남녀·신분의 높낮이·빈부의 차이를 막론하고 서로가 서로를 '시천주(侍天主)'하는 존재, 즉 한울님을 모시고 있는 귀한 존재로 존중하고 유무상자(有無相資)로 서로 가진 것을 나누며 살아가는 상호부조가 이루어졌다. 이와 같은 신앙공동체 내부의 상호 존중과 평등, 상부상조가 동학적 공공성의 시발점이었다. 그리고 이와 같은 동학적 공공성은 교조신원운동을 통해 동학도인의 사회적 책임감과 역량의 자각으로 이어졌고, 이윽고 동학농민혁명으로 나타났다고 생각된다.

 수운과 해월을 이어 동학(천도교)의 교주가 된 의암 손병희는 동학농민혁명의 실패와 그 후의 토벌로 인해 궤멸된 동학교단을 재건하였다. 그런데『삼전론』「향자치」등의 저술과 논설, 친일단체로 변질되기 전의 진보회 및 일진회의 활동 내용을 보면 동학농민혁명이 지향했던 폐정개혁의 꿈을 다시 실현하려는 의도가 엿보인다. 또한 천도교가 중요한 역할을 한 3.1운동은 기미독립선언문이나 재판 시 손병희의 진술에서도 볼 수 있듯이 단순히 조선 한 나라의 독립을 지향하는 운동이 아니었다. 선언문에서나 손병희의 진술에서는 일관되게 어느 한쪽이 다른 한쪽을 지배하고 상호 갈등을 초래하는 것이 아니라 한·중·일 세 나라가 서로 독립된 대등한 국가로 뭉쳐서 서구 제국주의와 맞서고, 장차 전 세계 나라들이 연대하여, 침략과 강권과 전쟁이라는 것 자체를 세계에서 없애야 한다는 동아시아적 공공성, 나아가서는 세계적 공공성 확립을 지향했음을 알 수 있다.

또 하나 간과할 수 없는 것은 대종교가 근현대 한국의 시민적 공공성 전개 과정에서 수행한 역할이다. 대종교인의 독립운동과 민족의 역사, 언어, 문화상의 역할은 이미 널리 알려진 바이다. 그런데 대종교는 "태백산(=백두산) 남북 7천만 동포"(「檀君敎五大宗旨佈明書」)라는 동포 관념을 제시하고 그것을 '조선(朝鮮)', '배달(倍達)', '통고사(通古斯)', '삼천단부(三千團部)'로 지칭했다. 여기서 특히 주목되는 것은 '통고사'인데 이것은 '퉁구스'의 한문 번역어이다. 초기 대종교는 백두산 남쪽에 사는 한민족과 그 북쪽─옛 고구려, 발해의 강토이기도 한─을 발상지로 삼은 만주족을 비롯한 퉁구스족을 '동포'로 지정하고 있었다. 이 대종교의 '범(汎)퉁구스주의'가 조선시대 유교에 입각한 소중화사상의 정체성을 극복하고 근대 국민국가로서의 한국시민의 정체성을 자각시키는 촉매 구실을 한 것이다.

제2부 「일본의 개벽」에서는 일본 에도시대의 다양한 '성인' 해석과 한국의 개벽종교와 거의 같은 시기에 탄생한 일본 신종교의 새로운 세상에 대한 주장 '요나오시'를 살펴보았다. 일본의 신종교는 1970~80년대를 분수령으로 하여 그전에 성장한 것을 '신종교'라 부르고 그 이후에 세력을 확대한 것을 '신신종교(新新宗敎)'로 나누는 것이 일반적이다. 그러나 1990년대 옴진리교의 연쇄 테러 사건을 계기로 종교 자체에 대한 사회의 인상이 악화

된 데다가 고령화의 영향까지 겹치면서 2000년대 이후에는 대부분의 종교에서 쇠퇴 현상이 나타났다. 그런데 2011년의 동일본대지진 및 후쿠시마 제1원전 폭발사고와 2010년대 후반의 자연재해 속출, 그리고 2019년 말부터 이어진 코로나 사태로 인하여 일본 사회에서는 종교단체나 조직, 종교적 카리스마 등에 의존하지 않는 영성 현상이 잇따라 나타나게 된 것이다.

제3부 「실학의 시각」에서는 실제로 실학자가 활동하던 19세기와 '실학'이 연구 대상이 된 현대의 한·중·일 세 나라의 신실학론을 다루었다. 먼저 19세기 전반 조선통신사도 대마도까지만 가게 되는 등 조선왕조와 일본 에도막부의 교류가 침체된 시기의 실학자들은 일본을 어떻게 바라보았는가에 대해 최한기와 이규경의 사례를 살펴보았다. 최한기와 이규경은 돈독한 친교를 맺은 사이였지만 일본에 대한 시각은 매우 달랐다. 최한기는 일본을 지구상의 여러 국가들 중 하나로 공평하게 다루려고 노력하고 『지구전요』를 엮을 때에는 중국의 문헌이 일본에 대한 기술이 부실하다고 비평하고, 조선의 신유한의 『해유록』에서 기술 내용을 보충할 정도였다.

한편 일본에 대해 소개한 『청령국지』의 저자이기도 한 실학자 이덕무를 할아버지로 둔 이규경은 일본에 관해서 풍부한 지식과 정보를 가지고 있었다. 하지만 적개심이나 경계심에서 자유롭지 못하고 '도이(島夷)', '왜이(倭夷)', '흑치녹정(黑齒綠頂)' 같은 차별적인 언사를 서슴지 않았다.

제4부 「비교의 시각」에서는 여러 가지 시각에서 비교한 논문을 모았다. 먼저 「일본에서의 퇴계·율곡·다산(茶山) 연구의 흐름—일본의 한국유학 담론을 재검토하다」에서는 일본의 퇴계·율곡·다산 연구 경향에 초점을 맞췄다. 일본의 조선유학 연구는 퇴계 편중의 경향이 뚜렷이 나타나 있다. 그런데 퇴계에 대한 시각이 1987(明治30)년경을 고비로 큰 차이가 보인다. 그

전에는 퇴계는 심학을 터득한 인격수양의 스승으로 존중받은 데 대해 그 이후에는 일본 정신사 담론에 흡수되는 경향이 있다. 즉 퇴계를 존중한 안사이학파의 사상이 메이지유신의 추동력이 되었고, 또 역시 퇴계를 높이 받든 오오츠카 타이야, 히라노 신엔, 요코이 쇼난 등의 이른바 구마모토 실학파를 이어받은 시강(侍講) 모토다 나가자네에서 메이지 천황으로 요순공맹의 심법이 계승되었다는 식으로 황도유학적 문맥으로 해석되거나, 주자학의 도통(道統)을 메이지 천황까지 연결시키는 중계자로 일본 도의국가(道義國家) 담론에 이용된 것이었다.

다음으로 「최한기와 일본의 공공 사상가 비교 연구」는 조선의 최한기와 일본의 오규 소라이, 안도 쇼에키를 '공공사상가'로 뽑아서 비교한 논문이다. 이들 세 사람을 특히 거론한 이유는 그들이 각각 독자적인 시각에서 유교적 성인의 공공세계를 구축하는 '제작'의 측면에 주목했기 때문이다.

오규 소라이는 예악형정의 제도를 세운 성인의 제작 행위를 강조했다. 성인은 천하백성을 평안하게 만들기 위해 그것을 제작했다. 그것이 바로 인(仁)이다. 보통사람은 그 제도 속에서 감화되고 의식이 변화된다는 것이 소라이의 생각이었다.

소라이가 성인의 제작을 선의로 본 것에 반해 안도 쇼에키는 성인의 제작에서 천하를 훔치고 남의 노동성과를 착취하고 불경탐식하려는 악의를 보았다. 쇼에키에 의하면 자연의 도는 직경(直耕)의 도이다. 그 자연세(自然世) 때에는 남녀의 차별도 없었고 어질고 어리석은 자의 구별도 학지와 교설도 없었다. 그것을 전복시킨 것이 바로 성인이라고 쇼에키는 본 것이다.

한편 최한기는 그것과 전혀 달리 성인의 방법으로서의 '추측(推測)'에 주목했다. 천지를 관찰하고 가까이는 몸에서, 멀리서는 사물에서 취하는 것은 태호 복희씨부터 해 온 일이다. 옛 성인들은 천지만물의 관찰을 바탕으로 사람이 더불어 살아가는 길인 인도(人道)를 구축했다. 그런데 추측이라는 방법을 공유하고 있는 만큼 이 시대에 맞는 인도를 일으켜 세우는 것은 우리도 능히 할 수 있다는 것이다.

마지막으로 「동서양 공공성 연구와 한국적 공공성—교토 포럼의 연구 성과를 중심으로」에서는 교토포럼에서 축적되어 온 논의를 바탕으로 서양(고대·중세·근대)과 동양(중국·일본·이슬람) 그리고 한국의 공사(公私) 관념과 공공관의 특징을 분석한 것이다. 서양에는 [라틴어]푸블리쿠스(publicus)/프리와투스(privatus), [영어]퍼블릭(public)/프라이빗(private) 등의 개념이 있고, 중국에는 公(gōng)/私(sī), 일본에는 오오야케(公)/와타쿠시(私), 이슬람에는 암므(amm)/하쓰(khāṣṣ)와 같이 문화권마다 고유의 의미를 지닌 공사 개념을 가지고 있다. '공공(公共)'의 개념은 '공(公)' 개념과 혼동·혼용하기 쉽지만 한자문화권에는 기원전 90년경 전한 때에 『사기』「장석지풍당열전」에 공에 회수되지 않는 '공공'의 용례를 찾아볼 수 있다. 한국 역사 속에서도 공과 사뿐만 아니라 공공의 풍부한 용례를 찾아볼 수 있다. 특히 한국에서는 중국 문헌보다 풍부한 공공의 용례가 있을 뿐만 아니라 '천하고금공공'이라는, 공간성과 시간성을 포함한 공공 개념이 나타나는 것이 특징적이다. 또 한국 개벽종교 속에는 (1) 인간 존중 사상, (2) 생태·환경·사물 존중 사상, (3) 새로운 공동체와 이상 세계(에 대한 지향), (4) 종교간 대화·소통·상호이해의 공공 지향성을 볼 수 있는 것이다.

(참고문헌)

제1부 한국의 개벽
제1장 근대 한국 공공성의 전개와 타자와의 연대

개벽하는사람들,『월간 개벽신문』제60호, 서울: 개벽신문사, 2016년 11월.

김삼웅,『녹두 전봉준 평전』, 서울: 시대의 창, 2007.

김양식・박맹수 외,『조선의 멋진 신세계』, 서울: 서해문집, 2017.

金允植・愼鏞廈 編輯委員,『韓國學報』第三十九輯, 서울: 一志社, 1985.

金正明 編,『明治百年史叢書 朝鮮独立運動Ⅰ 民族主義運動篇』, 原書房, 1967.

나카츠카 아키라(中塚明)・이노우에 가쓰오(井上勝生)・박맹수 지음, 한혜인 옮김,
　　　『동학농민전쟁과 일본』, 서울: 모시는사람들, 2016.

동북아역사재단 편,『3・1운동과 1919년의 세계사적 의의』, 서울: 동북아역사재단, 2010.

佐々木毅・金泰昌 편,『公共哲学1 公と私の思想史』, 東京: 東京大學出版會, 2001.

板垣久和・金泰昌 편,『公共哲学16 宗教から考える公共性』, 東京: 東京大學出版會, 2006.

申淳鐵・李眞榮 著, 安宇植 譯,『実録 東学農民革命史』全州: 東學農民革命記念事業會,
　　　2008.

小倉紀蔵,『朝鮮思想全史』, 東京: ちくま新書, 2017.

吳知泳,『東學史』, 서울: 大光文化社, 1997.

吳知泳 著, 梶村秀樹 譯,『東学史』, 東京: 平凡社, 1970.

원불교학교재연구회 편,『종교와 원불교』, 익산: 원광대학교출판국, 2007.

월간 원광편집실,『진리는 하나, 세계도 하나』, 익산: 月刊圓光, 1992.

윤병석,『증보 3・1 운동사』, 서울: 국학자료원, 2004.

윤석산 주해,『주해 東學經典』, 서울: 동학사, 2009.

윤해동・이소마에 준이치 엮음,『종교와 식민지 근대』, 서울: 책과함께, 2013.

眞宗高田派正泉寺 編,『リーラー(遊)』, Vol.9, 京都: 文理閣, 2018.01.

천도교중앙총부 편저,『天道教經典』, 서울: 천도교중앙총부출판부, 2006.

李敦化 編述,『天道教創建史 第三篇 義菴聖師』, 天道教中央宗理院, 1933(昭和8).

崔東熙・金用天 공저,『韓國宗教大系Ⅶ 天道教』, 익산: 원광대학교 종교문제연구소,
　　　1976.

川瀬貴也,『植民地朝鮮の宗教と学知』, 東京: 青弓社, 2009.

京都大學人文科學研究所,『人文學報』, CXI(第111號), 京都: 京都大學, 2018.

표영삼,『동학 1』, 서울: 통나무, 2004.

_____,『동학 2』, 서울: 통나무, 2005.

하승우, 『공공성』(비타 악티바 30), 서울: 책세상, 2014.

『都新聞』, 1894(明治27) 7月 14日次.

『乙種第十號 戰史編纂準備書類 東學黨 全 (暴民)』, 1894(明治27).

『朝鮮總督府官報』, 第一號, 1910年 8月 29日.

제2장 근대 한국 시민적 공공성의 성립

孫秉熙, 『準備時代』, 曹文館, 1906[光武10].

李敦化 엮음, 『天道敎創建史』, 京城[서울]: 天道敎中央宗理院, 1933[昭和8].

金正明 編, 『明治百年史叢書 朝鮮独立運動 I 民族主義運動篇』, 東京: 原書房, 1967.

『義菴孫秉熙先生傳記』, 서울: 義菴孫秉熙先生紀念事業會 刊, 1967.

吳知泳 著, 梶村秀樹 訳, 『東学史』, 東京: 平凡社, 1970.

李光淳, 『偉大한 韓國人 [5] 義菴 孫秉熙』, 서울: 太極出版社, 1972.

李永觀 遺著, 『벨라/宗敎觀과 韓國宗敎』, 裡里: 圓佛敎出版社, 1992.

장석만, 『한국 근대종교란 무엇인가?』, 서울: 모시는사람들, 1994.

「三十七號 判決宣告書原本 全羅道泰仁山外面東谷居農業平民被告全琫準」(1895),
       『韓國學報』第39輯, 1985.

오문환, 「동학사상사에서의 자율성과 공공성」, 『한국정치학회보』 36권 2호, 한국정치학
       회, 2002.

_____, 『동학의 정치철학: 도덕, 생명, 권력』, 서울: 모시는사람들, 2003.

표영삼, 『동학 1: 수운의 삶과 생각』, 서울: 통나무, 2004.

稲垣久和・金泰昌 編, 『公共哲学16 宗教から考える公共性』, 東京大学出版会, 2006

川瀬貴也, 「天道敎幹部『民族代表』について―アジア主義・文明・ナショナリズム―」,
       『植民地朝鮮の宗教と学知』第3章, 東京: 青弓社, 2009.

임형진, 「3.1독립운동과 천도교의 종교연합」, 『유관순 연구』 제14호, 백석대학교 유관순
       연구소, 2009.

이동초, 『천도교 민족운동의 새로운 이해』, 서울: 모시는사람들, 2010.

윤해동・황병주, 『식민지 공공성, 실체와 은유의 거리』, 서울: 책과함께, 2010.

윤석산 역주, 동학네오클래식03 『도원기서(道源記書)』, 서울: 모시는사람들, 2012.

윤해동・이소마에 준이치 엮음, 『종교와 식민지 근대―한국 종교의 내면화, 정치화는
       어떻게 진행되었나』, 서울: 책과함께, 2013.

島薗進・磯前順一 編, 『宗教と公共空間―見直される宗教の役割』, 東京: 東京大学出版会,
       2014.

김병제・이돈화 외 지음, 임형진 해제, 『천도교의 정치이념』, 서울: 모시는사람들, 2015.

장 자크 루소 지음, 박효성 옮김, 『사회계약론 외』, 서울: 책세상, 2015.

이소마에 준이치 지음, 제점숙 옮김, 『근대 일본의 종교 담론과 계보-종교・국가・신도』,

서울: 논형, 2016.

조성환,「공공철학의 관점에서 본 동학의 개벽사상」,『원불교사상과 종교문화』제71호, 원광대학교 원불교사상연구원, 2017.

이덕주,「3.1운동과 기독교-준비단계에서 이루어진 종교연대를 중심으로-」,『한국기독교와 역사』제47호, 한국기독교역사연구소, 2017.

야규마코토,「동서영 공공성 연구와 한국적 공공성 탐구-교토포럼의 연구 성과를 중심으로-」,『퇴계학논집』제20호, 영남퇴계학연구원, 2017.

朴孟洙,「東学農民革命における南北接の問題と研究状況-120周年を過ぎて-」, 『人文学報』CXI, 京都大学人文科学研究所, 2018.

나정원,『한국 종교와 근대화의 정치사상』, 서울: 엠애드, 2018.

야규마코토,「한국 근대 공공성의 전개와 연대―동학-천도교를 중심으로-」,『동학학보』제47호, 동학학회, 2018.

孔牧誠,「孫秉熙の「用日」戰略とその限界―日本亡命期(1901-1906)の足跡と思想を中心に」, 九州大學大學院 地球社會統合科學府 博士學位請求論文, 2018.

원광대학교 원불교사상연구원 편,『근대한국 개벽사상을 실천하다』, 서울: 모시는사람들, 2019.

『朝鮮總督府官報』제1호 31면, 1910[明治43].8.29, 서울: 龍山印刷局
　　http://gb.nl.go.kr/detail.aspx#top (30 December, 2018)

「대한독립선언서」,『한국독립운동사 자료』44권, 임정편IV
　　http://db.history.go.kr/item/level.do?sort=levelId&dir=ASC&start=1&limit=20&page=1&pre_page=1&setId=-1&prevPage=0&prevLimit=&itemId=kd&types=&synonym=off&chinessChar=on&brokerPagingInfo=&levelId=kd_004_0040_0020_0070&position=-1 (30 December, 2018)

제3장 대종교 범퉁구스주의와 보편주의

『皇城新聞』
『佈明本教大旨書』
『檀君教五大宗旨佈明書』
『大倧教施教文』
『倧報』
『중광60년사』
『夢拜金太祖』
『重光歌』
『與日本総理大隈書』
『與朝鮮総督寺内書』

姜壽元, 張秉吉 외, 『韓國宗教思想』, 서울: 太學堂, 1984.

이상훈, 강돈구 외, 『종교와 민족: 보편과 특수의 상관성을 중심으로』, 성남: 한국정신문화
　　연구원, 2001.

金洪喆, 『韓國新宗教思想論攷 中』, 익산: 도서출판선진, 2006.

한국신교연구소 편, 『대종교원전 자료집 -대종교 신원경-』, 서울: 선인, 2011.

檀國大學校附設東洋學研究所, 『朴殷植全書』, 용인: 단국대학교출판부, 2014.

유영인·이근철·조준희 지음, 『근대 단군 운동의 재발견』, 서울: 아라, 2016.

趙埈熙·劉永仁 편, 『백봉전집』, 서울: 역사공간, 2017.

원광대학교 원불교사상연구원 편, 『근대 한국 개벽종교를 공공하다』, 서울: 모시는사람들,
　　2018.

김봉곤, 「대종교의 종교성과 공공성-오대종지(五大宗旨)와 『삼일신고(三一神誥)』를
　　중심으로」, 『근대 한국 개벽종교를 공공하다』, 서울: 모시는사람들, 2018.

朴永錫, 「大倧敎의 民族意識과 抗日民族運動(上)」, 『한국학보』 9권 2호, 일지사, 1983.

朴永錫, 「大倧敎의 民族意識과 抗日民族運動(下)」, 『한국학보』 9권 3호, 일지사, 1983.

삿사 미츠아키[佐佐充昭], 「한말·일제시대 단군신앙운동의 전개」, 서울대학교 종교학과
　　철학박사학위논문, 2003.

박걸순, 「日帝强占期 亡命人士의 高句麗·渤海認識」, 『한국독립운동사연구』 제23집,
　　독립기념관 한국독립운동사연구소, 2004.

유영인, 「弘巖 羅喆의 弘益思想」, 『국학연구』 제10집, 국학연구소, 2005.

박진규, 「國學의 현대적 과제와 의의」, 천안: 국제평화대학원대학교 평화학과 석사학위
　　논문, 2007.

정영훈, 「단기 연호, 개천절 국경일, 홍익인간 교육이념 -현대 한국에서의 단군민족주의의
　　제도화에 관한 연구-」, 『정신문화연구』 제31권 제4호, 2008.

조준희, 「조선총독부 문서철 『寺社宗教』 「大倧敎·檀君敎ノ件」(1911)」, 『崇實史學』
　　第35輯, 2015.

차옥숭, 「동서 교섭의 관점에서 본 대종교의 몸과 마음 이해」, 『종교연구』 제67집, 한국종
　　교학회, 2012.

김동환, 「한국종교사 속에서의 단군민족주의 -대종교를 중심으로-」, 『선도문화』 15권 0호,
　　국제뇌교육종합대학원 국학연구원, 2013.

이민원, 「근대 학설사 속의 '단군민족주의' -대한제국의 편찬사업 및 대종교와 관련하여-」,
　　『韓國思想과 文化』 vol., no.72, 한국사상문화학회, 2014.

조남호, 「특집: 국학연구원 제23회 학술대회; 국학의 관점에서 바라 본 근대사 서술-
　　동학, 3.1운동, 대종교를 중심으로」, 『선도문화』 17권 0호, 국제뇌교육종합대학원
　　국학연구원, 2014.

許泰瑾, 「弘巖 羅喆의 大倧教 重光과 朝天 研究」, 부경대학교 사학과 박사학위논문, 2015.

이숙화,「大倧敎의 민족운동 연구」, 한국외국어대학교 사학과 박사학위논문, 2017.

_____,「대종교 설립초기 일제의 탄압과 대응 양상」,『仙道文化』제18권, 2015.

김형우,「대종교의 민족 정체성 인식」,『인문학연구』54권 0호, 조선대학교 인문학연구원, 2017.

정욱재,「초기 대종교의 역사인식과 '한국학'-『단군교오대종지포명서』와『대동고대사본』을 중심으로-」,『韓國史學報』제72호, 고려사학회, 2019.

유영인,「개천절의 주역 홍암 나철의 홍익인간 사상」,『대종교연구』2권 0호, 한국신교연구소, 2020.

제2부 일본의 개벽
제1장 근세 일본사상의 성인관(聖人觀)

『近思錄』

『大學章句』

『禮記』

『古事記』

伊藤仁齋,『語孟字義』

荻生徂徠,『弁道』

荻生徂徠,『弁名』

本居宣長,『鈴屋問答録』

安藤昌益,『統道真伝』

安藤昌益,『自然真営道』

吉川幸次郎・清水茂 校注,『日本思想大系33 伊藤仁齋・伊藤東涯』, 東京: 岩波書店, 1971.

吉川幸次郎・丸山眞男 외 校注,『日本思想大系31 荻生徂徠』, 東京: 岩波書店, 1977.

安藤昌益研究會,『安藤昌益全集 8』東京: 農山漁村文化協会, 1984.

安藤昌益,『安藤昌益全集 1』, 東京: 農山漁村文化協会, 2005.

제2장 일본 신종교의 개벽운동

天理大学おやさと研究所 編,『天理教辞典』, 天理: 天理教道友社, 1977.

『天理教原典集 附 天理教教典』, 天理: 天理教教会本部, 1997.

小滝透,『神々の目覚め―近代日本の宗教改革』, 東京: 春秋社, 1997.

村上重良・安丸良夫,『民衆宗教の思想 日本思想体系 67』, 東京: 岩波書店, 1971.

安丸良夫,『日本の近代化と民衆思想』, 東京: 平凡社, 1999.

제3장 현대 일본의 생명영성과 치유영성

『續日本記』
제1회 노년철학국제회의(미래공창포럼)『사생학과 노년철학의 교차로』(2019년 8월 26일~28일 개최) 발표 자료집.
『週刊ダイヤモンド』39호, 東京: ダイヤモンド社. 2018년 10월 13일자.
樫尾直樹, 本山一博 編,『地球社会の新しいビジョン 心身・霊性・社会』, 東京: 国書出版会, 2015.
内田樹, 釋哲宗,『日本霊性論』, 東京: NHK出版新書, 2014.
鎌田東二 企画・編,『講座スピリチュアル学 第3巻 スピリチュアリティと平和』, 神奈川: ビイング・ネット・プレス, 2015.
ロバート N. ベラー, 島薗進, 奥村隆 編,『宗教とグローバル市民社会 ロバート・ベラーとの対話』, 東京: 岩波書店, 2014.
上田弓子,「現代日本におけるスピリチュアリティについての一考察」,『教養デザイン研究論集』Vol.6, 東京: 明治大学大学院教養デザイン研究科, 2014.2.
稲場圭信, 黒崎浩行 編著,『叢書宗教とソーシャル・キャピタル4 震災復興と宗教』, 東京: 赤石書店, 2013.
葛西賢太, 板井正斉 編著,『叢書宗教とソーシャル・キャピタル3 ケアとしての宗教』, 東京: 赤石書店, 2013.
櫻井義秀, 濱田陽 編著,『叢書宗教とソーシャル・キャピタル1 アジアの宗教とソーシャル・キャピタル』, 東京: 赤石書店, 2012.
鈴木大拙,『日本的霊性』, 東京: 岩波文庫, 2011(第1刷 1972).
稲垣久和, 金泰昌 編,『公共哲学 16 宗教から考える公共性』, 東京: 東京大学 出版会, 2006.
島薗進, 鶴岡賀雄 編,『〈宗教〉再考』, 東京: ぺりかん社, 2004.
井上雅之,『愛知学院大学文学会叢書1 現代社会とスピリチュアリティ ─現代人の宗教意識の社会的探究』, 広島: 溪水社, 2003(平成15).
『日本「宗教」総覧 歴史読本特別増刊 事典シリーズ 第27号』, 東京: 新人物往来社, 1996.

김학순,「전염병과 요괴-역병 예언과 퇴치 기원의 요괴」,『日本研究』제35집, 고려대학교 글로벌일본연구회, 2021.
박병도,「근세 말 일본의 재해와 회화: 〈재해 니시키에(재해금회)〉 범주의 가능성 -호소에, 나마즈에, 코레라에, 하시카에의 상호비교를 통하여-」『역사민속학』제58호, 한국역사민속학회, 2020.
井上順孝,「〈新新宗教〉概念の学術的有効性について」,『宗教と社会』Vol.3, 東京: 「宗教と社会」学会, 1997.6.
SankeiBiz,「4割が年収300万円以下」お寺経営の厳しい現実 20年後には3割消滅も

(2021.6.25접속):

https://www.sankeibiz.jp/workstyle/news/190929/cpd1909290855001-n1.htm

石巻のタクシー運転手は, なぜ幽霊を見たのか？ 工藤優花さんが語る被災地の「グレー
ゾーン」(2021.6.25접속):

https://www.huffingtonpost.jp/2016/03/07/yuka-kudo_n_9398868.html

みんなで大仏建立ボタン(2021.6.25접속): https://splamp.info/shed/buddha/

【コロナ大仏】を造立したい！(2021.6.25.접속):

https://camp-fire.jp/projects/view/273684

京都大学貴重資料デジタルアーカイブ(2021.6.25접속):

https://rmda.kulib.kyoto-u.ac.jp/item/rb00000122/explanation/amabie

妖店百貨展(2020.3.3, 2021.6.25.접속):

https://twitter.com/youmisedori/status/1234763436711563264

トキワセイイチ@単行本発売中(2020.3.6)「アマビエが来る」(1-2/2; 2021.6.25.접속):

https://twitter.com/seiichitokiwa/status/1235894263411425281

千字で語るコロナ論 | 社会学・文化資源学 佐藤健二 | コロナ禍と東大(2021.6.25.접속):

https://www.u-tokyo.ac.jp/focus/ja/features/z1304_00096.html

東北被災地の霊体験に見る「死との向き合い方」-「幽霊」乗せたタクシー運転手の証言に
思うこと(2021.6.25.접속):

https://toyokeizai.net/articles/-/415415?page=4

제3부 실학의 시각
제1장 19세기 실학자의 일본 인식

『論語』
崔漢綺, 『地毬典要』
崔漢綺, 『神氣通』
李圭景, 『五洲衍文長箋散稿』
權五榮, 『崔漢綺의 學問과 思想 研究』서울: 集文堂, 1999.

제2장 최한기의 종교회통사상

『神氣通』
『推測錄』
『氣學』
『人政』

『東經大全』

『용담유사』

『원불교전서』

『원불교교전』

『孟子集注』

『三國史記』

정진석, 정성철, 김창원 지음, 사화과학원 역사연구소 편,『조선철학사(상)』서울: 이성과
　　　　현실사, 1961(1988).

정성철,『조선 철학사II』, 서울: 이성과 현실, 1988.

유봉학,『조선후기 학계와 지식인』, 서울: 신구문화사, 1999.

권오영,『崔漢綺의 學問과 思想 硏究』, 서울: 집문당, 1999.

李箕永,『元曉思想』, 서울: 弘法院, 1980.

吳法眼,『元曉의 和諍思想硏究』, 서울: 弘法院, 1992.

金洪喆,『韓國 民衆思想과 新宗敎』, 익산: 진달래, 1998.

유봉학,『조선후기 학계와 지식인』, 서울: 신구문화사, 1999.

李賢九,『崔漢綺의 氣哲學과 西洋 科學』, 서울: 成均館大學校 大東文化硏究院, 2000.

최영진 외,『조선말 실학자: 최한기의 철학과 사상』, 서울: 철학과 현실사, 2000.

예문동양사상연구원, 고영섭 편저,『한국의 사상가 10人- 원효』, 서울: 예문서원, 2002.

박희병,『운화와 근대 -최한기 사상에 대한 음미』, 서울: 돌배개, 2003.

김용옥,『혜강 최한기와 유교』, 서울: 통나무, 2004.

김용헌 편저,『한국의 사상가 10인- 혜강 최한기』, 서울: 예문서원, 2005.

서욱수,『혜강 최한기의 세계인식』, 부산: 小康, 2005.

김한식,『한국의 근대성 -실학사상을 중심으로-』, 서울: 백산서당, 2006.

임부연,『지식인마을 18 실학에 길을 묻다』, 파주: 김영사, 2007.

최석용,『최한기의 사회철학』, 파주: 한국학술정보(주), 2008.

야규마코토(柳生 眞), 2008.『崔漢綺 氣學 硏究』, 서울: 景仁出版社.

최제우,『동경대전』, 박맹수(역), 서울: 지식을만드는지식, 2012.

김용환,『도덕적 상상력과 동학의 공공행복』, 서울: 모시는사람들, 2012.

김인석,『최한기에 길을 묻다』, 서울: 문현, 2014.

이우성, 손병욱, 허남진, 백민정, 권오영, 전용훈,『실학학사 실학연구총서 12 혜강 최한기
　　　　연구』, 서울: 성균관대학교 출판부, 사람의 무늬, 2016.

원광대학교 원불교사상연구원 편,『근대한국 개벽사상을 실천하다』, 서울: 모시는사람들,
　　　　2019.

朴鍾鴻,「崔漢綺의 經驗主義」,『아세아연구』8(4), 서울: 고려대학교 아세아문제연구소, 1965.

李佑成,「崔漢綺의 家系와 年表」,『柳洪烈博士回甲記念論叢』, 1971.

琴章泰,「惠岡 崔漢綺의 哲學思想」,『진단학보』(81), 안양: 진단학회, 1996.

임민혁, 「혜강 최한기 사상의 현대적 조명」, 한국행정학회 학술발표논문집, 서울: 한국행
　　정학회, 2003.

제3장 한국 · 일본 · 중국에 있어서 '신실학론(新實學論)' 비교

鄭鑛石, 鄭聖哲, 金昌元 저, 宋枝學 역, 『朝鮮哲學史』, 東京: 弘文堂, 1962(昭和37).
源了圓, 『德川思想小史』, 東京: 中央公論社, 1973/1995.
源了圓, 『近世初期実学思想の研究』, 東京: 創文社, 1980/1989.
趙明基 외, 『韓國思想의 深層』, 서울: 도서출판 宇石, 1986/1994.
源了圓, 末中哲夫 편, 『日中実学史研究』, 京都: 思文閣, 1991.
小川晴久, 『朝鮮実学と日本』, 東京: 共栄書房, 1994.
韓國實學研究會 편, 『韓中實學史研究』, 서울: 민음사, 1998.
小川晴久, 張踐, 金彦鍾 편, 『日中韓思想家ハンドブック ―実心実学を築いた99人』, 東京:
　　勉誠出版, 2015.
『第十四屆東亞實學國際高峰論壇 論文集』, 北京: 中國實學研究會, 2017.11.18.~19.

제4부 비교의 시각
제1장 일본에서의 퇴계 · 율곡 · 다산 연구의 흐름

李退渓, 『戊辰封事』
　　　　　『自省録』
　　　　　『戊辰六條疏』
浅見絅斎, 『中国弁』
山崎闇斎, 「文会筆録」
　　　　　「洪範全書」
　　　　　「闇斎先生年譜」
阿部吉雄著, 『日本朱子学と朝鮮』 東京: 東京大学出版会, 1976.
平石直昭 · 金泰昌編, 『公共する人間 3 横井小楠』 東京: 東京大学出版会, 2010.
李基原著, 『徂徠学と朝鮮儒学 春台から丁若鏞まで』 東京: ぺりかん社, 2011.
李光来 著, 高坂史朗 · 柳生真 訳, 『韓国の西洋思想受容史』 東京: 御茶の水書房, 2010.
鄭聖哲著, 崔允珍 · 権仁燮 · 金哲央訳, 『朝鮮実学思想の系譜』 東京: 雄山閣, 1982(昭和57).
片岡龍 · 金泰昌編訳, 『公共する人間 1 伊藤仁斎』 東京: 東京大学出版会, 2011.
川原秀城 · 金光来編訳, 『高橋亨 朝鮮儒学論集』 東京: 知泉書館, 2011.
源了圓編, 『別冊環⑰ 横井小楠1809-1869―「公共」の先駆者』 東京: 藤原書店, 2009.
諸橋轍次 · 安岡正篤 監修, 阿部吉雄ほか編, 『朱子学大系 第十二巻 朝鮮の朱子学日本の朱子学(上)』東京: 明徳出版社, 1977.

岡田武彦著, 『岡田武彦全集22 山崎闇斎と李退渓』東京: 明徳出版社, 2011.

高橋亨著, 趙南浩訳, 『朝鮮の儒学(조선의 유학)』 서울: ソナム, 1999.

田尻祐一郎著, 『山崎闇斎の世界』東京: ぺりかん社, 2006.

辺英浩, 「李退渓の権力論 ―朱子・李栗谷との比較を中心として―」 『東アジア研究』
　　　第36号, 大阪経済法科大学アジア研究所, 2010年 3月.

姜海守, 「近代日本の李退渓研究」, 『退渓學論集』 2号, 国際退渓学界, 2010.2, 3-4면.

疋田啓佑, 「日本における李退渓研究と現代的意義について」, 『文芸と思想』第六五号,
　　　福岡女子大学文学部紀要, 2001年 2月.

井上厚史, 「近代日本における李退渓研究の系譜学」, 『総合政策論叢』第18号,
　　　島根県立大学, 2010年 2月.

_____, 「近代日本における李退渓研究の系譜学―阿部吉雄・高橋進の学説の検討を中心
　　　に―」 『総合政策論考』第18号, 島根県立大学総合政策学会, 2010年 3月.

沈慶昊, 「17世紀以後の日本漢学と朝鮮韓国漢学の歴史的接点について」, 『日本古代学』第
　　　1号, 明治大学古代学研究所, 2009年 3月.

제2장 최한기와 일본의 공공 사상가 비교 연구

『周易』

『孟子』

『荀子』

『禮記』

『朱子語類』

『掠職手記』

荻生徂徠, 『辨名』

安藤昌益, 『自然眞營道』

安藤昌益, 『良演哲論』

安藤昌益, 『安藤昌益全集 1』, 東京: 農山漁村文化協会, 2005.

崔漢綺, 『推測錄』

崔漢綺, 『神氣通』

崔漢綺, 「明南樓隨錄」

제3장 동서양 공공성 연구와 한국적 공공성

『詩經』

『莊子』
『史記』
『朝鮮經國典』
『栗谷全書』
『世宗實錄』
『俛宇集』
佐々木毅・金泰昌 편,『公共哲学 1 公と私の思想史』東京: 東京大学出版会, 2001.
佐々木毅・金泰昌 편,『公共哲学 2 公と私の社会科学』東京: 東京大学出版会, 2001.
佐々木毅・金泰昌 편,『公共哲学 3 日本における公と私』東京: 東京大学出版会, 2002.
佐々木毅・金泰昌 편,『公共哲学 4 欧米における公と私』東京: 東京大学出版会, 2002.
佐々木毅・金泰昌 편,『公共哲学 5 国家と人間と公共性』東京: 東京大学出版会, 2002.
佐々木毅・金泰昌 편,『公共哲学10 21世紀公共哲学の地平』東京: 東京大学出版会, 2002.
佐々木毅・金泰昌 편,『公共哲学16 宗教から考える公共性』東京: 東京大学出版会, 2006.
金泰昌 편,『公共哲学を語りあう 中国との対話・共働・開新』東京: 東京大学出版会, 2010.
김태창 구술, 야규마코토 기록, 정지욱 옮김『일본에서 일본인에게 들려준 한삶과 한마음과 한얼의 공공철학 이야기』서울: 모시는사람들, 2012.
白川靜,『字統』東京: 平凡社, 1984.
圓佛教正化社 편,『日本語 圓佛教全書』益山: 圓佛教中央摠部教政院國際部, 2016.

찾아보기

정이대장군 169
정인 102, 103, 295, 297, 301
조민유화 212
『조선도서해제』 264
조선민족 63, 70
『조선왕조실록』 342, 343
『조선철학사』 221
조선총독부 263, 264
『조천기』 61
『주자서절요』 240, 242, 252, 255, 261
『주자어류』 329, 355
『준비시대』 31, 52
중광 58, 81
「중광가」 80
중인 84, 102, 103, 295, 297
중인공공 329, 355
중체서용 208
중화사상 304
증산교 61, 82, 182, 215
『지구전요』 155, 156, 176
지슈칸 256
지역 도덕 공동태 247
직경 99, 101, 102, 103, 108, 292, 294, 296,
    311, 362
직경도 297, 299
진보회 13, 30
진인 102, 103, 295, 297
진호국가사상 138
짐마 335
집강소 13, 31, 351
짓코교 113

[ㅊ]
차오통 191
척왜양창의 19, 22
천도 92, 135, 253, 292, 294, 295
천도교 31, 33, 36, 37, 40, 48, 53, 182, 359
천리교 113, 114, 115, 121, 124
천민동 80
천생증민 324, 355
천인지교 310
천지공공 258, 332
천지공사 187, 348
천하고금공공 14, 345, 357, 363
천하공공 329, 355
초토사 21

추측 189, 190, 200, 210, 213, 302, 304, 362
『추측록』 302
추측지리 190
추측통 190, 213
치안유지법 120
치유영성 130, 150
『칠경맹자고문』 167, 173, 175

[ㅋ]
카눈 335
켐엔즈쿠 93
코로나19 137, 141
코로나대불 130, 137, 139, 146, 149
쿠루와 288, 311

[ㅌ]
타우히드 333, 356
타이야학 253
탈사사화 42
탈상고주의 302
통(通) 184, 189, 190, 193
통교 205
통불교 186
통행지교 184
퉁구스 57, 58

[ㅍ]
파워 스폿 128
판퉁구시즘 66, 83
퍼블릭 315, 316, 319, 325, 339
편사 325
포(包) 351
포정국 25
포함삼교 182
풍류도 182, 184, 215
프라이빗 315, 325, 363

[ㅎ]
하디스 335
하르프쉬 337
하시카에 143
하쓰 333, 356, 363
하철 79
학문 공동태 247
한국 개벽종교 215
해원 351

[인명]

한국과 일본, 철학으로 잇다

등록 1994.7.1 제1-1071
1쇄 발행 2022년 10월 10일

지은이 야규 마코토(柳生 眞)
펴낸이 박길수
편집장 소경희
편 집 조영준
관 리 위현정
디자인 이주향
펴낸곳 도서출판 모시는사람들
03147 서울시 종로구 삼일대로 457(경운동 수운회관) 1207호
전 화 02-735-7173, 02-737-7173 / 팩스 02-730-7173
홈페이지 http://www.mosinsaram.com/

인 쇄 (주)성광인쇄(031-942-4814)
배 본 문화유통북스(031-937-6100)

값은 뒤표지에 있습니다.
ISBN 979-11-6629-140-1   93150